高麗圖經 역주(상)

高麗圖經 역주(상)

이진한 편

고려대 한국사연구소
고려시대사 연구실 역주

경인문화사

| 서문 |

『고려도경』은 1123년에 고려를 방문한 송 사신단의 일원인 서긍이 귀국하여 고려에서 보고 들었던 것을 그림과 함께 적은 책이다. 그래서 이 책은 『고려사』・『고려사절요』와 같은 조선초에 편찬된 관찬 사서에서는 볼 수 없는 12세기 초 고려 왕조의 정치・경제・사회・문화와 고려 사람들의 생활을 생생하게 알려주고 있다. 물론 서긍이 기록한 것 가운데 실제 사정과 다른 것도 적지 않아서 내용의 인용과 해석에 주의를 해야하는 부분도 있지만, 『고려도경』이 가지고 있는 사료적 가치가 매우 높다는 점에 대해서는 한국사 연구자 모두가 동의하는 바이다.

이처럼 『고려도경』이 중요한 사서이기 때문에 일찍이 한학자들이 중심이 되어 국역을 하였고, 덕분에 여러 방면의 연구자들이 그 성과를 편리하게 활용할 수 있었다. 2000년대 들어 고려시대 전공 연구자들이 새로운 번역에 교감과 주석을 더하여 출간한 『고려도경』은 내용과 용어의 의미까지 알게 해주었다.

사료의 이해와 연구를 위해 『원고려기사』, 『파한집』, 『졸고천백』 등의 고려시대사 주요 문헌을 역주해온 고려대 대학원 고려시대 전공 학생들이 다음 과제로 논의하여 선택한 것이 바로 『고려도경』이었다. 그 이유는 학문후속세대인 대학원생들이 공부하면서 역주하는데 훌륭한 선행 연구가 있으면 여러 가지로 도움이 되기 때문일 것이다.

이번 역주에서 가장 중점을 둔 것은 사료를 어떻게 이해했는지를 알려주는 원문의 번역이었다. 정확히 번역해야 이 책을 읽은 연구자들이

『고려도경』 찬자의 의도를 알고 사료로써 올바르게 이용할 수 있을 것이다. 그러므로 역주에 참여할 때마다 번역의 중요성을 새삼스럽게 느끼고 있다. 책에서 주해가 차지하는 비중이 훨씬 높지만, 자세한 주해도 따지고 보면 최상의 번역을 위해 필요한 방편에 불과하다고 여겨진다.

원문을 읽고, 번역을 하고, 주해를 서술하고 나서 다시 주해, 번역, 원문의 순으로 거꾸로 보면서 최선의 번역을 위해 노력하였다. 실제로 『韓國史學報』의 번역이 이 책에서 달라진 것도 있다. 그러나 막상 책을 내기 위해 교정을 하다 보니 '선학들의 성과와 다른 것이 무엇인가'라는 비판을 면하기 어려울 것 같다. 그래도 이 역주에서 새롭게 해석한 몇 글자와 정밀한 주해가 『고려도경』을 사료로 활용하여 연구하는 분들에게 조금이나마 이바지할 수 있을 것이라는 소박한 기대를 하면서 우리 스스로 위안을 삼는다.

이 책은 역주자로 참여한 고려대 대학원생들이 공동으로 연구한 결과물이다. 『고려도경』의 편찬자인 서긍이 고려에 온 지 900주년이 되는 2023년까지 역주를 완료하기 위해 지금도 애쓰고 있다. 최은규 팀장을 비롯한 참여자들의 노고를 치하한다. 아울러 고려사학회 총서의 하나로 낼 수 있도록 배려해주신 회장 한철호 선생님과 임원 여러분께 감사의 인사를 드리는 바이다. 『고려도경』 역주서의 출판을 흔쾌히 허락해주신 경인문화사 한정희 사장님과 깔끔하게 편집을 해주신 김지선 선생에게 고마운 마음을 전하고 싶다.

마지막으로 올해 八旬을 맞이하신 박용운 선생님의 만수무강을 축원한다.

2020년 5월
역주자를 대표하여 이진한

차례

서문 5

선화봉사고려도경 서序 [0-1-(1)] ······················ 9
권1 건국建國 [1-1] ·································· 23
권2 세차世次 [2-1] ·································· 53
권3 성읍城邑 [3-1] ·································· 81
권4 문궐門闕 [4-1] ································· 119
권5 궁전宮殿 1 [5-1] ······························· 137
권6 궁전宮殿 2 [6-1] ······························· 153
권7 관복冠服 [7-1] ································· 189
권8 인물人物 [8-1-(1)] ····························· 219
권9 의물儀物 1 [9-1] ······························· 249
권10 의물儀物 2 [10-1] ····························· 261
권11 장위仗衛 1 [11-1] ····························· 269
권12 장위仗衛 2 [12-1] ····························· 287
권13 병기兵器 [13-1] ······························· 301

범례

- 원문은 天祿琳琅叢書本(澂江本)을 저본으로 하고 文淵閣四庫全書本과 知不足齋叢書本을 참고하였다. 저본과 다른 글자에 대해서 전자는 四, 후자는 知로 구분하여 각주에 적어 놓았다. 아울러 세 가지 판본을 대조하여 오자와 탈자가 있거나 의미가 다소 달라지는 경우에는 校勘하고, 정확한 글자를 밝혀 두었다.
- 이 책에 수록된 내용은 아래와 같은 학술지에 게재된 바 있으며, 새롭게 편집하는 과정에서 약간의 수정을 거쳤다.

  이진한·임형수·최은규, 2016, 「『高麗圖經』譯註」(1), 『韓國史學報』 65.
  이진한·오치훈·임형수, 2017, 「『高麗圖經』譯註」(2), 『韓國史學報』 66.
  이진한·김규록·임형수, 2017, 「『高麗圖經』譯註」(3), 『韓國史學報』 67.
  이진한·이바른·박수찬, 2017, 「『高麗圖經』譯註」(4), 『韓國史學報』 68.
  이진한·김선미·김윤지, 2017, 「『高麗圖經』譯註」(5), 『韓國史學報』 69.
  이진한·김윤지·오치훈, 2018, 「『高麗圖經』譯註」(6), 『韓國史學報』 70.
  이진한·박수찬·이바른, 2018, 「『高麗圖經』譯註」(7), 『韓國史學報』 71.
  이진한·최은규·김규록, 2018, 「『高麗圖經』譯註」(8), 『韓國史學報』 72.
  이진한·김규록·김선미, 2018, 「『高麗圖經』譯註」(9), 『韓國史學報』 73.
  이진한·김선미·홍민호, 2019, 「『高麗圖經』譯註」(10), 『韓國史學報』 74.
  이진한·최은규·조욱진, 2019, 「『高麗圖經』譯註」(11), 『韓國史學報』 76.
  이진한·최동녕·이현정, 2019, 「『高麗圖經』譯註」(12), 『韓國史學報』 77.

- 『高麗圖經』에는 유사한 내용이나 용어가 여러 차례 기록되었는데, 반복적으로 상세하게 주해하는 것을 피하기 위해서, 두 번 이상 나오는 용어나 개념은 기본적인 사항만 적고 처음 주해한 항목 – 예: 본서 권3-4-(2), 주해 5) – 을 찾아가 참조하도록 하였다.
- 두 번 이상 반복되는 원자료, 사전, 저서, 논문 등은 『高麗圖經』의 '같은 권'에 한해 '앞의 책', '앞의 논문' 등과 같은 방식으로 간략하게 적었다.

0-1-(1)

[原文]*
宣和奉使高麗圖經序[1]

奉議郎, 充奉使高麗國信所, 提轄人船禮物, 賜緋魚袋, 臣徐兢撰.[2]

臣聞, 天子元正大朝會畢, 列四海圖籍于[3]庭, 而王公侯伯萬國輻湊[4], 此皆有以揆之. 故有司所藏嚴毖特甚, 而使者之職, 尤以是爲急. 在昔成周, 職方氏, 掌天下之圖, 以掌天下之地, 辨其邦國都鄙四夷八蠻七閩九貉五戎六狄之人民, 周知其利害. 而行人之官, 駱[5]驛[6]道路, 若賀[7]慶[8]槁[9]檜[10]之類, 凡五物之故, 莫不有治, 若康樂厄貧之類, 凡五物之辨, 莫不有書, 用以復命于王, 俾得以周知天下之故. 外史書之, 以爲四方之志, 司徒集之, 以爲土地之圖. 誦訓道之, 以詔觀事, 土訓道之, 以詔地事. 此所以一人之尊, 深居高拱於九重, 而察四方萬里之遠, 如指諸掌. 當沛公初[11]入[12]關, 蕭何獨收秦圖書. 及天下已定, 而漢盡得知其阨塞戶口者, 繫何之功[13]. 隋長孫晟之至突厥, 每游[14]獵, 輒記其國土委曲, 歸表聞於文帝. 口陳形執[15], 手畫山川, 卒以展異日之效. 然則乘輶軒, 而使邦國

---

1) 四: "宣和奉使高麗圖經原序"로 기록되어 있다.
2) 四 知: "奉議郎 …… 徐兢撰"이 누락되어 있다.
3) 知: 於.
4) 知: 轃.
5) 四 知: 絡.
6) 四: 驛.
7) 四: 慶.
8) 四: 賀.
9) 四 知: 犒.
10) 四 知: 檜.
11) 知: "初"가 누락되어 있다.
12) 知: "入"이 누락되어 있다.
13) 四: 明.
14) 四: 遊.
15) 四 知: 勢.

者, 其於圖籍, 固所先務.

[譯文]

선화봉사고려도경 서문

봉의랑[1]·충봉사고려국신소[2]·제할인선예물[3]·사비어대[4] 신 서긍[5] 지음.

신이 듣건대 천자는 정월 초하루에 대조회를 마치고 천하[四海]의 도적(圖籍)[6]을 뜰에 펼쳐 놓아 왕(王)·공(公)·후(侯)·백(伯)이 여러 나라에서 모여 들면 그것으로 모두 헤아렸다고 합니다. 그러므로 담당 관리가 보관하는 일은 특히 심하게 엄격하고 조심하였으며 사신의 직무도 이를 더욱 급한 일로 삼았습니다. 옛날 주[成周][7]에서 직방씨[8]는 천하의 지도를 관장함으로써 천하의 지리를 관장하고 그 나라의 도읍과 변방, 4이(夷)[9]·8만(蠻)[10]·7민(閩)[11]·9맥(貊)[12]·5융(戎)[13]·6적(狄)[14]의 인민을 분별하였으며 그 이익과 손해를 두루 알았습니다. 행인(行人)[15]의 관직은 도로를 연이어 오가며 축하나 군대의 위로 같은 일을 모두 다섯 가지의 관례[16]로 다스리지 않음이 없었고, 태평이나 재앙 같은 일은 모두 다섯 가지의 분별[17]로 기록하지 않음이 없었으며, 이를 왕에게 보고하여 천하의 일을 두루 알 수 있게 하였습니다. 외사(外史)[18]는 글을 써서 사방에 대한 기록을 만들었고, 사도(司徒)[19]는 수집하여 토지의 지도를 만들었습니다. 송훈(誦訓)[20]은 기록을 설명하고 관찰한 일을 아뢰며, 토훈(土訓)[21]은 지도를 설명하고 땅의 일을 아룁니다. 이것이 천자[一人之尊]가 구중궁궐에 깊숙이 살면서 고고히 팔짱을 끼고 있어도 사방 만 리나 되는 먼 곳을 마치 손바닥 위에서 가리키듯이 살피는 이유입니다. 패공[22]이 처음 관중[關][23]에 들어갔을 때 소하[24]만 홀로 진(秦)의 도서를 거두어들였습니다. 천하가 평정되고 한(漢)에서 요해처[阨塞]와 호구를 모두 알 수 있었던 것은 오직 소하의 공입니다. 수(隋)의 장손성[25]은 돌궐[26]에 가서 사냥할 때마다 번번이 그 국토를 자세히 기록하였고 돌아와서 문제(文帝)[27]에게 표문을 올려 아뢰었습니다. 입으로는 형세를 말하고 손으로는 산천을 그렸으니 마침내 훗날에 공로를 펼쳤습니다. 따라서 유헌(輶軒)[28]을 타고 외국에 사신으로 가는 자는 도적을 반드시 급선무로 해야 합니다.

[註解]

1) 奉議郎: 宋의 文散官으로 정8품에 해당한다. 元豊(宋 神宗, 1078~1085) 연간에 제정되었고 政和(宋 徽宗, 1111~1117) 말기에는 文散官이 37階로 정비되면서 24번째에 위치하였다.
『宋史』 권168, 志121 職官8 合班之制 官品.
『宋史』 권169, 志122 職官9 敍遷之制 文武散官.

2) 允奉使高麗國信所: 國信所는 본래 宋代에 契丹과 交聘하는 일을 맡은 관서이다. 宋은 국초부터 거란의 사절을 영접할 때 그들을 國信使로 칭하고 대개 정3품 學士를 館伴使에 임명하였다. 고려의 사절은 국신사라고 칭하지도 않았고 정4품 中書舍人을 引伴官·押伴官으로 임명하는 등 대우와 의례 면에서 거란보다 아래였다. 그런데 정화 연간에는 고려에 대해서도 거란과 동등하게 국신사로 승격시키고 학사를 관반사에 임명하는 조치를 취하였다. 이후 고려와 왕래하는 양국의 사절을 국신이라 칭하게 되었으며, 그와 관련한 관서도 함께 마련되었다.
『宋史』 권487, 列傳246 外國3 高麗.
『事物紀原』 권7, 庫務職局部34 國信所.
김성규, 2000, 「高麗 前期의 麗宋關係―宋朝 賓禮를 중심으로 본 高麗의 國際地位 試論―」, 『國史館論叢』 92, 51·52쪽.

3) 提轄人船禮物: 제할은 특정 대상이 뒤에 열거되는 경우 그것을 관리하는 事務官을 가리키며, 명칭으로 보아 사신단의 인원과 선박 및 예물 등을 관장했으리라고 추정된다. 이중 인원과 선박에 관한 흔적은 찾아지지 않으나 예물의 사례로는 『高麗圖經』 권5, 祭奠條에 "제할관 서긍이 황제가 하사한 제례 예물을 살펴보고 앞에 진열하였다."라는 기록이 확인된다. 당시 북송 사절단은 正使, 副使, 上節, 中節, 下節 등으로 구성되었으며 제할은 都轄이나 書狀官 등과 함께 상절에 속하였고 대부분 뛰어난 文學之士로 충원되었다.
諸橋轍次, 1985, 『大漢和辭典』 5, 「提轄」, 大修館書店, 309쪽.
김한규, 2008, 「한·중 관계사 상의 『宣和奉使高麗圖經』」, 『한중관계 2000년―동행과 공유의 역사―』, 소나무, 384·385쪽.
김성규, 2014, 「'선화봉사고려사절단'의 일정과 활동에 대하여」, 『한국중세사연구』

40, 221·224쪽.
4) 賜緋魚袋: 宋은 唐의 제도를 본받아 3품 이상은 紫色, 5품 이상은 朱色, 7품 이상은 綠色, 9품 이상은 靑色의 公服을 입었는데, 원풍 연간에 4품 이상은 자색, 6품 이상은 緋色, 9품 이상은 녹색으로 개정되었다. 이중 자색은 金魚符, 비색은 銀魚符를 각각 허리에 차고 다녀야 했다. 魚符는 官名을 기록한 일종의 관인 신분증으로 물고기 모양을 하고 있으며 주머니에 넣었기 때문에 魚袋라고도 불렸다.
이현숙, 2014, 「금석문으로 본 고려후기 어대제의 변화」, 『역사와 현실』 91, 115쪽.
김보광, 2015, 「고려전기 魚袋의 개념과 운영방식에 대한 검토」, 『韓國史硏究』 169, 74쪽.

5) 徐兢: 1091~1153. 和州 歷陽— 지금의 중국 安徽省 和縣 일원— 사람으로 字는 明叔이고 號는 自信居士이다. 18세에 太學에 입학하였고 여러 차례 과거를 보았으나 낙방하였다. 1114년에 父蔭으로 將仕郞·通州司刑曹事에 보임되었고 雍丘와 鄭州 原武縣에 攝事로 부임하여 치적을 쌓았으며 元豊庫監으로 전임되었다. 1123년에 사신단의 일원으로 개경을 방문하여 1개월간 머물렀다가 귀국하였으며 고려에서 견문한 내용을 정리하여 『高麗圖經』 40권을 저술하고 조정에 바쳤다. 이를 계기로 徽宗의 마음에 들어서 同進士出身이 내려졌으며 知大宗正丞事로 발탁되었고 掌書學을 겸하였다가 尙書刑部員外郞으로 옮겼다. 그러나 이듬해 宰相 蔡京이 파면된 사건에 연루되어 池州 永豊監으로 좌천되었다. 이후 沿江制置司參謀官에 임명되었지만 자청하여 20년 동안 道敎와 관련된 奉祠職에 종사해서 南京 鴻慶宮을 주관하였고 台州 崇道觀을 세 차례나 맡아보았다. 1151년에 조상의 분묘를 참배하러 고향으로 돌아가다가 병이 들었고 2년 뒤에 졸하였다. 그는 문학적 재능이 뛰어나 詩歌를 잘하였고, 특히 서예와 그림에 명성이 높아서 '神品'으로 일컬어졌다고 전한다.
『高麗圖經』 宋故尙書刑部員外郞徐公行狀.
朴慶輝, 1990, 「徐兢과 ≪宣和奉使高麗圖經≫」, 『退溪學硏究』 4, 166~168쪽.
祈慶富, 1995, 「『宣和奉使高麗圖經』의 版本과 그 源流」, 『書誌學報』 16, 4~6쪽.
孫希国, 2012, 「≪宣和奉使高丽图经≫作者徐兢生平考」, 『遼東學院學報(社会科学版)』 14-3, 63·64쪽.

6) 圖籍: 지도와 人民·金·穀 등을 기록한 장부를 말한다. 『荀子』 榮辱篇에서 楊倞의 注를 보면 "圖는 토지의 모양을 그대로 그린 것이고, 籍은 그 戶口의 수를 기록한 것이다[圖謂模寫土地之形 籍謂書其戶口之數也]."이라고 하였다.
『荀子』 榮辱.
諸橋轍次, 1984, 「圖籍」, 『大漢和辭典』 3, 大修館書店, 101쪽.

7) 成周: 周를 말한다. 본래 지금의 중국 河南省 洛陽市 洛陽城 故址 일원인데, 周 成王 때 周公이 이곳에 成周城을 쌓았고 殷의 유민들을 이주시켜서 살게 하였다. B.C. 771년에 平王은 戎狄의 침입을 받아 수도인 鎬京이 파괴되자 이곳으로 도읍을 옮겼다. 이로 인해 成周는 周를 뜻하는 의미로도 쓰인다.
戴均良, 2005, 「成周城」, 『中國古今地名大詞典』 中, 上海辭書出版社, 1113쪽.

8) 職方氏: 周代의 관직으로 中大夫 4인, 下大夫 8인, 中士 16인, 府 4인, 史 16인, 胥 16인, 徒 160인을 두었다. 본문의 내용은 『周禮』를 거의 그대로 언급한 것이다. 이에 따르면 천하의 지도를 관장하고 천하의 땅을 맡아서 도읍과 변방, 4夷, 8蠻, 7閩, 9貉, 5戎, 6狄의 인민, 그 財用, 9穀, 6畜의 수요를 분별하고 그 이해관계를 널리 파악하였다고 한다.
『周禮』 권8, 夏官司馬 職方氏.
9) 四夷: 사방의 소수 민족에 대한 통칭으로 東夷, 西戎, 南蠻, 北狄 등을 가리킨다. 그러나 여기에서는 여러 이민족들과 함께 병칭되고 있어서 마찬가지로 고대 중국 동쪽에 살던 4개 종족을 가리킨다고 이해된다. 『周禮』의 注釋을 보면 4夷는 東夷를 말하며 그 수는 9개인데 여기에서 4개로 말한 이유는 알 수 없다고 하였다.
『周禮』 권8, 夏官司馬 職方氏.
檀國大學校 東洋學硏究所, 2000, 「四夷」, 『漢韓大辭典』3, 檀國大學校出版部, 408쪽.
10) 八蠻: 고대 중국 남쪽에 살던 8개 蠻族의 나라를 말한다. 『禮記』에 실린 孔穎達의 疏를 보면 天竺, 咳首, 僬僥, 跛踵, 穿胸, 儋耳, 狗軹, 旁春으로 기록되어 있다.
檀國大學校 東洋學硏究所, 1999, 「八蠻」, 『漢韓大辭典』2, 檀國大學校出版部, 157쪽.
11) 七閩: 지금의 중국 福建省과 浙江省의 남쪽 지방에 살았던 閩族을 말하며, 7개 종족으로 나누어졌기 때문에 붙여진 이름이다.
檀國大學校 東洋學硏究所, 1991, 「七閩」, 『漢韓大辭典』1, 檀國大學校出版部, 120쪽.
12) 九貉: 고대 중국 북쪽에 살던 9개 종족을 가리킨다. 일설에는 畎夷, 于夷, 方夷, 黃夷, 白夷, 赤夷, 玄夷, 風夷, 陽夷 등을 가리킨다고 한다.
『後漢書』 권85, 東夷列傳75.
檀國大學校 東洋學硏究所, 1991, 「九貉」, 『漢韓大辭典』1, 檀國大學校出版部, 536~537쪽.
13) 五戎: 고대 중국 서부 지역에 살던 5개 종족을 말한다.
檀國大學校 東洋學硏究所, 1999, 「五戎」, 『漢韓大辭典』2, 檀國大學校出版部, 707쪽.
14) 六狄: 고대 중국 북쪽에 살던 6개 부락을 가리킨다.
檀國大學校 東洋學硏究所, 1999, 「六狄」, 『漢韓大辭典』2, 檀國大學校出版部, 229쪽.
15) 行人: 周代의 관직으로 小行人을 말하며 下大夫 4인을 두었다. 이는 邦國의 賓客에 대한 禮籍을 관장하고 사방의 사신들을 접대하는 일을 맡았다.
『周禮』 권10, 秋官司寇 小行人.
16) 五物之故: 周代에 천자가 제후의 事故를 다스리는 5가지 일을 말한다. 즉 ① 喪이 있으면 부의하고 ② 흉년이 들면 구휼하고 ③ 군사를 일으킬 일이 있으면 재물을 내어 보조하고 ④ 경사가 있으면 축하하고 ⑤ 재앙이 있으면 조문하게 하였다는 것이다.
『周禮』 권10, 秋官司寇 小行人.
17) 五物之辨: 周代에 小行人이 작성한 5가지 문서를 말한다. 즉 ① 萬民의 利害, ② 禮俗·政事·敎治·刑禁의 逆順, ③ 悖逆·暴亂·作慝·犯令, ④ 札喪·凶荒·厄貧, ⑤ 康樂·和親·安平으로 분류하였다. 이를 천자에게 보고하여 천하의 정세를 두루 파

악할 수 있도록 도움을 주었다.
『周禮』 권10, 秋官司寇 小行人.

18) 外史: 周代의 관직으로 上士 4인, 中士 8인, 下士 16인, 胥 2인, 徒 20인을 두었다. 각지로 문서를 보낼 일이 있으면 外令을 작성하였고 여러 나라의 기록을 관장하였다.
『周禮』 권6, 春官宗伯 外史.

19) 司徒: 周代의 관직으로 大司徒를 말하며 卿 1인을 두었다. 나라의 지도와 인민의 수를 관장하여 왕을 보좌하고 나라를 안정시키는 일을 맡았다. 토지를 5개로 구분하여 생산물을 파악하고 백성이 기거하는 일상에 따라서 12개를 교육하였다.
『周禮』 권3, 地官司徒 大司徒.

20) 誦訓: 周代의 관직으로 中士 2인, 下士 4인, 史 2인, 徒 8인을 두었다. 사방에 있는 기록을 설명하고 직접 관찰하여 왕에게 아뢰었다. 각지의 특성을 설명하여 피하고 꺼리는 일을 아뢰어 풍속을 파악하는 데 도움을 주었다.
『周禮』 권4, 地官司徒 誦訓.

21) 土訓: 周代의 관직으로 中士 2인, 下士 4인, 史 2인, 徒 8인을 두었다. 지도를 설명하고 토지에 대한 일을 왕에게 아뢰었다. 또한 각지의 특성을 설명하고 토산물을 아뢰었다.
『周禮』 권4, 地官司徒 土訓.

22) 沛公: B.C.247?~B.C.195. 漢을 건국한 高祖 劉邦을 말한다. 沛豐邑 中陽里—지금의 江蘇省 豊縣 일원— 사람이다. 秦末에 각지에서 반란이 일어나자 B.C.209년에 군사를 일으켜 沛公이라 칭하였으며, 이듬해 楚의 項籍과 연합하여 진으로 진격하였고 여러 군웅 가운데 가장 먼저 진의 수도인 咸陽을 함락시켰다. 이후 漢王에 봉해졌다가 4년 동안 항적과 싸워서 이기고 B.C.202년에 중국을 통일하였다.
『史記』 권8, 高祖本紀8.

23) 關: 지금의 중국 陝西省 중부와 河南省 서부에 있는 關中盆地 또는 關中平原을 말한다. 戰國時代에는 秦의 수도인 咸陽이 있는 지역이며, 중원에서는 반드시 관문인 函谷關—지금의 중국 河南省 靈寶縣 서남쪽 일원—을 거쳐야 들어갈 수 있었다.
戴均良, 2005, 「關中」, 『中國古今地名大詞典』 上, 上海辭書出版社, 1245쪽.

24) 蕭何: B.C.257~B.C.193. 沛豐 사람이다. 劉邦이 봉기할 때 沛主吏掾으로 참여하였고 줄곧 좌우에서 보필하였다. 유방이 함양에 들어갔을 때 여러 장수들은 모두 재물을 다투어 가지려고 하였으나, 소하는 누구보다 먼저 秦相府의 律令과 圖書를 입수하였다. 이후 유방이 漢王이 되면서 丞相에 임명되었으며 초의 항적과 싸우게 되자 관중 지역을 지키면서 양식과 군사를 보급하였다. 천하가 통일되자 공로를 인정받아 鄧候로 봉해졌다. 관직은 相國에 올랐으며 시호는 文終이다.
『史記』 권53, 蕭相國世家23.

25) 長孫晟: 552~609. 洛陽—지금의 河南省 洛陽市 일원— 사람으로 字는 季晟이다. 北周 宣帝 때에 汝南公 宇文神慶을 보좌하여 돌궐에 사신으로 갔으며 뛰어난 활솜씨로 그들을 놀라게 하였다. 돌궐에 1년 간 있으면서 사냥과 유람을 다니며 지

리와 형세를 파악하였고 귀국한 뒤에 보고하여 奉車都尉에 임명되었다. 581년에 돌궐이 침략하자 장손성이 隋 文帝에게 말과 그림으로 적의 허실을 지적하면서 이간책을 건의하였는데, 그의 계책이 모두 받아들여져서 결국 돌궐은 분열되어 세력이 크게 약해졌다. 이후 관직이 右驍衛將軍에 까지 올랐으며 司空·上柱國·齊國公으로 추증되었고 시호는 獻이다.
『隋書』 권51, 列傳16 長孫覽 附晟.

26) 突厥: 匈奴의 후예로 柔然에 예속된 부족 중의 하나였으며, 突厥은 몽골어로 '강하다'를 의미하는 'Türküt'를 한자로 표기한 것이다. 6세기 중엽부터 성장하여 東蒙古와 北滿洲 일원에 걸쳐 대제국을 건설하고 중국의 북방을 위협하였으나 동·서로 분열되어 다투다가 점차 쇠퇴하였다.
René Grousset, 1952, L'Empire des steppes : Attila, Gengis-Khan, Tamerlan, Paris: Payot ; 김호동 외 譯, 1998, 『유라시아 유목제국사』, 사계절, 139~158쪽.

27) 文帝: 541~604. 隋를 건국한 高祖 楊堅을 말한다. 弘農郡 華陰—지금의 陝西省 華陰市 일원— 사람이고 父는 隋國公 楊忠이다. 580년에 北周 靜帝가 어린 나이로 즉위하자 輔政이 되어 정권을 장악하였으며 이듬해에 선양을 받아 隋를 건국하였다. 이후 後梁과 陳을 차례로 멸망시키고 중국을 통일하였다.
『隋書』 권1, 帝紀1 高祖上.
宮崎市定. 1965, 『隋の煬帝』, 人物往来社 ; 전혜선 역, 2014, 『수양제』, 역사비평사, 35~52쪽.

28) 輶軒: 천자의 사자가 타는 가벼운 수레를 말한다.
諸橋轍次, 1985, 「輶軒」, 『大漢和辭典』 10, 大修館書店, 1045쪽.

0-1-(2)

[原文]

矧惟高麗在遼東, 非若侯甸近服, 可以朝下令而夕來上, 故圖籍之作, 尤爲難也. 皇帝天德地業, 畢朝萬國. 乃眷高麗, 被遇神考, 益加懷徠, 遴擇在廷, 將命撫賜, 恩隆禮厚, 前未之有. 時給事中臣允迪, 以通經之才, 超世之文, 取甲科, 著宿望. 中書舍人臣墨卿, 學問高明, 見於踐履, 恪守忠孝, 臨事不回. 竝命而行, 非獨其執節專對, 不減古人之膚使, 而風采聞望, 自足以壯朝廷之威靈, 聳外夷之觀聽. 拜命未行, 會聞王俁薨, 遂以奠慰之禮兼往. 臣愚猥承人乏, 獲聯使屬之末. 事之大者, 固從其長, 而區區

得以專達者, 又不足以補報朝廷器使之萬一. 退而自訟曰, 周爰咨詢, 歌於皇華之詩, 則徧問以事, 正使者之職. 謹因耳目所及, 博采衆說, 簡去[16] 其同於中國者, 而取其異焉. 凡三百餘條, 釐爲四十卷, 物圖其形, 事爲之說, 名曰宣和奉使高麗圖經.

[譯文]

하물며 생각건대 고려—고구려—는 요동(遼東)에 있어서[1] 아침에 명령을 내려 저녁에 불러올 수 있는 가까운 지역[侯甸近服][2]도 아니므로 도적의 작성은 더욱 어렵습니다. 황제는 하늘의 덕과 땅의 업으로 만국을 모두 내조하게 합니다. 이에 고려는 신종[神考] 때를 만나 더욱 (황제를) 흠모하여 찾아왔으며, 이웃을 가려[遴擇][3] 조정에 두면서 위무와 하사를 명령하였으니, (이처럼) 은혜가 융성하고 예우가 두터운 것이 전에는 있지 않았습니다. 당시 급사중[4] 신 노윤적[5]은 경학을 통달한 재주와 세상을 뛰어넘는 문장으로 과거[甲科][6]에 뽑혀 오랜 명망을 드러냈습니다. 중서사인[7] 신 부묵경[8]은 학문이 고명하고 실천을 보여주었으며 충효를 각별히 지키고 일을 맡으면 피하지 않았습니다. (이들이) 함께 명령을 받아 (고려에) 가게 되었는데, 다만 부설을 가지고 오모지 응대한 것[專對]이 옛날의 훌륭한 사신에 뒤떨어지지 않았을 뿐 아니라, 풍채와 명망은 스스로 조정의 위엄과 영험을 드높이고 바깥 오랑캐[外夷]의 눈과 귀를 모으기에 충분하였습니다. 명령을 받들어 가기 전에 마침 왕우(王俁, 예종)[9]가 훙거했다는 소식을 들었으므로 마침내 제전과 조위의 예의도 겸해서 가게 하였습니다.[10] 신은 어리석은 데도 외람되이 남의 빈자리를 이어서 나란히 사신 무리의 말석을 얻게 되었습니다. 사안이 큰 것은 정사[長]를 따랐고 이런저런 일을 재량껏 처리한 것은

---

16) 四知: 汰.

또한 조정에서 자격에 따라 시킨 것의 만분의 일도 보답하기에 부족합니다. 물러나와 자신을 꾸짖기를 "두루 묻고 알아보리라."라고 하였으니, 사신의 시[皇華之詩][11]에서 노래한 것은 곧 두루 알아보는 일이 진정으로 사신의 직분이라는 것입니다. 삼가 귀와 눈이 미치는 대로 여러 이야기를 널리 수집하여 중국의 것과 같은 것은 가려서 빼버리고 다른 것만 취하였습니다. 무릇 300여 조를 40권으로 정리하여 물건은 그 모습을 그리고 일은 그 이야기를 적었으니, 선화봉사고려도경이라고 이름 지었습니다.

[註解]
1) 高麗在遼東: 고려는 고구려를 말한다. 본문의 요동은 지금의 遼寧省 동남부 일원에 한정되는 것이 아니라 遼河 동쪽 너머의 광범위한 지역을 가리킨다. 요동의 위치와 범위는 시대와 상황에 따라 일정하지 않았다. 전국시대 燕이 東胡와 朝鮮을 공격하여 遼東郡 등 5군을 설치한 이래 秦·漢대에 요동은 지명과 군명을 동시에 겸하였으나, 南北朝時代와 隋·唐代에는 고구려와 발해 등 비중국계 국가들이 요하 유역과 그 이동의 광범위한 지역을 점유함으로써 요동은 그와 같이 본래 요동군 범위 이상의 광역을 지칭하게 되었다.
김한규, 2004, 「역사적 '요동' 개념」, 『요동사』, 문학과지성사, 50~56쪽.
2) 侯甸近服: 周代에는 천자가 다스리는 사방 1천리의 지역을 王畿라고 하였으며 그 밖의 영토는 사방 5백리를 간격 삼아 거리에 따라 侯服, 甸服, 男服, 采服, 衛服, 蠻服, 夷服, 鎭服, 藩服의 9服으로 구분하였다. 순서상 왕기 밖의 사방 5백리가 후복이고 다시 후복 밖의 사방 5백리가 전복인데, 9복 가운데 왕기와 가장 가까운 지역에 해당한다.
『周禮』 권8, 夏官司馬 職方氏.
諸橋轍次, 1984, 「侯服」, 『大漢和辭典』 1, 大修館書店, 765쪽.
3) 遴擇: 宋이 賓貢科에 응시한 고려의 子弟들에게 금제를 내려준 사실을 가리킨다. 빈공과는 중국이 주변 국가의 자제들을 불러들여 외국 학생들을 대상으로 치르는 과거를 말한다. 고려는 경종대부터 송의 國子監에 유학생을 보내어 빈공과에 응시하도록 하였는데, 거란의 침입으로 인해 송과의 관계가 끊어지면서 그러한 움직임도 중단되었다. 이후 1071년(문종 25)에 고려와 송의 국교가 재개되었고 1099년(숙종 4)에 송의 哲宗은 다시 빈공과의 응시를 허락하였는데, 1115년(예종 10)에 고려는 權適, 金端, 趙奭, 甄惟底, 康就正 등 5명을 송에 보내어 大學에 입학시켰으며 송 황제는 이들을 친히 시험하여 上舍及第를 하사 하였다. 송은 고려와

연합하여 요를 제압하려는 정책에 따라 고려의 사신을 우대하고 특별히 대성악을 하사하는 등 우호적인 태도를 보였으며, 예종도 이에 호응하여 활발하게 사신을 파견하였으며 학생들을 송에 보내기도 하였다.

『高麗史』 권11, 世家11 肅宗 4년 2월.
『高麗史』 권14, 世家14 睿宗 10년 7월 戊子.
裵淑姬, 2003, 「宋代 高麗의 賓貢進士」, 『宋遼金元史研究』 8, 73~75쪽.
李基東, 2010, 「중국 진사과 및 제과에 합격한 한국인들」, 『韓國史市民講座』 46, 一潮閣, 76·77쪽.

4) 給事中: 宋代 門下省의 관직으로 내외에 출납하는 문서를 심의하였고 封駁을 담당하였으며 정4품으로 4명을 두었다. 994년에 銀臺司가 봉박을 관장하면서 寄祿官이 되어 직함만 있고 맡은 일이 없었으나, 원풍 연간에 관제를 개정하면서 門下省 소속의 職事官이 되었고 직무와 함께 관품과 정원이 제정되었다.

『宋史』 권161, 志114 職官1 門下省 給事中.
『宋史』 권168, 志121 職官8 合班之制 官品.

5) 允迪: 路允迪(생몰년 미상)을 말한다. 河南應天府 宋州—지금의 중국 河南省 商丘市 일원— 사람이고 字는 公弼이다. 『高麗史』와 『高麗史節要』를 보면 고려에 왔을 때의 관직이 禮部侍郎으로 기록되었다. 1126년에는 金에 사신으로 가서 太原—지금의 중국 山西省 太原市 일원—을 할양한다는 조서를 전달하기도 하였으며, 1139년에 資政殿學士로서 南京留守에 임명되었으나 이듬해 금군이 남경을 함락할 때 항복하였다.

『高麗史』 권15, 世家15 仁宗 원년 6월 甲午.
『高麗史節要』 권9, 仁宗 원년 6월.
『宋史』 권29, 本紀29 高宗 紹興 9년 4월 甲子·10년 5월 丁亥.
『宋史』 권74, 列傳12 宗翰.
『寓简』 권9.

6) 甲科: 과거 성적에 따른 등급의 하나인데, 여기에서는 과거에서 급제한 사실을 가리킨다. 송대에 응시자는 먼저 지방에서 鄕試를 보고 합격한 뒤에야 중앙으로 올라갈 수 있었다. 그리고 禮部에서 주관하는 省試를 보고 다시 황제가 친히 시험하는 殿試를 보았다. 이때 황제는 과거급제자의 석차를 친히 결정하였으며, 明經에 甲·乙·丙·丁의 4科가 있었고 进士에는 甲·乙의 2科가 있었다.

John W. Chaffee, 1995, The Thorny Gates of Learning in Sung China: A Social History of Examinations, State University of New York Press ; 양종국 역, 2001, 『송대 중국인의 과거생활—배움의 가시밭길—』, 새론서원, 58·59쪽.
裵淑姬, 2001, 「宋代科擧制度와 官僚社會」, 三知院, 46~49쪽.

7) 中書舍人: 宋代 中書省의 관직으로 정4품이며 반열은 급사중의 바로 아래에 있었다. 본래 唐의 경우 中書省에 소속되어 制誥를 관장하였으며, 宋初에는 직함만 있었고 知制誥와 直舍人院이 그 업무를 대신 담당하였다. 이후 원풍 연간에 관제를 개정하면서 다시 직무를 담당하게 되었다.

『宋史』 권161, 志114 職官1 中書省 舍人.
『宋史』 권168, 志121 職官8 合班之制 官品.
8) 墨卿: 傅墨卿(생몰년 미상)을 말한다. 越州 山陰—지금의 중국 浙江省 紹興市 일원— 사람이고 字는 國華이다. 祖父의 蔭補로 太廟齋郞이 되었고 고려에 사신으로 다녀와서 同进士出身을 받았으며, 建炎 연간(1127~1130)에 守正奉大夫로 치사하였다.
『宋诗纪事』 권40.
張爲之·沈起煒·劉德重 主編, 1999, 『中國歷代人名大辭典』 下, 「傅墨卿」, 上海古籍出版社, 2331쪽.
9) 王俁: 1079~1122. 고려의 제16대 왕 睿宗으로 재위기간은 18년(1105~1122)이다. 諱가 俁이고 字는 世民이며, 肅宗과 明懿太后 柳氏의 맏아들이다.
『高麗史』 권12, 世家12 睿宗.
10) 拜命未行 …… 遂以奠慰之禮兼往: 본래 송에서 국신사의 파견이 결정된 시점은 1122년 3월이었다. 이에 따라 정사와 부사 등이 임명되고 사신단 준비가 진행되었다. 그런데 아직 출발하지 않은 상태에서 동년 4월에 예종이 훙거하였고 9월에 그 소식을 접하게 되자, 과거 문종에 대해 송이 祭奠使와 弔慰使를 파견한 고사에 따라서 영전에 祭奠하고 인종에게 弔慰의 뜻을 내보이는 임무를 사신단이 겸하게 되었다.
『高麗圖經』 권34, 海道1 招寶山.
『續資治通鑑長編』 권339, 元豊 6년 9월 丙辰.
김성규, 2014, 앞의 논문, 224·225쪽.
11) 皇華之詩: 『詩經』의 皇皇者華를 말한다. 이는 천자가 사신을 보내는 잔치와 연회 등에서 부른 노래인데, 맨 뒷부분에 "말 달리고 달려, 두루 묻고 알아보리라[載馳載驅 周爰咨詢]."고 하는 구절을 인용하였다.
『詩經』 小雅 「皇皇者華」.

0-1-(3)

[原文]

臣嘗觀崇寧中, 王雲所撰雞林志. 始疏其説, 而未圖其形, 比者使行, 取以稽考爲補已多. 今臣所著圖經, 手披目覽, 而遐陬異域, 舉萃於前, 蓋倣古[17]聚米之遺制也. 雖然, 昔漢張騫出使月氏[18], 十有三年而後歸, 僅能言其所歷之國地形物產而已. 臣愚雖才不逮前人, 然在高麗, 纔及月餘, 授館

之後, 則守以兵衞, 凡出館不過五六. 而驅馳車馬之間[19], 獻詶[20]尊俎之上, 耳目所及, 非若十三歲之久, 亦粗能得其建國立政之體, 風俗事物之宜, 使不逃乎[21]繪畫紀次之列. 非敢矜博, 洽飾浮剽, 以塵冕旒之聽, 蓋撫其事實, 以復于朝, 庶少逭將命之責也. 有詔, 上之御府, 謹掇其大槩, 爲之序云.

宣和六年八月日[22], 奉議郞, 充奉使高麗國信所, 提轄人船禮物, 賜緋魚袋, 臣徐兢, 謹序[23].

[譯文]

신은 일찍이 숭녕[1] 연간에 왕운[2]이 편찬한 『계림지』를 보았습니다. 원래 그 내용만 말하고 모습을 그리지는 않았으나 근래 사신으로 가서 상고하여 도움이 많이 되었습니다. 이제 신이 지은 도경(圖經)을 손으로 펼치고 눈으로 훑으면 먼 구석의 이역(異域)이 모두 앞에 모이게 되니 쌀을 모았던 옛 제도[3]를 흉내 낸 것입니다. 비록 그렇다고 하더라도 옛날에 한의 장건(張騫)[4]은 월지[月氏][5]에 사신으로 나갔다가 13년이 지난 뒤에야 돌아와 그가 지나친 나라의 지형과 물산을 겨우 말할 수 있었을 뿐이었습니다. 신은 어리석어 재주가 옛 사람에 미치지 못하는 데다가 고려에 있은 지도 겨우 한 달 남짓이었고, 객관이 주어진 뒤에는 바로 위병이 지키고 있어서 무릇 객관을 나간 것이 대여섯 번에 불과합니다. 수레와 말이 달리는 동안이나 연회[尊俎]에서 술잔을 주고받는[獻

---

17) 四 知 : "古"가 누락되어 있다.
18) 四 : 氏.
19) 知 : 間.
20) 四 知 : 酬.
21) 四 : 于.
22) 知 : "六日"로 기록되어 있다.
23) 四 知 : "謹序" 뒤에 "仲父旣以書 …… 左朝奉郞權發遣江陰軍主管學事徐藏書"가 기록되어 있다.

訓] 사이에 귀와 눈이 미친 바는 13년과 같이 오래 되지는 않으나 건국과 정치의 체제, 풍속과 사물의 형편은 역시 대강이나마 얻을 수 있었으니 그림과 목차의 배열에서 빠지지 않도록 하였습니다. 감히 박학을 자랑하여 지나치게 꾸미거나 근거 없는 말[洽飾浮剽]로 황제[冕旒]의 귀를 더럽히려는 것은 아니며, 대개 그 사실을 수집하여 조정에 아룀으로써 사신의 책임[將命]을 조금이나마 면해보고자 하였습니다. 조서를 내려 어부(御府)에 올리라고 하셨으니 삼가 대강의 내용을 엮어서 서문으로 삼습니다.

선화[6] 6년(1124) 8월 일 봉의랑 충봉사고려국신소 제할인선예물 사비어대 신 서긍이 삼가 서문을 지음.

[註解]
1) 崇寧: 宋 徽宗의 연호로 1102~1106년 동안 사용되었다
2) 王雲: ?~1126. 澤州―지금의 중국 山西省 晉城市 일원― 사람으로 字는 子飛이고 進士 출신이다. 1103년에 戶部侍郎 劉逵와 給事中 吳栻이 사신이 되어 고려로 갈 때 書記官으로 따라가서『雞林志』30권를 지어 바쳤다고 하나 현재 남아 있지 않다. 秘書省校書, 兵部員外郎, 起居中書舍人, 給事中 등을 역임하였으며, 1126년에는 金軍의 진영으로 사신을 가서 3鎭 분할을 논의하기도 하였다.
『宋史』권203, 志156 藝文2 史類1 傳記類.
『宋史』권357, 列傳116 王雲.
『海東繹史』권37, 交聘志5 上國使1.
3) 聚米之遺制: 32년에 後漢의 光武帝가 西征할 때 馬援(B.C.14~A.D.49)이 쌀을 모아 山谷의 지형을 만들고 군대와 도로의 왕래 등을 분석했다는 고사를 말한다. 본문에서 서긍은 자신이 지은『고려도경』을 두고 마원이 광무제 앞에서 일목요연하게 설명한 것에 비유하고 있는 것이다.
『後漢書』권24, 馬援列傳14.
諸橋轍次, 1985,「聚米」,『大漢和辭典』9, 大修館書店, 213쪽.
4) 張騫: ?~B.C.114. 漢中―지금의 중국 陝西省 漢中市 일원― 사람이다. B.C. 139년에 匈奴를 견제하기 위해서 서방의 大月氏와 동맹을 맺으려고 서역으로 갔으나 흉노에게 사로잡혀 10년 동안 포로 생활을 하였다. 이후 흉노를 탈출하여 大宛과 康居를 거쳐서 대월지에 도착하였으나 동맹에는 실패하고 13년 만에 귀국하였다. B.C.119년에는 烏孫에 사신을 갔다가 副使를 파견하여 서역과의 通好를 열었다.

『漢書』권61, 張騫李廣利傳31.
5) 月氏: 지금의 중국 甘肅省에 살고 있었던 고대 종족이다. B.C.2세기에 흉노의 공격을 받아 심각한 타격을 입게 되면서 고비 사막을 가로질러 서쪽으로 이주하였고 일부는 주변으로 흩어졌다. 이중 전자를 대월지, 후자를 소월지라고 불렀다. 대월지는 天山 북쪽의 일리(Ili) 계곡과 이식쿨(Issyk-Kul) 유역에 정착하려고 하였으나 다시 烏孫에게 쫓겨났으며, 그 결과 B.C.160년경에 페르가나(Fergana, 大宛) 지방의 시르다리아(Syr Daria) 상류에 정착하였다. B.C.128년에 장건이 방문했을 때 월지는 남쪽의 박트리아(Bactria, 大夏)를 장악하여 새로운 영역에 만족하고 있었으므로 漢의 제안을 거절하고 흉노에 대한 전쟁에 개입하려고 하지 않았다.
René Grousset, 김호동 외 譯, 2014, 앞의 책, 74~77·82~83쪽.
6) 宣和: 宋 徽宗의 연호로 1119~1125년 동안 사용되었다.

1-1

[原文]
建國

臣聞, 夷狄¹⁾君長類, 以詐力自尊, 殊名詭號, 單于可汗, 無足稱者. 獨高麗, 自箕子之封, 以德取侯²⁾, 後世稱³⁾衰. 他姓亦用漢爵, 代居其位, 上有常尊, 下有等衰⁴⁾. 故襲國傳世, 頗可紀錄. 今謹稽諸史, 叙其歷代之王, 作建國記云.

[譯文]
건국

신이 듣기에 오랑캐 군장 부류는 속임수와 폭력으로 스스로를 높이고 명호를 괴이하게 하여 선우¹⁾·가한²⁾이라고 하지만 일컬어 줄 만한 것이 없습니다. 오직 고려만이 기자³⁾가 책봉되면서부터 덕으로서 제후가 되었으나 후세에는 차츰 쇠퇴하였습니다. 다른 왕조[他姓] 또한 한(漢)의 작위를 사용하여 대대로 그 자리를 차지하였는데, 위로는 변치 않는 존귀함이 있었고 아래로는 등차가 있었습니다.⁴⁾ 때문에 나라를 계승하고 대대로 전한 것이 자못 기록할 만합니다. 지금 삼가 여러 사서를 살펴보고 역대의 왕을 차례대로 하여 '건국'을 기록합니다.⁵⁾

[註解]
1) 單于: 선우는 흉노의 군주로 광대하다는 의미이다. 왕망 때 흉노를 恭奴, 선우를 善于로 개칭하였으나 後漢 시기에 다시 單于라고 하였다.

---

1) 知 : 蠻.
2) 四 : 使.
3) 四 : 稍.
4) 四 : 殺.

『史記』 권110, 匈奴列傳50.

『漢書』 권94下, 匈奴傳64下.

諸橋轍次, 1984, 「單于」, 『大漢和辭典』 2, 大修館書店, 1106쪽.

2) 可汗: 可汗은 유연·돌궐·위구르 등 종족의 군주 칭호이다. 이 말은 『晉書』 吐谷渾傳에 처음 보이지만 후대인이 추기한 것이며, 실제로는 유연에서 豆伐可汗이 처음으로 가한이라 칭하였다. 나중에 몽골 돌궐족에서 汗을 존칭으로 사용한 것은 可汗의 줄임말이다. 可寒·合罕·合安으로도 쓴다.

『晉書』 권97, 列傳67 四夷 西戎 吐谷渾.

諸橋轍次, 1984, 「可汗」, 『大漢和辭典』 2, 大修館書店, 754쪽.

3) 箕子: 생몰년 미상. 殷 紂王의 숙부로 이름이 胥餘이며 箕國에 봉해졌으므로 기자라 불려졌다. 주왕의 失政을 간하다가 감옥에 갇혔으며 殷이 망하자 朝鮮으로 망명하여 나라를 세웠고, 후에 周 武王이 그 소식을 듣고 그를 조선에 봉하였다고 한다. 기자가 조선으로 갔다는 箕子東來說은 『尙書』와 『史記』에는 간단히 소개되어 있지만, 『漢書』 이후 중국 正史에서 한층 풍부한 내용이 확인된다. 기자에 대한 인식은 중원의 왕조뿐만 아니라 국내에도 영향을 미쳐 『三國史記』, 『三國遺事』, 『帝王韻紀』 등에 관련 내용이 전한다. 고려시대에는 西京―지금의 평양일원―에 기자 사당을 세우고 제사를 지냈으며, 지금도 기자묘가 남아 있다.

『三國史記』 권22, 高句麗本紀10 寶藏王 下·권29, 年表 上.

『三國遺事』 권1, 古朝鮮.

『高麗史』 권35, 世家35 忠肅王 12년 10월 乙未.

『高麗史』 권38, 世家38 恭愍王 원년 2월 丙子.

『高麗史』 권63, 志17 禮5 吉禮小祀 雜祀 肅宗 7년 10월 壬子.

『帝王韻紀』 권下.

『史記』 권38, 宋微子世家8.

『書經』 周書 洪範.

朴光用, 1980, 「箕子朝鮮에 대한 認識의 변천―高麗부터 韓末까지의 史書를 중심으로―」, 『韓國史論』 6.

韓永愚, 1982, 「高麗~朝鮮前期의 箕子認識」, 『韓國文化』 3.

尹乃鉉, 1983, 「箕子新考」, 『韓國史硏究』 41.

최봉준, 2015, 「여말선초 箕子 중심의 역사계승의식과 조선적 문명론」, 『韓國史學史學報』 31.

조원진, 2015, 「고려시대의 기자인식」, 『韓國史學史學報』 32.

박대재, 2016, 「箕子朝鮮과 小中華」, 『韓國史學報』 65.

오현수, 2016, 「箕子傳承의 형성과정 연구」, 『韓國史學報』 65.

4) 上有常尊 下有等衰: 『左傳』에 나오는 말로 "높은 지위에 있는 자는 항상적인 존귀함이 있고, 낮은 지위에 있는 자는 그에 걸맞은 威儀의 차별이 있다[貴有常尊 賤有等威]."는 뜻이다. 여기서는 고려가 중국과 같은 문명국임을 드러내기 위해 사용한 구절이다.

『左传』宣公 12년 6월.
5) 臣聞 …… 作建國記云:『高麗圖經』의 찬자인 서긍은 高麗가 다른 夷狄과 달리 德이 있고 상하의 예의가 있으므로 기록할 가치가 있다고 평하였다. 이는 고려가 중국의 제후국이며 문화적으로 중국과 동일한 점이 많다는 판단에서 비롯된 것이며, 다분히 중화주의적인 입장이 투영된 결과이다.
韓永愚, 1983,「高麗圖經에 나타난 徐兢의 韓國史體系」,『奎章閣』7, 15~17쪽.

1-2-(1)

[原文]
始封

高麗之先, 蓋周武王封箕子胥餘於5)朝鮮, 寔6)子姓也. 歷周秦至漢高祖十二年, 燕人衛滿亡命, 聚黨椎結, 服役蠻夷. 浸7)有朝鮮之地而王之. 自子姓有國八百餘年而爲衛氏, 衛氏有國八十餘年.

先是, 夫餘王得河神之女, 爲日所照8), 感孕而卵生. 旣長善射, 俗稱善射爲朱蒙, 因以名之. 夫餘人以其生異, 謂之不祥, 請除之. 朱蒙懼逃焉, 遇大水無梁, 勢不能渡. 因持弓擊水而呪之, 魚鱉並浮, 因乘以濟. 至紇升骨城而居, 自號曰高句驪. 因以高爲氏, 而以高麗9)爲國. 凡有五部, 曰消奴部10), 曰11)絶奴部, 曰12)順奴部, 曰13)灌奴部, 曰14)桂婁部.

漢武帝滅朝鮮, 以高麗爲縣, 屬玄15)菟郡, 其君長賜之鼓吹伎人. 常從

5) 四 : 于.
6) 知 : 實.
7) 四 : 寔.
8) 四 : 炤.
9) 知 : "而以高驪【鄭刻麗】"로 기록되어 있다.
10) 知 : "曰消奴部【鄭刻下四部各有曰字】"로 기록되어 있다.
11) 知 : "曰"이 누락되어 있다.
12) 知 : "曰"이 누락되어 있다.
13) 知 : "曰"이 누락되어 있다.
14) 知 : "曰"이 누락되어 있다.

郡受朝服衣幘, 縣令主其名籍. 後稍驕, 不復詣郡, 於東界築小城, 歲時受之. 因名幘溝漊, 溝漊者, 高麗名城也. 於是始稱王[16]焉. 王莽發其兵, 以誅匈奴, 不至, 降王爲侯, 而麗人益寇邊. 光武中興, 罷[17]遣邊吏, 建武[18]八年, 遣使來朝. 因復王號, 列爲外藩. 安帝以後, 部衆滋熾, 雖少鈔暴, 旋卽賓服.

[譯文]
시봉

고려의 선대는 대개 주 무왕[1]이 조선[2]에 봉한 기자로 (이름은) 서여(胥餘)이고 성은 자(子)다. 주·진[3]을 거쳐 한 고조[4] 12년(B.C.195)에 이르러 연(燕) 사람 위만[5]이 망명해 왔는데, 모인 무리가 상투를 틀고[椎結] 오랑캐의 의복을 입었다.[6] (위만은) 점차 조선 땅을 차지하여 왕이 되었다. 자성(子姓)이 나라를 차지한 지 8백여 년에 위씨의 나라가 되었고, 위씨가 나라를 차지한 것이 80여 년이었다.[7]

이에 앞서 부여[8]의 왕이 하신의 딸을 얻었는데[9] 햇빛이 비치자 감응하여 임신하고 알을 낳았다. 이윽고 자라서는 활을 잘 쏘았으며 풍속에 활을 잘 쏘는 것을 주몽[10]이라 하므로 인하여 (주몽으로) 이름으로 삼았다. 부여 사람들은 그의 탄생이 기이했기에 상서롭지 못하다고 생각하여 (그를) 제거하기를 청하였다. 주몽이 두려워서 도망가다가 큰 하천[11]을 만났는데 다리가 없어 건너지 못할 형편이었다. 그리하여 활을 잡고 물을 치며 빌자 물고기와 자라가 함께 떠올라 이를 타고 건너게

---

15) 四 : 玄. 원문은 元으로 되어있으나, 의미상 '玄'이 옳다고 생각되어 교감 번역하였다.
16) 四 : 主, 知 : "於是始稱爲【鄭刻無爲字】王"으로 기록되어 있다.
17) 四 知 : 麗.
18) 知 : 始.

되었다. 흘승골성¹²⁾에 이르러 살면서 스스로 고구려¹³⁾라 불렀다. 이로 인해 고를 성씨로 삼고 고려를 국호로 하였다. 무릇 다섯 부가 있었는데¹⁴⁾ 소노부·절노부·순노부·관노부·계루부라고 하였다.

한 무제¹⁵⁾가 조선을 멸하고 고려를 현으로 삼아 현도군에 소속시키고,¹⁶⁾ 그 군장에게 고취·기인¹⁷⁾을 내려주었다. 항상 현도군에 가서 조복과 옷, 모자를 받았으며 현령이 명적(名籍)을 관리하였다. 뒤에 점점 교만해져 다시 군에 오지 않자, 동쪽 경계에 작은 성을 쌓고 해마다 조복 등을 받아가게 하였다. 이로 인해 (성을) '책구루'¹⁸⁾라고 이름하였는데, '구루'는 고려에서 성(城)을 말한다.¹⁹⁾ 이때에 와서 처음으로 왕이라 일컬었다. 왕망²⁰⁾이 그 병사를 동원하여 흉노를 치려고 했으나²¹⁾ (고려의 병사가) 이르지 않자 왕을 낮추어 후로 삼으니 고려 사람들이 더욱 변경을 공격하였다. 광무제[光武]²²⁾가 중흥하자 고려는 변방에 관리를 파견했으며, 건무 8년(32)에는 사신을 보내어 조회하러 왔다. 이에 왕호를 복구시키고 외번으로 삼았다.²³⁾ 안제²⁴⁾ 이후에 거느리는 무리가 점차 번성하였고 비록 조금 약탈하고 난폭하게 굴었으나, 곧 제후로 복종하였다.

[註解]
1) 武王: 생몰년 미상. 周의 첫 임금으로 姓은 姬, 이름은 發이다. 文王의 아들로 西伯의 직위를 이었으며, 商을 멸망시키고 도읍을 鎬로 정하고 國號를 周라 하였다. 周에 대해서는 본서 권0-1-(1), 주해 7) 참조.
『史記』 권4, 周本紀4.
2) 朝鮮: 한국사상 최초의 국가로 이성계가 건국한 조선과 구별하기 위해 고조선이라고 부른다. 조선의 건국에 대해서는 본문처럼 箕子가 朝鮮에 봉해진 것을 기원으로 삼기도 하지만, 『三國遺事』의 檀君神話와 古朝鮮 기록을 통해 기자조선과는 구분되는 단군조선이 있었음을 알 수 있다. 관련하여 서긍이 고려의 선대를 기자의 조선 책봉으로부터 구한 것은 중국 정사에 기록된 箕子東來說을 그대로 받아들였기 때문이다. 아울러 1123년(송 선화 5) 고려에 사절로 파견된 목표가 고

려 국왕 인종을 책봉하기 위한 포석이었으므로 중원 왕조에 의한 책봉의 전통이 있고 이것이 자연스러운 외교 관계임을 강조하기 위한 의도가 있었다. 고조선에 대해서는 명칭의 유래, 기자조선 및 위만조선과의 관계, 강역의 비정 등 여러 문제와 관련하여 연구가 진행되고 있다.

『三國遺事』권1, 紀異1 古朝鮮.
李址麟, 1963,『고조선 연구』, 과학원출판사.
金貞培, 1973,『韓國民族文化의 起源』, 高麗大出版部.
李丙燾, 1976,『韓國古代史研究』, 博英社.
金貞培, 1986,『韓國古代의 國家起源과 形成』, 高麗大出版部.
유엠부찐, 1986,『古朝鮮』, 國史編纂委員會.
한국정신문화연구원 인문연구실, 1987,『韓國上古史의 諸問題』, 韓國精神文化研究院.
千寬宇, 1989,『古朝鮮史·三韓史研究』, 一潮閣.
李鍾旭, 1993,『古朝鮮史研究』, 一潮閣.
尹乃鉉, 1995,『고조선연구』, 一志社.
서영대 편, 1995,『북한학계의 단군신화 연구』, 백산자료원.
이형구 엮음, 1999,『단군과 고조선』, 살림터.
노태돈 편, 2000,『단군과 고조선사』, 사계절.
宋鎬晸, 2003,『한국 고대사 속의 고조선사』, 푸른역사.
고조선사연구회·동북아역사재단, 2007,『고조선의 역사를 찾아서—국가·문화·교역—』, 학연문화사.
박대재, 2013,『중국 고문헌에 나타난 고대 조선과 예맥』, 景仁文化社.

3) 秦: 중국 최초의 통일왕조로 처음에는 周의 제후국이었다. B.C.247년 嬴正이 즉위한 뒤 정복사업을 활발히 전개하여 B.C.221년 중국을 통일하고 스스로 始皇帝라고 칭하였다. 하지만 시황제 사후 반란으로 인해 건국한 지 16년 만에 멸망하였다.
『史記』권6, 秦始皇本紀6.

4) 高祖: B.C.247~B.C.195. 漢의 초대 황제로 재위기간은 B.C.202~B.C.195년이다. 字는 季, 廟號는 太祖,『史記』에서 高祖라 칭한 뒤로 이것이 통칭이 되었다. 秦 말기에 군사를 일으켜 秦을 무너뜨리고 4년간에 걸친 項羽와의 쟁패에서 승리하고 중국의 통일을 실현하였다. 이에 대해서는 본서 권0-1-(1), 주해 22) 참조.
『史記』권8, 高祖本紀8.
『漢書』권1上·下, 高帝紀上·下.

5) 燕人衛滿: 燕은 전국시대 제후국의 하나로 B.C.11세기부터 B.C.222년 秦에 의해 멸망할 때까지 지금의 중국 河北省 북부와 遼寧省 서쪽에 있었던 나라이다. 漢이 건국된 이후 이곳에 燕王을 두어 다스렸다. 위만은 燕 출신으로 B.C.195년에 燕王 盧綰이 모반 후 흉노로 도망하자 혼란스러운 틈을 타 망명자 1,000여 명을 이끌고 조선에 와서 살았다. 점차 세력을 키워 왕이 되었는데, 이후의 조선을 위씨조선 또는 위만조선이라 부른다. 위만조선에 대해서는 그 성립과정과 지배영역 및 문화, 정치체제 등과 관련하여 다양한 연구가 진행되었다.

『三國遺事』 권1, 紀異1 魏滿朝鮮.
『史記』 권93, 韓信盧綰列傳33·권115, 朝鮮列傳55.
李丙燾, 1956, 「衛氏朝鮮興亡考」, 『서울大論文集(人文社會科學)』 4 ; 1976, 앞의 책, 76~82쪽.
박시형, 1963, 「만 조선(滿朝鮮) 왕조에 관하여」, 『력사과학』 1963-3.
三上次男, 1966, 「朝鮮半島における初期古代國家形成過程の研究」, 『古代東北アジア史研究』, 吉川弘文館, 3~7쪽.
金貞培, 1977, 「衛滿朝鮮의 國家的 性格」, 『史叢』 20·21合.
尹乃鉉, 1985, 「衛滿朝鮮의 再認識」, 『史學志』 19.
서영수, 1996, 「衛滿朝鮮의 形成過程과 國家的 性格」, 『韓國古代史研究』 9.
金翰奎, 1999, 「遼東史上의 古朝鮮」, 『中國史研究』 6, 11~17쪽.
宋鎬晸, 1999, 『古朝鮮 國家形成過程 研究』, 서울大學校 國史學科 博士學位論文, 215~247쪽.
金南中, 2004, 「衛滿朝鮮의 王權과 地方統治體制」, 『韓國古代史研究』 33, 143~152쪽.
박준형, 2012, 「고조선의 세력 확장과 통치력의 강화」, 『고조선의 성립과 발전에 대한 연구』, 延世大學校 史學科 博士學位論文, 177~179쪽.
金南中, 2013, 「위만조선 성립 전의 고조선 사회와 위만 세력의 등장」, 『위만조선의 성립과 발전 과정 연구』, 西江大學校 史學科 博士學位論文.

6) 服役蠻夷: 오랑캐를 복속시켰다는 뜻이지만, 『史記』 朝鮮列傳에 의하면 '오랑캐의 의복을 입었다[蠻夷服].'라고 되어 있어 의미가 다르다. 바로 앞에 '상투를 틀었다'는 복식에 관한 내용이 있음을 고려할 때, 『史記』의 기록이 자연스럽다고 생각된다.
『史記』 권115, 朝鮮列傳55.

7) 自子姓有國八百餘年而爲衛氏 衛氏有國八十餘年: 『史記』, 『漢書』 등에 의하면 위만조선이 漢 武帝의 침공으로 멸망한 것은 B.C.108년이다(①). 따라서 위만이 조선왕이 된 것은 B.C.188년경이 되며, 箕子가 조선에 봉해졌다고 하는 시기는 B.C.988년경이다. 위만이 조선으로 망명한 것은 B.C.195년으로 확인되므로 위만조선이 80여년이라는 표현은 납득할 만하다. 그러나 기자의 책봉 연도는 정확하지 않아 믿기 어렵다. 『三國遺事』에 의하면 기자가 조선에 봉해진 것은 B.C.1122년의 일로 본문의 내용과 차이가 있다(②). 한편, 위만조선이 망한 것은 B.C.107년이었다고 하는 연구도 있다(③).
① 『史記』 권93, 韓信盧綰列傳33.
  『漢書』 권95, 西南夷兩粤朝鮮傳65.
② 『三國遺事』 권1, 紀異1 古朝鮮.
③ 趙法鍾, 2000, 「衛滿朝鮮의 崩壞時點과 王險城·樂浪郡의 位置」, 『韓國史研究』 110.

8) 夫餘: 한국사상 古朝鮮 다음으로 등장하는 초기국가로 扶餘라고도 하며 B.C.2세기경부터 A.D.494년까지 북만주 지역에 존속하였다.
『三國遺事』 권1, 紀異1 北扶餘.

『海東繹史』 권4, 世紀4 夫餘.
『後漢書』 권85, 东夷列传75.
『三國志』 권30, 魏書30 烏丸鮮卑東夷傳30 東夷 夫餘.
池內宏, 1932, 「夫餘考」, 『滿鮮地理歷史硏究報告』 13.
日野開三郎, 1946, 「夫餘國考—特にその中心地の位置について—」, 『史淵』 34.
李丙燾, 1976, 「夫餘考」, 앞의 책.
盧泰敦, 1989, 「扶餘國의 境域과 그 變遷」, 『國史館論叢』 4.
朴京哲, 1994, 「부여사의 전개와 지배구조」, 『한국사』 2, 한길사.
송호정, 1997, 「부여」, 『한국사』 4, 국사편찬위원회.
宋基豪, 2005, 「扶餘史 연구의 쟁점과 자료 해석」, 『韓國古代史研究』 37.
윤용구, 2008, 「"三國志" 夫餘傳의 문헌적 검토」, 『부여사와 그 주변』, 동북아역사재단.
박대재, 2008, 「夫餘의 왕권과 왕위계승—2~3세기를 중심으로—」, 『韓國史學報』 33.
이종수, 2009, 「부여의 문화기원」, 『松花江유역 초기철기문화와 夫餘의 문화기원』, 주류성출판사.

9) 夫餘王得河神之女: 夫餘王은 동부여의 왕 金蛙, 河神은 水神 河伯, 河神之女는 고구려 건국 시조인 주몽의 어머니 柳花이다. 유화는 『魏書』 등 중국 기록이나 「廣開土王陵碑」에는 '河伯女'로 전하지만 『東國李相國集』, 『三國史記』, 『三國遺事』를 통해 이름이 확인된다. 유화는 하백의 딸로 하루는 아우들과 놀고 있는데 天帝의 아들 해모수가 熊神山 아래 압록강가의 집으로 꾀어 들여 사통하였다. 하백은 유화가 중매 없이 혼인한 것을 꾸짖고 太白山 남쪽 優渤水에서 지내도록 하였다. 여기서 동부여의 왕 금와를 만났는데 금와는 유화를 이상히 여겨 궁에 데려와 방 안에 가두었다. 방 안에 갇힌 유화의 몸에 햇빛이 비치자 태기가 있어서 알 하나를 낳았다. 왕이 그 알을 버렸으나 동물들이 돌봐주니 다시 알을 유화에게 돌려주었다. 나중에 알을 깨고 한 아이가 나왔는데 그 아이가 바로 주몽이었다고 한다.
『三國史記』 권13, 高句麗本紀1 始祖東明聖王.
『三國遺事』 권1, 紀異1 高句麗.
『東國李相國前集』 권3, 古律詩 東明王篇.
『魏書』 권100, 列傳88.
朝鮮總督府 編, 1919, 「高句麗廣開土王陵碑」, 『朝鮮金石總覽』, 朝鮮總督府.
李志暎, 2006, 「河伯女, 柳花를 둘러싼 고구려 건국신화의 전승 문제」, 『東아시아古代學』 13.
조영광, 2006, 「河伯女 신화를 통해서 본 고구려 국가형성기의 상황」, 『北方史論叢』 12.

10) 朱蒙: B.C.58~B.C.19. 고구려의 시조로 鄒牟·鄒蒙·中牟라고도 전한다. 본문에 전하는 주몽설화는 字句의 차이는 있으나 기본적으로는 『三國史記』, 李奎報의 「東明王篇」, 『三國遺事』 및 「廣開土王陵碑」에 보이는 내용과 동일하다.
『三國史記』 권13, 高句麗本紀1 始祖 東明聖王.

『三國遺事』 권1 王曆1·紀異1 高句麗.
『東國李相國前集』 권3, 古律詩 東明王篇.
朝鮮總督府 編, 1919, 앞의 책.
許興植, 1984, 「高句麗牟頭婁誌」, 『韓國金石全文』, 亞細亞文化社.

11) 大水: 주몽이 마주 친 大水에 대해서는 掩水, 淹遞水, 淹滯水, 淹水, 奄利大水 등의 이름이 전한다. 모두 '큰 하천'을 뜻하는 말로 생각된다.
『三國史記』 권13, 高句麗本紀1 始祖東明聖王.
『三國遺事』 권1, 紀異1 高句麗.
『梁書』 권54, 列傳48 諸夷 東夷諸戎 高句驪.
『論衡』 吉驗篇9.
朝鮮總督府 編, 1919, 앞의 책.

12) 紇升骨城: 부여에서 남하한 주몽이 정착한 곳으로 고구려의 첫 도읍지이다. 『三國史記』 高句麗本紀에는 卒本川으로 되어 있으며, 「廣開土王陵碑」에는 沸流谷 忽本으로 나온다. 卒本은 지금의 요령성 환인현 일원으로 추정된다. 이곳은 渾江과 그 지류를 따라 넓은 평야가 펼쳐지는 분지이며, 五女山城, 下古城子土城, 喇哈城 등의 유적이 남아 있다. 이 가운데 五女山城을 홀승골성으로 보는 견해가 다수이다.
『三國史記』 권13, 高句麗本紀1 始祖東明聖王·권37 雜志 地理4 高句麗.
『魏書』 권100, 列傳88.
朝鮮總督府 編, 1919, 앞의 책.
魏存成, 1985, 「高句麗初中期的都城」, 『北方文物』 1985-2 ; 1994, 『高句麗考古』, 吉林大學出版社 ; 신용민 역, 1996, 『高句麗考古』, 三星文化財團, 46~50쪽.
노태돈, 1999, 「고구려의 기원과 국내성 천도」, 『한반도와 중국 동북3성의 역사와 문화』, 서울대학교출판부, 338·339쪽.
余昊奎, 2005, 「高句麗 國內 遷都의 시기와 배경」, 『韓國古代史硏究』 38, 54~60쪽.
조법종, 2007, 「고구려 초기도읍과 비류국성 연구」, 『白山學報』 77, 140~144쪽.
양시은, 2014, 「고구려 도성 연구의 현황과 과제」, 『高句麗渤海硏究』 50.
임찬경, 2015, 「『고려도경』·『삼국사기』의 고구려 건국 연대와 첫 도읍 졸본」, 『국학연구』 19, 129~133쪽.

13) 高句驪: 주몽이 건국한 고대국가로 중국 동북지방을 무대로 발전하였으며 668년에 나·당연합군에 의해 멸망되었다. 史書에는 고구려 대신 高麗라는 국호도 많이 사용되는데, 長壽王이 평양으로 천도하면서 국호를 高麗로 개정했기 때문이다. 따라서 『高麗圖經』을 비롯한 중국의 사서에서는 고구려와 왕건이 건국한 고려 모두 高麗로 지칭하는 일이 많으므로 경우에 따라 구별해야 한다.
『三國史記』 권13~22, 高句麗本紀1~10.
李丙燾, 1956, 「高句麗國號考—高句麗名稱의 起源과 그 語義에 對하여—」, 『서울大論文集(人文社會科學)』 3 ; 1976, 앞의 책.
鄭求福, 1992, 「高句麗의 '高麗' 國號에 대한 一考—三國史記의 기록과 관련하여—」,

『湖西史學』19·20合.
박용운, 2004,「국호 高句麗·高麗에 대한 일고찰」,『北方史論叢』창간호 ; 2006,『고려의 고구려계승에 대한 종합적 검토』, 일지사.

14) 凡有五部: 고구려 국가 형성에 중심이 된 다섯 개의 정치체로 일정한 독자성을 지니며 국정에 참여하였다. 성격상 초기의 那部와 후기의 部로 구분되며, 중앙집권화가 강화되면서 차츰 행정구역으로서의 성격으로 변화되었다. 5部의 명칭은 중국 사서에는 消(涓)奴部·絶奴部·順奴部·灌奴部·桂婁部로 나오고,『三國史記』에는 沸流部·椽那部·提那部·桓那部·貫那部 등으로 표기되어 있어 다소 차이가 있다.
『三國史記』권14·15·16, 高句麗本紀2·3·4.
『三國志』권30, 魏書30 烏丸鮮卑東夷傳30 東夷 高句麗.
『後漢書』권85, 東夷列傳75 高句麗.
盧泰敦, 1975,「三國時代의 '部'에 關한 硏究」,『韓國史論』2.
林起煥, 1987,「고구려 초기의 지방통치체제」,『慶熙史學』14.
余昊奎, 1992,「高句麗 初期 那部統治體制의 成立과 發展」,『韓國史論』27.
琴京淑, 1995,「高句麗 前期의 地方統治」,『高句麗 前期의 政治制度 硏究』, 高麗大學校 史學科 博士學位論文.
盧泰敦, 1999,「部體制의 정치구조와 사회」,『高句麗 政治史 硏究』, 서울大學敎 國史學科 博士學位論文.

15) 武帝: B.C.156~B.C.87. 漢의 7대 황제로 재위기간은 B.C.141~B.C.87년이다. 16세의 어린 나이로 등극하여 54년간 통치하면서 중앙집권적 관료국가를 이룩하였다. 年號 제정, 曆法 개정, 儒學의 국교화, 鹽鐵 전매제 등은 그가 추진한 대표적인 정책이다.
『漢書』권6, 武帝紀6.
이춘식, 2005,「진(秦)·한(漢) 제국의 성립과 중국 고전문화의 완성」,『중국사서설(개정판)』, 교보문고, 147~155쪽.
요시카와 고지로 지음, 이목 옮김, 2008,『한무제』, 천지인.
楊生民 저, 심규호 역, 2012,『한 무제 평전』, 민음사.

16) 以高麗爲縣 屬玄菟郡: 玄菟郡은 漢 武帝가 조선을 멸망시킨 후 설치한 행정구역이다. 眞番·臨屯·樂浪과 함께 4郡으로 불린다. 현도군은 3개의 縣으로 구성되어 있는데 그 가운데 하나가 고구려현이다(①). 여기서 고구려란 주몽이 건국한 고구려와는 다른 것으로 縣에 불과하지만 마치 고구려를 복속하여 현도군에 소속시킨 것처럼 표현되어 있는데, 이는 사실과 다르다(②). 하지만 현도군이 소멸된 이후에도 중국인들은 현도군을 동방의 영역으로 인식했던 것 같다. 五代와 宋에서 고려 국왕을 책봉하면서 玄菟州都督이라는 관작명을 내리기 때문이다(③). 본문에서 서긍이 현도군과 고구려의 관계를 서술한 것도 고려에 대한 책봉을 염두에 둔 표현이었을 것이다.
①『三國遺事』권1, 紀異1 魏滿朝鮮.
『漢書』권6, 武帝紀6·권28下 地理志.

『後漢書』 권85, 東夷列傳75.
② 기수연, 2004, 「中國 正史 속의 高句麗—중국의 고구려 귀속 논리에 대한 문헌 사적 검토—」, 『고조선단군학』 10, 16~20쪽.
③ 沈載錫, 2001, 「고려와 五代·宋의 책봉관계」, 『高麗國王 冊封 研究』, 혜안.
현도군 및 고구려와의 관계에 대한 연구 성과를 간단히 소개하면 다음과 같다.
和田淸, 1951, 「玄菟郡考」, 『東方學』 1 ; 1955, 『東亞史研究 滿洲篇』, 東洋文庫.
全海宗, 1971, 「〈高麗圖經〉에 보이는 「元菟」郡에 대하여」, 『惠庵柳洪烈博士華甲紀念論叢』, 探求堂.
李丙燾, 1976, 「玄菟郡考」, 앞의 책.
李基白, 1985, 「高句麗의 國家形成 問題」, 『韓國古代의 國家와 社會』, 一潮閣.
金基興, 1987, 「고구려의 성장과 대외교역」, 『韓國史論』 16.
田中俊明, 1994, 「高句麗の興期と玄菟郡」, 『朝鮮文化研究』 1.
金美炅, 2002, 「第1玄菟郡의 位置에 대한 再檢討」, 『實學思想研究』 24.
權五重, 2002, 「漢과 高句麗의 關係」, 『高句麗研究』 14.
윤용구, 2008, 「현도군의 군현 지배와 고구려」, 『요동군과 현도군 연구』, 동북아역사재단.
송호정, 2010, 「한군현(漢郡縣) 지배의 역사적 성격」, 『역사와 현실』 78.
李成制, 2011, 「玄菟郡의 改編과 高句麗—'夷貊所侵'의 의미와 郡縣의 對應을 중심으로—」, 『韓國古代史研究』 64.
장병진, 2015, 「초기 고구려의 주도세력과 현도군」, 『韓國古代史研究』 77.

17) 鼓吹伎人: 鼓는 북을 이용한 타악 연주, 吹는 피리 등을 이용한 취주 연주를 뜻하며, 伎人은 이러한 악기를 연주하고 노래하는 사람들이었다. 따라서 고취·기인은 하나의 악단, 악대를 의미하며 이들은 국왕의 행차와 제사 의례 혹은 軍樂 연주에 동원되었다(①). 禮와 樂은 교화의 중요한 수단이라는 점에서 漢 武帝가 고취·기인을 하사한 것은 이를 통해 황제의 권위를 높이고 주변국을 內屬시키기 위한 목적에서 이루어졌다(②). 흥미로운 점은 1123년 서긍이 고려로 파견되기 불과 몇 해 전인 1114년(송 정화 4)과 1116년에 두 차례에 걸쳐 송 휘종이 고려에 송의 아악인 대성악과 음악 연주에 필요한 악기 및 曲譜를 보냈다는 사실이다(③). 서긍도 이를 잘 알고 있었으므로 본문에서 '鼓吹伎人'을 언급하여 宋과 고려도 漢과 고구려의 관계와 유사하다는 것을 드러내었다고 생각한다.
① 諸橋轍次, 1986, 「鼓吹」, 『大漢和辭典』 12, 大修館書店, 1057쪽.
② 金翰奎, 1982, 「漢代 中外關係의 몇 가지 類型」, 『古代中國的世界秩序研究』, 一潮閣, 366~369쪽.
③ 『高麗史』 권14, 世家14 睿宗 11년 6월 乙丑.
『高麗史』 권70, 志24 樂1 雅樂 宋新賜樂器.

18) 幘溝漊: 표면적으로는 조복과 의책을 가져가도록 쌓은 城이지만, 고구려 성장에 대한 현도군의 대응책으로 여겨진다. 고구려에서는 책구루를 통해 那 혹은 諸加

가 현도군과 개별적으로 행하던 교섭을 차단하고 왕권을 신장시켰다(①). 한편 책구루에는 互市와 같은 무역창구의 성격도 있었다고 한다(②).
『三國志』권30, 魏書30 烏丸鮮卑東夷傳30 東夷 高句麗.
① 盧泰敦, 1975, 앞의 논문, 13~15쪽.
윤용구, 2006, 「高句麗의 흥기와 幘溝漊」, 『고구려의 역사와 대외관계』, 서경문화사.
박노석, 2015, 「고구려의 발전과 현도군 책구루의 변화」, 『全北史學』46.
② 金昌錫, 2004, 「高句麗 초·중기의 對中 교섭과 교역」, 『新羅文化』24, 13~15쪽.

19) 其君長賜之鼓吹伎人 …… 高麗名城也: 유사한 내용이 『三國志』에 전한다.
『三國志』권30, 魏書30 烏丸鮮卑東夷傳30 東夷 高句麗.

20) 王莽: B.C.45~A.D.23. 漢 孝元皇后의 조카로 字는 巨君이다. 平帝 사후 攝皇帝가 되었으며, 이후 참위설을 이용하여 스스로 천자의 자리에 올라 新을 건국하였다. 즉위 후 여러 제도 개혁을 시행하였으나 법령이 가혹하여 반란이 사방에서 일어났다. 23년 後漢 光武帝에게 昆陽—지금의 중국 河南省 葉縣 일원—에서 패하고 쫓기다가 長安의 未央宮에서 부하에게 죽임을 당하였다.
『漢書』권99上, 王莽傳69上.
『漢書』권99中, 王莽傳69中.
『漢書』권99下, 王莽傳69下.

21) 王莽發其兵 以誅匈奴: 흉노는 고대 중국의 북부 산서와 북부 하북에서 말·소·양 등의 가축을 유목하며 살던 투르크계 민족으로 胡族·淳維라고도 한다. B.C. 9세기~B.C. 8세기 경에 獫狁으로 칭해졌고, 그 이전에는 獯鬻으로 불렸다. B.C. 3세기 후반에 통합되어 국가를 이루었으며 지도자를 單于라 했다. 중국 및 기타 이민족과 충돌하면서 분열·이주해 일부는 중국 및 다른 이민족에 동화되거나 복속되었고 일부는 4세기경에 라인강 유역에서 훈제국을 형성했다. 한편 흉노는 漢 武帝때 대규모 원정으로 인해 세력이 약해졌으며 내란으로 인해 남과 북으로 분열되기도 하였다. 南匈奴는 漢과 평화관계를 유지하였는데, 新을 건국한 王莽이 강경책을 고수하면서 반란을 일으켰다. 이에 왕망은 30만 대군으로 흉노토벌을 감행했으나 내부 문제로 실패하였다. 왕망이 고구려 병사를 동원하려 한 것도 이러한 맥락에서 이해된다.
『史記』권110, 列傳50 匈奴.
『漢書』권94上, 列傳64上 匈奴.
諸橋轍次, 1984, 「匈奴」, 『大漢和辭典』2, 大修館書店, 431쪽.
René Grousset, 1952, L'Empire des steppes : Attila, Gengis-Khan, Tamerlan, Paris: Payot ; 김호동 외 譯, 1998, 『유라시아 유목제국사』, 사계절, 62쪽.
姜仁旭, 2003, 「고고학으로 본 匈奴의 발생과 분포」, 『文化財』36, 106·116~118쪽.

22) 光武: B.C.6~A.D.57. 後漢의 초대 황제로 이름은 秀이고 字는 文叔이다. 재위기간은 25~57년이며 王莽에 의해 무너진 漢을 재건하였다. 시호는 光武帝이다.
『後漢書』권1上, 光武帝紀1上.

『後漢書』권1下, 光武帝紀1下.
23) 建武八年 …… 列爲外藩: 建武는 後漢 광무제의 年號로 25~56년 동안 사용되었다. 건무 8년은 32년이다. 동일한 내용이『後漢書』高句驪傳에 "건무 8년에 고구려가 사신을 보내 조공하니 광무제가 그 왕호를 회복시켰다[建武八年 高句驪遣使朝貢 光武復其王號]."라고 전한다.
『後漢書』권1上, 光武帝紀1上.
『後漢書』권85, 東夷列傳75.
24) 安帝: 94~125. 後漢의 6대 황제로 이름은 祜이고, 시호는 孝安皇帝이다. 재위기간은 106~125년이다.
『後漢書』권5, 孝安帝紀5.

1-2-(2)

[原文]

初消奴爲王, 旣衰而桂婁代19)之. 至王宮, 生而開目能視, 國人惡之. 及長壯勇, 和帝時, 頻掠遼東. 傳至王伯固, 伯固死, 有二子, 長曰拔奇者20)不肖, 次曰伊夷模, 國人立焉. 漢末, 公孫康擊破伊夷模, 於其國丸21)都山下, 國人共立其子位宮, 位宮亦有勇力, 好鞍馬. 以其祖宮, 生而能視, 今王亦然. 句驪謂相似爲位, 故名曰22)位宮. 魏將卌23)丘儉屠之, 追至肅【今上御名】24), 刻石紀功而還. 位宮五世孫釗, 晉永嘉中, 與遼西鮮卑慕容廆隣, 廆不能制. 康帝建元初, 廆子皝帥師伐之大敗, 後爲百濟所滅. 其後, 慕容寶以其王高安爲平州牧, 安孫璉, 義熙中, 遣長史孫翼, 獻赭白馬,

---

19) 四 知 : 代. 원문은 伐로 되어 있으나, 의미상 '代'가 옳다고 생각되어 교감 번역하였다.
20) 知 : "長曰拔奇【鄭刻有者字】"로 기록되어 있다.
21) 四 : 丸. 원문은 九로 되어 있으나,『通典』권186, 邊防2 東夷下 高句麗에 근거하여 '丸'으로 교감 번역하였다.
22) 知 : "故名【鄭刻有曰字】"로 기록되어 있다.
23) 知 : 母.
24) 四 : 愼, 知 : "追至肅【今上御名孝宗諱昚】"으로 기록되어 있다.

以爲營[25])州牧高麗王樂浪郡公. 璉七世孫元, 隋文帝時, 率靺鞨, 寇遼東.

[譯文]

전에는 소노부에서 왕이 되었는데 이윽고 쇠약해지자 계루부가 대신하였다.[1] 왕이 궁[宮, 태조왕][2]에 이르렀는데, (그는) 태어나자마자 눈을 뜨고 볼 수 있었으므로 나라 사람들이 미워했다. 장성하자 건장하고 용맹스러웠으며 화제[3] 때 자주 요동을 침략했다. (왕위를) 전하여 왕 백고[伯固, 신대왕][4]에 이르렀으며 백고가 죽자 아들 둘이 있었는데, 장남인 발기[5]는 어리석으므로 차남인 이이모[伊夷模, 산상왕][6]를 나라 사람들이 (왕으로) 세웠다. 한나라 말기에 공손강[7]이 이이모를 그 나라 환도산[8] 아래에서 격파하니 나라 사람들이 함께 그 아들 위궁[位宮, 동천왕][9]을 세웠으며, 위궁 또한 용력이 있고 말타기를 좋아했다. 그의 선조 궁이 태어나자마자 (눈을 뜨고) 볼 수 있었으며, 지금 왕도 또한 그러했다. 고구려에서는 서로 닮은 것을 일러 '위(位)'라고 불렀으므로 이름을 위궁이라고 하였다. 위나라 장수 관구검[10]이 쳐들어가 숙신[금상이 이름이다][11]까지 추격하고 공로를 기념하여 돌에 새기고 돌아왔다.[12] 위궁의 5세손 유[劉, 고국원왕][13]가 진 영가 연간에[14] 요서의 선비족 모용외[15]와 이웃하였는데, 모용외도 제어하지 못하였다. 강제[16] 건원[17] 초에 모용외의 아들 모용황[庞子皝][18]이 군대를 거느리고 쳐들어가 크게 격파하였고,[19] 뒤에 백제(百濟)[20]에 죽임을 당하였다.[21] 그 뒤에 모용보[22]가 그 왕 고안[高安, 광개토왕][23]을 평주목[24]으로 삼고, 고안의 손자 고연[璉, 장수왕][25]이 의희 연간에[26] 장사(長史) 손익[27]을 보내어 자백마를 바치니 영주목[28] 고려왕 낙랑군공으로 삼았다. 고연의 7세손 고원[元,

---

25) 四 知 : 營. 원문은 榮으로 되어 있으나, 의미상 '營'이 옳다고 생각되어 교감 번역하였다.

영양왕][29]은 수 문제[30] 때에 말갈[31]을 거느리고 요동을 공격했다.[32]

[註解]

1) 初消奴爲王 旣衰而桂婁代之: 消奴部에서 桂婁部로의 왕실교체 사실을 말한다. 이에 대해서는 왕실교체의 사실을 부정하는 견해가 있었으나(①), 대부분 왕실교체를 인정하는 가운데 그 시기를 각각 동명왕대(②), 유리왕대(③), 태조왕대(④)로 파악하는 연구가 있다.
『三國志』 권30, 魏書30 烏丸鮮卑東夷傳30 東夷 高句麗.
① 白鳥庫吉, 1914, 「丸都城及國內城考」, 『史學雜誌』 25-4·5.
　三品彰英, 1954, 「高句麗の五族について」, 『朝鮮學報』 6.
② 田美姬, 1992, 「高句麗初期의 王室交替와 五部」, 『朴永錫敎授華甲紀念史學論叢』 上, 探究堂.
　盧泰敦, 1993, 「朱蒙의 出自傳承과 桂婁部의 起源」, 『韓國古代史論叢』 5.
　강경구, 1999, 「高句麗 桂婁部의 王室交替에 대하여」, 『韓國上古史學報』 30.
③ 金基興, 1990, 「高句麗의 國家形成」, 『한국 고대국가의 형성』, 民音社.
　이준성, 2011, 「고구려 초기 연노부(消奴部)의 쇠퇴와 왕권교체」, 『역사와 현실』 80.
④ 池內宏, 1928, 「高句麗の五族及び五部」, 『東洋學報』 16-1 ; 1951, 『滿鮮史硏究』 上世 1.
　金哲埈, 1956, 「高句麗·新羅의 官階組織의 成立過程」, 『李丙燾博士華甲記念論叢』, 一潮閣, 1975, 『韓國古代社會硏究』, 知識産業社.
　金龍善, 1980, 「高句麗琉璃王考」, 『歷史學報』 87.
　권순홍, 2015, 「고구려 초기의 都城과 改都—태조왕대의 왕실교체를 중심으로—」, 『韓國古代史硏究』 78.

2) 宮: 47~165. 고구려의 제6대 국왕으로 재위 기간은 53~146년이다. 太祖大王 혹은 國祖王이라고 하였다. 이름은 宮이며, 아명은 於漱이다. 부친은 유리왕의 아들 古鄒加 再思이다. 『三國史記』에 의하면 태조왕은 7세에 즉위하여 94년간 재위했다.
『三國史記』 권15, 高句麗本紀3 太祖大王.

3) 和帝: 79~105. 중국 後漢의 제4대 황제로 재위 기간은 88~105년이다. 제3대 황제인 章帝의 넷째 아들이며 어머니는 貴人 梁氏이다.
『後漢書』 권4, 孝和孝殤帝紀4.

4) 伯固: 89~179. 고구려의 제8대 국왕인 新大王으로 재위 기간은 165~179년이다. 태조왕의 막내 동생으로, 前王이자 형인 次大王이 明臨答夫에게 살해된 뒤 左輔 菸支留 등의 추대를 받아 즉위하였다. 『後漢書』와 『三國志』에 의하면 신대왕 伯固는 132년 무렵에 즉위한 것으로 되어 있어 『三國史記』와 차이가 있다. 한편, 『三

國志』에는 차대왕이 누락되었고 伯固―신대왕―를 宮―태조왕―의 아들이라 하였으며, 『後漢書』에는 차대왕의 아들로 되어 있다.

『三國史記』 권16, 高句麗本紀4 新大王.

『三國志』 권30, 魏書30 烏丸鮮卑東夷傳30 東夷 高句麗.

『後漢書』 권85, 東夷列傳75.

5) 拔奇: ?~197. 신대왕의 아들로 고국천왕의 아우이자 산상왕의 형이다. 고국천왕이 사망한 이후 왕비 于氏의 후원을 얻은 동생이 산상왕으로 등극하자 이에 불만을 품고 요동의 公孫氏에게 투항하였다. 이후 공손씨의 병력을 얻어 고구려를 공격했으나 끝내 실패하고 자결하였다. 『三國史記』에 의하면 拔奇와 伊夷謨, 發岐와 延優라는 인물이 각각 고국천왕과 산상왕 條에 실려 있고 형인 발기를 제치고 동생인 이이모·연우가 왕이 된 것으로 기록되어 있다. 그러나 拔奇와 發岐, 伊夷模와 延優―산상왕―는 동일한 인물이며 산상왕의 즉위과정이 고국천왕조에 삽입된 것으로 여겨진다. 한편, 본문에는 발기가 신대왕의 장남으로 되어 있어 고국천왕의 존재가 누락되어 있는데 이는 『三國志』의 기록을 그대로 채록한 것에서 비롯된 착오로 생각된다.

『三國史記』 권16, 高句麗本紀4 故國川王·山上王.

『三國志』 권30, 魏書30 烏丸鮮卑東夷傳30 東夷 高句麗.

盧泰敦, 1983, 「高句麗 초기의 娶嫂婚에 관한 一考察」, 『金哲埈博士華甲紀念史學論叢』, 知識産業社.

6) 伊夷模: ?~227. 고구려의 제10대 국왕인 山上王으로 재위기간은 197~227년이다. 이름은 延優이며, 고국천왕의 아우이다. 고국천왕의 사후 왕비 于氏의 도움으로 즉위하였으며 후에는 우씨를 왕후로 맞이하였다. 이 둘의 결합은 고구려 사회에 널리 행해져 오던 형사취수혼의 구체적인 사례로 주목받고 있다.

『三國史記』 권16, 高句麗本紀4 山上王,

盧泰敦, 1983, 앞의 책.

김수태, 2005, 「2세기말 3세기대 고구려의 왕실혼인―취수혼에 대한 재검토를 중심으로―」, 『韓國古代史硏究』 38.

엄광용, 2006, 「고구려 산상왕(山上王)의 '취수혼 사건'」, 『史學志』 38.

윤상열, 2007, 「고구려 王后 于氏에 대하여」, 『역사와 실학』 32.

7) 公孫康: ?~221. 後漢 末 요동에 웅거하던 公孫度의 아들로 204년에 아버지가 죽자 그 지위를 이어 요동태수가 되었다. 207년에 襄平侯의 封爵을 받고 左將軍에 임명되었다. 고구려를 격파하여 丸都城으로 도읍을 옮기게 하고, 또 낙랑에 帶方郡을 설치하는 한편 韓과 濊를 토벌했다.

『三國志』 권8, 魏書8 二公孫陶四張傳8.

『三國志』 권30, 魏書30 烏丸鮮卑東夷傳30.

임종욱 편, 2010, 「공손강」, 『중국역대 인명사전』, 이회, 99쪽.

8) 丸都山: 지금의 중국 길림성 집안시에 있는 해발 676m의 산이다. 山城子山城이 남아 있으며 고구려의 都城이었던 것으로 추정된다.

白鳥庫吉, 1914, 앞의 책, 20쪽.
차용걸, 1993, 「고구려전기의 도성(都城)」, 『國史館論叢』 48.
余昊奎, 2005, 앞의 책, 48쪽.

9) 位宮: 209~248. 고구려의 제11대 국왕인 東川王으로 재위기간은 227~248년이다. 이름은 憂位居이며, 산상왕의 아들이다.
『三國史記』 권17, 高句麗本紀5 東川王.

10) 毌丘儉: ?~255. 삼국시대 魏의 河東 聞喜縣—지금의 중국 山西省 運城市— 사람으로 자는 仲恭이다. 아버지 毌丘興의 高陽鄕侯 작위를 이어 平原侯文學이 되었다. 魏 明帝가 즉위하자 尙書郞이 되고, 후에 荊州刺史를 지냈다. 正始 연간(240~249)에 대군을 거느리고 고구려를 침공하여 환도성을 함락시켰지만 고구려 장군 紐由의 기습작전으로 회군했다. 255년에 司馬氏가 정권을 농단하는 것에 불만을 품고 이를 토벌하려다 실패하고 살해당했다.
『三國志』 권28, 魏書28 王毌丘諸葛鄧鍾傳28.
임종욱 편, 2010, 앞의 책, 133쪽.

11) 今上御名: 南宋 孝宗(1127~1194)의 이름인 昚을 피휘하여 표기한 것이다. 이로써 본 역주의 저본인 天祿琳琅叢書本(澂江本)이 宋代에 판각된 초판본임을 확인할 수 있다(①). 肅愼은 先秦時期 중국 동북방 지역에 존재하던 민족으로 漢代에는 挹婁, 北魏代에는 勿吉, 隋·唐代에는 靺鞨 등으로 불리었다(②).
① 이진한·임형수·최수규, 2016, 「『高麗圖經』譯註」(1), 『韓國史學報』 65, 533~535쪽.
② 韓圭哲, 1988, 「肅愼·怙婁硏究」, 『白山學報』 35.
梁在英, 2004, 「古代 肅愼에 관한 硏究」, 『中國史硏究』 32.
김락기, 2013, 「고구려의 동북 경역과 숙신·물길」, 『고구려의 東北方 境域과 勿吉 靺鞨』, 景仁文化社, 23쪽.

12) 魏將毌丘儉屠之 …… 刻石紀功而還: 관구검이 고구려에 침입하여 전공을 돌에 새기고 돌아갔다는 내용은 『三國志』, 『北史』, 『三國史記』 등에 보인다. 당시에 기록된 것으로 여겨지는 石刻의 일부가 「毌丘儉紀功碑」라는 이름으로 전한다.
『三國史記』 권17, 高句麗本紀5 東川王 20년 8월.
『三國志』 권28, 魏書28 王毌丘諸葛鄧鍾傳28.
『北史』 권94, 列傳82 高麗.
朝鮮總督府 編, 1919, 「毌丘儉紀功碑」, 앞의 책.
박노석, 2003, 「고구려 동천왕대 관구검의 침입」, 『韓國思想과 文化』 20.
김영주, 2010, 「魏毌丘儉紀功碑와 관련하여」, 『한국학논총』 34.

13) 劉: ?~371. 고구려의 제16대 국왕인 故國原王으로 재위기간은 331~371년이다. 이름은 斯由 혹은 劉이며 미천왕의 아들이다. 371년 10월에 백제 근초고왕의 군대를 맞아 평양성에서 싸우다 전사하였다.
『三國史記』 권18, 高句麗本紀6 故國原王.
李道學, 2006, 「고구려의 國難과 故國原王像」, 『고구려발해연구』 23.

14) 晉永嘉中: 西晉 懷帝(287~313)의 연호로 307~313년 동안 사용되었다. 이 시기에는

西晉 내부의 왕위 계승을 둘러싼 반란과 아울러 胡族에 의한 諸國의 건설이 시작되어 이른바 5호 16국 시대가 전개되기에 이른다.
이춘식, 2005, 「호족국가의 수립과 위진남북조시대의 문화」, 앞의 책, 216~219쪽.

15) 慕容廆: 269~333. 5호 16국 시대 鮮卑族이 세운 前燕의 시조로 이름은 廆, 字는 弈洛瓌이다. 후에 高祖 宣武帝로 추존되었다. 西晉이 약화되자 선비 부족을 통일하고 鮮卑大單于라 자칭하였다. 漢人 인재를 등용하고 禮制을 정비하는 등 유목 생활양식과 문화를 漢化시키면서 국가의 기틀을 마련하였다.
『晉書』권108, 載記8 慕容廆.
池培善, 1986, 「前燕 公國의 形成過程」, 『中世東北亞史硏究—慕容王國史—』, 一潮閣, 27~62쪽.

16) 康帝: 322~344. 東晉의 제4대 황제로 재위기간은 342~344년이다. 이름은 岳, 자는 世同이고 明帝의 아들이며 成帝의 동생이다.
『晉書』권7, 帝紀7 康帝.

17) 建元: 東晉 康帝의 연호로 343·344년동안에 사용되었다.

18) 皝: 297~348. 前燕의 건국자로 재위기간은 337~348년이다. 慕容廆의 3子로 이름은 皝이며 字는 元眞이다. 337년에 燕王이라 칭하고 朝陽에 도읍을 정하였다.
『晉書』권109, 載記9 慕容皝.
池培善, 1986, 앞의 책, 63~76쪽.

19) 廆子皝帥師伐之大敗: 342년(고국원왕 12) 11월에 前燕의 모용황이 고구려를 침공하여 고국원왕을 패퇴시킨 일을 말한다. 이 때 고구려의 환도성이 함락당하여 미천왕의 무덤이 파헤쳐지고, 고국원왕의 모후와 왕비를 비롯한 고구려 남녀 5만 여명이 잡혀 갔다.
『三國史記』권17, 高句麗本紀6 故國原王 12년.
『晉書』권109, 載記9 慕容皝.
池培善, 2006, 「高句麗와 鮮卑의 전쟁—慕容廆와 慕容皝을 중심으로—」, 『高句麗硏究』24, 80~83쪽.

20) 百濟: 고대 한반도 중서부에 존재했던 국가이다. B.C.18년에 위례성—지금의 서울시 송파구 풍납동 일원—에서 건국되었으며, 이후 웅진, 사비로 천도하였다. 660년에 멸망하기까지 31대 679년 동안 존속하였다.
『三國史記』권23, 百濟本紀1.
『三國遺事』권2, 紀異2 南扶餘 前百濟 北扶餘.

21) 後爲百濟所滅: 371년(고국원왕 41)에 고국원왕이 백제 근초고왕의 군대를 맞아 평양성에서 싸우다 전사한 사실을 말하는 것으로 『三國史記』에 자세한 내용이 전한다(①). 본문의 해석을 두고 기존의 역주본은 모용황을 주어로 보아 '모용황이 군사를 거느리고 쳐들어가 부여를 크게 격파했으나, 뒤를 이은 부여왕에게 패배당했다.'라고 해석하거나(②) 모용황이 '그 뒤에 百濟에 의해 멸망되었다.'라고 보았다(③). 하지만 그렇게 읽으면 시기도 맞지 않으며 사실관계도 파악하기 어렵다. 이 문장의 주어는 劉—고국원왕—이며 반복을 피하기 위해 생략되어 있

을 뿐이라고 생각된다.
① 『三國史記』 권18, 高句麗本紀6 故國原王 41년.
   『三國史記』 권24, 百濟本紀2 近肖古王 26년.
② 조동원 외 공역, 2005, 『고려도경』, 황소자리, 53쪽.
③ 김한규 譯, 2012, 『사조선록 역주 1—宋使의 高麗 使行錄—』, 소명출판, 65쪽.

22) 慕容寶: 355~398. 後燕의 제2대 황제로 재위기간은 396~398년이다. 이름은 寶, 자는 道祐이다. 후연을 세운 慕容垂의 넷째 아들로 즉위 이후 중국식 관료제를 확립하려는 노력을 기울였으나 北魏의 공격을 받아 세력을 잃었으며 내부 분쟁으로 부하에게 피살되었다.
『晉書』 권124, 載記24 慕容寶.
『魏書』 권95, 列傳83 徒何慕容廆傳 附垂子寶.
池培善, 1986, 앞의 책, 296~306쪽.

23) 高安: 374~412. 고구려의 제19대 국왕인 廣開土王으로 재위기간은 391~412년이다. 『三國史記』에는 이름이 談德이라 전하며 '安'이라는 이름은 『晉書』에 보인다. 世系나 활동연대로 볼 때 광개토왕이 맞다. 그의 치적을 전하는 「國岡上廣開土境平安好太王碑」가 현재 중국 길림성 집안시에 남아 있다.
『三國史記』 권17, 高句麗本紀6 廣開土王.
『晉書』 권124, 載記24 慕容盛.
朝鮮總督府 編, 1919, 앞의 책, 2~6쪽.
정호섭, 2015, 「광개토왕비의 형태와 위치, 비문 구성과 성격에 관한 연구 성과와 과제」, 『東北亞歷史論叢』 49.

24) 平州牧: 西晉이 지금의 중국 遼寧省 일원에 설치한 州이다. 周의 幽州界로 漢에서는 右北平郡에 속하였다. 後漢 末 公孫度가 스스로 平州牧이라 칭하였다. 이후 魏에서 東夷校尉를 두고 遼東·昌黎·玄菟·帶方·樂浪 5郡을 平州로 삼았다가 幽州에 합쳤다. 276년에 다시 平州를 두었는데 영가 연간 이후 5호 16국 시기에는 慕容氏가 세운 前燕·後燕이 차지하였다. 後燕의 모용보가 즉위하여 광개토왕을 平州牧 遼東帶方二國王으로 봉하였는데, 이는 요동 지역에 대한 고구려의 영유권을 인정해 준 것으로 이해된다.
『晉書』 권14, 志4 地理上 平州.
『梁書』 권54, 列傳48 諸夷 東夷 高句麗.
『北史』 권94, 列傳82 高麗.
武田幸男, 1989, 「長壽王の東アジア認識」, 『高句麗史と東アジア』, 岩波書店, 214쪽.
孔錫龜, 2012, 「廣開土王의 遼西地方 進出에 대한 고찰」, 『韓國古代史研究』 67, 128쪽.

25) 璉: 394~491. 고구려의 제20대 국왕인 長壽王으로 재위기간은 413~491년이다. 이름은 巨連이며 광개토왕의 장자이다. 본문에는 광개토왕의 손자로 되어 있는데 착오이다.
『三國史記』 권18, 高句麗本紀6 長壽王.

26) 義熙中: 東晉 安帝의 연호로 405~419년 동안 사용되었다.

『晉書』 권10, 帝紀10 安帝.
27) 長史孫翼: 생몰년 미상. 長史란 고구려 국왕 막부의 관직이다. 『梁書』 高句驪傳에 句麗王 安―광개토왕―이 처음으로 長史·司馬·參軍官을 두었다고 되어 있다. 또한 『宋書』 및 『南史』에는 晉 安帝 義熙 9년(413, 장수왕 1)에 長史 高翼을 보내 자백마를 바치니 使持節都督營州諸軍事征東將軍高句驪―『南史』에는 高麗王―樂浪公으로 삼았다는 기록이 있으므로 본문의 내용은 이를 말하는 것으로 보인다. 『三國史記』에도 간단한 내용이 전한다.
『三國史記』 권18, 高句麗本紀6 長壽王 원년.
『宋書』 권97, 列傳57 夷蠻 東夷 高句麗.
『梁書』 권54, 列傳48 諸夷 東夷 高句驪.
『南史』 권79, 列傳69 夷貊下 東夷 高句麗.
임기환, 1995, 「4세기 고구려의 樂浪·帶方地域 경영―안악3호분·덕흥리고분 墨書銘 검토를 중심으로―」, 『歷史學報』 147.
金翰奎, 1997, 「幕府體制의 世界史的 展開」, 『古代東亞細亞幕府體制研究』, 一潮閣, 329~340쪽.
28) 營州牧: 지금의 요령성 朝陽市 일원으로 중국 고대 12牧의 하나인 青州에서 분리된 곳이다. 殷의 孤竹國으로 秦代에 遼西郡에 속하였고 漢代에는 昌黎郡이 되었다. 前燕의 慕容皝이 이곳에 도읍하였고, 北魏는 營州를 세웠다.
『晉書』 권15, 志5 地理下 青州.
『遼史』 권40, 志10 地理志4 南京道.
29) 璉七世孫元: ?~618. 고구려의 제26대 국왕인 嬰陽王으로 재위기간은 590~618년이다. 이름은 元이며 평원왕의 장남이다. 본문에는 璉―장수왕―의 7세손으로 되어 있으나 6세손이 옳다.
『三國史記』 권20, 高句麗本紀8 嬰陽王.
30) 隋文帝: 541~604. 隋의 초대 황제로 재위기간은 581~604년이다. 성은 楊, 이름은 堅이며 묘호는 高祖이다. 370여 년 간 지속된 위진남북조시대의 분열을 종식시키고 隋를 건국하였다.
『隋書』 권1, 帝紀1 高祖上.
『隋書』 권2, 帝紀2 高祖下.
金明姬, 1998, 「隋의 建國과 滅亡」, 『中國 隋·唐史 研究』, 國學資料院, 29~34쪽.
31) 靺鞨: 여진족·만주족의 원류가 되는 주민집단으로 隋·唐代에 동북 만주 여러 지역에 부락을 이루어 산재하였다. 고구려는 국초부터 세력을 확장하는 과정에서 말갈족 일부를 세력권 아래에 두었고, 580년대 이후로는 대부분의 말갈을 지배하게 되었다.
김영천, 2008, 「靺鞨의 成長과 高句麗의 靺鞨服屬」, 『高句麗渤海研究』 32.
32) 率靺鞨 寇遼東: 고구려 영양왕이 말갈을 거느리고 요동을 공격한 것은 598년(고구려 영양왕 9)의 일이었다.
『三國史記』 권20, 高句麗本紀20 嬰陽王 9년.

1-2-(3)

[原文]

唐太宗時, 其東部大人蓋蘇文, 賊虐不道, 帝親征之, 威震遼海. 高宗又命李勣往26)平之, 俘其王高藏, 裂地而爲郡縣, 建安東都護府, 於平壤城, 以兵鎭守. 後武后遣將, 擊殺其王27)乞昆羽, 而立其王28)乞仲象, 亦病死, 仲象子祚榮立. 因有其衆四十萬, 據于29)挹30)婁, 臣于31)唐. 中宗時, 乃置忽汗州, 以祚榮爲都督渤海郡王, 其後, 遂號渤海. 初藏之俘也, 其酋長有劍牟岑者, 立藏外孫舜爲王, 又命高偘討平之. 都護府旣屢遷, 舊城頗入新羅, 遺民散奔突厥靺鞨. 高氏旣絶, 久而稍復, 至唐末, 遂王其國, 後唐同光元年, 遣使來朝, 國王姓氏, 史失不載. 長興二年, 王建權知國事, 遣使入貢, 遂受爵, 以有國云.

[譯文]

당 태종¹⁾ 때에는 동부대인²⁾ 개소문³⁾이 (사람들을) 쳐⁴⁾ 도리에 어긋나므로, 황제가 친히 정벌하여 위엄이 요해⁵⁾에 떨쳤다. 고종⁶⁾은 또한 이적⁷⁾에게 명하여 가서 평정하도록 하여 그 왕 고장[高藏, 보장왕]⁸⁾을 사로잡고 땅을 나누어 군현으로 삼고, 안동도호부를 평양성에 세워⁹⁾ 병사들이 지키도록 하였다. 뒤에 무후¹⁰⁾가 장수를 보내어 그 왕 걸곤우¹¹⁾를 쳐서 죽이고 왕으로 걸중상¹²⁾을 세웠으나 또한 병으로 죽자, 중상의 아들 조영¹³⁾이 즉위하였다. 그리하여 그 무리 40만을 거느리고 읍루¹⁴⁾에 웅거하

---

26) 四知 : 討.
27) 四知 : 主.
28) 四知 : 主.
29) 知 : 於.
30) 四知 : 桂.
31) 知 : 於.

여 당의 신하가 되었다. 중종[15] 때 이에 홀한주[16]를 두고 조영을 도독 발해군왕으로 삼으니 그 후로 드디어 발해[17]라고 불렸다. 전에 고장이 사로잡혔을 때 그 추장 중에 검모잠[18]이라는 자가 있어 고장의 외손자 순[19]을 왕으로 세우니, 또 고간[20]을 시켜 토벌하여 평정하였다. 도호부가 이미 누차 옮겨져 옛 성이 자못 신라[21]로 들어가게 되니 유민들이 돌궐·말갈로 흩어져 달아났다. 고씨는 이미 끊어졌으나 오래 지나 점차 회복되어, 당 말기에 이르러서는 마침내 그 나라에서 왕이 되었고[22] 후당[23] 동광[24] 원년(923)에는 사신을 보내어 조회하러 왔는데[25], 국왕의 성씨를 사관이 빠뜨리고 기재하지 않았다. 장흥[26] 2년(931)에 왕건[27]이 권지국사가 되어 사신을 보내어 공물을 바치고, 드디어 작위를 받아 나라를 차지하게 되었다.[28]

[註解]

1) 唐太宗: 599~649. 唐의 제2대 황제로 재위기간은 626~649년이다. 성은 李, 이름은 世民이며 묘호는 太宗이다. 정변을 통해 형제들을 죽이고 부왕의 선양을 받아 즉위하였으나 국정을 잘 다스려 그의 치세를 貞觀之治라고도 부른다. 645년 연개소문이 영류왕을 시해하고 大臣을 살육했다는 이유로 고구려를 침공하였다. 전쟁 초기에는 요동성, 백암성을 넘어 안시성—지금의 중국 遼寧省 海城市 八里鎭 英城子村 英城子山城—까지 진출하였으나 끝내 함락시키지 못하고 패배하여 퇴각하였다.
『三國史記』권21, 高句麗本紀9 寶藏王 4년 3월.
『舊唐書』권2, 本紀2 太宗上.
『舊唐書』권3, 本紀3 太宗下.
『舊唐書』권199上, 東夷 高麗.
『新唐書』권2, 本紀2 太宗.
『資治通鑑』권198, 唐紀14 太宗 貞觀 19년 10월.
朴漢濟, 1993, 「七世紀 隋唐 兩朝의 韓半島進出 經緯에 대한 一考―隋唐初 皇帝의 正統性確保問題와 關聯하여―」, 『東洋史學研究』43.
金明姬, 1998, 앞의 책, 83~88쪽.
서영교, 2013, 「당태종의 고구려 親征과 작전 歪曲―요동성 전투 전후의 상황을 중심으로―」, 『동북아문화연구』36.

2) 東部大人: 部는 고구려의 首都와 別都에 두어진 행정구획 단위이다. 동부대인은 동부를 관장하는 長의 의미로 구체적으로는 동부의 욕살이었다고 이해된다.
盧泰敦, 1999, 앞의 논문, 334~337쪽.

3) 蓋蘇文: ?~666. 고구려 말기의 재상이다. 성은 淵, 이름은 蓋蘇文 또는 蓋金이라고 한다. 642년 10월에 정변을 일으켜 영류왕 및 180여 명의 귀족세력을 살해하고 보장왕을 즉위시켰다. 이후 스스로 막리지가 되어 정권을 장악하였다. 강경한 대외정책을 이끌며 고구려 정국을 주도했으나 그의 사망 후 아들들 간에 정권을 둘러 싼 내분이 벌어져 고구려가 멸망하였다.
『三國史記』 권49, 列傳9 蓋蘇文.
『日本書紀』 권24, 皇極天皇 元年 2월 壬辰.
金基興, 1992, 「고구려 淵蓋蘇文政權의 한계성」, 『西巖趙恒來敎授華甲紀念 韓國史學論叢』, 亞細亞文化社.
田美姬, 1994, 「淵蓋蘇文의 執權과 그 政權의 性格」, 『李基白先生古稀紀念 韓國史學論叢』, 一潮閣.
방용철, 2015, 「연개소문의 집권과 고구려의 대외정책 변동」, 『韓國古代史硏究』 80.

4) 賊虐: 사람을 해치고 학살했다는 의미로 여기서는 연개소문이 정변을 통해 영류왕을 시해하고 보장왕을 옹립한 사건을 말한다. 『舊唐書』에는 "막리지가 그 주군을 살해하고 대신들을 모두 죽였다[莫離支 賊弒其主 盡殺大臣]."이라고 되어 있다.
『舊唐書』 권199上, 東夷 高麗.
諸橋轍次, 1985, 「賊虐」, 『大漢和辭典』 10, 大修館書店, 761쪽.

5) 遼海: 史書에서 등장하는 遼海라는 표현은 상황에 따라 다른 지역을 가리킨다. 본문의 遼河는 동쪽의 바다처럼 넓은 평야지역, 즉 요동평야를 가리키는 단어로 사용되었다.
譚其驤 主編, 1997, 「遼海」, 『中國歷史辭典―歷史地理―』, 上海辭書出版社, 271쪽.
이재성, 2005, 「6세기 후반 突厥의 南進과 高句麗와의 충돌」, 『북방사논총』 5, 104·105쪽.

6) 高宗: 628~683. 唐의 제3대 황제로 재위기간은 649~683년이다. 자는 爲善이며 시호는 天皇大帝이다. 태종의 아홉 번째 아들로 외척 長孫無忌의 후원과 仁孝가 높다는 평판을 받아 643년에 황태자가 되었다. 당 초기의 典章을 정비하였으며, 신라와 연합하여 660년에 백제를 멸망시키고 668년에는 고구려를 정복하는 등 국세를 떨쳤다. 나중에 황후로 맞이한 則天武后에게 실권을 빼앗기게 되었다.
『舊唐書』 권4, 本紀4 高宗上.
『舊唐書』 권5, 本紀5 高宗下.
『新唐書』 권3, 本紀3 高宗.

7) 李勣: 594~669. 唐 초기의 장군으로 淩煙閣 24공신의 한 사람이다. 원명은 徐世勣이며 자는 懋功이다. 당 고조 이연이 賜姓하여 李氏가 되었으며 뒤에 당 태종의 이름을 피하여 勣으로 개명하였다. 돌궐과 고구려를 정벌하는 등 당의 영토 확장에 큰 공을 세웠다. 사후 太尉에 추증되었으며, 시호는 貞武이다.

『舊唐書』 권67, 列傳17 李勣.
『新唐書』 권93, 列傳18 李勣.

8) 高藏: ?~682. 고구려의 제28대 마지막 국왕인 寶藏王으로 재위기간은 642~668년이다. 이름은 藏이며 영류왕의 동생인 太陽王의 아들이다. 연개소문에 의해 국왕으로 옹립되어 실권을 지니지는 못했으며 668년에 고구려가 멸망하자 당에 잡혀가 있다가 677년에 遼東都督朝鮮郡王으로 임명되어 고구려인을 거느리고 요동에 머물게 되었다. 이를 계기로 고구려 부흥운동을 도모하였으나 실패하여 邛州—지금의 중국 사천성 邛峽市 일원—에 유배되었다가 사망하였다.
『三國史記』 권12, 高句麗本紀9 寶藏王上.
『三國史記』 권22, 高句麗本紀10 寶藏王下.
김강훈, 2013, 「679~681년 寶藏王의 高句麗 復興運動」, 『歷史敎育學會』 50.

9) 建安東都護府 於平壤城: 고구려를 멸망시킨 후 唐이 고구려의 옛 땅에 설치한 軍政機關이다. 처음에는 평양성에 두었으나 고구려 부흥운동이 거세지자 670년에는 新城으로 옮겼으며 신라와의 전쟁에서 패배하자 遼東城으로 물러났다. 677년에 보장왕을 遼東都督朝鮮郡王으로 봉하여 자치를 허락하면서 치소를 다시 新城으로 이동시켰다. 이후 얼마간 치폐를 거듭하고 유명무실해지다가 안록산의 난을 계기로 8세기 중엽에 사라졌다.
『舊唐書』 권39, 志39 地理2 十道郡國2 河北道 安東都護府.
김종복, 2003, 「高句麗 멸망 이후 唐의 지배 정책—安東都護府를 중심으로—」, 『史林』 19.

10) 武后: 624~705. 唐의 제3대 황제인 高宗의 황후로 이름은 曌, 개국공신 武士彠의 차녀이다. 중국 역사상 유일한 여성 황제로 재위기간은 690~705년이다. 683년에 고종이 죽자 아들 中宗과 睿宗을 차례로 즉위시키고 권력을 농단했으며 자신의 일족을 요직에 앉혔다. 690년에 스스로 聖神皇帝라 칭하며 나라 이름도 周로 고치고 16년 동안 재위했다.
『舊唐書』 권6, 本紀6 則天皇后.
『新唐書』 권4, 本紀4 則天皇后.
外山軍治 저, 박정임 역, 2006, 『측천무후』, 페이퍼로드.
吳江 저, 권용호 역, 2011, 『측천무후』, 學古房.

11) 乞昆羽: 생몰년 미상. 『舊唐書』 등 발해 건국을 전하는 사료에는 乞四比羽로 되어 있는데, 아마도 '四'와 '比'를 붙여 쓰면서 '昆'으로 잘못 傳寫된 것이 아닌가 한다. 걸사비우는 말갈족 출신으로 걸걸중상 및 대조영과 함께 무리를 이끌다가 唐의 武將 李楷固에게 죽임을 당했다.
『舊唐書』 권199下, 列傳149下 北狄 渤海靺鞨.
『新唐書』 권219, 列傳144 北狄 渤海.

12) 乞仲象: 생몰년 미상. 고구려 유민의 지도자로 발해의 건국자인 大祚榮의 아버지 大仲象—乞乞仲象—이다. 『新唐書』에 의하면 대중상은 696년에 거란족의 반란을 틈타 함께 營州에서 억류생활을 하던 말갈 추장 乞四比羽 및 고구려 유민들과

동쪽으로 이동하였다. 이에 당에서는 대중상을 震國公에 걸사비우를 許國公에 봉하고 회유하려 하였으나, 이를 거부하자 토벌군을 보냈다. 걸사비우는 토벌군에게 패전하여 전사하였고 이때 이미 대중상은 사망한 것으로 되어 있다.
『新唐書』권219, 列傳144 北狄 渤海.

13) 祚榮: ?~719. 발해의 건국자 大祚榮—高王—으로 재위기간은 698~719년이다. 고구려 유민으로 고구려 멸망 후 唐 營州에 옮겨 와 거주하였다. 대중상과 걸사비우의 사망 후 고구려 유민과 말갈족을 규합하여 동쪽으로 이동하였다. 추격하는 당의 군대를 天門嶺에서 맞아 싸워 크게 격파하고 계속 이동하여 東牟山에 성을 쌓고 도읍을 정하였다. 국호를 振—震—이라 하였다.
『舊唐書』권199下, 列傳149下 北狄 渤海靺鞨.
『新唐書』권219, 列傳144 北狄 渤海.
김종복, 2004, 「渤海의 건국과정에 대한 재고찰」, 『韓國古代史硏究』 34.

14) 挹婁: 퉁구스 계통 말갈족의 명칭으로 漢代에 주로 읍루라고 불렸으며, 시기마다 차이가 있지만 史書에는 肅愼, 勿吉, 靺鞨이라고도 전한다. 읍루의 활동 지역은 고고학 조사를 통한 문화권 파악과 문헌 자료 분석을 토대로 지금의 중국 동북 길림성과 흑룡강성 및 러시아 연해주 일원으로 확인된다. 여기서는 읍루가 일종의 지명으로 사용되어 이곳에서 대조영이 국가의 기틀을 닦은 것으로 기록하였다. 발해의 영역을 말갈족과 관련지어 서술한 것이다.
『三國志』권30, 魏書30 烏丸鮮卑東夷傳30 東夷 挹婁.
『晉書』권97, 列傳67 四夷 東夷 肅愼氏.
『新唐書』권219, 列傳144 北狄 黑水靺鞨·渤海.
김영천, 2008, 앞의 논문.
김기흥, 2011, 「발해 건국집단의 역사적 정체성」, 『歷史學報』 210, 34~38쪽.
이종수, 2011, 「三江平原地域 초기철기문화의 특징과 사용집단 분석—挹婁·勿吉과의 관련성을 중심으로—」, 『高句麗渤海硏究』 41.
강인욱, 2015, 「三江平原 滾兎嶺·鳳林문화의 형성과 勿吉·豆莫婁·靺鞨의 출현」, 『高句麗渤海硏究』 52, 109쪽.

15) 中宗: 656~710. 唐의 제4·6대 황제로 재위기간은 684년, 705~710년이다. 이름은 顯, 당 고종의 일곱 번째 아들로 즉위 후 어머니 武后의 간섭으로 스스로 통치를 하지 못하였다. 폐위되어 廬陵王이 되었다가 699년에 태자가 되었다. 705년에 재상 張柬之 등이 일으킨 군사정변으로 인해 무후의 선위를 받아 다시 황제가 되었다. 그러나 얼마 후 황후 韋氏와 딸 安樂公主에 의해 독살되었다. 시호는 孝和皇帝이다. 한편, 본문에서는 『新五代史』의 기록에 따라 대조영을 발해군왕으로 삼은 것을 중종 때의 일로 보았으나 이는 착오이며, 『舊唐書』와 『新唐書』에 의하면 713년(당 선천 2)의 일로 확인된다.
『舊唐書』권7, 本紀7 中宗.
『舊唐書』권199下, 列傳149下 北狄 渤海靺鞨.
『新唐書』권4, 本紀4 中宗.

『新唐書』권219, 列傳144 北狄 渤海.

『新五代史』권74, 四夷附錄3 渤海.

16) 忽汗州: 唐에서 발해를 기미주로 편제하여 붙인 이름이다. '기미'의 '기'는 말의 굴레, '미'는 소의 고삐를 뜻하는 말로 漢 武帝 시기부터 사용한 말이다. 즉, 소나 말의 고삐를 잡듯이 夷狄을 통제한다는 의미이다. 당에서 713년(발해 고왕 16)에 대조영을 左驍衛大將軍 渤海郡王 忽汗州都督으로 책봉한 이래 발해의 3대 문왕까지 동일한 책봉호를 받았다. 이는 명목상 발해의 국왕을 기미주인 忽汗州의 都督으로 임명하여 발해를 견제하기 위한 목적에서 이루어진 것이다.

『舊唐書』권199下, 列傳149下 北狄 渤海靺鞨.

金浩東, 1993, 「唐의 羈縻支配와 北方 遊牧民族의 對應」, 『歷史學報』137.

김종복, 2005, 「渤海 國號의 성립 배경과 의미」, 『韓國史研究』128, 18~22쪽.

김정희, 2006, 「발해사의 귀속 문제와 唐代의 羈縻府州 제도」, 『北方史論叢』10, 144~149쪽.

17) 渤海: 698~926년 동안 지금의 북한 및 중국의 길림성, 흑룡강성, 요령성과 러시아 연해주 일원을 지배했던 고대 국가이다. 고구려 멸망 후 그 유민이었던 대조영이 건국하였으며, 융성기에는 海東盛國이라 불렸다. 북방에서 발흥한 거란족에 의해 멸망하였으며 이후 발해유민의 일부가 高麗로 망명해왔다. 발해사의 귀속 문제는 현대의 국가적 이해관계에 따라 한국과 중국, 러시아 학계의 주장이 다르다. 중국에서는 발해를 당의 지방 정권으로 인식하여 중국사에 편입하려고 하며, 러시아는 발해가 말갈족의 국가로서 중국사와 한국사 어디에도 속하지 않는다는 입장이다. 이와 관련하여『高麗圖經』은 고구려와 발해, 고려의 역사적 계승관계를 알려주는 사료로서 가치가 있다.

白鳥庫吉, 1933, 「渤海國に就いて」, 『史學雜誌』44-12.

박시형, 1962, 「발해사 연구를 위하여」, 『력사과학』1962-1.

송기호, 1992, 「발해사, 남북한·중·일 러시아 4국의 자국중심 해석」, 『역사비평』20.

한규철, 1994, 「발해의 대외관계사」, 신서원.

宋基豪, 1995, 『渤海政治史研究』, 一潮閣.

林相先, 1999, 「발해의 지배세력 연구」, 신서원.

윤재운, 2013, 「중국의 발해사왜곡논리와 대응방안」, 『韓國史學報』51.

김은국, 2016, 「최근 10년간 발해사 연구성과와 방향」, 『東北亞歷史論叢』53.

18) 劒牟岑: 생몰년 미상. 고구려 부흥운동의 지도자이다. 劒牟岑 또는 鉗牟岑이라고도 한다. 고구려가 멸망하자 유민을 규합하여 唐兵을 물리치고 신라로 가는 도중 보장왕의 외손 安勝을 만나 왕으로 세웠는데, 뒤에 안승에게 피살되었다.

『三國史記』권6, 新羅本紀6 文武王上 10년 6월.

『三國史記』권22, 高句麗本紀10 寶藏王下 咸亨 원년 경오년 4월.

『新唐書』권3, 本紀3 高宗 咸亨 원년 4월 庚午.

『新唐書』권220, 列傳145 東夷 高麗.

김강훈, 2016, 「요동지역의 고구려부흥운동과 검모잠」, 『軍史』99.

19) 藏外孫舜: 생몰년 미상. 고구려의 왕족으로 安勝이라고 하며, 淵淨土의 아들이라는 기록도 전해진다. 고구려 멸망 후 서해 史冶島에 있다가 670년에 검모잠에 의하여 한성에서 왕으로 즉위하였다. 小兄 多式 등을 신라에 보내 구원을 요청하자 문무왕이 고구려왕으로 삼았다. 674년(문무왕 14)에는 報德王에 봉해졌으며, 683년(신문왕 3)에는 蘇判에 임명되고 金氏 성을 부여받아 경주에서 살게 되었다.
『三國史記』권6, 新羅本紀6 文武王上 10년 6월.
『三國史記』권7, 新羅本紀7 文武王下 14년 9월.
『三國史記』권8, 新羅本紀8 神文王 3년 10월.

검모잠과 안승을 중심으로 한 고구려 부흥운동에 대해서는 아래의 연구가 참고된다.
池內宏, 1930, 「高句麗滅亡後の遺民の叛亂及び唐と新羅との關係」, 『滿鮮地理歷史研究』 12 ; 1960, 『滿鮮史研究』 上世 2, 吉川弘文館.
李丙燾, 1964, 「高句麗의 一部遺民에 대한 唐의 抽戶政策」, 『震檀學報』 25·26·27 ; 1976, 앞의 책.
村上四男, 1966, 「新羅と小高句麗國」, 『朝鮮學報』 37·38합.
盧泰敦, 1981, 「高句麗 遺民史 硏究―遼東·唐內地 및 突厥方面의 集團을 중심으로―」, 『韓沽劤博士 停年紀念 史學論叢』, 知識產業社.
전준현, 1982, 「670년에 재건된 '高句麗國'에 대한 연구」, 『력사과학』 82-2.
梁炳龍, 1997, 「羅唐戰爭 進行過程에 보이는 高句麗遺民의 對唐戰爭」, 『史叢』 46.
임기환, 2003, 「報德國考」, 『강좌 한국고대사』 10, 가락국사적개발연구원 ; 2004, 「고구려 유민의 활동과 보덕국」, 『고구려 정치사 연구』, 한나래.
강경구, 2005, 「高句麗 復興運動의 新考察」, 『韓國上古史學報』 47.
조인성, 2007, 「고구려의 멸망과 부흥운동의 전개」, 『고구려의 정치와 사상』, 동북아역사재단.

20) 高侃: 생몰년 미상. 唐의 장수로 돌궐과 고구려, 신라와의 전쟁에서 활약하였다. 검모잠이 안승을 왕으로 세워 고구려 부흥운동을 일으키자 東州道行軍總管이 되어 출정하였다.
『三國史記』 권7, 新羅本紀7 文武王下 12년 7·8월.
『新唐書』 권3, 本紀3 高宗 咸亨 원년 4월 癸卯.

21) 新羅: 고대 한반도에 존재했던 국가이다. B.C.57년에 서라벌―지금의 경상북도 경주시 일원―에서 건국되었으며, 이후 백제와 고구려를 멸망시켜 삼국시대를 종식시켰다. 935년에 멸망하기까지 56대 991년 동안 존속하였다.
『三國史記』 권1, 新羅本紀1.
『三國遺事』 권1, 紀異1 新羅 始祖 赫居世王.

22) 至唐末 遂王其國: 당나라의 멸망이 907년이므로 唐末은 9세기 후반에서 10세기 초에 해당한다. 이 시기에 한반도에서는 후삼국이 각축하고 있었으며 '其國'이란 궁예가 901년에 건국한 후고려를 뜻한다. 본문에서 고씨가 다시 왕이 되었다고

하였는데, 궁예는 신라 왕실의 후예이므로 高氏가 아니었다. 하지만 궁예가 고구려의 부흥을 내세워 국가를 세웠으므로 중국인들은 궁예를 고씨로 인식했을 것이다.
朴龍雲, 2006, 「고려의 고구려계승에 대한 동북아 사람들의 이해」, 『北方史論叢』 9 ; 2006, 『고려의 고구려계승에 대한 종합적 검토』, 일지사, 110~114쪽.
김용선, 2008, 『궁예의 나라 태봉―그 역사와 문화―』, 일조각.

23) 後唐: 5代의 하나로 923년에 李存勗(885~926)이 낙양을 도읍으로 하여 건립한 국가이다. 後梁을 멸망시키고 중국 북방을 통일하기도 했으나 936년에 거란과 결탁한 河東節度使 石敬瑭에 의해 멸망하였다.
布目潮渢 외 저, 임대희 옮김, 2001, 『중국의 역사: 수당오대』, 혜안, 360~364쪽.

24) 同光: 後唐 莊宗의 연호로 923~925년 동안 사용되었다.
『舊五代史』 권30, 唐書6 莊宗本紀4.
『舊五代史』 권31, 唐書7 莊宗本紀5.
『舊五代史』 권32, 唐書8 莊宗本紀6.

25) 後唐同光元年 遣使來朝: 같은 내용이 『新五代史』에 전하는데, 이 때 사신으로 간 인물은 廣評侍郎 韓申一과 春部少卿 朴巖이었다. 그런데 『舊五代史』와 『新五代史』 本紀 및 『五代會要』에는 모두 同光 3년(925, 태조 8) 11월의 일로 되어 있어 차이가 있다.
『舊五代史』 권33, 唐書9 莊宗紀7 同光 3년 11월 丁未.
『新五代史』 권5, 唐本紀5 莊宗下 同光 3년 11월 丁未.
『新五代史』 권74, 四夷附錄3 高麗.
『五代會要』 권30, 高麗.
장동익, 2009, 『高麗時代 對外關係史 綜合年表』, 동북아역사재단, 21쪽.

26) 長興: 後唐 明宗의 연호로 930~933년 동안 사용되었다.
『新五代史』 권6, 唐本紀6 明宗.

27) 王建: 877~943. 高麗 太祖로 재위기간은 918~943년이다. 이름은 建, 자는 若天이다. 궁예의 신하였으나 그의 폭정으로 인해 洪儒, 裴玄慶, 申崇謙, 卜智謙 등의 추대를 받아 즉위하였다. 국호를 高麗, 연호를 天授라고 하였다.
『高麗史』 권1, 世家1 太祖1.
洪承基 편, 1996, 『高麗 太祖의 國家經營』, 서울대학교 출판부.
김갑동, 2000, 『태조 왕건』, 일빛.
최규성, 2005, 『高麗 太祖 王建 硏究』, 주류성.
김보광, 2012, 「고려 태조의 政治觀과 國政 운영」, 『韓國人物史硏究』 17 ; 2015, 『고려의 국왕―帝王과 개인으로서의 삶―』, 景仁文化社. 경인문화사

28) 遣使入貢 …… 以有國云: 長興 3년(932, 태조 15)에 왕건을 高麗國王大義軍使에 봉했다는 기록이 여러 사서에 전하므로 본문의 長興 2년(931)은 오류이다(①). 왕건은 918년 즉위 이후 대내외적으로 정통성을 인정받기 위해 중국왕조와 외교관계에 노력하였다. 後唐이 건국되자 누차 공물과 함께 사신을 파견한 것도 이

러한 이유였는데, 마침내 特進 檢校太保 使持節 玄菟州都督 上柱國 充大義軍使 高麗國王으로 책봉을 받았다. 이로써 왕건은 후백제가 주도하던 중국과 한반도의 외교관계를 고려 중심으로 이끌어 올 수 있었다(②). 한편, 서긍이 「建國」편의 마지막에서 고려 태조가 책봉을 통해 나라를 차지하게 되었다고 표현한 것은 현실적인 문제와 관련이 있다. 1123년 고려로 파견된 서긍 일행은 표면적으로는 갑자기 사망한 고려 예종을 조문하기 위한 것이었다. 하지만 사실은 고려 국왕을 책봉함으로써 외교관계를 굳건히 하고, 이를 통해 거란으로 인해 단절되었던 책봉관계를 회복하여 국제적 위상을 높이고 새로 흥기하는 금나라를 견제하려는 의도가 있었다(③). 그러므로 고려와 중원 왕조 사이의 책봉관계가 역사성과 정통성을 지니고 있음을 글의 서두에서 밝힌 것이다.

① 『高麗史』 권2, 世家2 太祖 16년 3월 辛巳.
『新五代史』 권6, 唐本紀6 明宗 嗣源 長興 3년 6월 甲寅.
『新五代史』 권74, 四夷附錄3 高麗.
『宋史』 권487, 列傳246 外國3 高麗.
朴龍雲, 2006, 앞의 책, 127쪽.

② 金在滿, 1983, 「五代와 後三國·高麗初期의 關係史」, 『大東文化硏究』 17, 184~188쪽.
閔賢九, 1992, 「韓國史에 있어서 高麗의 後三國 統一」, 『歷史上의 分裂과 再統一』 上, 一潮閣 ; 2004, 『高麗政治史論』, 고려대학교 출판부, 106~108쪽.
羅鍾宇, 1995, 「5대 및 송과의 관계」, 『한국사』 15, 국사편찬위원회, 276쪽.
沈載錫, 2002, 앞의 책, 47~57쪽.
李鎭漢, 2012, 「高麗 太祖代 對中國 海上航路와 外交·貿易」, 『한국중세사연구』 33, 21~27쪽.

③ 李錫炫, 2005, 「宋 高麗의 外交交涉과 認識, 對應—北宋末 南宋初를 중심으로—」, 『中國史硏究』 39, 131·132쪽.
김성규, 2014, 「'선화봉사고려사절단'의 일정과 활동에 대하여」, 『한국중세사연구』 40, 213~215쪽.
김보광, 2016, 「12세기 초 송의 책봉 제의와 고려의 대응」, 『東國史學』 60, 61~68쪽.
김한규 譯, 2012, 앞의 책, 43쪽.

2-1

[原文]

世次

臣聞, 史家之法, 傳遠者略而近者詳. 高麗歷世之王, 臣旣已¹⁾槩敍之于²⁾前矣. 若乃王氏建國, 累世尊事本朝. 至王俁與今王楷, 又享禮加厚, 不可不條著之. 謹因其世次宗系, 而嗣以楷之行事云.

[譯文]

세차¹⁾

신이 듣건대 사가의 법도는 먼 것은 간략하게, 가까운 것은 상세하게 전한다고 하였습니다. 고구려[高麗]의 역대 왕들은 신이 이미 앞에서 대략 서술하였습니다. 이에 왕씨가 나라를 세우고²⁾ 여러 세대 동안 송[本朝]을 높이고 섬겼습니다.³⁾ 왕우[王俁, 예종]⁴⁾와 지금 왕해[王楷, 인종]⁵⁾에 이르러서도 또한 조공의 의례[享禮]⁶⁾가 더욱 두터우니⁷⁾ 조목으로 나누어 저술하지 않을 수 없습니다. 삼가 그 세차와 종계로부터 왕해의 항렬[行事]을 이었습니다.

[註解]

1) 世次: 世代의 次序를 의미하며, 본문에서는 고려의 始祖인 王建을 시작으로 하여 惠宗, 光宗, 景宗, 成宗, 穆宗, 顯宗, 靖宗, 文宗, 順宗, 宣宗, 肅宗, 睿宗에 대해 간략히 서술하고 있다. 그러나 고려의 제2대 왕 혜종의 즉위년을 943년이 아닌 開運 2년(945)으로 기재하거나, 제3대 왕 定宗을 世系에서 누락시키는 등 세부적인 오류가 다수 발견되므로 사실관계 확인을 위해 『高麗史』를 비롯한 여타 사료와의 비교·검토가 필요하다.

1) 四知: 以.
2) 知: 於.

『高麗史』 권2, 世家2 定宗.
『高麗史』 권4, 世家4 顯宗.
『高麗史』 권10, 世家10 宣宗.
諸橋轍次, 1984, 「世次」, 『大漢和辭典』 1, 大修館書店, 271쪽.
韓永愚, 1983, 「高麗圖經에 나타난 徐兢의 韓國史體系」, 『奎章閣』 7, 25~28쪽.

2) 王氏建國: 太祖 王建이 918년에 국호를 高麗, 연호를 天授라 하며 나라를 세운 사실을 말한다. 왕건은 후삼국시기 泰封主 弓裔의 휘하에서 후백제의 나주 지역을 점령하는 등 수차례 戰功으로 크게 활약하였다. 그러나 궁예가 점차 실정을 거듭하여 민심을 잃음에 따라 洪儒·裵玄慶·申崇謙·卜智謙 등 여러 장수의 추대를 받아 고려왕에 즉위하였다. 왕건에 대해서는 본서 권1-2-(3), 주해 27) 참조.
『高麗史』 권1, 世家1 太祖.
洪承基 編, 1996, 『高麗 太祖의 國家經營』, 서울대학교 출판부.
김갑동, 2000, 『태조 왕건』, 일빛.
최규성, 2005, 『高麗 太祖 王建 硏究』, 주류성.
김보광, 2012, 「고려 태조의 政治觀과 國政 운영」, 『韓國人物史硏究』 17 ; 2015, 『고려의 국왕—帝王과 개인으로서의 삶—』, 景仁文化社.
김명진, 2014, 『고려 태조 왕건의 통일전쟁 연구』, 혜안.

3) 累世尊事本朝: 고려와 송의 국교는 962년(광종 13)에 고려가 廣評侍郎 李興祐를 송에 파견한 것을 계기로 시작되었으며, 이후로 양국은 사대와 책봉의 형식을 취하면서 줄곧 친선관계를 유지하였다. 그러나 993년(성종 12)에 거란의 제1차 고려 침입이 있은 이듬해에 고려가 송에 元郁를 파견해 거란의 침입을 알리고 援兵을 청하자, 송은 북방국경이 겨우 평안해졌으므로 경솔하게 군대를 움직일 수 없다하며 단지 고려 사신을 優禮하여 되돌려 보냈을 뿐 고려의 청에 응하지 않았다. 그럼에도 고려는 999년(목종 2)과 1003년을 비롯하여 1036년(정종 2)까지 약 10회에 걸쳐 지속적으로 송에 사신을 파견하였으나 결국 양국의 국교는 일시 중단되었다. 이후 1068년(문종 22)에 송 황제 神宗이 江淮兩浙荊湖南北路都大制置發運使 羅拯에게 명하여 상인 黃愼으로 하여금 황제의 뜻을 전달하도록 하였고, 고려가 이에 적극 호응해 1071년 3월에 民官侍郎 金悌를 송에 파견함으로써 고려와 송의 통교가 재개되었다.
『高麗史』 권2, 世家2 光宗 13년.
『高麗史』 권8, 世家8 文宗 22년 7월 辛巳·25년 3월 庚寅.
『宋史』 권1, 本紀1 太祖1 建隆 3년 11월 丙子.
『宋史』 권487, 列傳246 外國3 高麗 天聖 8년.
金庠基, 1959, 「高麗와 金·宋과의 關係」, 『국사상의 제문제』 5, 국사편찬위원회 ; 1974, 『東方史論叢』, 서울大學校出版部.
丸龜金作, 1960·1961, 「高麗と宋と通交問題(一)·(二)」, 『朝鮮學報』 17·18 ; 1999, 『高麗時代史論著集』 3, 韓國人文科學院.
李丙燾, 1961, 『韓國史(中世篇)』, 震檀學會, 乙酉文化社, 389쪽.

全海宗, 1974,「對宋外交의 性格」,『한국사』 4, 국사편찬위원회, 335·336쪽.
朴龍雲, 1995·1996,「高麗·宋 交聘 목적과 使節에 대한 考察(上)·(下)」,『韓國學報』 81·82 ; 2002,『高麗社會의 여러 歷史像』, 신서원, 153~164쪽.

4) 王俁: 고려의 제16대 왕 睿宗(1079~1122)을 말한다. 이에 대해서는 본서 권 0-1-(2), 주해 9) 참조.

5) 王楷: 고려의 제17대 왕 仁宗(1109~1146)으로 재위기간은 25년(1122~1146)이다. 諱는 楷이고 字는 仁表이다. 睿宗의 長子이고, 어머니는 順德王后 李氏이다.
『高麗史』 권15, 世家15 仁宗.

6) 享禮: 聘禮를 마친 이후에 禮物을 바치는 儀式을 말하며, 饗禮라고도 한다.
『儀禮』 聘禮.
諸橋轍次, 1984,「享禮」,『大漢和辭典』 1, 大修館書店, 545쪽.

7) 至王俁與今王楷 又享禮加厚: 고려는 1108년(예종 3) 2월에 戶部侍郎 王維를 告奏 使로서 송에 파견한 이래 인종대에 이르기까지 여러 차례 공식 사절을 파견하였 다. 이에 송은 고려에 大晟樂을 하사하는가 하면 고려 사신의 격을 國信使로 높이 고, 그 반차를 西夏 위에 두었다가 승격시켜 樞密院에서 맡아 접대하게 하였으며 引伴官·押伴官 등도 고쳐 接館伴·送館伴이라 할 정도로 예우를 각별히 하였다.
『高麗史』 권12, 世家12 睿宗 3년 2월 丙戌.
『高麗史』 권14, 世家14 睿宗 11년 6월 乙丑.
『宋史』 권487, 列傳246 外國3 高麗 政和.
朴龍雲, 2002, 앞의 책, 150~161쪽.
申採湜, 2005,「高麗와 宋의 外交關係―朝貢과 冊封關係를 중심으로―」,『한중 외 교관계와 조공책봉』, 고구려연구재단 ; 2008,『宋代對外關係史研究』, 한국학술정 보(주), 83·84쪽.

2-2-(1)

[原文]

王氏

王氏之先, 蓋高麗大族也. 當高氏政衰, 國人以建賢, 遂共立爲君長. 後唐長興三年, 遂自稱權知國事, 請命于[3]明宗. 乃拜建玄[4]菟州都督充大義

---

3) 知 : 於.
4) 四 : 玄. 원문은 元으로 되어 있으나, 의미상 '玄'이 옳다고 생각되어 교감 번역하

軍使, 封高麗王. 晉開運二年, 建卒, 子武立. 漢乾祐末, 武卒, 子昭立. 至皇朝建隆三年, 太祖皇帝御極, 奄有萬國, 昭遣使來朝, 賜以功臣之號, 仍加食邑. 開寶九年, 昭卒, 子佃立, 遣使請命, 封高麗國王, 太宗皇帝即位, 改封大順軍使. 太平興國七年, 佃卒, 弟治上章, 乞襲封, 詔從之. 淳化六年, 契丹攻之, 治畏懦無守, 臣事北虜[5], 遂闕朝貢. 治卒, 弟誦立. 咸平三年, 其臣朱仁紹入朝具言, 國人思慕皇化, 逼於强虜[6], 未能如願. 朝廷嘉之, 賜詔褒諭. 大中祥符七年, 誦卒, 弟詢權知國事, 大破契丹, 復謹修貢, 且乞降尊號, 班[7]正朔, 又求封冊. 眞宗皇帝初欲俯從, 議者難之, 遂寢止, 從班詔而已. 天聖中, 使人屢與女眞偕來, 貢方物, 天子加恩, 報禮優異. 後詢卒, 子隆立, 優柔不斷, 政荒力屈, 憚於北虜[8], 遂復臣事之, 而貢使又絶. 隆卒, 私諡曰正. 子德王欽, 欽弟穆王亨, 皆朝貢不通, 而朝廷亦罷遣使. 亨弟徽, 熙寧四年, 以權知國事, 復修方貢. 七年九年, 使人荐至.

[譯文]

왕씨

왕씨의 선조는 대개 고구려[高麗]의 큰 씨족이었다. 고씨의 정치가 쇠퇴하게 되자, 나라 사람들이 왕건[建, 태조]을 어질게 여겨 마침내 함께 옹립하여 군장으로 삼았다. 후당 장흥 3년(932)에 마침내 권지국사라 스스로 칭하고 명종[1]에게 (책봉의) 명을 청하였다. 이에 (명종이) 왕건을 현도주도독충대의군사에 제수하고 고려왕에 봉하였다.[2] (후)진[3] 개운[4] 2년(945)에 왕건이 졸하고 아들 왕무[武, 혜종][5]가 즉위하였다.[6] (후)한[7] 건우[8] 말에 왕무가 졸하고 아들 왕소[昭, 광종][9]가 즉위하였

---

5) 四 : 敵, 知 : 境.
6) 四 : 强虜가 "契丹"으로 기록되어 있다, 知 : 鄰.
7) 四 知 : 頒.
8) 四 : 敵, 知 : 境.

다.¹⁰⁾ 송[皇朝] 건륭¹¹⁾ 3년(962)에 이르러 태조황제¹²⁾가 즉위하여[御極] 천하를 소유하매[奄有] 왕소가 사절을 보내어 내조하니, 공신의 호를 내리고 이어 식읍을 더하였다.¹³⁾ 개보¹⁴⁾ 9년(976)에 왕소가 졸하고 아들 왕주[伷, 경종]¹⁵⁾가 즉위하여 사신을 보내어 (책봉의) 명을 청하니 고려국왕에 봉하였고,¹⁶⁾ 태조황제¹⁷⁾가 즉위하여 대순군사로 고쳐 봉하였다.¹⁸⁾ 태평흥국¹⁹⁾ 7년(982)에 왕주가 졸하고 아우 왕치[治, 성종]²⁰⁾가 글을 올려 봉작을 잇기를 청하니, 조하여 이를 허락하였다.²¹⁾ 순화 6년(995)에 거란²²⁾이 고려를 공격하자, 왕치가 두렵고 나약하여 (신하의 도리를) 지키지 못하고 거란[北虜]을 신하로서 섬기면서 마침내 조공을 빠뜨렸다.²³⁾ 왕치가 졸하고 아우 왕송[誦, 목종]²⁴⁾이 즉위하였다.²⁵⁾ 함평²⁶⁾ 3년(1000)에 그 신하 주인소²⁷⁾가 조회하러 들어와 상세히 말하기를, "나라 사람들은 황제의 덕화를 사모하나, 강한 오랑캐에게 핍박을 받아 바람과 같이 할 수 없었습니다."라고 하였다. 조정이 이를 가상히 여겨 조서를 내려 칭찬하고 타일렀다.²⁸⁾ 대중상부²⁹⁾ 7년(1014)에 왕송이 졸하고 아우 왕순[詢, 현종]³⁰⁾이 권지국사로서³¹⁾ 거란을 크게 무찌르고 다시 삼가 조공을 바치며, 장차 존호를 내려주고 정삭을 베풀어 줄 것을 청하고, 또 책봉을 구하였다.³²⁾ 진종황제³³⁾가 처음에는 그대로 따르려 하였는데, 의논하는 자들이 그것을 꺼리므로 마침내 중지하고 조서를 내려줄 뿐이었다. 천성³⁴⁾ 연간에 (고려)사신이 여러 차례 여진과 함께 와서 방물을 바치니,³⁵⁾ 천자³⁶⁾가 은혜를 베풀어 보답의 예가 후하고 특별하였다. 후에 왕순이 졸하고 아들 왕융[隆]³⁷⁾이 즉위하였는데, 유약하고 결단성이 없어 정사가 어지러워지고 힘이 다하여 거란[北虜]을 두려워하여, 마침내 다시 신하로서 거란을 섬기니 조공하는 사신이 또 끊어졌다.³⁸⁾ 왕융이 졸하자 사사로이 시호를 정이라 하였다.³⁹⁾ 아들 덕왕(德王) 왕흠⁴⁰⁾과 왕흠의 아우 목왕(穆王) 왕형⁴¹⁾은 모두 조공을 통하지 못하니,

(송) 조정 또한 사신을 보내는 것을 그만두었다.⁴²⁾ 왕형의 아우 왕휘[徽, 문종]⁴³⁾가 희령⁴⁴⁾ 4년(1071)에 권지국사로서 다시 방물[方貢]을 바쳤다.⁴⁵⁾ (희령) 7년(1074)과 9년(1076)에 사신이 거듭 이르렀다.⁴⁶⁾

[註解]

1) 明宗: 867~933. 五代 後唐의 제2대 황제로, 재위기간은 8년(926~933)이다. 初名은 邈佶烈이고 후에 嗣源으로 고쳤으며, 諱는 亶이다. 원래 代北—지금의 중국 山西省— 사람으로, 太祖 李克用(856~908)을 섬기다 養子가 되어 성명을 받았으며, 莊宗(885~926)에 이어 황제가 되었다.
『舊五代史』 권35, 唐書11 明宗本紀1.
『新五代史』 권6, 唐本紀6 明宗.
布目潮渢 외 저, 임대희 옮김, 2001, 『중국의 역사: 수당오대』, 혜안, 360~363쪽.

2) 後唐長興三年 …… 封高麗王: 後唐이 933년(태조 16)고려 태조를 책봉한 일을 말한다. 이에 대해서는 본서 권1-2-(3), 주해 28) 참조.

3) 晉: 五代의 세 번째 왕조로, 936년에 石敬瑭(892~942)이 契丹 太宗의 도움을 받아 후당을 멸망시키고 건립하였으나, 946년에 거란에 의해 멸망되었다.
『舊五代史』 晉書.
『新五代史』 晉本紀.
布目潮渢 외 저, 임대희 옮김, 2001, 앞의 책, 362~364쪽.

4) 開運: 後晉 出帝의 연호로 944~946년 사이에 사용되었다.

5) 武: 고려의 제2대 왕 惠宗(912~945)으로, 재위기간은 3년(943~945)이다. 諱는 武이고, 字는 承乾이다. 太祖의 長子이고, 母는 莊和王后 吳氏이다.
『高麗史』 권2, 世家2 惠宗.

6) 晉開運二年 …… 子武立: 開運 2년은 945년(혜종 2)에 해당한다. 고려 태조 왕건이 훙거하고 그의 아들 혜종이 즉위한 것은 943년 5월이고, 혜종이 훙거한 것은 945년 9월이다. 따라서 본문에서 개운 2년(945)에 혜종이 즉위하였다는 내용은 오류이다. 이와 같은 오류는 『新五代史』와 『宋史』에도 동일하게 기록되어 있다(①). 한편 『高麗史』에 의하면, 고려는 944년에 廣評侍郎 韓玄珪 등을 後晉에 파견하여 왕의 즉위를 알렸고, 후진은 이듬해인 945년에 혜종을 持節 玄菟州都督 上柱國 充大義軍使로 책봉하였다(②). 따라서 후진이 혜종을 고려왕에 책봉한 시점을 즉위한 해로 파악한다면, 본문의 내용과 같이 945년의 일이 된다.
① 『高麗史』 권2, 世家2 惠宗·定宗.
　『新五代史』 권74, 四夷附錄3 高麗 開運 2년.
　『宋史』 권487, 列傳246 外國3 高麗 開運 2년.
② 『高麗史』 권2, 世家2 惠宗 원년·2년.

沈載錫, 2002, 「고려와 五代·宋의 책봉관계」, 『高麗國王 冊封 硏究』, 혜안, 61·62쪽.
7) 漢: 五代의 네 번째 왕조로, 946년에 後晉이 거란에 의해 멸망하자, 947년에 後晉의 河東節度使 劉知遠(895~948)이 開封에 도읍하고 건국한 나라이다. 950년에 樞密使 郭威(904~954)의 반란으로 인해 멸망하였다.
『舊五代史』 漢書.
『新五代史』 漢本紀.
布目潮渢 외 저, 임대희 옮김, 2001, 앞의 책, 364·365쪽.
8) 乾祐: 後漢 隱帝의 연호로 948~950년 사이에 사용되었다.
9) 昭: 고려의 제4대 왕 光宗(925~975)으로, 재위기간은 27년(949~975)이다. 諱는 昭이고, 字는 日華이다. 太祖와 神明順聖王太后 劉氏의 소생으로 定宗의 同母弟이다.
『高麗史』 권2, 世家2 光宗.
10) 漢乾祐末 …… 子昭立: 『高麗史』에 의하면 945년 9월에 혜종이 훙거하고 그의 아우 定宗이 즉위하였으며, 이후 949년에 정종이 훙거하자 태조의 아들이자 정종의 同母弟인 광종[昭]이 즉위하였다. 따라서 본문의 혜종이 훙거하고 그의 아들 광종이 즉위하였다는 기록은 오류이다. 한편 이는 서긍이 고려의 제3대 왕 定宗(생몰년 923~949, 재위기간 945~949)을 世系에서 누락시킨 결과로, 이와 같은 오류는 『新五代史』, 『宋史』에도 동일하게 나타난다.
『高麗史』 권2, 世家2 惠宗 2년 9월 戊申.
『高麗史』 권2, 世家2 定宗.
『高麗史』 권2, 世家2 光宗.
『新五代史』 권74, 四夷附錄3 高麗 乾祐 4년.
『宋史』 권487, 列傳246 外國3 高麗 後漢 乾祐末.
11) 建隆: 宋 太祖의 연호로 960~962년 사이에 사용되었다.
12) 太祖皇帝: 927~976. 宋의 제1대 황제로 재위기간은 17년(960~976)이다. 涿郡—지금의 중국 河北省 일원— 사람으로, 姓은 趙이고 諱는 匡胤이다. 後周 世宗 휘하에서 활동하다 공을 세워 禁軍總司領, 殿前都點檢, 歸德軍節度使 등을 지냈다. 세종이 병사한 이후 契丹과 北漢 연합군의 침입에 대비하는 과정에서 禁軍에 의한 陳橋驛의 政變이 발생함에 따라 恭帝의 讓位를 받아 송을 건국하였다.
『宋史』 권1, 本紀1 太祖1.
申採湜, 2010, 「宋代 중앙집권적 황제체제의 성립」, 『宋代 皇帝權 硏究』, 한국학술정보(주), 104~114쪽.
13) 至皇朝建隆三年 …… 仍加食邑: 建隆 3년은 962년(광종 13)에 해당한다. 고려가 962년에 廣評侍郎 李興祐 등을 송에 파견하여 방물을 바치자, 송은 963년에 冊命使 時贊을 파견하여 광종을 開府儀同三司·檢校太師·玄菟州都督·充大義軍使·高麗國王으로 책봉한데 이어 食邑 七千戶를 더하여 주고 推誠順化義功臣의 호를 내렸다.
『高麗史』 권2, 世家2 光宗 13년·14년 12월.
『宋史』 권487, 列傳246 外國3 高麗 建隆 4년.

14) 開寶: 宋 太祖의 연호로 968~976년 사이에 사용되었다.
15) 伷: 고려의 제5대 왕 景宗(955~981)으로, 재위기간은 7년(975~981)이다. 諱는 伷이고, 字는 長民이다. 光宗의 長子이고, 母는 大穆王后 皇甫氏이다.
『高麗史』권2, 世家2 景宗.
16) 開寶九年 …… 封高麗國王: 開寶 9년은 976년(경종 1)에 해당한다. 고려 광종이 훙거하고 그의 아들 경종[伷]이 즉위한 것은 975년의 일이다. 한편 976년에 고려가 송에 사절단을 파견하여 책봉을 청한 일은 『高麗史』와 『高麗史節要』에는 보이지 않는다. 하지만 『宋史』 및 『續資治通鑑長篇』에는 고려가 송에 趙遵禮를 파견하여 土貢을 바치고 광종의 사망과 경종의 즉위를 알리며 책봉을 청하므로, 송이 檢校太保 玄菟州都督 大義軍使 高麗國王으로 책봉한 내용이 전한다.
『高麗史』권2, 世家2 景宗.
『宋史』권3, 本紀3 太祖3 開寶 9년 9월 庚午.
『宋史』권487, 列傳246 外國3 高麗 開寶 9년.
『續資治通鑑長篇』권17, 太祖 開寶 9년 9월 乙亥·庚午.
17) 太宗皇帝: 939~997. 北宋의 제2대 황제이며 재위기간은 22년(976~997)이다. 諱는 炅이고, 초명은 匡乂이며 후에 光義로 고쳤다. 宣祖의 3子이고 母는 昭憲皇后 杜氏이며, 송 태조의 아우이다.
『宋史』권4, 本紀4 太宗1.
18) 太宗皇帝卽位 改封大順軍使: 宋 태조가 976년 10월에 崩하자 그의 아우 태종이 즉위하여 동년 11월에 左司禦副率 于延超와 司農寺丞 徐昭文을 고려에 파견하여 경종을 光祿大夫 檢校大傅 使持節 玄菟州諸軍事 玄菟州都督 大順軍使 食邑三千戶에 봉하였다.
『高麗史』권2, 世家2 景宗 원년 11월.
『宋史』권4, 本紀4 太宗1 太平興國 원년 11월 癸亥·乙亥.
『宋史』권487, 列傳246 外國3 高麗 開寶 9년.
19) 太平興國: 宋 太宗의 연호로 976~983년 사이에 사용되었다.
20) 治: 고려의 제6대 왕 成宗(960~997)으로 재위기간은 17년(981~997)이다. 諱는 治이고, 字는 溫古이며, 戴宗 旭의 2子이고, 母는 宣義太后 柳氏이다.
『高麗史』권3, 世家3 成宗.
21) 太平興國七年 …… 詔從之: 太平興國 7년은 982년(성종 1)에 해당한다. 고려 경종이 훙거하고 성종[治]이 즉위한 것은 981년이다. 고려가 982년에 侍郎 金昱을 송에 파견하여 嗣位를 알리자, 송은 詔를 내려 의논 후에 은총을 더할 것으로 약속하였고, 이듬해인 983년에 大中大夫 光祿少卿 李巨原과 朝議大夫 將作少監 孔維를 보내어 성종을 光祿大夫 檢校太保 使持節 玄菟州諸軍事 玄菟州都督 充大順軍使 上柱國 食邑二千戶 高麗國王으로 책봉하였다. 한편 『宋史』에는 982년 12월에 송이 조서를 내림과 동시에 성종을 고려국왕에 책봉한 것으로 되어 있다.
『高麗史』권3, 世家3 成宗 원년·2년 3월 戊寅.
『宋史』권4, 本紀4 太宗1 太平興國 7년 12월 戊寅.

『宋史』 권487, 列傳246 外國3 高麗 太平興國 7년.
22) 契丹: 遼河 상류의 시라무렌강 유역에서 유목생활을 하던 몽골계 부족이다. 916년에 耶律阿保機가 여러 부족을 통합하고, 臨潢府를 수도로 삼아 契丹―遼―을 건국하였다. 後晉의 건국을 도와준 대가로 937년에 燕雲16州를 할양받았으며, 1004년에 宋과 澶淵의 맹약을 맺으면서 막대한 歲幣를 받았다. 1125년에 金과 宋의 협공을 받아 멸망하였다.
『遼史』.
『契丹國志』.
申採湜, 1993,「遼(요)의 건국과 발전」,『東洋史槪論』, 三英社.
이춘식, 2005,「정복왕조: 요, 금, 원 제국」,『중국사서설(개정판)』, 교보문고.
23) 淳化六年 …… 遂闕朝貢: 淳化는 宋 太宗의 연호로 990~994년까지 5년 사이에 사용되었다. 그러므로 본문의 淳化 6년은 淳化 연호를 계속 표기한 것에 불과하며, 실제는 至道 1년(995, 성종 14)에 해당한다. 거란이 고려에 처음 침입한 것은 993년의 일로, 당시 고려는 徐熙를 파견하여 거란의 蕭遜寧과 화의를 맺었다. 이후 고려는 994년에 거란의 승인 하에 江東 6州의 영유권을 얻는 한편 송에도 사신을 파견하여 援兵을 요청하였으나, 송 조정이 이를 거절함에 따라 이후 양국의 외교관계는 단절되었다.
『高麗史』 권3, 世家3 成宗 12년 윤10월 丁亥·13년 2월·6월.
『宋史』 권487, 列傳246 外國3 高麗 淳化 5년 6월.
金庠基, 1974, 앞의 책.
李丙燾, 1961, 앞의 책, 385~388쪽.
全海宗, 1977,「高麗와 宋과의 關係」,『東洋學』 7, 東洋學硏究所.
朴龍雲, 2002, 앞의 책.
이미지, 2018,「거란과의 조공·책봉 관계 수립과 契丹觀의 변화」,『태평한 변방―고려의 對거란 외교와 그 소산―』, 景仁文化社.
24) 誦: 고려의 제7대 왕 穆宗(980~1009)으로 재위기간은 13년(997~1009)이다. 諱는 誦이고 字는 孝伸이며, 景宗의 長子이고, 母는 獻哀太后 皇甫氏이다.
『高麗史』 권3, 世家3 穆宗.
25) 治卒 弟誦立: 고려 성종[治]이 훙거하고 목종[誦]이 즉위한 것은 997년의 일이다. 한편『高麗史』에 따르면, 성종은 태조의 아들인 戴宗 旭의 2子이고, 목종은 태조의 손자인 景宗의 長子이다. 따라서 본문에 목종을 성종의 아우라 한 것은 오류이며, 5寸 조카가 옳다. 한편 동일한 오류가『宋史』에도 전한다.
『高麗史』 권3, 世家3 穆宗.
『高麗史』 권90, 列傳3 宗室1 戴宗旭.
『宋史』 권487, 列傳246 外國3 高麗.
26) 咸平: 宋 眞宗의 연호로 998~1003년 사이에 사용되었다.
27) 朱仁紹: 생몰년 미상. 999년(목종 2)에 吏部侍郎으로서 송에 사행하였다. 이외에 자세한 내용은 알 수 없다.

『高麗史』 권3, 世家3 穆宗 2년 10월.
28) 咸平三年 …… 賜詔襃諭: 咸平 3년은 1000년(목종 3)에 해당한다. 『高麗史』에는 999년에 吏部侍郞 朱仁紹가 송에 사행하고 황제의 조서를 받아 귀국한 것으로 되어 있고, 『宋史』外國傳에는 1000년에 고려의 신하 이부시랑 趙之遴이 牙將 朱仁紹를 송에 보낸 것으로 되어 있어, 본문의 내용과는 다소 차이가 있다.
『高麗史』 권3, 世家3 穆宗 2년 10월.
『宋史』 권487, 列傳246 外國3 高麗 咸平 3년.
朴龍雲, 1995·1996, 앞의 논문 ; 2002, 앞의 책, 153·163쪽.
29) 大中祥符: 宋 眞宗의 연호로 1008~1016년 사이에 사용되었다.
30) 詢: 고려의 제8대 왕 顯宗(992~1041)으로 재위기간은 23년(1009~1031)이다. 諱는 詢이고 字는 安世이며 安宗 郁과 孝肅王后 皇甫氏의 아들이다.
『高麗史』 권4, 世家4 顯宗.
31) 大中祥符七年 …… 弟詢權知國事: 고려 목종[誦]이 훙거하고 현종[詢]이 즉위한 것은 1009년의 일이다. 『高麗史』에 따르면, 목종은 태조의 손자인 景宗의 長子이고, 현종은 태조의 아들인 安宗 郁의 아들이다. 따라서 본문에 현종을 목종의 아우라 한 것은 오류이다. 한편 동일한 오류가 『宋史』에도 전한다.
『高麗史』 권4, 世家4 顯宗.
『高麗史』 권90, 列傳3 宗室1 安宗郁.
『宋史』 권487, 列傳246 外國3 高麗.
32) 大中祥符七年 …… 又求封冊: 大中祥符 7년은 1014년(현종 5)에 해당한다. 고려는 1014년에 內史舍人 尹徵古를 송에 파견하여 금실로 수놓은 안장과 복두를 바치고 예전과 같이 歸附할 것을 청하였다. 한편 본문에는 1014년에 고려가 거란을 크게 물리친 이후 송에 사신을 파견하여 정삭의 반포와 책봉을 청한 것으로 되어 있다. 그런데 『高麗史』 및 『續資治通鑑長篇』에 의하면 당시 고려는 거란이 현종의 親朝와 江東 6州의 환부를 요구하며 蕭敵烈 등을 파견하자 이에 대한 외교적 방편으로 송에 사신 윤징고를 파견하여 예전과 같이 귀부할 것을 청하였고, 송은 이에 대해 거란과의 관계를 염두에 두면서도 고려 사신을 후대한 것으로 되어 있어, 본문의 내용과는 차이가 있다.
『高麗史』 권4, 世家4 顯宗 5년 8월 甲子.
『續資治通鑑長篇』 권83, 眞宗 大中祥符 7년 10월 丁巳·12월 丁卯.
朴賢緖, 1981, 「北方民族과의 抗爭」, 『한국사』 4, 국사편찬위원회, 277~283쪽.
金在滿, 1999, 「聖宗의 高麗侵略과 東北아시아 國際情勢의 變趨」, 『契丹高麗關係史硏究』, 國學資料院, 129~143쪽.
33) 眞宗皇帝: 968~1022. 宋의 제3대 황제이며 재위기간은 26년(997~1022)이다. 諱는 恆이다. 2대 황제인 太宗의 3子이며 母는 元德皇后 李氏이다.
『宋史』 권6, 本紀6 眞宗1.
34) 天聖: 宋 仁宗의 연호로 1023~1031년 사이에 사용되었다.
35) 天聖中 …… 貢方物: 『高麗史』에는 天聖 연간(1023~1031)에 고려가 송에 사신을

파견한 기록이 없다. 그런데『宋史』에 따르면, 1030년(현종 21)에 고려가 御事 民官侍郎 元穎 등 293명을 송에 파견하여 표문을 올리고 金器, 銀鬪刀劍, 鞍勒馬, 香油, 人蔘, 細布, 銅器, 磠黃, 靑鼠皮 등의 물품을 바친 것으로 되어 있다.
『宋史』권9, 本紀9 仁宗1 天聖 8년.
『宋史』권487, 列傳246 外國3 高麗 天聖 8년.
朴龍雲, 2002, 앞의 책, 154쪽.

36) 天子: 宋의 제4대 황제 仁宗(1010~1063)을 가리키는 것으로, 재위기간은 42년(1022~1063)이다. 諱는 禎이고, 初名은 受益이다. 眞宗의 6子이고, 母는 李宸妃이다.
『宋史』권9, 本紀 仁宗1.

37) 後詢卒 子隆立: 본문의 왕융[隆]이 누군지는 알 수 없다. 다만『高麗史』에 태조 왕건의 父가 융[隆]으로 기록되어 있을 뿐이다. 그런데 본문에 고려 제8대 왕 현종[詢]이 훙거하고 그 뒤를 이어 융이 즉위하였다고 기록한 것으로 볼 때, 본문의 隆은 고려 제9대 왕 德宗(1016~1034) 왕흠[欽]의 誤記이다. 한편 이러한 오류는 1036년(정종 2) 이후로 고려와 송의 국교가 일시 단절되어 고려에 대한 정보가 부족한 탓에서 기인한 듯하다.
『高麗史』高麗世系.
『高麗史』권5, 世家5 德宗.
『續資治通鑑長編』권109, 仁宗 天聖 8년 12月 壬辰.

38) 後詢卒 …… 而貢使又絕: 고려 현종이 훙거하고 덕종이 즉위한 것은 1031년(덕종 즉위)의 일이다. 고려와 송의 통교는 962년(광종 13)에 시작되어 1036년(정종 2)까지 계속되었으나, 거란의 침입으로 인해 이후 1071년(문종 25)에 양국의 국교가 再開되기까지 오랫동안 단절되었다.
『高麗史』권2, 世家2 光宗 13년.
『高麗史』권5, 世家5 德宗.
『高麗史』권8, 世家8 文宗 25년 3月 庚寅.
『宋史』권487, 列傳246 外國3 高麗 天聖 8년.
李丙燾, 1961, 앞의 책, 385~391쪽.
丸龜金作, 1961·1962,「高麗と宋との通交問題(一)·(二)」,『朝鮮學報』17·18.
全海宗, 1977, 앞의 논문.
朴龍雲, 2002, 앞의 책.

39) 私謚曰正: 私諡는 죽은 자의 생전 文章이나 道德 등을 칭송하여 사후에 친족 혹은 문하의 제자들이 지어주는 諡號를 의미한다. 여기서는 고려와 송의 국교 단절로 인해 고려왕이 정식으로 송의 시호를 받지 않았으므로 송의 입장에서 私諡라고 표현한 듯하다. 아울러 본문의 正은『高麗史』,『高麗史節要』등의 사서에는 보이지 않는 시호이다.
諸橋轍次, 1985,「私諡」,『大漢和辭典』8, 大修館書店, 530쪽.

40) 德王: 고려의 제9대 왕 德宗(1016~1034)을 말한다. 재위기간은 4년(1031~1034)이

고, 諱는 欽이며, 字는 元良이다. 顯宗의 長子이고, 母는 元成太后 金氏이다. 한편 본문에서는 고려의 제9대 왕 덕종을 휘가 아닌 德王으로 기록하였는데, 이는 덕종이 송으로부터 책봉을 받지 않아 그에 대한 정보가 부정확한 까닭에 이와 같이 기록한 것으로 생각된다.

『高麗史』 권5, 世家5 德宗.

41) 欽弟穆王亨: 고려 덕종[欽]의 아우는 穆王이 아닌 靖宗이므로 본문에서 덕종의 아우를 穆王 亨이라 한 것은 오류이다. 靖宗(1018~1046)은 고려의 제10대 왕으로 재위기간은 13년(1034~1046)이고, 諱는 亨이며, 字는 申照이다. 顯宗의 2子이고, 母는 元成太后 金氏이다. 한편 본문에는 고려의 제10대 왕 정종을 목왕으로 기록하였는데, 이는 앞의 덕종과 마찬가지로 정종이 송으로부터 책봉을 받지 않았기 때문에 그에 대한 정보가 부정확한 탓에서 기인한 듯하다.

『高麗史』 권6, 世家6 靖宗.

42) 子德王欽 …… 而朝廷亦罷遣使: 본문에는 고려가 덕종·정종대에 모두 사신을 파견하지 않은 것으로 되어있다. 그러나 『高麗史』에 의하면, 고려는 1036년(정종 2)에 進奉 兼告奏使 尙書右丞 金元冲을 송에 파견하였으나 瓮津—지금의 황해남도 옹진군—에 이르러 배가 파선되어 도중에 돌아온 일이 있다.

『高麗史』 권6, 世家6 靖宗 2년 7월.

43) 徽: 고려의 제11대 왕 文宗(1019~1083)으로, 재위기간은 38년(1046~1083)이다. 諱는 徽이고 字는 燭幽이며 초명은 緖이다. 顯宗의 3子이고, 母는 元惠太后 金氏이다.

『高麗史』 권7, 世家7 文宗.

44) 熙寧: 宋 神宗의 연호로 1068~1077년 사이에 사용되었다.

45) 亨弟徽 …… 復修方貢: 熙寧 4년은 1071년(문종 25)에 해당한다. 고려와 송의 통교는 1068년(문종 22) 7월에 송 황제 神宗이 江淮兩浙荊湖南北路都大制置發運使 羅拯에게 명하여 상인 黃愼으로 하여금 황제의 뜻을 전달하도록 하였고, 고려가 이에 호응하여 1071년 3월에 民官侍郎 金悌를 송에 파견함으로써 再開되었다. 한편 당시 송은 고려 사신 김제 일행이 해문현에 도착했다는 보고를 받자 集賢校理 陸經과 左藏庫副使 張成一을 館伴使와 副使에 임명하고, 이들을 夏國 사신과 동등하게 대우하는 등 고려 사신을 매우 환대하였다. 이와 같은 양국의 국교재개의 배경은 일차적으로 거란의 국세가 기울고 있었으며, 이차적으로는 고려와 연합하여 거란을 제압하고자 한 송 신종의 외교정책과 송의 선진문물을 수입하고자 한 고려 문종의 의지가 함께 작용한 때문이었다.

『高麗史』 권8, 世家8 文宗 22년 7월 辛巳·25년 3월 庚寅.

『宋史』 권487, 列傳246 外國3 高麗 熙寧 3년.

『續資治通鑑長編』 권223, 神宗 熙寧 4년 5월 丙午.

李丙燾, 1961, 앞의 책, 389쪽.

全海宗, 1974, 앞의 책, 335·336쪽.

鄭修芽, 1995, 「高麗中期 對宋外交의 再開—北宋 改革政治의 수용을 중심으로—」, 『國史館論叢』 61.

申泰光, 2002, 「北宋 變法期의 對高麗政策」, 『東國史學』 37.
申採湜, 2008, 앞의 책.
李鎭漢, 2008, 「高麗 文宗代 對宋通交와 貿易」, 『歷史學報』 200.
毛利英介, 2009, 「十一世紀後半における北宋の國際的地位について―宋麗通交再開と契丹の存在を手がかりに―」, 『『宋代中國』の相對化』, 汲古書院.

46) 七年九年 使人荐至: 熙寧 7년은 1074년(문종 28)이고, 희령 9년은 1076년에 해당한다. 고려는 1073년에 太僕卿 金良鑑과 中書舍人 盧旦을 송에 파견하여 謝恩을 하고 方物을 바치는 외에 거란의 위협을 피하기 위해 明州로 항로 변경을 요청하였고, 이것이 받아들여졌다. 이후 1076년에도 工部侍郎 崔思諒을 송에 파견하여 謝恩을 하고 方物을 바쳤다(①). 한편 『高麗史』에는 김양감이 1073년 8월에 송에 파견된 것으로 되어 있으나, 『宋史』에는 1074년의 일로 기록되어있다. 이에 대해서는 김양감 일행이 송에 장기간 체류한데서 비롯한 착오로 이해되고 있다(②).
① 『高麗史』 권9, 世家9 文宗 27년 8월 丁亥·30년 8월 丁亥.
『宋史』 권15, 本紀15 神宗2 熙寧 7년.
『宋史』 권487, 列傳246 外國3 高麗 熙寧 7년·9년.
金渭顯, 1978, 「麗宋關係와 그 航路考」, 『關大論文集』 6 ; 1985, 『遼金史硏究』, 裕豊出版社.
金澈雄, 2004, 「高麗와 宋의 海上貿易路와 交易港」, 『中國史硏究』 28.
신안식, 2012, 「고려전기의 麗宋 교통로와 교역」, 『한국중세사연구』 33.
② 丸龜金作, 1961, 앞의 논문.
李鎭漢, 2008, 앞의 논문, 260쪽.

2-2-(2)

[原文]

神宗皇帝嘉其忠藎, 元豊元年, 命左諫議大夫安燾爲國信使, 起居舍人陳睦副之, 自明州定海, 絶洋而往. 時徽病風痺, 僅能拜命. 且乞毉9)藥, 上覽其奏從之. 三年四年, 連10)使來朝. 六年徽卒, 立凡三十八年, 諡曰文. 世子勳立, 百日卒, 弟國原公運立. 命左諫議大夫楊景略爲祭奠使, 禮

9) 四知: 醫.
10) 四知: 遣.

賓使王舜封副之, 右諫議大夫錢勰爲弔慰使, 西上閣[11]門副使朱球副之, 七年七月, 自密之板橋, 航海而往. 八年, 哲宗皇帝踐祚, 使來奉慰, 又遣使來賀. 運立四年卒, 諡曰宣. 子堯立, 未閱歲而以病廢, 國人乃請其叔熙攝政. 未幾而堯卒, 諡曰懷. 熙乃襲位, 自元祐五年, 至元符元年, 貢使再至. 三年遣使綏撫, 遵元豐故事也. 皇帝嗣位, 遹追來孝, 丕承先烈. 薄海內外, 無不臣妾, 德被藩服, 恩行海隅. 邇者, 崇寧元年, 命戶部侍郞劉逵, 給事中吳栻[12], 持節往使, 禮物豐腆, 恩綸昭囘[13], 所以加惠麗國, 而襃[14]寵鎭撫之, 以繼神考之志, 益大而隆. 二年五月, 由明州道梅岑, 絶洋而往, 時熙避契丹嫌名, 改熙曰顒. 然自神考有作, 務來遠人, 天相睿謨, 王徽襲爵, 以承其旨, 殆非偶然. 徽忠順循理, 知尊中國, 館待使華, 禮意勤厚, 至遇賈人, 亦有體貌. 治尙仁恕, 享國久長宜矣. 崇寧二年, 顒卒, 年五十. 世子俁立. 自長興三年壬辰, 迨今宣和六年甲辰, 王氏有國九世, 凡十七人, 合一百九十三年云.

[譯文]

신종황제[1]가 그 충성을 가상히 여겨 원풍[2] 원년(1078)에 명하여 좌간의대부[3] 안도[4]를 국신사로 하고 기거사인[5] 진목[6]을 부사로 하고 명주 정해현[7]에서 바다를 건너갔다.[8] 이때 왕휘[徽, 문종]가 중풍을 앓아 가까스로 명을 받들 수 있었다.[9] 또 의관과 약재를 청하니, 황제가 그 요청을 보고는 그것을 들어 주었다. 3년과 4년에 연이어 사신이 내조하였다.[10] 6년에 왕휘가 졸하였는데 즉위한지 무릇 38년이며 시호는 문왕이다. 세자 왕훈[勳, 순종][11]이 즉위한 지 100일 만에 졸하자, 아우 국원공 왕운

---

11) 閣 : 閤. 원문은 閤으로 되어 있으나, 의미상 '閣'이 옳다고 생각되어 교감 번역하였다.
12) 四知 : 栻.
13) 四 : 回.
14) 四知 : 襃.

[運, 선종][12]이 즉위하였다. (이에 황제가) 명하여 좌간의대부 양경략[13]을 제전사[14]로 하고 예빈사[15] 왕순봉[16]을 부사로 삼고, 우간의대부[17] 전협[18]을 조위사[19]로 하고 서상합문부사[20] 송구[21]를 부사로 삼았으니, 7년 7월에 밀주 판교진[22]에서 바다를 건너갔다.[23] 8년에 철종황제[24]가 제위를 이으니 사신이 와서 위문을 드리고, 또 사신을 보내 와서 하례하였다.[25] 왕운은 즉위한지 4년 만에 졸하였으니,[26] 시호는 선왕이다. 아들 왕요(王堯)가 즉위하여 해를 넘기지 아니하고 병으로 쓰러지니, 나라 사람들이 이에 그 숙부 왕희[熙, 숙종][27]에게 섭정을 청하였다.[28] 얼마지 않아 왕요가 졸하였으니, 시호는 회이다.[29] 왕희가 곧 왕위를 이었으며, 원우 5년(1090)부터 원부 원년(1098)까지 조공 사신이 두 차례 이르렀다.[30] 3년에 사신을 보내 안정시키고 위무하여 원풍 연간의 전통[31]을 따랐다. 황제가 제위를 이어 선대의 뜻을 따라 효를 이루고[遹追來孝][32] 선조들의 업적을 크게 계승하였다. 너른 바다[薄海]의 안팎으로 신하[臣妾]되지 않음이 없었으며 덕은 변방[藩服][33]까지 덮고 은혜는 바다의 구석까지 행하여졌다. 숭녕[34] 원년(1102)에 호부시랑[35] 유규[36]와 급사중[37] 오식[38]에게 명하여 부절을 가지고 사신으로 가서, 예물을 풍성하고 넉넉히 하며 은혜로운 조서[恩綸]가 빛을 내며 도니[昭回] 고려에 은혜를 더해주려는 까닭이요, 칭찬하고 총애하며 안정시키고 위무하여 신종[神考]의 뜻을 이음으로써 더욱 크고 융성하게 하였다.[39] 2년 5월에 명주를 지나고 매잠[40]을 거쳐서 바다를 건너 (고려에) 가게 하였는데, 이때 왕희가 황제의 이름을 피휘[嫌名]하여 희를 고쳐 옹이라 하였다.[41] 그러나 신종[神考]때부터 시작하여 힘써 먼 나라 사람들을 오도록 하고, 하늘이 황제의 밝은 계책[睿謨]을 도와주어 왕휘[文宗]가 작위를 이어 그 뜻을 이은 것은 아마도 우연한 일이 아니다. 왕휘는 충성스럽고 유순하여 이치를 따르며 중국을 높일 줄 알아 사신[使華]을 관에서 대접함에 의례

[禮意]를 부지런하며 두텁게 하였고 상인들을 만날 때조차도 예의를 다하였다[體貌].⁴²⁾ 다스릴 때에는 어질고 용서하는 마음을 숭상하였으니 나라를 오래도록 향유함이 마땅하다. 숭녕 2년에 왕옹이 졸하였으니 나이가 50세였다.⁴³⁾ 세자 왕우[俁, 예종]가 즉위하였다. 장흥 3년(932) 임진으로부터 지금 선화 6년(1124) 갑진에 이르기까지 왕씨가 나라를 다스린 것이 9세대이고 무릇 17명이며 합하여 193년이라 한다.⁴⁴⁾

[註解]

1) 神宗皇帝: 1048~1085. 宋의 제6대 황제로 재위기간은 19년(1067~1085)이다. 諱는 頊이고 英宗의 長子이며 母는 宣仁聖烈皇后 高氏이다.
『宋史』 권14, 本紀14 神宗1.

2) 元豊: 宋 神宗의 연호로 1078~1085년 사이에 사용되었다.

3) 左諫議大夫: 宋 諫官의 하나로, 門下省의 종4품 관직이며 정원은 1인이다. 規諫과 諷諭를 하며 조정의 闕失·不適한 人事·百司의 違失 등을 諫正하였다.
『宋史』 권161, 志114 職官1 門下省 左散騎常侍 左諫議大夫 左司諫 左正言.
『宋史』 권168, 志121 職官8 合班之制 官品.

4) 安燾: 1034~1108. 開封―지금의 중국 河南省 開封市 일원― 사람으로 자는 厚卿이다. 급제하여 蔡州觀察推官이 되었다. 이후 神宗이 그의 몸가짐을 훌륭히 여겨 檢正中書孔目房 修起居注로 삼았다. 1078년(문종 32)에 左諫議大夫를 假官하여 고려에 사행하였다. 임무를 마치고 귀국하여서는 사신의 예를 잘 알고 행한 공으로 左諫議大夫와 함께 直學士院도 겸하게 되었다. 후에 遼 사신을 館伴하였다. 權三司使, 戶部尚書, 同知樞密院 등을 차례로 역임하였고 1080년에는 觀文殿學士 知鄭州에 배임되었으며 門下侍郞에 이르렀다. 한편『高麗史』에 의하면 송·고려 간 외교가 단절되었다가 오랜만에 사신이 오자 당시 고려에서 이를 경사로 여겼으나, 안도 등이 고려에 머물면서 부린 탐욕으로 인해 고려 사람들이 크게 실망하였다는 기록도 전한다.
『高麗史』 권9, 世家9 文宗 32년 7월 乙未.
『宋史』 권328, 列傳87 安燾.

5) 起居舍人: 宋 中書省의 종6품 관직으로 정원은 1인이다. 관리에 대한 銓注와 敍用의 업무를 담당하였다.
『宋史』 권161, 志114 職官1 中書省 起居舍人.
『宋史』 권168, 志121 職官8 合班之制 官品.

6) 陳睦: 생몰년 미상. 1078년에 起居舍人을 假官하여 고려에 사행하였고, 1084년에는 遼에 賀生辰·正旦使로서 사행하였다. 이 외에 자세한 내용은 알 수 없다.

『宋史』권16, 本紀16 神宗 元豊 7년 8월 辛巳.
『宋史』권487, 列傳246 外國3 高麗.
7) 明州定海: 明州는 지금의 중국 浙江省 寧波 일원이다. 그리고 定海는 지금의 중국 浙江省 寧波 鎭海를 가리킨다. 宋 太平興國(976~984) 초에 明州에 속하였다. 이 지역 내 舟山島 南岸 中部에 위치한 定海港은 定海 舟山群島와 대륙의 수륙교통상의 중추였다.
戴均良 외 주편, 2005b, 「明州」·「定海縣」·「定海港」, 『中國古今地名大詞典』中, 上海辭書出版社, 1778·1961·1962쪽.
8) 神宗皇帝 …… 絕洋而往: 宋 神宗은 1078년(문종 32)에 고려에 사절단을 파견하여 고려와의 국교 재개를 도모하였다. 이에 1068년에 江淮兩浙荊湖南北路都大制置發運使 羅拯에게 지시하여 두 차례에 걸려 고려에 商人 黃愼을 파견하여 통교를 제안하였다. 고려 역시 적극 호응하여 1071년에 民官侍郞 金悌를 파견함으로써 양국의 국교가 다시 열리게 되었다. 이에 安燾 등의 사절단은 1078년 6월에 와서 7월에 돌아갔다.
『高麗史』권8, 世家8 文宗 22년 7월 辛巳·3월 庚寅.
『高麗史』권9, 世家9 文宗 32년 6월 甲寅·7월 乙未.
全海宗, 1974, 앞의 책.
朴龍雲, 1995, 앞의 논문 ; 2002, 앞의 책.
李錫炫, 2005, 「宋高麗의 外交交涉과 認識, 對應─北宋末 南宋初를 중심으로─」, 『中國史硏究』 39.
李鎭漢, 2008, 앞의 논문.
이진한, 2014, 「송과의 외교와 무역」, 『고려시대 무역과 바다』, 경인문화사.
9) 時徽病風痺 僅能拜命: 『高麗史』에 의하면 당시 문종은 중풍을 앓아 몸이 불편하여 부축을 받은 채 나와 조서를 받았다.
『高麗史』권9, 世家9 文宗 32년 6월 丁卯.
10) 三年四年 連使來朝: 고려는 1080년(문종 34)에 戶部尙書 柳洪과 禮部侍郞 朴寅亮을, 다음해에는 禮部尙書 崔思齊와 吏部侍郞 李子威를 송나라에 보내 의관과 약재를 보내준 것에 대해 사례하였다.
『高麗史』권9, 世家9 文宗 34년 3월 壬申·35년 4월 庚辰.
11) 世子勳: 고려의 제12대왕 順宗(1047~1083)으로 재위기간은 약 3개월(1083. 7.~1083. 10.)이다. 문종과 인예태후 이씨 사이에서 첫째 아들로 태어났다.
『高麗史』권10, 世家10 順宗.
12) 弟國原公運: 고려의 제13대 왕 宣宗(1049~1094)으로 재위기간은 12년(1083~1094)이다. 휘는 運이고 자는 繼天이며 본래 휘는 蒸 또는 祇이다. 문종과 인예태후 이씨 사이에서 둘째 아들로 태어났다.
『高麗史』권10, 世家10 宣宗.
13) 楊景略: 생몰년 미상. 宋代 관인으로 提點開封府界諸縣公事를 지낸 바 있다. 이외에 별다른 기록이 보이지 않는다.

『宋史』 권16, 本紀16 神宗 元豊 4년 6월 癸未.
『宋史』 권487, 列傳246 外國3 高麗 元豊 6년.
14) 祭奠使: 사망한 왕에 대해 제를 올리는 명목으로 파견되는 사신을 말한다. 宋과 金은 대체적으로 본문과 같이 '祭奠'이라는 용어를 사용했으며, 契丹은 동일한 역할의 사신에 대하여 대체적으로 '勅祭'라는 이름으로 파견하는 경우가 많았다. 이승민, 2018, 「고려시대 國喪 儀禮와 弔問 使行 연구」, 가톨릭大學校 國史學科 博士學位論文, 148쪽.
15) 禮賓使: 『宋史』 職官志에서는 확인되지 않는다. 禮賓省―禮賓寺―이 客省이라고 불리었으므로 客省의 종5품 관직인 客省使와 동일한 관직으로 간주되기도 한다. 朴龍雲, 2002, 앞의 책, 134쪽.
16) 王舜封: 생몰년 미상. 宋代 관인이다. 1078년(문종 32)에 문종이 宋에 의관과 약재를 요청하자 神宗이 이듬해 사신을 다시 보내어 의관과 약재를 하사하였는데, 당시 王舜封이 이를 담당하였다. 이외에 자세한 내용은 알 수 없다.
『宋史』 권487, 列傳246 外國3 高麗.
17) 右諫議大夫: 宋代 諫官의 하나로, 中書省의 종4품 관직이며 정원은 1인이다.
『宋史』 권161, 志114 職官1 中書省 右散騎常侍 右諫議大夫 右司諫 右正言.
『宋史』 권168, 志121 職官8 合班之制 官品.
18) 錢勰: 1034~1097. 杭州 사람이다. 吳越王 錢俶의 6世孫이며 字는 穆父이다. 급제하지 못하였으나 蔭補로 知尉氏縣이 되었고 流内銓主簿에 제수되었다. 1083년에 朝散郎으로, 1084년에는 右諫議大夫로 弔慰使가 되어 연달아 고려에 갔고, 다음 해에는 中書舍人으로서 고려에 사행했다. 工部·戶部侍郎, 尚書, 知開封府事, 開封尹 등을 지냈다.
『高麗史』 권10, 世家10 宣宗 원년 8월 甲申.
『宋史』 권162, 志119 職官6 開封府.
『宋史』 권255, 列傳53 王洙 子欽臣.
『宋史』 권317, 列傳76 錢惟演 從弟易 易子彦遠 明逸 諸孫景諶 從孫勰 從子即.
『續資治通鑑長編』 권339, 神宗 元豊 6년 9월 丙辰.
『續資治通鑑長編』 권349, 神宗 元豊 7년 10월 乙亥.
『續資治通鑑長編』 권361, 神宗 元豊 8년 11월 壬寅.
19) 弔慰使: 사망한 왕에 대한 위로의 조서를 가지고 오는 사신을 말한다. 宋과 金은 대체적으로 본문과 같이 '弔慰'이라는 용어를 사용했으며, 契丹은 동일한 역할의 사신에 대하여 대체적으로 '慰問'라는 이름으로 파견하는 경우가 많았다. 이승민, 2018, 앞의 논문, 148쪽.
20) 西上閤門副使: 宋代 황제의 측근에 있는 요직이었던 橫班의 하나이다. 西上閤門副使의 품계는 확인되지 않는다. 다만 종7품인 西上閤門通事舍人의 바로 위 직위였으므로 6품정도 되었을 것으로 짐작된다.
朴龍雲, 2002, 앞의 책, 134쪽.
21) 朱球: 宋球(생몰년 미상)의 오류이다. 宋代 관인이다. 開封 酸棗 사람으로, 父는

宋守約이다. 고려에 사행하고 그 공으로 通事舍人이 되었으며, 神宗이 사망하자 遼에 告哀使로 사행하였다. 후에 西上閤門使, 樞密府都承旨 등을 역임하였다.
『宋史』 권349, 列傳108 宋守約 子球.

22) 密之板橋: 지금의 중국 山東省 胶州市에 있던 옛 鎭을 가리킨다. 宋 慶歷(1041~1048) 이후 宋代 북방무역의 주요 항구가 되었다.
戴均良 외 주편, 2005b, 앞의 책, 1709쪽.

23) 命左諫議大夫楊景略爲祭奠使 …… 航海而往: 1084년 7월에 밀주 판교진에서 출발한 宋의 祭奠使와 弔慰使 일행은 다음 달인 8월에 고려에 도착하였다. 이에 文宗과 順宗의 魂殿에서 道場을 열고 각 왕의 제사에 祭文을 올렸으며, 연이어 喪을 당하고 즉위한 宣宗에게 황제의 위로를 전하였다.
『高麗史』 권10, 世家10 宣宗 원년 8월 甲申.

24) 哲宗皇帝: 1077~1100. 宋의 제7대 황제로 재위기간은 16년(1085~1100)이다. 휘는 煦이다. 神宗의 6子이며 母는 欽聖皇后 朱氏이다.
『宋史』 권17, 本紀17 哲宗1.

25) 八年 …… 又遣使來賀: 1085년(선종 2)에 고려는 戶部尙書 金上琦와 禮部侍郞 崔思文을 송나라에 보내 神宗을 조문하고, 工部尙書 林槩와 兵部侍郞 李資仁을 보내 哲宗의 즉위를 하례하였다.
『高麗史』 권10, 世家10 宣宗 2년 8월 辛未.

26) 運立四年卒: 본문에서는 宣宗이 즉위한지 4년 만에 졸하였다고 했으나, 선종은 재위 11년이 되는 1094년에 훙거하였으므로, 이는 서긍의 오류이다. 한편 동일한 오류가 『宋史』에도 전한다.
『高麗史』 권10, 世家10 宣宗 11년 5월 壬寅.
『宋史』 권487, 列傳246 外國3 高麗.

27) 煕: 고려의 제15대 왕 肅宗(1054~1105)으로 재위기간은 11년(1095~1105)이다. 원래 휘는 煕였으나 후에 顒로 고쳤으며 자는 天常이다. 文宗의 3子이고 母는 仁睿太后 李氏이다.
『高麗史』 권11, 世家11 肅宗.

28) 子堯立 …… 國人乃請其叔煕攝政: 堯는 고려 제3대 왕 定宗이므로 본문에서 堯를 宣宗의 아들로 기재한 것은 오류이다. 선종의 子는 고려의 제14대 왕 獻宗(1084~1097)으로 재위기간은 2년(1094~1095)이다. 諱는 昱이고 宣宗과 思肅太后 李氏 사이에서 태어났다. 아울러 본문에는 헌종이 즉위한 다음해에 병을 앓자 叔父인 煕―선종의 아우, 숙종―가 나라 사람들의 추대를 받아 섭정한 것으로 되어있다. 그러나 실제는 헌종이 11세의 어린 나이로 즉위하여 思肅太后 李氏가 수렴청정을 하게 되자 外戚 李資義가 漢山侯 昀―선종의 2子―의 추대를 도모하는 혼란상이 전개되었고, 이 과정에서 鷄林松 煕가 군사권을 장악하고 있던 邵台輔, 王國髦 등과 결탁하여 쿠데타를 일으켜 즉위하였으므로, 본문의 내용과는 차이가 있다.
『高麗史』 권10, 世家10 獻宗·원년 10월 己巳.
『高麗史』 권11, 世家11 肅宗 2년 윤2월 甲辰.

南仁國, 1983,「高麗 肅宗의 卽位過程과 王權强化」,『歷史敎育論集』5 ; 1999,『고려 중기 정치세력연구』, 신서원.

서성호, 1993,「숙종대 정국의 추이와 정치세력」,『역사와 현실』9.

29) 未幾而堯卒 諡曰懷: 본문에서는 숙종이 섭정하였다가 헌종이 사망한 뒤에 숙종이 왕위를 이은 것으로 서술하고 있으나, 실제 헌종은 1095년(헌종 1)에 숙종에게 禪位한 이후 1097년(숙종 2)에 사망하였으므로 본문의 내용과는 다소 차이가 있다. 한편 1097년에 헌종이 사망하자 시호를 懷殤이라 하였는데, 서긍은 이를 '회'라고 기록한 듯하다. 이후 예종이 즉위하여 시호를 恭殤으로 고치고 묘호를 獻宗이라 하였다.

『高麗史』권10, 世家10 獻宗 원년 10월 己巳.

30) 元祐五年 …… 貢使再至: 元祐는 宋 哲宗의 연호로 1086~1094년 사이에 사용되었고, 元符는 宋 哲宗의 연호로 1098~1100년 사이에 사용되었다. 고려는 1090년(선종 7)에서 1098년(숙종 3)까지 약 네 차례에 걸쳐 송에 사신을 파견하였다. 1090년에 호부시랑 이자의 등을 파견해 謝恩 兼進奉을 하였고, 1093년에는 병부상서 황종각 등을 파견해 謝恩 및 書籍의 구입을 요청하였다. 1098년 7월에는 중서사인 윤관 등을 파견해 숙종이 嗣位한 것을 고하였다. 한편『高麗史』에는 전하지 않으나『宋史』에는 고려가 1091년에도 송에 사신을 파견한 것으로 되어 있다. 따라서 본문에 서긍이 "원우 5년(1090)부터 원부 원년(1098)까지 조공 사신이 두 차례 이르렀다."라고 한 것은 오류이다.

『高麗史』권9, 世家7 宣宗 7년 7월 癸未·10년 7월 壬辰.

『高麗史』권11, 世家11 肅宗 3년 7월 己未.

『宋史』권17, 本紀17 哲宗1 元祐 6년.

朴龍雲, 2002, 앞의 책, 155·156쪽.

01) 元豊故事: 元豊 연간에 송 신종과 고려 문종 간의 국교 재개를 가리킨다. 문종대 고려와 송의 국교 재개에 대해서는 앞의 주해 8) 및 본서 권2-2-(1), 주해 45) 참조

32) 遹追來孝:『詩經』에 "城을 쌓을 때는 옛 도랑을 따라서 쌓고, 豊邑을 지을 때는 선대의 규모에 맞춰서 하였으니 자기가 하고자 하는 것을 급히 이루는 것이 아니라, 先人의 뜻을 좇아 그 孝를 오게 하였다. 문왕은 훌륭하시다[築城伊淢 作豊伊匹 匪棘其欲 遹追來孝 王后烝哉]."라는 구절이 전한다. 본문의 '遹追來孝'는 선대의 뜻에 근거하여 정책을 이어나간 것임을 문왕의 사례에 빗대어 표현한 것이다.

『詩經』大雅 文王有声.

33) 藩服: 九服의 하나로, 고대에 王畿를 중심으로 거리에 따라서 나눈 아홉 행정 구획 가운데 가장 멀리 떨어진 구역 또는 藩國이나 藩臣을 가리킨다. 9복에 대해서는 권0-1-(2), 주해 2) 참조.

『周禮』권8, 夏官司馬 職方氏.

檀國大學校 東洋學硏究所, 2007,「藩服」,『漢韓大辭典』11, 檀國大學校出版部, 1249쪽.

34) 崇寧: 宋 徽宗의 연호로 1102~1106년 사이에 사용되었다.

35) 戶部侍郞: 宋 戶部의 종3품 관직으로 정원은 2인이다. 軍穀을 관장하여 그 출입내역을 관리하였고 주현의 치폐와 戶口의 증감에 관한 업무를 담당하였다.
『宋史』 권163, 志116 職官3 戶部 尙書 侍郞.
『宋史』 권168, 志121 職官8 合班之制 官品.
36) 劉逵: 생몰년 미상. 隨州 隨縣 사람으로 자는 公路이다. 進士科에 급제하여 越州觀察判官이 되었고 이후 太常博士, 考功員外郞, 國子司業 등을 역임하였다. 숭녕 연간(1102~1106)에 戶部侍郞으로 고려에 사행하였고 귀국해서는 尙書로 옮겼다. 中書侍郞에까지 이르렀으며 50세에 사망하였다.
『宋史』 권351, 列傳110 劉逵.
37) 給事中: 宋代 門下省의 정4품 관직으로 내외에 출납하는 문서를 심의하였다. 이에 대해서는 본서 0-1-(2), 주해 4) 참조.
38) 吳栻: 생몰년 미상. 본문 외에는 기록이 없어 자세한 사항을 알기 어렵다.
39) 崇寧元年 …… 益大而隆: 본문에는 송의 사신 劉逵 등이 고려에 온 시기를 崇寧元年(1102)의 일로 기록하였으나, 『高麗史』 및 『宋史』에 의하면 1103년(숙종 8)의 일로 명시되어 있다. 따라서 본문의 숭녕 원년은 오류이다. 한편 당시 송 황제는 고려왕에게 衣帶·匹段·金玉器·弓矢·鞍馬 등의 물품을 하사함과 동시에 醫官 4명을 보내는 등 후한 대우를 하였다.
『高麗史』 권12, 世家12 肅宗 8년 6월 壬子.
『高麗史節要』 권7, 肅宗 8년 6월.
『宋史』 권487, 列傳246 外國3 高麗 崇寧 2년.
40) 梅岑: 지금의 중국 浙江省 舟山市 普陀区 중부해역을 가리킨다. 이 해역은 普陀山·洛迦山·豁沙山 등의 섬으로 구성되어 있으며 普陀山鎭이 있다. 『高麗圖經』 권34에 梅岑에 대한 기록이 전한다.
戴均良 외 주편, 2005c, 『普陀山鎭』, 『中國古今地名大詞典』下, 上海辭書出版社, 2917쪽.
41) 時際避契丹嫌名 改熙曰顥: 1101년(숙종 6)에 遼에서 耶律延禧(1075~1128)의 즉위를 알렸다. 이에 고려는 요 황제의 이름인 '禧'를 避諱하여 숙종의 諱인 熙를 顥으로 고치고 太廟와 陵에 고하였으며 신하들이 표문을 올려 하례하였다. 이는 嫌名을 피한 것으로, 음이 비슷한 글자까지 피하는 避諱法의 하나이다. 일찍이 秦始皇의 휘인 '嬴政'에서 동일한 '政'자뿐 아니라 음이 같은 '正'자도 피하는 것에서 시작되었다.
『高麗史』 권11, 世家11 肅宗 6년 3월 己卯·庚辰.
張豪晟, 1999, 「韓中 避諱法 考察」, 『漢文敎育硏究』 421쪽.
42) 徽忠順循理 …… 至遇賈人: 문종대의 대송외교를 칭찬하는 내용이다. 거란의 압력으로 인해 고려와 송의 관계가 일시 중단되었다가 문종대에 이르러 재개되었기 때문이다. 문종대의 대송 통교 재개에 대해서는 앞의 주해 8) 및 본서 권 2-2-(1), 주해 45) 참조.
43) 崇寧二年 …… 年五十: 본문에는 숙종이 50세의 나이로 숭녕 2년(1103)에 사망하였다고 하였으나, 숙종은 1105년(숙종 10)에 52세의 나이로 사망하였으므로, 이

는 오류이다.
『高麗史』 권12, 世家12 肅宗 10년 10월 丙寅.

44) 自長興三年壬辰 …… 合一百九十三年云: 長興은 後唐 明宗의 연호로 930~933년 사이에 사용되었고, 宣和는 宋 徽宗의 연호로 1119~1125년 사이에 사용되었다. 장흥 3년(932, 태조 15)에서 선화 6년(1124, 인종 3)에 이르기까지 고려에 17명의 王氏가 재위한 것은 사실이다. 그러나 9세대와 관련해서는 우선 惠宗의 弟인 光宗을 子로, 景宗의 子인 穆宗을 弟로 파악한 것이고, 제3대 왕 定宗을 누락시킨 대신 顯宗과 德宗 사이에 가공의 인물 隆[世祖]을 삽입한 것이므로 오류이다. 한편 본문에 193년 간 왕씨가 고려를 다스렸다는 것은 고려 태조가 932년(태조 15)에 처음 後唐에 사신을 파견하여 책봉을 청하여 고려국왕에 봉해진 때부터 서긍이『高麗圖經』을 撰進한 1124년(인종 2)까지의 기간을 의미한다. 따라서 본서 권2 世次條에는 이와 같은 서긍 나름의 고려 世系에 대한 이해가 반영되어 있다.
『高麗史』 권2, 世家2 太祖 15년 11월.
『新五代史』 권74, 四夷附錄3 高麗 長興 3년.

2-3

[原文]
世系15)

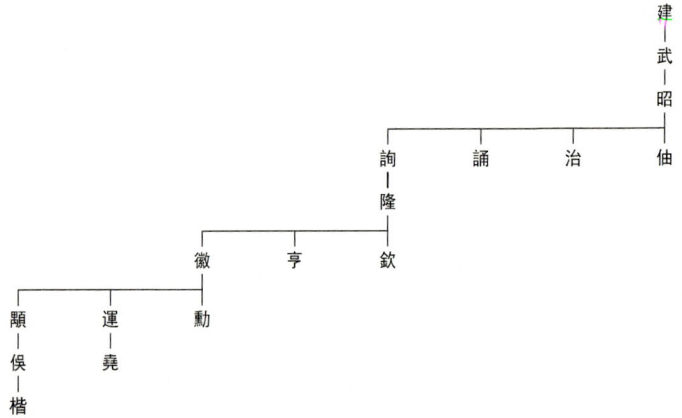

[譯文]
세계

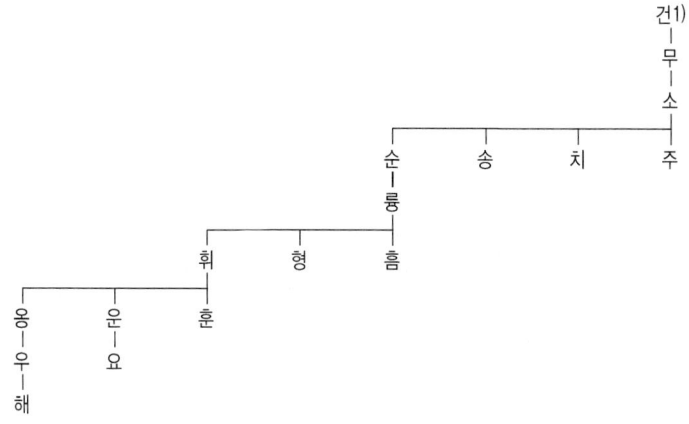

[註解]
1) 建: 서긍은 五代와 宋의 고려에 대한 조공·책봉·사신 왕래 기록 등을 통해 "王氏有國九世 凡十七人"이라고 하여 고려에 '9세 17명의 왕'이 존재했던 것으로 이해하였다. 이에 그는 자신이 보유한 정보에 맞추기 위해 제3대 왕인 정종을 누락시키고 그 자리에 제4대 왕 光宗이 혜종의 아들로서 즉위한 것으로 기재하는가 하면 제8대 왕 현종과 9대 왕 덕종 사이에 가공의 인물 正[隆]을 삽입하여 잘못된 世系圖를 만들게 되었던 것이다. 고려 역대 왕들의 廟號나 諡號는 중국에서 賜與한 것이 아니므로 부정확한 것이 많았다. 한편 고려 국왕의 세계가 인종까지 9세가 되기 위해서는 추존왕인 태조 왕건의 외고조인 國祖 元德大王 寶育을 제외하고 조부인 懿祖 景康大王부터 헤아려야 한다. 『高麗史』에 근거하여 고려 태조부터 인종에 이르는 고려왕의 세계를 수정하면 다음과 같다.

15) 四 : "世系" 전체가 누락되어 있다.

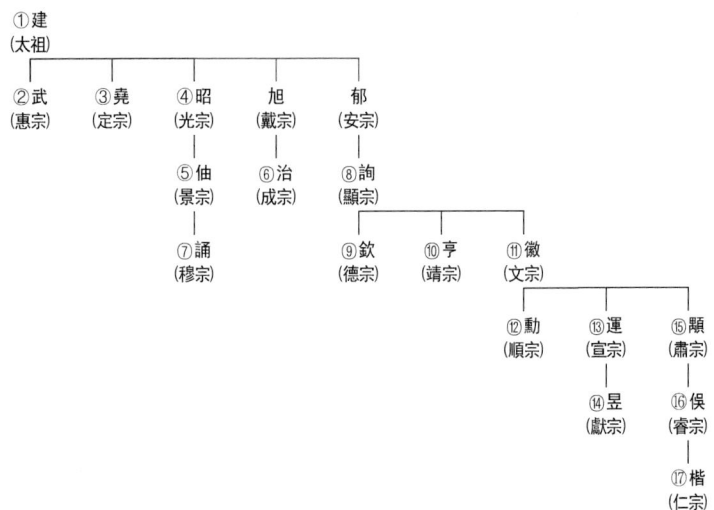

2-4

[原文]

高麗國王王楷[16)]

楷王俁之世子也. 壬寅春三月, 俁病革, 召李資謙, 入議嗣事. 夏四月, 俁薨, 資謙等乃立楷爲王. 楷眉宇疎秀, 形短而貌豐, 肉勝於骨. 性慧多學, 亦甚嚴明. 在春宮時, 官屬有過, 必遭譴辱. 旣立, 雖幼沖, 國官頗畏憚之. 廼[17)]者, 信使至, 彼受詔拜表, 行燕饗禮, 升降進退綽, 有成人之風, 亦當爲東夷之賢王也.

---

16) 四: "高麗國王王楷 …… 亦當爲東夷之賢王也" 전체가 누락되어 있다.
17) 知: 廼.

[譯文]

고려국왕 왕해[1]

왕해[楷, 인종]는 왕우[王俁, 예종][2]의 세자이다.[3] 임인년(1122) 봄 3월에 왕우가 병이 위독해지자 이자겸[4]을 불러들여 후사의 일을 의논하였다.[5] 여름 4월에 왕우가 훙거하자 이자겸 등이 이내 왕해를 세워 왕으로 삼았다.[6] 왕해는 이마[眉宇]가 넓고 아름다웠다. 얼굴이 작고 풍만하여 광대뼈가 살에 묻혔다.[7] 성품은 슬기롭고 배운 것이 많았으며 또 매우 엄격하고 똑똑하였다. 춘궁에 있을 때[8] 관속[9]들이 과오가 있으면 반드시 꾸짖음과 욕을 당하였다. 이윽고 즉위해서는 비록 어리지만[幼沖], 나라의 관원들이 자못 두려워하고 어려워하였다. 이에 국신사[信使]가 이르러 그가 조서를 받고[10] 표를 올리고[11] 연향례[12]를 행하는데 오르고 내림과 나아가고 물러섬이 여유로워 성인(成人)의 풍모가 있으니, 역시 동이(東夷)의 어진 왕이 될 만하다.

[註解]
1) 高麗國王王楷: 고려의 제17대 왕 仁宗이다. 그에 대해서는 본서 권2-1, 주해 5) 참조.
2) 王俁: 고려의 제16대 왕 睿宗이다. 그에 대해서는 본서 권0-1-(2), 주해 9) 참조.
3) 楷王俁之世子也: 본문에서 서긍은 인종을 예종의 世子로 소개하고 있으나, 고려에서 세자가 왕위계승자를 뜻하는 명칭으로 쓰이게 된 것은 충렬왕대부터이다. 고려전기에 왕위계승자를 의미하는 용어는 王太子였다. 한편 세자는 왕세자라는 의미 외에 諸侯의 嫡子를 가리키기도 하였는데, 본문에서 서긍이 인종을 예종의 세자로 기록한 것은 당시 고려를 송의 제후국으로 바라보는 인식이 투영된 듯하다.
金善美, 2014, 「고려 문종대 王太子 册封과 太子 관련 制度 정비의 의미」, 『역사민속학』 45, 265쪽.
4) 李資謙: ?~1126. 본관은 慶源이며 조부는 李子淵, 부는 李顥이다. 음서로 관직에 진출해 閤門祗候가 되었고, 관직을 두루 역임하여 1116년(예종 11)에 門下侍郎同中書門下平章事·判尙書兵部事에 올랐으며 1118년에 判尙書吏部事로 승진했다. 1121년에 邵城郡開國伯에 봉해졌고 1122년에 예종이 훙거한 직후 인종을 받들어 즉위시킨 공으로 守太師·中書令·邵城侯에 임명되었다. 그는 1108년에 둘째 딸을

예종에게 納妃하고 셋째와 넷째 딸을 인종에게 납비하여 왕의 장인이자 외조부가 되었다. 이후 이자겸의 전횡이 계속되자, 인종은 內侍祗候 金粲, 內侍錄事 安甫麟 등을 통해 이자겸의 제거를 시도하였으나, 이자겸의 당여인 척준경의 발호로 인해 실패하고 오히려 인종이 이자겸의 집에 갇히게 되었다. 이자겸 제거의 기회를 엿보던 인종은 이자겸과 척준경 사이가 틀어진 것을 알고 최사전으로 하여금 척준경을 설득해 이자겸을 제거하도록 하였다. 그 결과 이자겸은 영광으로 유배되었고 그곳에서 사망하였다.

『高麗史』 권12, 世家12 睿宗 3년 정월 丁卯.
『高麗史』 권13, 世家13 睿宗 9년 12월 丁巳.
『高麗史』 권14, 世家14 睿宗 11년 6월 壬午·13년 3월 壬子.
『高麗史』 권15, 世家15 仁宗 즉위년 5월 乙亥.
『高麗史』 권127, 列傳40 叛逆1 李資謙.
藤田亮策, 1934, 「李子淵と其の家系(下)」, 『靑丘學叢』 15.
金潤坤, 1976, 「李資謙의 勢力基盤에 對하여」, 『大丘史學』 10 ; 2001, 『한국 중세의 역사상』, 영남대학교 출판부.
李萬烈, 1980, 「高麗 慶源李氏 家門의 展開過程」, 『韓國學報』 21.
朴性鳳, 1986, 「高麗仁宗朝의 兩亂과 貴族社會의 推移」, 『高麗史의 諸問題』, 三英社.
盧明鎬, 1987, 「李資謙一派와 韓安仁一派의 族黨勢力—高麗中期 親屬들의 政治勢力化 樣態—」, 『韓國史論』 17.
南仁國, 1990, 「고려 인종대 정치지배세력의 성분과 동향」, 『歷史敎育論集』 15 ; 1999, 『고려 중기 정치세력연구』, 신서원.
金秉仁, 2003, 「韓安仁勢力과 李資謙勢力의 政治的 對立」, 『高麗 睿宗代 政治勢力 硏究』, 景仁文化社.

5) 壬寅春三月 …… 入議嗣事: 1122년(예종 17) 4월 乙未에 예종은 병세가 위중해져 太子—인종—와 宰樞들을 불러 모아 내사를 후계자로 정한다는 조서를 내렸다. 예종은 그 다음날인 丙申에 훙거하였으며 인종이 즉위하였다.
『高麗史』 권14, 世家14 睿宗 17년 4월 乙未·丙申.
『高麗史』 권15, 世家15 仁宗.

6) 夏四月 …… 資謙等乃立爲王: 1122년(예종 17) 4월 丙申에 예종이 훙거하자, 이자겸은 외손자인 15세의 인종을 받들어 즉위시켰다. 이에 예종의 동생인 帶方公 王俌가 韓安仁, 文公美 등과 결탁하여 왕위를 찬탈하고자 하였다. 그러나 일이 사전에 발각되어 왕보는 경산부로 유배되고, 한안인은 감물도로 유배되었다가 살해되었으며, 문공미는 충주로 유배되었다. 그 결과 이자겸은 외척으로서 고려 최고의 실력자가 되었으며, 이는 독립적인 왕실의 권위유지에 타격을 준 것이었다.
『高麗史』 권14, 世家14 睿宗 17년 4월 乙未·丙申.
『高麗史』 권15, 世家15 仁宗 즉위년 12월 丙申.
『高麗史』 권90, 列傳3 宗室1 帶方公俌·大原公侾.
『高麗圖經』 권8, 人物 守太師 尙書令 李資謙.

E. J. Shultz, 1983, 「韓安仁派의 登場과 그 役割 : 12世紀 高麗 政治史의 展開에 나타나는 몇 가지 特徵」, 『歷史學報』 99·100合, 149·150쪽.
남인국, 1999, 「政治勢力 內部의 葛藤과 支配秩序의 再編」, 『고려 중기 정치세력 연구』, 신서원, 129~134쪽.

7) 肉勝於骨: 陈士铎의 『外經微言』에 의하면 "몸이 살쪄서 광대뼈가 올라오지 않은 것은 살이 뼈에 넘쳐서이다[形充而顴不起者 肉勝於骨也]."라고 하여 肉勝於骨은 얼굴에 살이 찐 것을 표현한 것이다.
『外經微言』권1, 天人壽夭篇.

8) 在春宮時: 고려 인종이 태자가 된 것은 1115년(예종 10) 2월이고, 즉위한 것은 1122년(인종 즉위) 4월이다. 따라서 본문의 在春宮時는 1115년 2월부터 1122년 4월까지에 해당한다(①). 한편 春宮은 태자가 거처하는 太子宮의 別稱으로 東宮이라고도 하였다. 고려에는 태자가 거처하는 左春宮과 왕의 자매와 딸이 거처하는 右春宮이 있었는데 보통 春宮·東宮이라 하면 태자궁을 의미한다. 좌춘궁의 공식 명칭은 壽春宮으로 會慶殿의 동쪽 春德門 안에 위치하였고, 우춘궁은 昇平門 밖 御史臺 서쪽에 위치하였다고 한다(②).
①『高麗史』권14, 世家14 睿宗 10년 2월 癸卯.
『高麗史』권15, 世家15 仁宗 즉위년 4월 丁酉.
『高麗史』권66, 志20 禮8 嘉禮 王太子加元服儀 睿宗 16년 정월.
②『高麗圖經』권6, 宮殿2 左春宮.
朴龍雲, 1996, 「開京의 定都와 시설」, 『고려시대 開京 연구』, 一志社, 33~35쪽.
김창현, 2002, 「개경 황궁과 궁성의 내부구조」, 『고려 개경의 구조와 그 이념』, 신서원, 223·224·256쪽.

9) 官屬: 東宮에 소속된 東宮官을 가리키는 것으로, 직무에 따라 太子를 輔導하는 三師·三少·賓客, 시종과 보좌를 담당하는 太子庶子, 태자부의 서무와 경제를 담당하는 詹事, 호위를 담당하는 東宮侍衛와 諸率府 등 네 가지로 분류되어 있다. 이들 동궁관은 제도상으로 갖추어져 있으면서도 일반 문무직과는 별도로 설정되어 태자가 책봉되었을 때에 한하여 한시적으로 직무를 수행하였으며, 첨사부의 衆外職을 제외한 모든 직위가 겸직으로 운영되었다.
『高麗』권77, 志31 百官2 東宮官.
李鎭漢·洪完构, 2000, 「고려시대 東宮 4품 이하 官職의 除授와 祿俸」, 『韓京大論文集』 32.
李鎭漢, 2000, 「高麗時代 東宮 3품職의 除授와 祿俸」, 『震檀學報』 89.
金昌謙, 2008, 「고려 顯宗代 東宮官 설치」, 『韓國史學報』 33.

10) 受詔: 천자가 사신을 통해 제후에게 조서를 전달하는 의례를 가리킨다. 수조의식은 迎詔, 導詔, 拜詔의 순서로 이루어졌다. 이에 대해서는 『高麗圖經』권25, 手詔條에서 설명할 것이다.
민태혜, 2015, 「고려시대 중국사신영접의례와 전통연희」, 『南道民俗研究』 31, 47~49쪽.

11) 拜表: 수조의식이 끝나고 사절이 본국으로 돌아가기 직전에, 제후가 천자에게 표문을 올리는 의례를 가리킨다. 사절이 떠날 것을 서신으로 고하면, 왕이 날을 잡아 서신으로 표장을 바칠 것을 고하였다. 해당일이 되면 사절단의 정사와 부사가 삼절을 이끌고 궁궐에 갔는데, 왕이 이들을 영접하였다. 뜰 가운데에 案列하여 褥位를 마련하였는데 수조의식과 같은 절차를 거쳤다. 왕은 천자를 향해 再拜하고 집사관이 표문을 왕에게 주면 왕은 정사에게 주었다. 이에 대해서는 『高麗圖經』 권26, 拜表條에서 설명할 것이다.
민태혜, 2015, 앞의 논문, 50쪽.
12) 燕饗禮: 燕饗은 술로 손님을 대접한다는 의미이다. 수조의식이 끝나면 사신을 위로하는 목적에서 연회가 행해졌는데, 연례의식은 私覿, 獻酬, 館會와 拜表 이후의 拜表宴, 門餞, 西郊送行 등이 행해졌다. 이에 대해서는 『高麗圖經』 권26 燕禮條에서 설명할 것이다.
諸橋轍次, 1986, 「燕饗」, 『大漢和辭典』 7, 大修館書店, 531쪽.
민태혜, 2015, 앞의 논문, 49·50쪽.

3-1

[原文]
城邑

臣聞四夷之君, 類多依山谷就水草, 隨時遷徙, 以爲便適, 固未嘗知有國邑之制. 西域車師鄯善, 僅能築墻垣作居城, 史家卽指爲城郭諸國, 蓋誌其異也. 若高麗則不然, 立宗廟社稷, 治邑屋州閭, 高堞周屛, 模範中華, 抑箕子舊封, 而中華遺風餘習, 尙有存者. 朝廷間[1]遣使, 存撫其國, 入其境, 城郭巋然, 實未易鄙夷之也. 今盡得其建國之形勢而圖之云.

[譯文]
성읍

신이 듣건대 4이(夷)[1]의 군장들은 무리 대부분이 산 골짜기에 의지하여 물과 풀을 따라 때에 맞춰 옮겨 다니는 것을 편하고 맞는다고 여겼으니 진실로 일찍이 국읍(國邑)의 제도가 있는지 알지 못합니다. 서역[2]의 거사[3]와 선선[4]은 겨우 담을 쌓을 수 있어 거처하는 성을 만들었는데, 사가(史家)들이 (이를) 가리켜 성곽제국(城郭諸國)[5]이라 하였으니 대개 그 특이함을 기록한 것입니다. 고려는 그렇지 아니하여 종묘[6]와 사직[7]을 세우고 도읍과 고을에 집과 마을을 만들었으며 높은 성첩으로 주위를 둘렀으니 중화를 본받았는데 기자[8]의 옛 봉토인지라 중화의 아름다운 풍습이 여전히 남아 있는 것입니다. 조정은 간간이 사신을 보내 그 나라를 위무하였는데 경계에 들어가면 성곽이 험준하니 실로 비루한 오랑캐라고 쉽게 여기지 못합니다. 지금 그 나라를 세운 형세를 모두 알아내어 그렸습니다.

---

1) 知 : 間.

[註解]

1) **四夷**: 중국의 관점에서 사방의 오랑캐에 대한 통칭으로 東夷, 西戎, 南蠻, 北狄 등을 가리킨다. 이에 대해서는 본서 권0-1-(1), 주해 9) 참조.

2) **西域**: 중국의 서쪽 지역에 있던 나라들을 가리킨다. 漢代에는 川南과 滇黔의 땅에 있었는데, 越緬에 이르렀으며 이에 西南夷라고도 하였다. 후세에 서역이라는 명칭은 서방의 여러 나라를 지칭하는데 사용되었다.

臧勵龢 編, 1923, 「西域」, 『中國古今地名大辭典』, 臺灣商務印書館, 353쪽.
戴均良 編, 2005b, 「西域」, 『中國古今地名大詞典』 中, 上海辭書出版社, 1068쪽.

3) **車師**: 지금의 중국 신장위구르 지역이다. 昌吉·奇台 일대에 있던 나라로, 漢 西域 36國의 하나이며 姑師라고도 한다. 漢 宣帝 때에 車師前國, 車師後國, 山北六國으로 나뉘었다. 車師前國은 交河城을, 車師後國은 務塗谷을 다스렸으며 山北六國은 且彌東·西國, 卑陸前·後國, 蒲類前·後國으로 구성되어 있었다. 서역의 성곽국으로 西域都護府에 속해있었으며 동남쪽으로 頓煌, 남쪽으로 鄯善, 서쪽으로 焉耆, 서북쪽으로 烏孫, 동북쪽으로 匈奴와 접하였다.

臧勵龢 編, 1923, 「車師國」, 앞의 책, 418쪽.
戴均良 編, 2005a, 「车师后國」·「車師前國」, 『中國古今地名大詞典』 上, 上海辭書出版社, 439쪽.

4) **鄯善**: 新疆鄯善縣 동남쪽에 있었던 나라로 漢 西域 36國의 하나이다. 泥城에 거점을 두었으며 본래의 명칭은 樓蘭이다. 漢 昭帝 때에 처음으로 鄯善으로 바뀌었다가 唐代에는 納縛波라고 하였다. 동쪽으로 頓煌, 서쪽으로 且末, 精絕, 拘彌, 于闐, 동북쪽으로 車師, 서북쪽으로 焉耆와 접하였다.

臧勵龢 編, 1923, 「鄯善國」, 앞의 책, 1203쪽.
戴均良 編, 2005c, 「鄯善國」, 『中國古今地名大詞典』 下, 上海辭書出版社, 3161쪽.

5) **城郭諸國**: 漢의 변방으로 성을 쌓아 스스로 수비하던 나라들인 西域 36國을 가리킨다. 城郭 36國이라고도 하였으며, 그 구성은 婼羌, 樓蘭, 且末, 小宛, 精絕, 戎盧, 扞彌, 渠勒, 于闐, 皮山, 難兜, 烏秅, 西夜, 子合, 蒲犁, 依耐, 無雷, 大宛, 桃槐, 休循, 捐毒, 莎車, 疏勒, 尉頭, 姑墨, 溫宿, 龜茲, 尉犁, 渠犁, 危須, 焉耆, 車師, 墨山, 刦, 狐胡, 烏壘 등이었다.

臧勵龢 編, 1923, 「三十六國」, 앞의 책, 23쪽.

6) **宗廟**: 역대 국왕들의 신주를 모신 왕실 사당이다. 서긍이 기록한 바와 달리 고려에서는 太廟라고 하였다. 태묘는 성종이 유교적 예제를 수용하는 과정에서 도입되었다. 983년(성종 2)에 任老成이 宋에서 돌아와 태묘와 사직의 圖·記를 바쳤는데, 그 후 태묘가 5묘 체제로 정해졌으며 992년에 완성되었다. 고려의 태묘는 주로 唐의 제도를 참고하여 9실제를 채택하였다. 昭穆과 관련하여 靖宗대에는 3昭 2穆, 인종대에는 2昭 2穆 5廟를 행하기도 하는 등 변화를 겪었으나 의종대에 別廟를 건립하면서 제도가 정비되었다. 태묘에 제향하는 주기는 일정하지 않으며, 정례화된 제향 외에는 기상 현상과 관련하여 제향하기도 하였다.

장지연, 2002, 「국가의 상징, 태묘와 사직」, 『고려의 황도 개경』, 창작과 비평사,

66·67쪽.
김철웅, 2005, 「고려전기 祀典의 형성과정」, 『史學志』 37, 273·274쪽.
김우성, 2017, 「고려 전기의 예서 도입과 태묘 제례」, 『한국중세사연구』 51, 321~325쪽.

7) 社稷: 社는 토지의 신이고 稷은 오곡의 신이다. 사직은 종묘와 함께 宗社로 지칭되며 국가 자체를 지칭하기는 경우도 있었다. 고려에서는 991년(성종 10) 유교식 예제를 도입하며 社稷에 제사하는 社稷壇이 건설되어 동편의 社에는 后土를, 서편의 稷에는 后稷을 配位하였다. 고려의 사직단은 오공산 자락에 위치하였다.
『高麗史』 권3, 世家3 成宗 10년 윤2월 癸酉.
『高麗史』 권59, 志13 禮1 吉禮大事 社稷.
장지연, 2002, 앞의 책, 65·71쪽.
김철웅, 2005, 앞의 논문, 272쪽.

8) 箕子: 殷 紂王의 숙부로 이름은 胥餘이며 箕國에 봉해졌으므로 기자라 불렸다. 이에 대해서는 본서 권1-1, 주해 3) 참조.

3-2

[原文]

封境

高麗南隔遼海, 西距遼水, 北接契丹舊地, 東距大金. 又與日本流²⁾求³⁾ 聃羅黑水毛人等國, 犬牙相制. 唯⁴⁾新羅百濟不能自固其圍, 爲麗人所幷, 今羅州廣州道是也. 其國在京師之東北, 自燕山道, 陸走渡遼, 而東之其境, 凡三千七百九十里. 若海道則河北京東淮南兩浙廣南福建, 皆可往. 今所建國, 正與登萊濱⁵⁾棣⁶⁾相望. 自元豐以後, 每朝廷遣使, 皆由明州定海, 放洋絶海而北. 舟行皆乘夏至後南風, 風便不過五日, 卽抵岸焉.

2) 四 知: 琉.
3) 四 知: 球.
4) 四 知: 惟.
5) 四: 濱.
6) 知: "隷【鄭刻作演棣】"로 기록되어 있다.

舊封境, 東西二千餘里, 南北一千五百餘里, 今旣幷新羅百濟, 東北稍廣, 其西北與契丹接[7]連[8]. 昔以大遼爲界, 後爲所侵迫, 乃築來遠城, 以爲阻固, 然亦恃鴨綠, 以爲險也. 鴨綠之水, 原[9]出靺鞨, 其色如鴨頭, 故以名之. 去遼東五百里, 經國內城, 又西與一水合, 卽鹽難水也. 二水合流, 西南至安平城入海. 高麗之中, 此水最大, 波瀾淸澈,[10] 所經津濟, 皆艤巨艦. 其國恃此, 以爲天塹, 水濶三百步. 在平壤城西北四百五十里,[11] 遼水東南[12]四百八十里[13]. 自遼已東, 卽舊屬契丹, 今虜[14]衆[15]已亡, 大金以其地不毛, 不復城守, 徒爲往來之道而已. 鴨綠之西, 又有白浪黃嵓二水, 自頗利城行數里, 合流而南, 是爲遼水. 唐正[16]觀間[17], 李勣大[18]破高麗於南蘇, 旣渡, 怪其水淺狹, 問之, 云是遼源. 以此知前古未嘗恃此水以爲固. 此高麗所以退保鴨綠之東歟.

[譯文]

영토[封境]

고려는 남쪽으로 요해[1]에 막혀있고 서쪽으로 요수에 이르며 북쪽으로 거란[2]의 옛 땅과 접하고 동쪽으로는 대금(大金)[3]과 맞닿아있다. 또한 일본[4]·유구[5]·담라[6]·흑수[7]·모인[8] 등의 나라들과 개의 이빨처럼 서로 맞

---

7) 知 : 相.
8) 知 : "接【鄭刻云與契丹接連】"으로 기록되어 있다.
9) 四知 : 源.
10) 四 : 徹.
11) 知 : "里【鄭刻有遼水東西四百八十里句】"로 기록되어 있다.
12) 四 : 西.
13) 知 : "遼水東南四百八十里"가 누락되어 있다.
14) 四 : 契.
15) 四 : 丹.
16) 四知 : 貞.
17) 知 : 間.
18) 四 : 來.

물려 있다[犬牙相制]. 생각건대 신라[9]와 백제가 그 영토를 스스로 굳건히 하지 못하여 고려 사람들에게 병합되었으니[10] 지금의 나주(도), 광주도[11]가 이것이다. 그 나라는 개봉[京師][12]의 동북쪽에 있으며 연산도[13]에서 육로로 가다가 요수를 건너면 동쪽으로 그 국경까지 모두 3,790리이다. 해도로는 곧 하북[14]·경동[15]·회남[16]·양절[17]·광남[18]·복건[19]에서 모두 갈 수 있다. 지금 나라가 세워진 곳은 바로 등주[20]·내주[21]·빈주[22]·체주[23]와 서로 바라본다. 원풍 연간 이후로부터 매번 조정에서 사신을 파견할 때 명주 정해[24]를 거쳐 큰 바다로 나아가 바다를 가로질러 북쪽으로 갔다. 뱃길은 모두 하지(夏至) 이후의 남풍을 탔으니 바람이 좋으면 5일을 넘기지 않아 곧 해안에 이른다.[25]

옛 영토는 동서로 2,000여 리이고 남북은 1,500여 리였는데 지금은 이미 신라와 백제를 병합하여서 동북쪽이 자못 넓어졌고 그 서북쪽은 거란과 잇닿아 있다. 예전에는 대요와 경계를 이루었는데 후에 침략을 당하자 이에 내원성[26]을 쌓아 견고하게 하였으며 그렇게 한 것은 또한 압록강에 의지하여 요해로 삼은 것이다. 압록강의 물은 근원이 말갈에서 나오며 그 색이 오리의 머릿빛과 같은 까닭에 그것으로 이름하였다. (압록강은) 요동에서 500리 떨어져 있으며 국내성[27]을 지나 또 서쪽에서 한 물줄기와 합하니 이것이 염난수[28]이다. 두 물줄기가 합쳐 흘러 서남쪽으로 안평성[29]에 이르러 바다로 들어간다. 고려 안에서는 이 강이 가장 크며 물결은 맑고 지나는 나루[津濟]에는 모두 큰 배가 있었다. 그 나라에서는 이곳을 의지하여 천혜의 요새[天塹]로 삼았는데 강의 폭은 300보이다. 평양성[30]에서 서북쪽으로 450리이고 요수에서 동남쪽으로 480리에 있다. 요하의 동쪽은 예전에 거란[虜]에 속했는데 지금 오랑캐의 무리는 이미 망하였음에도 대금은 그 땅이 척박하다고 하여 다시 성을 쌓아 지키지 않고 다만 오가는 길로 삼을 뿐이다. 압록의 서쪽은 또한 백랑과 황암[31]의 두 강이 있는데 파리성[32]으로부터 몇 리 간 곳에서 합쳐 남쪽으로 흐르니 이것이 요수이다. 당 정관[33] 연간에 이적[34]이 남소[35]에서 고구려[高麗]를 크게 무찌르고 건너고 나서야 그 물이 얕고 좁은 것을 괴이하게 여겨 물어보니 요수의 발원지라고 말하였다. 이 때문에 옛날부터 이 강이 요해처라고 믿지 않았음을 알겠다. 이것이 고려가 압록강의 동쪽으로 물러나 지키는 까닭이다.

[註解]
1) 遼海: 史書에서 등장하는 遼海라는 표현은 용례에 따라 다른 지역을 가리킨다. 이에 대해서는 본서 권1-2-(3), 주해 5) 참조.
2) 契丹: 동몽골의 시라무렌 강변을 본거지로 유목 생활을 하였던 부족이다. 이에 대해서는 본서 권2-2-(1), 주해 22) 참조.
3) 大金: 중국 만주와 연해주 일대에 분포하던 여진족이 세운 국가이다. 1115년에 국호를 大金, 연호를 收國이라고 하였다. 1234년에 멸망하기까지 10대 120년 동안 존속하였다.
이춘식, 2005, 「정복왕조: 요, 금, 원 제국」, 『중국사서설(개정판)』, 교보문고, 358~362쪽.
4) 日本: 일본열도에 존재했던 국가로 본래는 倭奴國이었으나 해가 뜨는 곳과 가깝다는 의미에서 日本이라는 國名을 사용하였다. 송대에 서남쪽은 바다와 맞닿아 있고, 동북쪽으로는 큰 산과 맞닿아 있는 국가로 이십되었다.
『宋史』 권491, 列傳250 外國7 日本國.
5) 流求: 지금의 타이완 지역을 가리킨다. 송대에는 泉州의 동쪽에 있는 섬인 彭湖—오늘날의 타이완—에 있는 국가를 琉球로 인식하였다. 定安國, 渤海國 등과 함께 『宋史』 外國傳에 기록되어 있다.
『宋史』 권491, 列傳250 外國7 流求國.
박지훈, 2016, 「『송사』·『요사』·『금사』·『원사』 외국전이 그리는 세계」, 『중국 정사 외국전이 그리는 '세계'들』, 역사공간, 344쪽.
6) 聃羅: 耽羅를 가리키며, 지금의 제주특별자치도를 말한다. 濟州의 古名으로 삼국시대에 국호를 耽羅라 하였다. 고려 태조 때에 탐라의 태자가 來朝하였으므로 星主·王子의 작호를 내렸다. 11세기 초에는 고려의 영향력 아래에 있으면서도 영역 바깥에 있는 일종의 기미주 '번토'로 자리하였으며, 이후 1105년(숙종 10)에 탐라군으로 변경되어 고려의 郡縣으로 편입되었다.
『高麗史』 권57, 志11 地理2 全羅道 羅州牧 耽羅縣.
秦榮一, 1996, 「高麗前期 耽羅國 硏究」, 『耽羅文化』 16.

김일우, 1998, 「고려시대 탐라의 지방편제 시기와 그 단위의 형태」, 『韓國史學報』 5 ; 2000, 『高麗時代 耽羅史 硏究』, 신서원.
김창현, 1998, 「고려 탐라에 대한 정책과 탐라의 동향」, 『韓國史學報』 5.
진영일, 2008, 『고대 중세 제주 역사 탐색』, 보고사.
김보광, 2018, 「고려전기 탐라에 대한 지배방식과 인식의 변화」, 『역사와 담론』 85.

7) 黑水: 중국 동북 지역을 흐르는 흑룡강의 옛 이름으로, 그 지역에 살던 여진족의 한 부류인 흑수말갈을 뜻한다. 말갈에 대해서는 본서 권1-2-(2), 주해 31) 참조.

8) 毛人: 지금의 일본 홋카이도에 살았던 고대 아이누인―Ainu―을 지칭한다. 송대에는 日本의 동북쪽의 큰 산 밖에 존재하는 것으로 인식되었다.
『宋史』 권491, 列傳250 外國7 日本國.

9) 新羅: B.C.57년에 건국되어 935년(태조 18)에 멸망하기까지 991년 동안 존속한 국가이다. 이에 대해서는 본서 권1-2-(3), 주해 21) 참조.

10) 唯新羅 …… 所幷: 태조의 후삼국 통일을 가리킨다. 태조가 후삼국을 통일한 시기는 936년(태조 19)이므로 본문에서는 신라와 백제로 언급되었으나 이는 신라와 후백제를 지칭하는 것으로 짐작된다. 한편, 후백제는 견훤이 900년에 완산주―지금의 전라북도 전주시 일원―에서 건국하였으며, 936년에 一利川 전투의 패배를 계기로 멸망하였다.
『三國史記』 권50, 列傳10 甄萱.
『高麗史』 권2, 世家2 太祖 19년 9월.

11) 羅州廣州道: 羅州는 지금의 전라남도 나주시 일원이다. '羅州道'는 나주목으로 가는 지역의 의미로 대체로 후백제 영역에 해당하므로 이 표현을 사용하였을 것이다. 廣州는 지금의 경기도 광주시 일원이다. 고려의 교통로가 개경에서 광주를 거쳐 경상도 지역으로 이어졌기 때문에, 신라 지역을 '廣州道'라고 했을 것이다.
『高麗史』 권56, 志10 地理1 楊廣道 廣州牧.
『高麗史』 권57, 志11 地理2 全羅道 羅州牧.

12) 京師: 지금의 중국 河南省 開封市이다. 북송의 수도인 開封을 가리킨다. 梁 때 東都로 삼았다가 後唐 때 없앴으나 晉이 다시 東京으로 하였으며 송대에 도읍으로 정했다.
『宋史』 권85, 志38 地理1 京城 東京.

13) 燕山道: 지금의 중국 北京市 서남지역이다. 북송의 燕山府路를 가리킨다.
『宋史』 권86, 志43 地理6 燕山府路.

14) 河北: 지금의 중국 河北省 일원이다. 북송의 河北路를 가리킨다.
『宋史』 권86, 志39 地理2 河北路.

15) 京東: 지금의 중국 河南省과 山東省 일원이다. 북송의 京東路를 가리킨다.
『宋史』 권85, 志38 地理1 京東路.

16) 淮南: 지금의 중국 安徽省과 江蘇省 일원이다. 북송의 淮南路를 가리킨다.
『宋史』 권88, 志41 地理4 淮南路.

17) 兩浙: 지금의 중국 浙江省 일원이다. 북송의 兩浙路를 가리킨다.

『宋史』 권88, 志41 地理4 兩浙路.
18) 廣南: 지금의 중국 廣東省과 廣西壯族自治區, 海南省 일원이다. 북송의 廣南路를 가리킨다.
『宋史』 권90, 志43 地理6 廣南路.
19) 福建: 지금의 중국 福建省 일원이다. 북송의 福建路를 가리킨다.
『宋史』 권89, 志42 地理5 福建路.
20) 登: 지금의 중국 山東省 烟台市 蓬莱縣이다. 북송의 京東路 東路에 속해있던 登州를 가리킨다.
『宋史』 권85, 志38 地理1 京東路 東路 登州.
21) 萊: 지금의 중국 山東省 煙台市 萊州市이다. 북송의 京東路 東路에 속해있던 萊州를 가리킨다.
『宋史』 권85, 志38 地理1 京東路 東路 萊州.
22) 濱: 지금의 중국 山東省 濱州市이다. 북송의 河北路 東路에 속해있던 濱州를 가리킨다.
『宋史』 권86, 志39 地理2 河北路 東路 濱州.
23) 棣: 지금의 중국 山東省 濱州市 无棣縣이다. 북송의 河北路 東路에 속해있던 棣州를 가리킨다.
『宋史』 권86, 志39 地理2 河北路 東路 棣州.
24) 明州定海: 북송의 明州 定海縣을 가리킨다. 명주 정해현에 대해서는 본서 권2-2-(2), 주해 7) 참조.
25) 自元豊以後 …… 卽抵岸焉: 본문에서 언급된 元豊은 1074년(문종 28)에 고려와 북송의 외교가 재개된 시점이다. 이 시기부터는 양국의 교통로가 南路로 바뀌었는데 대개 명주에서 출항하여 黑山島→竹島→群山島→馬島→紫燕島 등을 거쳐 예성항에 도달하는 항로였다.
羅鍾宇, 1995, 「5대 및 송과의 관계」, 『한국사』 15, 국사편찬위원회, 291·292쪽.
祁慶富, 1997, 「10-11세기 한중 해상교통로」, 『한중문화교류와 남방해로』, 국학자료원.
허경진, 2007, 「고려시대 송나라 사행해로(使行海路) 누정의 변천 연구」, 『동북아문화연구』 12.
森平雅彦, 2008, 『中近世の朝鮮半島と海域交流』, 汲沽書院.
문경호, 2010, 「1123년 徐兢의 고려 항로와 慶源亭」, 『한국중세사연구』 28.
윤용혁, 2015, 「고려시대 해양사와 해양루트」, 『한국 해양사 연구』, 주류성.
26) 來遠城: 압록강 유역의 黔同島에 설치된 성이다. 高句麗 때 설치되었으며 오랑캐가 귀순해 오면 이곳에 배치했으므로 그 이름을 來遠이라 하였다. 본문에서는 고려가 이를 설치한 것으로 되어 있으나, 1015년(현종 6)에 거란이 점령하고 성을 쌓아 양국의 국경분쟁이 시작되었다. 1116년(예종 11)에 요가 금의 공격을 받아 성을 버리고 달아나자 고려가 이를 차지하였으며, 금 역시 이를 인정하였다.
『高麗史』 권71, 志25 樂2 三國俗樂 高句麗 來遠城.

『遼史』 권38, 志8 東京道 來遠城.
許仁旭, 2013, 「睿宗代 來遠·抱州의 고려 歸屬」, 『高麗·契丹의 압록강 지역 영토 분쟁 연구』, 高麗大學校 韓國史學科 博士學位論文, 149~158쪽.

27) 國內城: 高句麗의 두 번째 수도로 지금의 중국 吉林省 通化市 관할의 集安市 일대이다. 고구려는 유리왕대에 國內城으로 천도하였으며 장수왕대에 평양으로 천도하기까지 약 400여 년간 이곳을 도성으로 하였다.
『三國史記』 권13, 高句麗本紀1 琉璃王 22년 10월.
『三國史記』 권18, 高句麗本紀6 長壽王 15년.
李丙燾, 1956, 「高句麗國號考」, 『서울대학교 論文集』 3 ; 1976, 『韓國古代史研究』, 博英社.
魏存成, 1985, 「高句麗初中期의 都城」, 『北方文物』 1985-2.
리영식, 1995, 「고구려의 국내성 천도 목적에 대하여」, 『력사과학』 1995-4.
노태돈, 1999, 「고구려의 기원과 국내성 천도」, 『한반도와 중국 동북3성의 역사와 문화』, 서울대학교출판부, 338·339쪽.
琴京淑, 2003, 「高句麗 國內城 遷都의 歷史的 意味」, 『高句麗渤海研究』 15.
김희선, 2010, 「高句麗 國內城 研究」, 『白山學報』 87.
양시은, 2014, 「고구려 도성 연구의 현황과 과제」, 『高句麗渤海研究』 50.

28) 鹽難水: 압록강을 가리킨다. 『漢書』와 『新唐書』 등에서도 확인된다.
『漢書』 권28下, 地理8下 玄菟郡.
『新唐書』 권220, 列傳145 東夷 高麗.

29) 安平城: 그 위치를 확인하기 어렵다. 다만 『漢書』는 이 위치를 西安平이라 하였으며, 『新唐書』는 安市로 기록하였다.
『漢書』 권28下, 地理8下 玄菟郡.
『新唐書』 권220, 列傳145 東夷 高麗.

30) 平壤城: 高句麗의 세 번째 수도로 지금의 북한 평양직할시 일대이다. 고구려는 장수왕대에 평양으로 천도하였으며 당에 의해 멸망당할 때까지 이곳을 도성으로 삼았다.
『三國史記』 권18, 高句麗本紀6 長壽王 15년.
三品彰英, 1951, 「高句麗王都考」『朝鮮學報』 1.
徐永大, 1981, 「高句麗 平壤遷都의 動機—王權 및 中央集權的 支配體制의 强化과정과 관련하여—」, 『韓國文化』 2.
閔德植, 2003, 「高句麗 平壤城의 都市形態와 設計」, 『高句麗渤海研究』 15.
임기환, 2007, 「고구려 평양 도성의 정치적 성격」, 『韓國史研究』 137.
장종진, 2011, 「5世紀 前後 國際情勢와 高句麗 平壤遷都의 배경」, 『韓國古代史研究』 61.
양시은, 2014, 앞의 논문.

31) 白浪黃嵓: 遼水로 합류하는 두 강을 가리키나 정확히 어느 강인지는 확인하기 어렵다. 『通典』에도 유사한 내용이 전한다.
『通典』 권186, 東夷下 高句麗.

32) 頗利城: 압록강 서쪽에 있었던 성이나 정확히 어느 성인지는 확인하기 어렵다.
『通典』권186, 東夷下 高句麗.
33) 正觀: 唐 太宗의 연호인 貞觀을 가리키며, 627~649년 동안 사용되었다. 貞觀의 '貞'字를 '正'으로 표기한 것은 宋 仁宗의 이름인 '禎'을 피휘 하기 위함으로, 禎과 음이 유사한 徵은 證으로, 貞은 正으로 바꾸어 썼다. 송대 사서인 『通鑑節要』등에도 '正觀'으로 되어 있다.
정석원, 2002,「한자의 용자예술(用字藝術): 피휘(避諱)」,『아세아연구』110, 102쪽.
한용수, 2009,「韓中避諱小考」,『한중인문학연구』28.
34) 李勣: 594~669. 唐 초기의 인물인 李世勣을 가리킨다. 이세적에 대해서는 본서 권 1-2-(3), 주해 7) 참조.
35) 南蘇: 南蘇城을 가리킨다. 본문의 사례뿐만 아니라 345년에 전연의 慕容恪, 400년에 후연의 모용성, 666~668년 唐의 契苾何力 등 중국이 고구려를 침입할 때 집중적인 공격을 받았던 성이다. 현재 어느 성인지는 확인하기 어렵지만 지금의 중국 遼寧省 撫順市 新賓滿族自治縣의 鐵背山城으로 비정하는 견해가 있다.
余昊奎, 1999,『高句麗城Ⅱ—遼河流城篇』. 國防軍事硏究所, 186~188쪽.
장종진, 2011, 앞의 논문, 240쪽.

3-3

[原文]

形勢

高麗素知書明道理, 拘忌陰陽之說. 故其建國, 必相其形勢可爲長久計者, 然後宅之. 自漢末[19], 徙九[20]都山下, 後魏至唐, 皆居平壤. 至李勣平其地, 建都護府, 則嘗遁寄稍東, 不詳其所. 唐末復國, 當是今所都地, 蓋嘗爲開州, 今尙置開成[21]府. 其城北據崧山, 其勢自乾亥來, 至山之脊, 稍分爲兩岐, 更相環抱, 陰陽家謂之龍虎臂. 以五音論之, 王氏商姓也, 西位

---

19) 四: 來.
20) 四: 丸. 원문은 九로 되어 있으나,『通典』권186, 邊防2 東夷下 高句麗에 근거하여 '丸'으로 교감 번역하였다.
21) 四: 城, 知: "成【鄭刻城】"으로 기록되어 있다.

欲高則興, 乾西北之卦也. 來崗亥落, 其右一山屈折, 自西而北轉, 至正南, 一峯特起, 狀如覆盂[22], 因以爲桉[23]. 外復有一桉[24], 其山高倍. 坐向相應, 賓[25]主丙壬. 其水發源自崧山之後, 北直子位, 轉至艮方, 委蛇[26]入城, 由廣化門, 稍折向北, 復從丙[27]地流出巳上. 蓋乾爲金, 金長生在巳, 是爲吉卜. 自崧山之半, 下瞰城中, 左溪右山, 後[28]崗前[29]嶺[30], 林木叢茂, 形勢若飮澗蒼虬, 宜其保有東土歷年之久, 而常爲聖朝臣屬之國也.

[譯文]
지형과 지세[形勢]

고려는 본디 글을 알고 도리에 밝으며 음양설을 피하고 꺼린다.[1] 그러므로 그 나라를 세움에 반드시 그 지형과 지세가 장구한 계책을 삼을 만한 곳인지 살피고 그러한 후에 자리를 잡았다. 한말부터 환도산[九都山][2] 아래로 옮겼고[3] 후위(後魏)[4]에서 당(唐)에 이르기까지는 모두 평양에 있었다. 이적이 그 땅을 평정하고 도호부[5]를 세우자 일찍이 달아나 조금 동쪽으로 갔는데, 그 곳을 잘 알지 못한다. 당말에 나라를 회복하니, 바로 지금 도읍한 땅이며, 무릇 개주[6]라 하였고 지금도 그대로 개성부를 두었다. 그 성은 북쪽으로 숭산[7]에 의거하였는데, 그 지세는 서북쪽[乾亥][8]으로부터 뻗어 나와 산등성이에 이르러 점점 나뉘어 두 줄기가 되었다가 다시 서로 둘러 쌓아 안으니[環抱], 음양가는 그것을 청룡과 백호

22) 四 : 孟.
23) 知 : 案.
24) 知 : 案.
25) 知 : "實【鄭刻賓】"으로 기록되어 있다.
26) 四 : 曲, 知 : "蛇【鄭刻曲】"으로 기록되어 있다.
27) 四 : 南, 知 : "丙【鄭刻南】"으로 기록되어 있다.
28) 四 : 前.
29) 四 : 後.
30) 知 : "領【鄭刻前崗後嶺】"으로 기록되어 있다.

[龍虎]⁹⁾의 팔이라 이른다. 오음(五音)으로 논하면, 왕씨는 상성(商姓)이어서 서쪽[西位]을 높이면 흥하니,¹⁰⁾ 건(乾)이 서북의 괘(卦)인 것이다. 뻗어오는 산등성이가 서북쪽[亥]으로 떨어지고 그 오른쪽의 산 하나가 꺾이어 서쪽으로부터 북쪽으로 돌고 정남(正南)에 이르러서는 한 봉우리가 우뚝 솟아올라 형상이 마치 사발을 엎어놓은 것 같으니, 이로 말미암아 안산[桉]¹¹⁾으로 삼았다. 바깥에는 또 안산이 하나 있는데¹²⁾ 그 산은 높이가 갑절이다. 좌향(坐向)이 서로 응하여 객산[賓]은 남쪽[丙]이고, 주산[主]은 북쪽[壬]이다.¹³⁾ 그 물은 숭산의 뒤쪽에서 발원해서 북에서 곧게 북쪽[子位]으로 흐르다가 동북쪽[艮方]으로 돌아 구불구불하게[委蛇] 성에 들어가서 광화문¹⁴⁾을 지나 조금 꺾이어 북쪽을 향하다가 다시 남쪽[丙] 대지를 따라 동남쪽[巳] 위로 흘러간다. 대개 건(乾)은 금(金)이 되는데, 금의 장생방이 동남쪽[巳]에 있으니 이곳이 길지이다.¹⁵⁾ 숭산의 중간쯤에서 성 안을 내려다보면 왼쪽은 계곡, 오른쪽은 산, 뒤는 언덕, 앞은 고개인데, 숲과 나무가 울창하고 무성하여 지형과 지세가 마치 산골짜기 물을 마시는 푸른 용과 같으니,¹⁶⁾ 동토(東土)를 오래도록 지키고 항상 중국[聖朝]에 신속(臣屬) 하는 나라가 되기에 마땅하다.

[註解]

1) 拘忌陰陽之說: 본문에서 음양설의 실질적 내용은 地氣가 인간의 길흉화복에 영향을 준다는 風水地理說과 관련이 깊다. 신라말 중국에서 들어와 道詵에 의해 집대성된 풍수지리는 고려에 접어들어 크게 유행하였다. 고려는 초기부터 太卜監·太史局 등 天文과 占卜을 담당하는 관청을 두었으며, 과거시험 등을 통해 풍수지리 관련 관직자들을 등용하였다. 또 자생풍수가 유행하여 『三韓會土記』·『松岳明堂記』·『道詵記』·『三角山明堂記』 등 우리 땅에 맞는 풍수서가 많이 출간되기도 하였다. 무엇보다도 수도 및 궁궐 문제와 관련하여 國業을 연장하기 위한 國都風水가 크게 발전하였는데, 이는 태조의 유훈인 「訓要十條」에서 엿볼 수 있다. 가령 道詵이 산천의 順逆에 따라 사찰을 개창하도록 하였으니, 절을 남설할 경우 地德이 훼손되어 국운이 쇠한다는 논리는 국도풍수의 地德衰旺說과 관련된다. 그리고

국왕이 西京에 巡駐하라는 언급은 延基를 위한 궁궐 건설 및 천도논의와 관련되어 국도풍수와도 직접적으로 연관된다. 또 車峴 이남 公州江 밖은 背逆이라는 논리는 특정지역에 대한 신분제적 차별과 등용문제를 담고 있는데, 이 역시도 국도풍수와 관련이 깊다.
崔柄憲, 1975, 「道詵의 生涯와 羅末麗初의 風水地理說─禪宗과 風水地理說의 관계를 중심으로 하여─」, 『韓國史研究』 11.
崔昌祚, 1984, 『韓國의 風水思想』, 民音社.
최병헌, 1988, 「고려건국과 풍수지리설」, 『韓國史論』 18.
崔昌祚, 1994, 「풍수지리·도참사상」, 『한국사』 16, 국사편찬위원회, 321~323쪽.
金基德, 2001, 「高麗時代 開京의 風水地理的 考察」, 『韓國思想史學』 17.
김기덕, 2002, 「개경의 풍수」, 『고려의 황도 개경』(한국역사연구회 편), 창작과비평사.
장지연, 2015, 「고려전기 국도풍수론의 형성」, 『고려·조선 국도풍수론과 정치이념』, 신구문화사, 59~62쪽.
2) 九都山: '丸都山'의 오기로 보인다. 지금의 중국 길림성 집안시에 있는 산이다. 환도산에 대해서는 본서 권1-2-(2), 주해 8) 참조.
3) 自漢末 徙九都山下: 『三國史記』에 의하면, 고구려는 198년에 丸都城을 쌓았고 209년에 도읍을 丸都로 옮겼다. 이는 중국의 後漢 시기(25~220)에 해당한다.
『三國史記』 권16, 高句麗本紀4 山上王 2년 2월·13년 10월.
4) 後魏: 北魏라고도 한다. 북아시아의 유목민족으로 5胡의 하나인 선비족 拓跋氏가 중심이 된 나라이다. 북위는 하북을 통일한 후, 孝文帝 때 수도를 平城에서 洛陽으로 옮기고 한화정책을 실시하여 호한융합정권을 확립하였다. 뒤에 동쪽의 鄴에 기반을 둔 高歡과 서쪽의 장안에 기반을 둔 宇文泰가 세력을 양분함에 따라 동위와 서위로 분열되었다.
이춘식, 2005, 「호족국가의 수립과 위진남북조시대의 문화」, 앞의 책.
유인선 외, 2014, 『사료로 보는 아시아사』, 위더스북.
최진열, 2016, 『호문제의 '한화' 정책과 낙양 호인사회』, 한울아카데미.
5) 都護府: 고구려 멸망 이후 당이 설치한 安東都護府를 가리킨다. 안동도호부에 대해서는 본서 권1-2-(3), 주해 9) 참조.
6) 開州: 고려의 수도인 開京─지금의 황해북도 개성특급시 일원─을 가리킨다. 본래 고구려의 扶蘇岬으로 신라 때 松嶽郡으로 고쳤다. 919년(태조 2)에 松嶽 남쪽에 도읍을 정하여 개주로 삼았다. 960년(광종 11)에 개경을 고쳐 皇都로 하였으며, 995년(성종 14)에는 開城府로 하여 赤縣 6과 畿縣 7을 관할하였다. 1018년(현종 9)에 개성부를 없애고 개성현령을 두어 장단현령과 함께 京畿지역을 관장하면서 개경지역은 따로 京中 5부가 관할하게 되었다. 京中 5부에는 5部·35坊·344里를 갖추고 있었으며, 部에는 使·副使·錄事, 坊에는 別監, 里에는 里正 내지 里典이 있어 행정을 맡아보았다.
『高麗史』 권56, 志10 地理1 王京開城府.

『高麗史』 권76, 志30 百官1 開城府.

邊太燮, 1971, 「高麗時代 京畿의 統治制」, 『高麗政治制度史硏究』, 一潮閣, 245~247쪽.

朴龍雲, 1996, 「開京과 開城府」, 『고려시대 開京 연구』, 一志社, 68·69쪽.

홍영의, 2000, 「고려전기 개경의 오부방리(五部坊里) 구획과 영역」, 『역사와 현실』 38, 45쪽.

김창현, 2002, 「개경 행정구역의 편제와 그 이념」, 『고려 개경의 구조와 그 이념』, 신서원.

7) 崧山: 松嶽山을 가리키는 것으로 지금의 황해북도 개성특급시에 있는 해발 488m 의 산이다. 개경의 主山으로 원래 扶蘇 또는 鵠嶺으로 불렀으며 崧山 내지 神嵩 으로도 불렀다. 일찍이 도선은 송악산의 지맥을 '壬方의 백두산 水母木幹으로부 터 뻗어와 馬頭明堂에서 떨어졌다.'고 평가하였다. 여기에서 '水母'는 북방을 근 원으로 한다는 뜻이고, '木幹'은 동방을 몸체로 한다는 의미이며, '馬'는 십이지에 서 '午'로 정남방이 된다. 즉 송악산이 북쪽의 백두산에서 발기하여 北을 母로 東 을 體로 하여 정남방의 명당에 전래하였음을 의미한다. 훗날 송악산 정상이 개 경의 북서쪽에 자리 잡고 그 남쪽 기슭의 명당에 대궐이 들어서게 되는데 이는 개경의 도시구조에 지대한 영향을 끼쳤다.

『新增東國輿地勝覽』 권4, 開城府上 山川.

李丙燾, 1948, 『高麗時代의 硏究』, 乙酉文化社 ; 1980, 『高麗時代의 硏究―特히 圖讖 思想의 發展을 中心으로―(改訂版)』, 亞細亞文化社 ; 2012, 『高麗의 前期』, 『高麗時 代의 硏究―특히 圖讖思想의 발전을 중심으로―』, 한국학술정보(주), 111·112쪽.

김창현, 2002, 「개경 사원·궁궐·성곽의 조영」, 앞의 책, 22쪽.

8) 乾亥: 乾은 8卦의 하나이며, 亥는 12支의 하나인데, 이들은 모두 방위상으로 서북 쪽에 해당한다. 8卦는 8方과 밀접한 관련을 맺는데 艮은 동북, 震은 정동, 巽은 동남, 離는 정남, 坤은 서남, 兌는 정서, 乾은 서북, 坎은 정북쪽을 가리킨다. 방위 를 8方에서 조금 더 확대하면 12支를 활용한 12方이 되며, 여기에 10干을 더하면 24방위가 된다. 한편, 서긍은 개경의 풍수를 설명하면서 방위를 많이 표현하고 있으며, 이는 방위를 통해 땅을 사주 보듯이 살펴보는 理氣風水에 해당한다. 다 만, 이기풍수가 고려에서는 잘 받아들여지지 않았는데, 기본적으로 평지가 많은 중국에서는 방위가 유효할 수 있으나 전국토의 70% 가량이 산으로 되어 있는 우 리나라의 경우 형세 위주의 풍수를 선호하였기 때문이다.

金基德, 2001, 앞의 논문, 107·108쪽.

김창현, 2002, 「개경 사원·궁궐·성곽의 조영」, 「개경 행정구역의 편제와 그 이념」, 앞의 책, 61·119·120쪽.

9) 龍虎: 풍수지리에서 四神砂―청룡·백호·주작·현무― 가운데 청룡과 백호를 의미 한다. 청룡은 主山에서 案山을 향해 왼쪽으로 내려온 산줄기이며, 백호는 오른쪽 으로 내려온 산줄기이다. 이들 용호가 穴場―집터―을 두루 감싸고 보호하는 것 이 藏風의 필수요소이다. 개경은 송악산을 중심으로 산줄기가 서쪽의 訥里門에 서 동남쪽 주작현까지 이어져 내백호―右臂―를 이루고, 또 한 줄기가 동쪽의 進

言門 부근에서 子男山을 일으켜 내청룡―左臂―을 이룬다. 다시 밖으로는 서쪽에서 蜈蚣山으로부터 남방 龍岫山에 이르는 외백호를 이루고, 동쪽에서 北小門 부근으로부터 德岩에 이르는 외청룡을 이룬다. 한편, 청룡과 백호를 좌우에 둔 개경의 滿月臺는 右旋局으로 이루어졌다. 우선국이란 산세가 나아가는 방향을 기준으로 혈장으로 들어오는 방향이 마치 오른 팔이 꺾인 듯이 들어오는 것인데, 이 경우 통상 청룡보다 백호가 우세할 가능성이 높아서 개경의 朱雀·案山·朝山 등이 전부 백호세를 만들어 주고 있다고 한다.
崔昌祚, 1984, 「風水說의 原理」, 앞의 책, 105·106쪽.
金基德, 2001, 앞의 논문.
李丙燾, 2012, 앞의 책, 111~113쪽.

10) 以五音論之 …… 西位欲高則興: 五音은 宮·商·角·緻·羽의 다섯 음을 가리키는데, 五色·五味·五聲 등과 함께 원리화된 오행조직을 이루기도 한다. 본문에서 서긍은 왕씨를 五音 가운데 商音으로 보았는데, 상음은 곧 오행에서 金에 속하고 방위에서 西에 속하므로 商音姓의 國都에서 西山이 높으면 융성한다는 의미이다. 이는 지리방위에서 왕실의 姓音을 중시한 당시 중국인의 사상이며, 고려에서도 國姓音을 중시하는 사상이 있었을 것으로 여겨진다.
崔昌祚, 1984, 「風水說의 原理」, 앞의 책, 73쪽.
李丙燾, 2012, 앞의 책, 115쪽.

11) 桉: 풍수지리 관념에서 主山과 客山―祖山―이 마주하고 앉은 사이의 책상인 案山을 의미한다. 대체로 穴場이나 明堂 앞의 가까운 산을 案山 그 뒤를 祖山으로 구분하지만(①), 한편으로는 전자를 朱雀―內案山―, 후자를 案山으로 구분하기도 한다(②).
崔昌祚, 1984, 「風水說의 概要 및 歷史」, 앞의 책, 62쪽.
① 李丙燾, 2012, 앞의 책, 111쪽.
② 金基德, 2001, 앞의 논문, 92·93쪽.

12) 外復有一桉: 외안산을 가리키는 것으로 서긍은 개경의 산세를 내안산과 외안산으로 구분하고 있다. 이는 산의 형세를 어떻게 보느냐에 따라 다르게 파악되는 것으로 내안산을 朱雀峴, (외)안산을 龍岫山·進鳳山·德積山으로 보는 견해가 있고(①), 이를 구분하지 않고 단지 龍岫山을 안산으로 파악하는 견해도 있다(②).
① 金基德, 2001, 앞의 논문, 92·93쪽.
② 김창현, 2002, 「개경 사원·궁궐·성곽의 조영」, 앞의 책, 18쪽.

13) 坐向相應 賓主丙壬: 坐向은 풍수지리에서 方位에 관계된 술법이다. 穴場을 중심으로 뒤쪽의 등진 방위를 坐, 정면을 向으로 파악한다. 24방위에서 丙과 壬은 서로 마주하고 있으므로, 主山인 松岳山과 客山인 案山이 서로 마주하고 있음을 의미한다.
崔昌祚, 1984, 「風水說의 概要 및 歷史」, 앞의 책, 39쪽.

14) 廣化門: 개경 황성의 東門이자 정문이다. 남문인 朱雀門을 대신하여 동문인 廣化門이 정문이 된 것은 동쪽을 중시하는 관념이 투영된 결과로 보인다. 廣化門과 會賓門을 연결하는 북남대로는 崇仁門과 宣義門을 연결하는 동서대로와 만나 十

字街를 이루었다. 이에 대한 자세한 내용은 본서 권4 廣化門條 참조.
朴龍雲, 1996, 「開京 定都와 시설」, 앞의 책, 16·17쪽.
金昌賢, 2011, 「고려의 上都 개경」, 『고려 개경의 편제와 궁궐』, 景仁文化社, 24·29쪽.

15) 蓋乾爲金 …… 是爲吉卜: 乾卦는 오행 가운데 金에 속하는데, 서긍은 金의 長生位 一吉一를 巳方一동남쪽一에 있다고 여겨 巳方으로 흐르는 개경의 물을 吉卜으로 보았다. 그런데 宋代 풍수가인 胡舜申은 물이 長生方에서 凶方으로 흘러야 吉하고, 반대로 물이 長生方으로 흐를 경우 不吉한 것으로 해석한다. 즉, 金의 장생위가 巳方에 있다면, 巳方으로 향하는 개성의 물은 長生을 파괴하는 水破長生의 凶卜인 셈이다. 다만, 胡舜申은 乾이 속한 金의 長生位는 巳方이 아닌 子丑方에 있다고 보았으므로, 개경의 경우 水破長生의 凶卜은 면한 셈이다. 결국 서긍이 언급한 '金의 長生位가 巳方에 있으면 吉卜이다'라는 논리는 풍수가의 정통이론에 맞지 않다고 할 수 있다.
李丙燾, 2012, 앞의 책, 115·116쪽.

16) 自崧山之牛 …… 形勢若飮澗蒼虯: 개경은 풍수이론상 일반적으로 세 가지 특징을 지니고 있는 것으로 평가된다. 첫째, 바람을 막는 藏風局의 형태를 띠고 있다. 개경은 대체로 청룡·백호·주작·현무 등 四神砂의 배치가 잘 갖추어져 있는 盆地 형태로 겨울철의 한랭한 계절풍을 막기에 적합하다. 둘째, 右旋局에 해당한다. 이는 산세가 나아가는 방향을 기준으로 穴場으로 들어오는 방향이 오른쪽에서 휘돌고 있기 때문이며, 이 경우 白虎勢의 우월을 나타내게 된다. 셋째, 北山의 여러 산골짜기에서 흘러나오는 계곡물은 모두 중앙에 모이기 때문에 여름철 降雨期에는 水勢가 거칠고 물줄기가 급하여 순조롭지 못한 결점이 있다. 이와 같은 문제로 인해 道詵의 寺塔裨補說 등을 응용하여 개경 곳곳에 寺院으로써 水勢를 진압하고자 하였다.
崔昌祚, 1984, 「國都風水解釋」, 앞의 책, 210~213쪽.

〈그림〉조선후기 『中京志』에 실린 「中京城內圖」

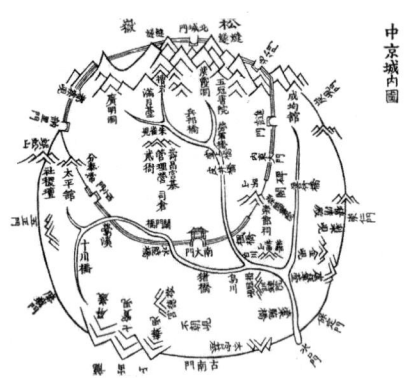

3-4-(1)

[原文]
國城

高麗自唐以前, 蓋居平壤. 本漢武帝所置樂浪郡, 而唐高宗所建都護府也. 以唐志考之, 平壤城乃在鴨綠水東南, 唐末, 高麗君長懲累世兵革之難, 稍徙而東. 今王城在鴨綠水之東南千餘里, 非平壤之舊矣. 其城周圍六十里, 山形繚繞, 雜以沙礫, 隨其地形而築之. 外[31]無濠[32]壍, 不施女墻[33]. 列【太上御名】[34]延屋, 如廊廡狀, 頗類敵樓. 雖施兵仗, 以備不虞, 而因山之勢, 非盡堅高, 至其低處, 則不能受敵. 萬一有警, 信知其不足守也.
外門十二[35], 各有標[36]名. 舊誌[37]纔知其七, 今盡得之.

[譯文]
국성

고구려[高麗]는 당 이전부터 대개 평양에 있었다. (평양은) 본래 한 무제[1]가 낙랑군을 세운 곳이며,[2] 당 고종[3]이 도호부를 세운 곳이다.[4] 당의 기록[唐志]을 살펴보면, 평양성은 곧 압록강 동남쪽에 있었는데[5] 당 말에 고구려[高麗] 군장들이 여러 대에 걸친 전쟁의 어려움을 경계하여 점차 동쪽으로 옮겨갔다. 지금 (고려) 왕성은 압록강 동남쪽 1,000여 리에 있으니 옛 평양이 아니다. 그 성은 둘레가 60리이고 산의 모양대로

---

31) 四: "外"가 누락되어 있다.
32) 知: 壕.
33) 四知: 牆.
34) 四: 構, 知: "【太上御名 高宗諱構】"로 기록되어 있다.
35) 四: 一, 知: "二【鄭刻誤十一】"로 기록되어 있다.
36) 四知: 標. 원문은 摽이지만, 의미상 標가 옳다고 생각되어 교감 번역하였다.
37) 四知: 志.

둘렀으며 모래와 자갈을 섞어 그 지형을 따라 쌓았다.[6] 바깥에는 호참[7]이 없고, 여장[8]을 설치하지 않았다. 줄지어 【태상의 이름이다[9]】 늘어선 집은 회랑[廊廡]의 형상과 같으니 자못 적루(敵樓)[10]와 비슷하다. 비록 병사와 무기를 설치하여 예상치 못한 일에 대비하였으나 산의 형세로 인하여 전부 견고한 것은 아니어서, 그 낮은 곳에 이르면 적을 감당할 수 없었다. 만에 하나 위급한 일이 있으면 지켜내지 못할 것을 확실히 알겠다.

외문은 12곳이며[11] 각각 적어놓은 이름이 있다. 옛 기록에는 겨우 7곳을 알았는데 지금은 모두 파악하였다.

[註解]

1) 武帝: B.C.156~B.C.87. 漢의 7대 황제로, 재위기간은 54년(B.C.141~B.C.87)이다. 이에 대해서는 본서 권1-2-(1), 주해 15) 참조.
2) 本漢武帝所置樂浪郡: 樂浪郡은 漢 武帝가 고조선을 멸망시킨 후 설치한 행정구역이다. 眞番·臨屯·玄菟 등과 함께 4郡으로 불린다. 낙랑군은 4군 가운데 중심적 역할을 하였으며, B.C.108년부터 313년까지 400년이 넘는 기간 동안 존속하였다. 설치 당시 낙랑군은 모두 25개의 屬縣이 있었고, 令·長 등의 관직 체계를 가졌으며 漢과 古朝鮮 계통의 주민으로 이루어졌다. 특히 낙랑군의 위치와 관련하여서는 대체로 韓半島說과 北中國說이 있는데 대동강 유역설이 일반적인 定說이다.
『三國遺事』 권1, 紀異1 魏滿朝鮮.
『史記』 권115, 朝鮮列傳55.
『漢書』 권6, 武帝紀6 元封 2년.
『漢書』 권28下, 地理志 樂浪郡.
『後漢書』 권85, 東夷列傳75.
李丙燾, 1976, 「樂浪郡考」, 앞의 책.
권오중, 1992, 『樂浪郡硏究』, 一潮閣.
조법종, 2003, 「낙랑군의 성격문제—낙랑군의 낙랑국 계승 문제를 중심으로—」, 『한국고대사연구』 32 ; 2006, 『고조선 고구려사 연구』, 신서원.
임기환, 2004, 「고구려와 낙랑군의 관계」, 『한국고대사연구』 34.
오영찬, 2006, 『낙랑군 연구』, 사계절.
權五重, 2009, 「'樂浪史' 時代區分 試論」, 『한국고대사연구』 53.
송호정, 2010, 「한군현(漢郡縣) 지배의 역사적 성격」, 『역사와 현실』 78.

3) 高宗: 628~683. 唐의 제3대 황제로 재위기간은 34년(649~683)이다. 그에 대해서는 본서 권1-2-(3), 주해 6) 참조.
4) 而唐高宗所建都護府也: 668년에 당이 고구려를 멸망시키고 고구려의 수도 평양에 安東都護府를 설치한 사실을 말한다. 이에 대해서는 본서 권1-2-(3), 주해 9) 참조
5) 以唐志考之平壤城乃在鴨綠水東南: 『新唐書』 高麗傳에 "평양은 압록의 동남쪽에 있는데, 큰 배로 사람이 건너다니므로, 이를 해자로 여긴다[平壤在鴨淥東南, 以巨艫濟人, 因恃以爲塹]."라는 유사한 기록이 보인다.
『新唐書』 권220, 列傳145 東夷 高麗.
6) 其城周圍六十里 …… 隨其地形而築之: 고려 수도 개경의 외성인 羅城을 말한다. 宋 孫穆이 지은 『鷄林類事』에서 "성 둘레는 20여리인데, 비록 모래와 자갈을 섞어 쌓았으나 형세가 또한 견고하였다[城周二十餘里, 雖雜沙礫築之, 勢亦堅壯]."라 하여 유사한 구절이 보인다. 한편, 나성의 축성은 1009년(현종 즉위)에 논의가 시작되었으나 거란의 침입 등으로 인해 실제로는 1020년에 姜邯贊의 건의로 본격화되었으며 1029년에 완성되었다. 나성은 견고하게 쌓은 土城으로, 松嶽山의 기존 성곽을 그대로 사용하면서 서쪽의 蜈蚣山, 남쪽의 龍首山, 동쪽의 德岩峯·富興山 등의 산세를 따라 이루어졌다. 축성 시 동원된 연인원은 丁夫 304,400명 혹은 丁夫 238,938명과 工匠 8,450명이었으며, 羅城造成都監이 공사를 담당하였다. 둘레는 29,700步 혹은 10,660步나 60리로 파악되는데 실제 실측 결과 23km로 확인되었다. 이러한 나성은 외적의 침입으로부터 수도를 방위하기 위한 목적뿐 아니라 개경이 都城內와 都城外로 자연스레 분리되어 개경의 행정구획을 판가름 할 수 있는 중요한 시설로 자리하였다.
『高麗史』 권4, 世家4 顯宗 즉위년 3월.
『高麗史』 권5, 世家5 顯宗 20년 8월.
『高麗史』 권94, 列傳7 姜邯贊.
『高麗史』 권56, 志10 地理1 王京開城府.
高裕燮, 1946, 『松都古蹟』, 博文出版社 ; 1977, 『松都의 古蹟』, 悅話堂; 2007. 『松都의 古蹟』, 悅話堂.
전룡철, 1980, 「고려의 수도 개성성에 대한 연구」 (1)·(2), 『력사과학』 2·3合.
朴龍雲, 1996, 앞의 책.
홍영의, 1998, 「고려 수도 개경의 위상」, 『역사비평』 45.
申安湜, 2000, 「高麗時代 開京의 羅城」, 『명지사론』 11·12合.
김창현, 2002, 앞의 책.
신안식, 2002, 「개경을 에워싼 성곽」, 앞의 책.
김창현, 2017, 「고려전기 도읍과 동아시아 도읍의 비교 조명─중국 당송 도읍과의 비교를 중심으로─」, 『고려 도읍과 동아시아 도읍의 비교연구』, 새문사.
7) 濠漹: 城의 해자를 말한다. 塹濠 혹은 濠隍이라고도 한다.
諸橋轍次, 1985, 「濠漹」, 『大漢和辭典』 7, 大修館書店, 318쪽.
8) 女墻: 성벽 위에 쌓은 담, 혹은 낮은 울타리로 女垣이라고도 한다.

諸橋轍次, 1984, 「女墻」, 『大漢和辭典』 3, 大修館書店, 617쪽.
9) 太上御名: 南宋을 개국한 高宗(1107~1187)을 말한다. 휘는 構이고 徽宗의 9남이며 재위기간은 35년(1127~1162)이다. 1126년(송 정강 2)에 徽宗과 欽宗이 금나라 포로로 잡혀가자 南京에서 즉위하였다. 臨安으로 천도하니, 이때부터 南宋이다. 이후 금나라와 화의를 맺어 납공하였으며, 1162년에 孝宗에게 양위하고 太上皇帝가 되었다. 세주로 '太上御名'이라고 되어 있는 것은 고종의 이름인 '構'字를 피휘한 것이다.
『宋史』 권24, 本紀24 高宗1.
10) 敵樓: 성과 요새의 樓閣과 같은 높은 건물을 말한다. 敵臺나 望樓라고도 한다.
諸橋轍次, 1984, 「敵樓」, 『大漢和辭典』 5, 大修館書店, 546쪽.
11) 外門十二: 본문에서는 나성문의 수를 12개라 기재하고 있으나, 『高麗史』에는 이보다 많은 25개의 나성문이 확인된다. 『高麗史』 兵志 圍宿軍條에는 圍宿軍이 지키는 여러 문 가운데 나성의 문이 25개 포함되었다[표 1]. 또한 『高麗史』 地理志 王京開城府條에는 大門 4개, 中門 8개, 小門 13개로 전제한 후 25개의 명칭이 소개되었다[표 2]. 두 기록에는 기재순서에 차이가 있고, 명칭변화가 약간 있을 뿐 서로 대응한다. 한편, 『新增東國輿地勝覽』 開城府上 城郭條에는 나성문 22개가 실렸는데 모두 무너진 상태라고 하였으며, 조선 인조 때 金堉이 편찬한 『松都誌』 城郭條에는 22개 중 7개의 문이 기재되었다. 일찍이 이들 나성문의 위치비정에 대한 연구가 다양하게 진행되었는데, 나성문들의 방위는 개경의 풍수와 지세 및 궁성과 황성을 기준으로 개경 도심이 가미되어 정해졌을 것으로 이해된다. 이러한 나성문의 배치는 대략 오행과 계절의 순환방향을 토대로 만들어졌다고 한다.
『高麗史』 권56, 志10 地理1 王京開城府.
『高麗史』 권83, 志37 兵3 圍宿軍.
『新增東國輿地勝覽』 권4, 開城府上 城郭.
전룡철, 1980, 앞의 논문.
홍영의, 1998, 앞의 논문.
申安湜, 2000, 앞의 논문.
朴龍雲, 1996, 앞의 책.
김창현, 2002, 앞의 책.
신안식, 2002, 「개경을 에워싼 성곽」, 앞의 책.
高裕燮, 2007, 앞의 책.

[표 1] 『高麗史』 兵志 圍宿軍條의 나성문(기재순)

순서	1	2	3	4	5	6	7	8	9	10	11	12	13	14	15	16	17	18	19	20	21	22	23	24	25
문	延陽門	紫安門	安和門	德山門	鶯溪門	安定門	弘仁門	成道門	崇仁門	靈昌門	宣旗門	長覇門	會賓門	泰安門	永同門	豊德門	仙溪門	宣義門	乾德門	保泰門	永平門	狻猊門	仙嚴門	光德門	昌信門

[표 2] 『高麗史』 地理志 王京開城府條의 나성문(기재순)

순서	1	2	3	4	5	6	7	8	9	10	11	12	13	14	15	16	17	18	19	20	21	22	23	24	25
문	紫安門	安和門	成道門	靈昌門	安定門	崇仁門	弘仁門	宣旗門	德山門	長霸門	德豊門	永同門	會賓門	仙溪門	泰安門	鸞溪門	仙嚴門	光德門	乾福門	昌信門	保泰門	宣義門	狻猊門	永平門	通德門

3-4-(2)

[原文]

正東曰宣仁【舊不見名, 止曰東大門】, 曰崇仁【舊曰東[38)]門】[39)], 曰安定【舊曰須恤[40)], 乃麗人方言也】[41)]. 東南曰長霸[42)]. 正南曰宣華【舊不見門】, 曰會賓, 曰泰安【舊名[43)]眞[44)]觀 今易此名】. 西南曰光德【舊曰正州, 亦通其路耳. 州郡非門名所宜】. 正西曰宣義, 曰狻猊. 正北曰北昌【舊名[45)]崧山, 特登山之路, 非本名也】. 東北曰宣祺【舊名[46)]金郊, 今易此[47)]】. 西南隅, 王府宮室居之. 其東北隅, 卽順天館, 極加完葺, 西門亦壯麗, 蓋爲中朝人使設也. 自京市司至興國寺橋, 由廣化門以迄奉先庫, 爲長廊數百間[48)], 以其民居隘陋, 參差不齊, 用以遮蔽, 不欲使人洞見其醜. 東南之門, 蓋溪流至巳方, 衆水所會之地. 其餘諸門官府宮祠道觀僧寺別宮客館,

---

38) 四 : 求.
39) 知 : "【舊曰東門 鄭刻求門】"으로 기록되어 있다.
40) 四 : 知.
41) 知 : "【舊曰須恤 乃麗人方言也 鄭刻須恤作須知】"로 기록되어 있다.
42) 四 : 朔, 知 : "長霸【鄭刻誤長朔】"으로 기록되어 있다.
43) 知 : 曰.
44) 四 知 : 眞. 원문은 貞으로 되어있으나, 眞이 옳다고 생각되어 眞으로 교감 번역하였다.
45) 知 : 曰.
46) 知 : 曰.
47) 知 : "名"이 추가되어 있다.
48) 知 : 間.

皆因地勢, 星布諸處. 民居十數家, 共一聚落. 井邑街市, 無足取者. 總其
建國大槩而圖之, 其餘則互見於別篇.

[譯文]

　　정동문은 선인[1][예전에는 이름이 보이지 않고 다만 동대문이라 하였
다], 숭인[2][예전에는 동문이라 하였다], 안정[3]이다[예전에는 수흘이라
하였으나[4] 곧 고려인의 방언이다]. 동남문은 장패[5]이다. 정남문은 선화[6]
[예전에는 (이) 문이 보이지 않는다], 회빈,[7] 태안[8]이다[옛 이름은 진관
이었으나 지금은 이 이름으로 바꾸었다]. 서남문은 광덕[9]이다[예전에
는 정주(正州)라 하였으니[10] 역시 그 길과 통할 뿐이다. 주군(州郡)을
문의 이름으로 함은 마땅하지 않다]. 정서문은 선의,[11] 산예[12]이다. 정북
문은 북창[13]이다[옛 이름은 숭산이었으니, 단지 산을 오르는 길이지 본
래 이름이 아니다]. 동북문은 선기[14]이다[예전 이름은 금교였는데[15] 지
금은 이로 바꾸었다]. 서남쪽 모퉁이에 왕부의 궁실이 자리 잡고 있다.
그 동북쪽 모퉁이에는 순천관[16]이 있으니, 매우 완벽하게 갖추었고 서문
역시 웅장하고 화려하니 대개 중국[中朝]의 사신을 위하여 세웠다. 경시
사[17]부터 흥국사[18] 다리까지, 광화문부터 봉선고[19]에 이르기까지 긴 회
랑 수백 칸을 만들었으니, 민가[民居]가 좁고 낡았으며 들쭉날쭉 가지런
하지 않으니 (긴 회랑으로) 가려서 사신에게 그 누추함을 훤히 보이려
하지 않았다. 동남의 문은 대개 시냇물이 동남쪽[巳方]에 이르러 여러
물줄기가 모이는 땅이다. 그 나머지 여러 문, 관부, 궁사, 도관, 승사,
별궁, 객관은 모두 지세 때문에 여러 곳에 별처럼 흩어져있다. 민가는
십 수 집이 함께 한 취락을 이루었다. 정읍(井邑)과 가시(街市) 제도는
취할 만한 것이 없다. 건국의 대략을 총괄하여 그림을 그리고 그 나머지
는 별도의 편에서 서로 보인다.

[註解]
1) 宣仁: 서긍은 개경 나성의 정동문으로 기재하였으나 황성의 동문인 선인문을 가리킨다. 후에 靑陽門으로 개칭되었다.
   김창현, 2002, 「개경의 황성과 황성문」, 앞의 책, 158·164쪽.
2) 崇仁: 개경 나성의 동문으로 개경의 동서대로가 통과하는 대문이다. 문의 안쪽에는 穆淸殿이 있었고 동쪽으로 나가면 洪護寺─弘護寺─가 있었으며 군대의 査閱, 擊毬 등이 행해지기도 하였다.
   申安湜, 2000, 앞의 논문, 200쪽.
   김창현, 2002, 「개경의 나성과 나성문」, 앞의 책, 100쪽.
3) 安定: 개경 나성의 동문으로, 문의 안쪽에는 順天館, 賢聖寺 등이 위치하고 太廟로 가는 통로이다. 안정이라는 명칭은 태묘와 관련된 것으로, 태묘 제사에 정성과 공경을 다하면 역대 왕의 영혼은 물론 현재 왕과 고려왕조가 안정을 누린다는 의미로 파악된다.
   申安湜, 2000, 앞의 논문, 199쪽.
   김창현, 2002, 「개경의 나성과 나성문」, 앞의 책, 100쪽.
4) 舊曰須恤: 서긍은 안정문의 옛 명칭을 수휼이라고 하였다. 이에 대해 수휼문을 나성의 동북문인 선기문의 옛 명칭으로 파악한 연구가 있다.
   김창현, 2002, 「개경의 나성과 나성문」, 앞의 책, 91쪽.
5) 長覇: 개경 나성의 동문으로, 의종 전후에 保定門으로 개칭되었다. 도성 안의 여러 물줄기가 광덕평에서 모여 남동으로 흘러나가는 부분에 세워졌으며, 나성문 중 가장 큰 수구를 지니고 있었다. 이곳을 통과한 물은 沙川을 향해 흘러간다. 문 안쪽에는 崇化寺, 龍華寺 등이 있고, 밖으로는 靑郊驛, 司圃署 등이 있었다.
   申安湜, 2000, 앞의 논문, 200·201쪽.
   김창현, 2002, 「개경의 나성과 나성문」, 앞의 책, 101쪽.
6) 宣華: 서긍은 개경 나성의 남문을 선화문으로 기록하였으나, 『高麗史』에는 선화문의 명칭이 확인되지 않는다. 이에 대해 선화문을 회빈문의 옛 명칭으로 파악한 연구가 있다.
   김창현, 2002, 「개경의 나성과 나성문」, 앞의 책, 90쪽.
7) 會賓: 개성 나성의 남문이다. 문 안쪽에는 崇敎院이 있고 밖에는 圓丘가 위치해 있었으며, 국토의 남쪽으로 혹은 강화도로 내려가는 주요 관문이었다.
   申安湜, 2000, 앞의 논문, 201쪽.
   김창현, 2002, 「개경의 나성과 나성문」, 앞의 책, 104쪽.
8) 泰安: 개경 나성의 남문으로, 용수산 동쪽 기슭에 위치하였다. 眞觀寺로 가는 길목이라 하여 이름한 眞觀門의 개칭이다. 문 안쪽에는 普濟寺, 道日寺, 金善寺 등이 있었다.
   申安湜, 2000, 앞의 논문.
   김창현, 2002, 「개경의 나성과 나성문」, 앞의 책, 104·105쪽.
9) 光德: 개경 나성의 서문으로, 貞州로 가는 통로에 위치하였다.

김창현, 2002, 「개경의 나성과 나성문」, 앞의 책, 105·106쪽.

10) 舊曰正州: 광덕문의 옛 이름으로 언급한 正州는 貞州의 오기이다. 貞州는—지금의 황해북도 개풍군 일대— 예성강과 祖江이 만나는 곳에 위치한 수로 요충지로, 이 문은 개경에서 정주 방면으로 가는 통로에 위치하였기 때문에 정주문으로 불리었다가, 후에 광덕문으로 개칭되었다.

김창현, 2002, 「개경의 나성과 나성문」, 앞의 책, 105쪽.

11) 宣義: 개경 나성의 서문으로, 왕과 사신의 행차에 이용되었다. 문 밖에는 西郊, 黃橋 등이 있었고, 예성강 입구의 碧瀾亭에서 서교를 지나 이 문을 통해 나성으로 들어갈 수 있다. 이에 대한 자세한 내용은 본서 권4, 宣義門條 참조.

申安湜, 2000, 앞의 논문, 202쪽.

김창현, 2002, 「개경의 나성과 나성문」, 앞의 책, 106·107쪽.

12) 狻猊: 개경 나성의 서문으로, 나성 밖 서쪽의 狻猊驛과 연결되는 통로여서 붙여진 명칭이다.

김창현, 2002, 「개경의 나성과 나성문」, 앞의 책, 107쪽.

13) 北昌: 개경 나성의 정북문으로, 송악산 정상 부근에 위치하였다. 『高麗史』에 기재된 紫安門과 동일한 것으로 보인다.

김창현, 2002, 「개경의 나성과 나성문」, 앞의 책, 107쪽.

14) 宣祺: 개경 나성의 동북문으로, 『高麗史』에는 宣旗門으로 기재되어있다(①). 이에 대해 선기문을 나성의 동남쪽에 있는 문으로 파악하기도 한다(②).

①『高麗史』권56, 志10, 地理1 王京開城府.
② 전룡철, 1980, 앞의 논문.
   申安湜, 2000, 앞의 논문, 200쪽.

15) 舊名金郊: 서긍은 동북문인 선기문의 옛 명칭을 금교문이라고 하였다. 그런데 금교문은 개경의 북서쪽에 위치한 금교역과 관련하여 붙여진 명칭일 것이다. 금교역은 나성의 서문과 연결되기 때문에 금교문은 나성의 서문이나 서북문 중 하나의 옛 명칭으로 보인다.

김창현, 2002, 「개경의 나성과 나성문」, 앞의 책, 90·91쪽.

16) 順天館: 송 사신을 위한 객관으로, 개경의 북동쪽에 위치하였다. 본래 후비궁의 하나인 大明宮이었다가, 문종대에 송과의 교류가 재개되면서 객관으로 고치고, 명칭도 순천관으로 바꾸었다. 이후 인종대까지 송 사신이 머물렀고, 고려의 관반사가 접대하는 외교의 공간이 되었다. 이에 대한 자세한 내용은 본서 권27 順天館條에서 설명할 것이다.

金昌賢, 2011, 「고려시대 대명궁 순천관과 객관」, 앞의 책.

17) 京市司: 개경 市廛의 감독을 관장하는 기구인 京市署를 가리키며, 문종대 관제에 따르면 정7품 京市令 1인과 정8품 京市丞 2인이 있었다(①). 서긍은 경시서에 女妓 300여 인이 소속되었다고 하였다(②). 이에 대해 시전과 객관이 밀집된 개경의 十字街 부근에서 雜戲가 많이 벌어졌고 女妓들의 공연도 펼쳐졌기 때문에 경시서에 女妓가 소속되어 있었다고 본 견해가 있다(③).

①『高麗史』 권77, 志31 百官2 京市署.
　朴龍雲, 2009, 『『高麗史』 百官志 譯註』, 신서원, 386~388쪽.
②『高麗圖經』 권40, 同文 樂律.
③ 김창현, 2007, 「고려시대 음악기관과 음악인」, 『고려의 여성과 문화』, 신서원, 310·311쪽.

18) 興國寺: 개경 광화문 동남쪽에 소재한 사원으로 924년(태조 7)에 창건되었다. 官壇이 설치되어 수계 기능을 하였던 것으로 추측되며, 燃燈道場·祈雨祭 등을 거행하거나 왕의 생일에 백관이 祈福道場을 열었다. 1225년(고종 12)에 화재가 나 1243년에 재건되었다. 이에 대한 자세한 내용은 『高麗圖經』 권17 興國寺條에서 설명할 것이다.
『三國遺事』 권1, 王曆.
『高麗史』 권12, 世家12 睿宗 2년 5월 乙未.
『高麗史』 권23, 世家23 高宗 30년 7월.
『高麗史』 권53, 志7 五行1 五行二曰火 高宗 12년 12월 辛卯.
『高麗史節要』 권4, 靖宗 12년 12월.
韓基汶, 1998, 「高麗太祖時의 寺院創建」, 『高麗寺院의 構造와 機能』, 民族社, 40쪽.

19) 奉先庫: 先王·先后의 忌晨에 필요한 비용을 조달한 기구로, 1093년(선종 10)에 설치되었다. 使 1인, 副使 2인을 두었고, 1391년(공양왕 3)에 혁파되었다. 봉선고는 광화문 동쪽, 순천관의 관도 북쪽에 위치하였고, 선왕을 받드는 祭器와 牲牢가 소장되어 있었으며 國忌에 이곳에서 齋料를 지급하여 여러 사원에 시납하였다.
『高麗史』 권77, 志31 百官2 奉先庫.
『高麗圖經』 권16, 官府 府庫.
朴龍雲, 2009, 앞의 책, 537~539쪽.

3-5

[原文]

樓觀

王城昔無樓觀, 自通使以來, 觀光上國, 得其規模, 稍能【太上御名】[49]治. 初惟王城宮寺有之, 今官道兩旁, 與國相富人, 稍稍僭侈, 入宣義門, 每數十家, 則建一樓. 俯近興國寺, 二樓相望, 左曰博[50]濟, 右曰益平. 王

---

49) 四: 構, 知: "【太上御名 構】"로 기록되어 있다.

府之東, 二樓臨衢, 不見標[51])牓, 簾幀[52])華煥. 聞皆王族游[53])觀之所. 人使經由, 則有婦女, 窺覘於其間[54]), 衣服之飾, 不異民庶. 或云王每出游[55]), 則其族始易錦繡也.

[譯文]
누각[樓觀]

왕성은 옛날에 누각[樓觀]이 없었는데, 사신이 왕래한 이후부터 중국[上國]을 둘러보고 그 규모를 알게 되어 점차【태상의 이름이다】[1)]지을 수 있게 되었다. 처음에는 오직 왕성의 궁궐과 절에만 있었는데, 지금은 관도(官道)의 양 옆과 국상(國相) 및 부자들도 점점 주제넘게 사치스러워 선의문에 들어서면 수십 집마다 곧 한 채의 누각을 세웠다. 흥국사 부근에도 두 채의 누각이 서로 마주보고 있는데, 왼쪽은 박제이고, 오른쪽은 익평이다.[2)] 왕부의 동쪽에도 두 채의 누각이 네거리에 있는데, 간판[標牓]은 보이지 않지만 주렴과 장막이 화려하고 빛난다. 듣기에 모두 왕족이 놀며 구경하는 곳이라고 한다. 사신이 지나가면 곧 부녀자들이 그 틈으로 몰래 훔쳐보는데, 의복의 꾸밈새는 민서(民庶)와 다르지 않다. 혹자가 말하기를, 왕이 나와 놀 때마다 그 사람들이 비로소 수를 놓은 비단옷으로 바꿔 입는다고도 한다.

---

50) 四: 溥, 知: "博【鄭刻溥】"로 기록되어 있다.
51) 四 知: 標. 원문은 摽로 되어 있으나, 의미상 '標'가 옳다고 생각되어 교감 번역하였다.
52) 四: 幙.
53) 四 知: 遊.
54) 知: 間.
55) 四 知: 遊.

[註解]
1) 太上御名: 南宋 高宗(1107~1187)의 이름인 構를 피휘하여 표기한 것이다. 이에 대해서는 권3-4-(1), 주해 9) 참조.
2) 俯近興國寺 …… 右曰益平: 博濟와 益平은 개경의 흥국사 부근에 위치했던 누각의 명칭이다. 이외에 자세한 내용은 알 수 없다. 다만 『高麗圖經』 권17 興國寺條에 흥국사 대문이 동쪽으로 면하였다고 한 것으로 보아, 이곳의 좌·우에 있다는 박제루와 익평루는 흥국사의 남쪽과 북쪽에 위치하여 서로 마주하고 있었던 것으로 생각된다.

3-6

[原文]
民居

王城雖大, 磽确山壟, 地不平曠. 故其民居形勢高下, 如蜂房蟻穴, 誅茅爲蓋, 僅庇風雨, 其大不過兩椽. 比富家稍置瓦屋, 然十纔一二耳. 舊傳唯56)倡57)優所居, 揭長竿, 以別良家, 今聞不然. 蓋其俗淫祠鬼神, 亦58)厭勝祈禳59)之具耳60).

[譯文]
민가[民居]

왕성은 비록 크기는 하나, 메마르고 돌이 많은 산과 구릉인데다 땅이 평평하고 넓지 않다. 그러므로 그 민가[民居]의 형세와 높고 낮음은 벌집이나 개미굴과 같으며 띠를 베어 덮개를 삼아 겨우 바람과 비를 가리니,

---

56) 四 知 : 惟.
57) 知 : 娼.
58) 四 : "亦"이 누락되어 있다.
59) 四 : 禱, 知 : 禳【鄭刻禱】"로 기록되어 있다.
60) 知 : "云耳"로 기록되어 있다.

그 크기가 서까래 두 개를 넘지 않는다. 비교적 부자들이 기와집을 조금 세웠으나 열에 겨우 한둘뿐이다.[1] 예전부터 전하기를 오직 광대[倡優]가 사는 곳에 긴 장대를 세워 양인의 집[良家]과 구별했다고 하는데, 지금 들으니 그렇지 않다. 대개 그 풍속에 귀신을 부정하게 모시는 곳이니[淫祠] 역시 주문을 외우고[厭勝][2] 귀신에게 기도하는 도구일 뿐이다.

[註解]
1) 故其民居形勢高下 …… 然十纔一二耳: 유사한 내용이 『宋史』에도 전하는데, "(고려의) 민가는 모두 띳집으로 큰 집도 서까래 두개에 그치며, 기와로 한 것은 겨우 열에 둘이다[居皆茅茨 大止兩椽 覆以瓦者才十二]."라고 하였다. 한편, 개경의 집들이 벌집이나 개미굴이라고 한 표현은 개경의 지형에 따라 산기슭에 집이 다닥다닥 붙어있는 모습을 표현한 것이며, 송의 수도 개봉을 비롯하여 큰 도시에는 기와집이 많았을 것이므로 송 사신의 입장에서 고려의 집들이 상대적으로 초라해보였을 것이다. 그런데 고려시대의 인물인 崔滋는 「三都賦」에서 "사인과 서인 및 절간의 스님도 반드시 화려한 집에 산다[至於士庶 桑門釋子 居必華屋]."라고 개경의 풍경을 묘사하여 본문의 내용과는 다소 차이가 있다. 최자는 고려왕조에 대해 긍정적으로 인식하고 있었고, 개경이 다른 지역보다 번화한 것은 사실이었기 때문에 그러한 표현을 했을 것이다.
『東文選』 권2, 賦 「三都賦」.
『宋史』 권487, 列傳246 外國3 高麗.
2) 厭勝: 고대 巫術의 일종으로, 주술로 타인 혹은 사물을 압복하는 것을 의미한다. 그런 점에서 倡優가 사는 곳에 긴 장대를 세워 양인의 집[良家]과 구별했다는 것에서 창우는 실제로 무격들의 집을 말하는 것이었다고 여겨진다.
檀國大學校 東洋學研究所, 1999, 「厭勝」, 『漢韓大辭典』 2, 檀國大學校出版部, 1020쪽.

3-7

[原文]
坊市
王城本無坊市, 惟自廣化門, 至府及館, 皆爲長廊, 以蔽民居. 時於廊

間61), 榜其坊門, 曰永通, 曰廣德, 曰興善, 曰通商, 曰存信, 曰資養, 曰孝義, 曰行遜. 其中實無街衢市井, 至有斷崖絶壁, 蓁莽繁蕪, 荒墟不治之地, 特外示觀美耳.

[譯文]
방시

왕성에는 본래 방시가 없고, 오직 광화문[1]에서 왕부와 객관에 이르기까지 모두 긴 행랑을 만들어 민가[民居]를 가렸다.[2] 가끔 복도 사이에 방문을 붙였는데 영통·광덕·흥선·통상·존신·자양·효의·행손이라고 하였다.[3] 그 안에는 실제로 거리[街衢]나 시장[市井]은 없고,[4] 깎아지른 절벽이거나 잡초가 무성하고 황폐하여 이용하지 않는 땅이기까지 하니, 특별히 겉으로 좋게 보일 뿐이다.

[註解]
1) 廣化門: 개경 황성의 동문이다. 이에 대해서는 본서 권3-3, 주해 14) 참조.
2) 王城本無坊市 …… 以蔽民居: 坊市는 方形의 도성지역 내부를 남북과 동서방향으로 뻗은 간선도로를 경계로 하여 직각으로 구획하되 그 안에 일반민 거주지역인 坊과 상업구역인 市를 구분하고, 담장을 설치하여 坊門과 市門을 통해서만 출입할 수 있게 만든 도시구획제도이다. 서긍은 왕성에 방시가 없고 기간시설로서 긴 행랑을 설치하여 도시를 구획하였다고 하였으나, 고려도 도성 내부를 坊으로 구분하여 도시를 구획하였으며, 市廛 구역이 조성되어 있었다. 일찍이 919년(태조 2)에 수도를 정함과 동시에 시전을 세우고 部·坊·里를 나누어 도시를 계획하였으며, 몇 차례 정비를 거쳐 1024년(현종 15)에는 5부·35방·344리의 모습을 갖추었다. 다만 고려에서는 주거구역과 상업구역이 엄격하게 구분되어 있지는 않았으므로 중국과 다소 차이가 있었다.
朴龍雲, 1996, 「고려시대 開京의 部坊里制」, 『韓國史學報』 창간호 ; 1996, 앞의 책, 93~96쪽.
朴平植, 2000, 「高麗時期의 開京市廛」, 『韓國史의 構造와 展開』, 혜안, 432쪽.
홍영의, 2000, 앞의 논문.

61) 知: 間.

3. 성읍- 109

서성호, 2000, 「고려시기 개경의 시장과 주거」, 『역사와 현실』 38.
金昌賢, 2002, 「고려시대 개경 행정구역의 편제와 그 이념」, 『정신문화연구』 25 ; 2002, 앞의 책.
정학수, 2010, 「고려시기 개경 행정구획과 '里'의 양상」, 『한국중세사연구』 28, 370-372쪽.

3) 時於廊間 …… 日行邏: 행랑 사이에 걸린 방문은 점포의 간판을 가리키며 영통 이하의 명호들은 개별 상호명들로 이해되었다(①). 그러나 이때의 행랑은 시전이 아닌 관부들이 들어선 행랑을 가리키고, 당시 개별 시전이 고유 상호명을 가지지 않았으므로 영통 이하의 명호들도 시전의 개별 상호명으로 보기 어렵다는 견해가 제시되었다(②). 참고로 '廣德'의 경우 『高麗史』에서 행정구역명인 廣德坊이 확인되지만 본문의 다른 명호들은 전혀 보이지 않는다(③). 이 역시 시전의 상호명과는 무관하다.
① 姜萬吉, 1975, 「商業과 對外貿易」, 『한국사』 5, 국사편찬위원회, 197쪽.
　김동철, 1993, 「수공업과 상업」, 『한국사』 14, 국사편찬위원회, 144·145쪽.
② 서성호, 2000, 앞의 책, 101·102쪽.
③ 『高麗史』 권53, 志7 五行1 五行一日水.
　『高麗史』 권56, 권10 地理1 王京開城府.

4) 其中實無街衢市井: 개경에는 광화문의 전면으로 뻗은 도로의 좌우에 긴 행랑이 조성되어 있었는데 그곳에는 관부들이 들어서 있는 官街가 있었다. 한편 광화문을 기점으로 하여 南大街에 이르기까지 구간의 좌우에도 긴 행랑이 조성되었고 점포를 갖춘 상설 교역시설인 市廛 구역이 있었다. 조정에서는 행랑도감을 두어 시전을 포함한 도성의 행랑을 건설하여 시전과 상인의 활동을 관리하였고 猪市·馬市·鹽店 등 그 물종에 따라 시전을 일정한 구역에 나누어 배치하였다. 따라서 시장이 없다는 서긍의 기록은 개경의 시장이 크게 번성하지 못했던 상황을 보여주기도 하지만(①) 그가 관찰한 구역이 시전이 형성되어 있던 남대가가 아닌 관가였기 때문이다(②). 또 시전점포의 폐쇄적 구조로 인해서 발생한 관찰 오류라는 견해도 있다(③).
① 朴龍雲, 1996, 「開京 定都와 시설」, 앞의 책, 38·39쪽.
② 서성호, 2000, 앞의 논문, 101·102쪽.
③ 朴平植, 2000, 「高麗時期의 開京市廛」, 앞의 책, 433·434쪽.

3-8

[原文]

貿易

高麗故事, 每人使至, 則聚爲大市, 羅列百貨. 丹漆繪帛, 皆務華好, 而金銀器用, 悉王府之物, 及時鋪陳, 蓋非其俗然也. 崇寧大觀, 使者猶及見之, 今則不然. 蓋其俗無居肆. 惟以日中爲虛[62], 男女老幼, 官吏工技[63], 各以其所有, 用以交易. 無泉貨之法, 惟紵布銀瓶[64], 以准[65]其直, 至日用微物, 不及疋[66]兩者[67], 則以米計錙銖而償之. 然民久安其俗, 自以爲[68]便也. 中間[69]朝廷賜予錢寶[70], 今皆藏之府庫[71], 時出以示官屬傳玩焉.

[譯文]

무역

고려의 전례[故事]에 매번 사신이 이르면 모여서 큰 시장을 이루고 온갖 물건들을 나열한다. 단칠과 비단은 모두 화려하고 아름답도록 힘썼으며 금·은 기명과 용품은 모두 왕부의 물건으로 때에 맞추어 늘어놓은 것이지 대개 풍속이 그렇지는 않다. 숭녕과 대관 연간에는 사신[使者]들이 여전히 그러한 광경을 볼 수 있었지만[1] 지금은 그렇지 않다. 대개

---

62) 四知 : 壚.
63) 四知 : 伎.
64) 四知 : 瓶. 원문은 缾이지만 의미상 '瓶'이 옳다고 생각되어 교감 번역하였다.
65) 知 : 準.
66) 知 : 匹.
67) 四 : "者【闕】"로 기록되어 있다.
68) 四 : "爲【闕】"로 기록되어 있다.
69) 四 : "間【闕六字】"로 기록되어 있다.
70) 知 : "寶【中間下鄭刻注云闕六字案文義似無闕文】"로 기록되어 있다.
71) 四 : "今【闕二字】之【闕二字】"로 기록되어 있다.

고려의 풍속은 상설 점포[居肆]가 없다.[2] 오직 해가 떠있는 동안 허시[虛][3]를 이루어 남녀노소나 관리와 장인이 각자 자신들이 가지고 있는 것으로 교역에 쓴다. 화폐[泉貨]의 제도는 없으며, 오직 저포나 은병으로 그 값을 계산하고, 일용품이나 작은 물건이 1필이나 1냥에 미치지 못하면 곧 쌀로써 미세한 단위[錙銖]를 헤아려 지불한다.[4] 그러나 백성들은 그 풍속에 오랫동안 안주하여 스스로 편하다고 여긴다. 중간에 (우리) 조정에서 동전[錢寶]을 하사하였지만[5] 지금 모두 왕부의 창고에 넣어두고 때때로 내어 관속들에게 보여주어 전해가며 감상하게 한다.

[註解]

1) 崇寧大觀 使者猶及見之: 宋 徽宗의 연호로 숭녕은 1102~1106년, 대관은 1107~1110년 사이에 사용되었다. 1103년(숙종 8)에 戶部侍郎 劉逵와 給事中 吳拭이, 1110년(예종 5)에 兵部尙書 王襄과 中書舍人 張邦昌이 사신으로 고려에 왔는데, 이들이 본문과 같은 광경을 보았다는 것을 의미한다.
『高麗史』 권12, 世家12 肅宗 8년 6월 壬子.
『高麗史節要』 권7, 睿宗 5년 6월 辛巳.

2) 蓋其俗無居肆: 상설 점포가 없었다는 서긍의 기록과 달리, 개경에는 여러 상점들이 있었다. 이에 대해서는 본서 권3-7, 주해 4) 참조.

3) 虛: 송대 강남 지방에서 열리던 촌의 정기시장 곧 虛市를 가리킨다. 허시에서는 상인만이 아니라 물품의 수요자와 공급자 상호 간에 직접 교환이 이루어졌다. 이에 대해서 서긍이 바라 본 고려의 虛를 개경의 京市라 보기도 하며(①), 당시 예종이 훙서한지 얼마 되지 않아 轉市로 인해 열린 임시시장으로 이해하기도 한다(②). 그리고 이와 달리 지방도시에 설치되어 지방 관부와 관리들의 소용품을 조달하고 도시 주민들의 수요를 충족시키기 위해 설치된 시장으로 파악하는 견해도 있다(③).
李景植, 1987, 「16世紀 場市의 成立과 그 基盤」, 『韓國史硏究』 57, 76쪽.
朴平植, 2000, 「高麗時期의 開京市廛」, 앞의 책, 444쪽.
강병국, 2017, 「『高麗圖經』의 시장과 금속화폐 관련 기록」, 『歷史學硏究』 67.
① 北村秀人, 1990, 「高麗時代の京市の基礎的硏究—位置・形態を中心に—」, 『人文硏究 ; 大阪市立大 學文學部紀要』 42-4.
　北村秀人, 1993, 「高麗時代の京市の機能について」, 『朝鮮史硏究會論文集』 31.
② 서성호, 2000, 앞의 논문, 99쪽.
③ 김창석, 2004, 「고려 전기 '허시(虛市)'의 성립과 그 성격」, 『역사와 현실』 53.

4) 無泉貨之法 …… 則以米計錙銖而償之: 고려에서는 금·은·동전·철전·포·미·저화·대명전 등이 화폐로 사용되었는데 교역 과정에서 널리 유통된 것은 은·포·미 등이었다. 국가의 수취체제가 현물과 노동력 위주로 편성되는 구조를 가지고 있었고, 유통경제 또한 지배층과 피지배층의 이원적 구조를 형성하고 있었기 때문에 물품화폐가 중요한 비중을 차지하고 있었다. 그러나 물품화폐 뿐 아니라 제한적이나마 금속화폐 또한 유통되고 있었다. 특히 숙종대에는 鑄錢都監을 두었고 銀甁을 주조하고 동전과 은병이라는 칭량화폐를 법정화폐로 규정하여 시행하였다. 은병의 경우 정부의 여러 기관에 의해 관리되면서 국가재정을 뒷받침하였으며 민간의 교역에서 가치척도로 기능하기도 하였다.
『高麗史』 권79, 志33 食貨2 貨幣.
金柄夏, 1975, 「高麗朝의 金屬貨幣 流通과 그 視角」, 『東洋學』 5.
蔡雄錫, 1988, 「高麗前期 貨幣流通의 기반」, 『韓國文化』 9, 81~97쪽.
정용범, 1997, 「高麗時代 中國錢 流通과 鑄錢策—성종·숙종 연간을 중심으로—」, 『지역과 역사』 4, 113~128쪽.
이경록, 2000, 「高麗時期 銀幣制度의 成立과 그 性格」, 『韓國史의 構造와 展開』, 혜안.
김도연, 2001, 「高麗時代 銀貨유통에 관한 一硏究」, 『韓國史學報』 10.
金榮濟, 2004, 「10~13世紀 宋錢과 東아시아의 貨幣經濟—特히 宋錢의 高麗流入을 中心으로—」, 『中國史研究』 28.
이홍두, 2005, 「고려전기의 화폐 주조와 유통정책」, 『역사와 실학』 28.
김병인·김도영, 2010, 「고려 전기 금속화폐와 店鋪」, 『韓國史學報』 39, 62~69쪽.
金度燕, 2018, 『고려시대 화폐유통 연구』, 高麗大學校 韓國史學科 博士學位論文.
5) 中間朝廷賜予錢寶: 송에서 동전을 하사한 사실을 말한다. 참고로 宋錢의 국외유출은 중국과 주변국가 사이의 교류나 교역과 더불어 끊임없이 행해졌다. 특히 고려에서는 12세기 중엽부터 송전의 유입이 이루어졌다고 이해되며, 송전은 銀과 布貨가 보편적으로 사용되는 고려의 화폐유통구조에서 무역상인에 의해 수입되었다는 주장도 있다.
金榮濟, 2004, 앞의 논문, 91~97쪽.
김영제, 2019, 「고려의 무역품과 은 무역」, 『고려상인과 동아시아 무역사』, 푸른역사

3-9

[原文]
郡邑

州縣之建, 實不副名72), 特聚落73)之繁處. 自國之西北, 與契丹大金接境, 粗有壘壍74). 其東南濱海, 亦有建於島嶼者. 惟西京最盛, 城市略如王城. 又有三京四府八牧, 又爲防禦郡一百一十八, 爲縣鎭三百九十, 爲洲島三千七百, 皆設守令監官治民. 惟牧守都護公廨數楹, 令長則隨所在, 舍於居民. 夷75)政租賦之外, 無健訟. 在官者, 公田不足以資用, 則亦仰給於富民云.

[譯文]
군읍

주·현의 설치는 실로 명칭과 걸맞지 않으며 특별히 취락이 번성한 곳이다.[1] 나라의 서북쪽부터 거란·대금과 경계를 접하여 드문드문 보루와 해자가 있다. 그 동남쪽 바닷가 또한 도서에 (주·현을) 세운 곳도 있다. 오직 서경이 가장 번성하여 성시(城市)가 대략 왕성과 같다.[2] 또 3경[3]·4부[4]·8목[5]이 있고 또 방어군[6]은 118곳, 현과 진은 390곳, 주도(洲島)는 3,700곳인데 모두 수령과 감관을 두어 백성들을 다스린다.[7] 오직 목수(牧守)[8]와 도호[9]만이 공해(公廨)가 여러 칸이나 영장(令長)[10]은 소재지에 따라 민가(居民)를 관사로 삼았다고 한다. 고려[夷政]는 소세와 공부 이외에는 허투루 송사를 일으키지 않는다. (지방)관직에 있는 자는 공전[11]이 비용으로 쓰기에 부족하면 또 부유한 백성에게 의지하며 공급받는다고 한다.

---

72) 四 : "副之【闕】"로 기록되어 있다.
73) 四 : "聚【闕】"로 기록되어 있다.
74) 四 知 : 塹.
75) 四 : 國.

[註解]
1) 州縣之建 …… 特聚落之繁處: 신라는 田丁과 戶口의 多寡를 기준으로 州郡을 설치했고, 그 규모가 縣이 되지 못하는 곳은 鄕과 部曲으로 편제하였다. 후삼국시기에 弓裔는 귀순해오는 호족들에 대한 우대책으로 그들 지역의 읍격을 올려주었다. 고려 태조도 이를 계승하여 상당수의 고을을 州로 승격시켜 주었으며, 이는 940년(태조 23)에 군현의 명칭 개정에 반영되었다. 이 조처는 고려 지방제도에 큰 영향을 미쳐서 대읍의 州와 소읍의 州가 혼재된 상황을 야기하였다. 983년(성종 2)에 12牧을 설치하고 995년에 郡단위의 읍을 재정리하여 州縣制를 실시한 것은 같은 명칭의 州·縣을 구별하고자 한 조처였다. 그러나 이후에도 읍격은 州·郡으로 동격이지만 그 규모의 차이가 있는 지역이 여전히 많았다. 이러한 궁예·태조대의 정책에 따른 고려 지방제도의 모습을 서긍은 주·현의 설치가 그 명칭에 걸맞지 않다고 설명하였다.
『新增東國輿地勝覽』 권7, 京畿 驪州牧 登神莊.
邊太燮, 1968, 「高麗前期의 外官制」, 『韓國史硏究』 2 ; 1971, 앞의 책.
金甲童, 1986, 「'高麗初'의 州에 대한 考察」, 『高麗史의 諸問題』 ; 1990, 『羅末麗初의 豪族과 社會變動 硏究』, 高麗大學校 民族文化硏究所, 93~122쪽.
金日宇, 1998, 『고려초기 국가의 地方支配體系 연구』, 一志社.
2) 惟西京最盛 城市略如王城: 서경은 지금의 평양직할시 일원이다. 918년에 태조가 북진정책의 전초기지로서 平壤大都護府를 설치하고 王式廉을 보내 정비하였으며 鹽州·白州 등의 백성을 이주시키면서 이 지역에 대한 경영이 본격적으로 시작되었다. 이후 명칭을 西京으로 바꾸고 960년(광종 11)에 西都로 고치면서 개경에 버금가는 대읍이 되었다. 1062년(문종 16)에 西京留守官으로 칭하고 京畿 4道를 설치하였고, 1102년(숙종 7)에 문반·무반과 5部를 두었으며, 1116년(예종 11)에 서경 分司의 각 관원의 품질을 정하였다. 이와 같이 서경에 分司制度를 실시하고 경기를 두어 제도와 시설 면에서 개경의 중앙정부와 유사하게 운영하였으며, 고려의 역대 국왕들도 서경으로 자주 행차하여 오랫동안 이곳에서 머물기도 하였다.
『高麗史』 권58, 志12 地理3 北界 西京留守官平壤府.
『高麗史』 권77, 志31 百官2 外職 西京留守官.
河炫綱, 1977, 「高麗時代의 西京」, 『高麗地方制度의 硏究』, 韓國硏究院 ; 1988, 『韓國中世史硏究』, 一潮閣.
李根花, 1987, 「高麗成宗代의 西京經營과 統治組織」, 『韓國史硏究』 58.
金基德, 2004, 「高麗時代 西京의 風水地理的 考察—高麗初期 西京의 政治的 位相과 관련하여—」, 『史學硏究』 73.
김창현, 2007, 「고려 서경의 행정체계와 도시구조」, 『韓國史硏究』 137.
3) 三京: 고려의 三京은 본래 開京·西京·東京—지금의 경상북도 경주시 일원—을 일컬었으나, 南京—지금의 서울특별시 일원—의 설치 이후 개경·서경·남경 혹은 서경·동경·남경을 지칭하는 것으로 바뀌었다. 京에는 留守官, 副留守, 判官, 司錄參軍事, 掌書記, 法曹가 배치되었고, 지방제도 상에서 계수관으로 기능하였다.

『高麗史』 권77, 志31 百官2 外職 西京留守官·東京留守官·南京留守官.
박종기, 1997, 「고려시대의 지방관원들—속관(屬官)을 중심으로—」, 『역사와 현실』 24 ; 2002, 『지배와 자율의 공간, 고려의 지방사회』, 푸른역사.
尹京鎭, 2003, 「고려전기 界首官의 설정원리와 구성 변화—『고려사』 지리지 계수관 연혁의 補正을 겸하여—」, 『震檀學報』 96.
신안식, 2014, 「고려전기 三京과 國都」, 『한국중세사연구』 39.

4) **四府**: 고려의 4都護府를 가리킨다. 인종대 기준으로 安北大都護府 寧州—지금의 평안남도 안주시 일원—, 安西大都護府 海州—지금의 황해남도 해주시 일원—, 安邊都護府 登州—지금의 북한 강원도 안변군 일원—의 3곳이 있었다. 도호부에는 使, 副使, 判官, 司錄參軍事兼掌書記, 法曹가 배치되었다. 후삼국시기에 고려는 安北府, 平壤大都護府, 天安都督府, 安南都護府를 설치하여 전초기지로 이용하였다. 이후 고려의 지방제도가 정비되면서 대체로 3~4개의 지역에 안북도부, 안변도호부, 안서도호부, 안남도호부 등이 설치되어 계수관으로 기능하였다.
『高麗史』 권58, 志12 地理3 西海道 安西大都護府海州·東界 安邊都護府登州·北界 安北大都護府寧州.
『高麗史』 권77, 志31 百官2 外職 大都護府·中都護府.
박종기, 2002, 앞의 책.
김아네스, 2002, 「고려 초기의 都護府와 都督府」, 『歷史學報』 173.

5) **八牧**: 고려의 8牧으로 廣州, 忠州, 淸州, 晉州, 尙州, 全州, 羅州, 黃州를 가리킨다. 牧에는 牧使, 副使, 判官, 司錄參軍事兼掌書記, 法曹 등이 배치되었다. 군사적 거점 기지의 성격을 지닌 도호부와 달리 목은 민정적인 대읍의 성격을 가졌다. 983년(성종 2)에 12목을 처음으로 설치하였고, 1018년(현종 9)에 8목으로 축소하였다. 목은 경·도호부와 함께 계수관으로 기능하였다.
『高麗史』 권56, 志10 地理1 楊廣道 廣州牧·忠州牧·淸州牧.
『高麗史』 권57, 志11 地理2 慶尙道 晉州牧·尙州牧·全羅道 全州牧·羅州牧.
『高麗史』 권58, 志12 地理3 西海道 黃州牧.
『高麗史』 권77, 志31 百官2 外職 諸牧.
邊太燮, 1968, 「高麗前期의 外官制」, 『韓國史研究』 2 ; 1971, 앞의 책.
박종기, 2002, 앞의 책.

6) **防禦郡**: 兩界의 행정구역으로 防禦使 1인은 5품 이상이다. 한편 서긍은 고려의 방어진이 118개라고 하였으나 『高麗史』 지리지에서는 총 13개만이 보인다.
『高麗史』 권77, 志31 百官2 外職 防禦鎭.
邊太燮, 1968, 「高麗前期의 外官制」, 『韓國史研究』 2 ; 1971, 앞의 책, 201쪽.

7) **又有三京四府八牧 …… 皆設守令監官治民**: 서긍은 3京, 4府, 8牧을 비롯한 防禦郡 118곳, 縣鎭 390곳, 洲島 3,700곳에 모두 수령이 파견되었던 것처럼 서술하고 있으나, 실제로 그렇지 않았다. 고려는 1018년(현종 9)에 4都護府, 8牧, 56知州郡事, 28鎭將, 20縣令 등을 두어, 전국의 모든 군현에 外官을 파견하지 않고 외관이 파견된 主縣이 屬縣 등 관할하는 체제로 지방제도를 운영하였다. 이 중 3경·4도호

부·8목은 계수관이 되어 영군현 및 속군현을 관할하였다. 시기에 따라 외관의 수에 일정한 변화가 있었으나, 현종대 성립된 主屬體制는 고려 말까지 그대로 이어졌다.

『高麗史節要』 권3, 顯宗 9년 2월.
尹武炳, 1962, 「高麗時代 州府郡縣의 領屬關係와 界首官」, 『歷史學報』 17·18합.
邊太燮, 1968, 「高麗前期의 外官制」, 『韓國史研究』 2 ; 1971, 앞의 책.
金晧東, 1987, 「高麗 武臣政權時代 地方統治의 一斷面―李奎報의 全州牧'司錄兼掌書記'의 활동을 중심으로―」, 『嶠南史學』 3.

8) 牧守: 계수관 행정구역의 하나인 목을 관할한 외관을 말한다.
『高麗史』 권3, 世家3 成宗 2년 2월 戊子.
『高麗史』 권77, 志31 百官2 外職 大都護府·諸牧.

9) 都護: 계수관 행정구역의 하나인 대도호부와 도호부를 관할한 외관을 말한다.
『高麗史』 권58, 志12 地理3 北界 西京留守官平壤府.
『高麗史』 권77, 志31 百官2 外職 大都護府.
김아네스, 2002, 앞의 논문.

10) 令長: 현과 진의 수령인 縣令과 鎭將을 가리킨다. 임명 자격은 7품 이상으로, 정원은 1인이다.
『高麗史』 권77, 志31 百官2 外職 諸縣·諸鎭.

11) 公田: 왕실·국가와 국가기관이 직접 소유하는 公有地 또는 토지에서 수취되는 租가 王室·國庫 기타 공적기관에 수납되는 토지이다. 본문의 공전은 地方公廨田으로, 지방의 행정관청과 鄕·部曲 등 특수한 지방의 행정관청 그리고 驛·館 등에 소요되는 경비를 조달하기 위하여 지급된 토지이다. 983년(성종 2) 6월에 지방공해전의 지급되는 양을 정하였는데, 丁의 多寡에 따라 차등을 두었다. 그리고 용도에 따라 公須田·紙田·長田으로 구분된다. 공수전은 빈객의 접대와 지방관청에 소요되는 재원 및 외관 녹봉의 재원을 위해, 지전은 관청에서 필요로 하는 종이를 조달하기 위해, 장전은 호장의 직무수당 재원 혹은 호장층 업무에 소요되는 비용을 충당하기 위한 토지이다.
姜晉哲, 1980, 「私田 支配의 諸類型」·「公田 支配의 諸類型」, 『高麗土地制度史研究』, 高麗大學校出版部 ; 1989, 『高麗土地制度史研究』, 一潮閣, 62·63·196~201쪽.
安秉佑, 1990, 「高麗前期 地方官衙 公廨田의 설치와 운영」, 『李載龒還曆紀念 韓國史學論叢』, 한울 ; 2002, 『高麗前期의 財政構造』, 서울대학교출판부.

4-1

[原文]
門闕

臣聞, 黃帝堯舜, 尙象於豫, 乃設重門擊柝, 以待暴客. 後世聖人, 又差尊卑而爲之等, 故天子之門, 曰皐, 曰庫, 曰雉, 曰應, 曰路, 凡五, 諸侯則去其二焉, 曰庫, 曰雉, 曰路而已. 魯爲周公後, 而新作雉門兩觀, 且不逃春秋之譏, 況其他侯乎. 高麗門闕之制, 亦頗遵古侯禮. 雖其屢聘上國, 亦頗效顰學步, 然材乏¹⁾工拙, 終以朴陋云.

[譯文]
문궐

신이 듣건대, 황제¹⁾와 요²⁾·순³⁾은 예괘에 대한 형상을 숭상하여[尙象於豫] 이에 겹문[重門]을 세우고 딱따기를 쳐서 사나운 침입자[暴客]에 대비하였습니다.⁴⁾ 후세의 성인들 또한 높고 낮은 차이를 두어 등급으로 삼았으니, 천자의 문은 고(皐)·고(庫)·치(雉)·응(應)·로(路)로 무릇 다섯이고, 제후는 그 중 둘을 빼고 고(庫)·치(雉)·로(路) 뿐입니다.⁵⁾ 노(魯)⁶⁾는 주공(周公)⁷⁾의 후예라 하여 치문에 양관(兩觀)⁸⁾을 새로 만들었다가 또한 『춘추』의 책망을 피하지 못하였으니⁹⁾ 하물며 다른 제후들이겠습니까. 고려 문궐의 제도 역시 자못 옛 제후의 예를 따랐습니다. 비록 중국[上國]을 여러 차례 조빙하여 또한 자못 흉내 내어 배웠으나[效顰學步]¹⁰⁾ 재목이 부족하고 기술이 졸렬하여 결국 수수하고 볼품없다고 합니다.

1) 四 知 : 之.

[註解]

1) 黃帝: 생몰년 미상. 小典의 아들로, 성은 公孫이고 이름은 軒轅이다. 有熊에 국도를 정하여 有熊氏라고도 한다. 황제는 무력으로 중국을 통일하고 문자·역법·궁실·의상·화폐·수레 등의 문물제도를 처음으로 창안하였다. 이로 인해 중국인들의 공동 조상이자 중국 문명의 창시자로 여겨진다.
『史記』 권1, 五帝本紀1 黃帝.
이춘식, 2005, 「중국의 원시문화」, 『중국사서설(개정판)』, 교보문고, 33쪽.

2) 堯: 생몰년 미상. 이름은 放勳이다. 陶에 살다가 唐으로 옮겨가 陶唐氏 또는 唐堯라고도 한다. 관청을 설치해 時令을 관장하게 하고 曆法을 정했다. 요의 치세에는 백성들이 국가의 존재를 모를 정도로 안락하게 살았다고 전한다.
『史記』 권1, 五帝本紀1 帝堯.
이춘식, 2005, 「중국의 원시문화」, 앞의 책, 34쪽.

3) 舜: 생몰년 미상. 성은 虞 또는 有虞氏이고 이름은 重華이다. 冀州 출신으로 효성으로 소문이 나 요가 사위로 삼았다. 순은 요에 선양받아 즉위하였고 선정을 베풀다가 治水에서 공을 세운 禹에게 선위하였으며, 중국 역사상 가장 이상적인 군주의 하나였다고 전한다.
『史記』 권1, 五帝本紀1 帝舜.
이춘식, 2005, 「중국의 원시문화」, 앞의 책, 34쪽.

4) 黃帝堯舜 …… 以待暴客: 해당 구절은 『周易』 繫辭下傳의 "神農氏가 별세하자 黃帝와 堯·舜이 나오시어 그 變을 通하여 백성으로 하여금 게으르지 않게 하며 신묘하게 化하여 백성으로 하여금 마땅하게 하였으니 …… 중문으로 하고 딱따기를 쳐서 사나운 침입자를 대비하였으니 대개 예괘에서 취한 것이다[神農氏沒 黃帝堯舜氏作 通其變 使民不倦 神而化之 使民宜之 …… 重門擊柝 以待暴客 蓋取諸豫]."에서 인용하였다 궁궐에 여러 門을 설치하는 것을 『周易』의 괘로 설명한 부분이다. 또한 尙象於豫는 예괘를 숭상한다는 의미이며, 이 때 예괘는 인심이 화락한 형상을 뜻한다.
『周易』 繫辭下傳.
諸橋轍次, 1985, 「豫」, 『大漢和辭典』 10, 大修館書店, 669쪽.

5) 後世聖人 …… 日路而已: 천자의 문은 『周禮』 冬官考工記에 나오는 궁궐 구성인 五門三朝의 5門을 가리킨다. 皐門은 궁궐의 가장 바깥쪽에서 방문객이 자신의 존재를 고하면서 주인을 부르는 문이고, 庫門은 '창고'나 '궁궐을 담는다'는 의미의 문이다. 雉門은 궁궐의 정문이고 應門은 皐門의 방문객이 주인에게 고함에 반응하는 문이며 路門은 궁궐에 들어가기 위해 거쳐 가는 마지막 문이다. 고려 개경의 대궐은 황성의 정문인 廣化門, 궁성의 정문인 昇平門, 회경전의 정문인 神鳳門, 天門인 閶闔門, 殿門인 會慶殿門 순으로 5門에 대응되는 구조였다.
『周禮』 冬官考工記 匠人.
김창현, 2002, 「개경 궁성 안 건물의 배치와 의미」, 『고려 개경의 구조와 그 이념』,

신서원, 292쪽.
임석재, 2015, 「주례와 오문삼조」, 『禮로 지은 경복궁』, 인물과 사상사, 115~117쪽.
6) 魯: 지금의 중국 山東省 일원에 있던 국가이다. 周 武王이 동생 周公에게 내린 봉토를 주공의 아들 伯禽이 이어받아 다스렸다. 魯는 鄭·衛·宋·杞·陳·曹·蔡와 더불어 西周의 禮敎 문화를 이어받아 문화가 고도로 발달하였다. 그러나 이들은 황하 양안을 중심으로 상호 밀집되어 성장과 발전에 한계에 달해 소국으로 전락하였다. B.C.256년에 멸망하였는데 마지막 군주는 頃公이며 주공부터 34대가 이어졌다.
『史記』 권33, 魯周公世家.
이춘식, 2005, 「은(殷)·주(周) 왕조의 성립과 문화 발달」, 앞의 책, 74쪽.
7) 周公: 생몰년 미상. 諱는 旦이다. 周 武王의 동생이며 成王의 숙부이다. 무왕을 도와 殷을 멸망시키는데 공을 세웠다. B.C.1043년 경 무왕이 죽은 후 어린 성왕을 대신하여 7년 간 섭정을 하였고 동방원정을 단행해 산동성 일원까지 진격하기도 하였다. 성왕이 장성하여 국정을 돌볼 수 있을 때 정권을 이양하였다. 성왕을 걱정하여 「多士」와 「毋逸」을 지어 올렸다.
『史記』 권33, 魯周公世家.
이춘식, 2005, 「은(殷)·주(周) 왕조의 성립과 문화 발달」, 앞의 책, 58·59쪽.
8) 兩觀: 천자의 五門 중 치문의 양 옆에 세운 망루이다. 문 앞에 양 관을 세우는데, 위는 거처할 수 있고 올라서 멀리 볼 수 있었으므로 觀이라고 하였다.
『古今注』 都邑.
9) 魯爲周公後 …… 況其他侯乎: 『春秋公羊傳』에 의하면, 昭公이 大夫 季氏가 무도하다고 하여 죽이려고 하자, 子家駒가 궁문 밖에 兩觀을 세우고 大輅를 타고 붉은 칠을 한 방패와 옥으로 장식한 도끼를 드는 것 등은 모두 천자의 禮인데 제후국인 魯에서 행한다며 참월하다고 비판한 내용이 전한다. 또 定公 2년(B.C.508)에 치문과 兩觀에 화재가 발생하여 다시 치문과 양관을 새로 세웠는데, 치문과 양관을 크게 수리하여 공실을 돌보지 않은 것을 비난한 내용도 전한다. 본문에서 魯가 주공의 후예라 하여 雉門과 兩觀을 새로 만든 사실을 『春秋』가 비판하였다는 것은 이러한 내용을 전하는 것으로 보인다.
『春秋公羊傳』 昭公 25년 7월·定公 2년 5월 壬辰·10월.
10) 效顰學步: 效顰은 얼굴을 찡그리는 것을 본받는다는 의미이다. 미녀로 알려진 西施가 가슴앓이를 하여 이맛살을 찌푸리고 다녔는데, 그 마을 추녀가 그것을 아름답다고 여기고 서시를 따라서 이맛살을 찌푸리고 다녔다는 고사에서 유래한다. 學步는 學步於邯鄲의 준말로, 중국 燕의 한 소년이 趙 邯鄲에 가서 걸음걸이를 배웠는데, 그 걸음걸이를 배우기도 전에 옛 걸음걸이도 잊어버려 기어서 돌아왔다는 고사에서 유래한다. 效顰과 學步 모두 자신의 분수를 알지 못하고 다른 사람을 흉내 낸다는 뜻이다. 서긍은 고려가 중국의 제도를 모방하여 궐문을 만들었으나 고려의 현실과 맞지 않아 중국에 비하여 비루하다는 시각으로 쓴 말이다.
『莊子』 天運·秋水.
諸橋轍次, 1984, 「學步」, 『大漢和辭典』 3, 大修館書店, 890쪽.

諸橋轍次, 1984, 「效睯」, 『大漢和辭典』 5, 大修館書店, 500쪽.

4-2

[原文]
宣義門
　宣義門卽王城之正西門也. 西爲金方, 於五常[2])屬義, 故以名之. 其正門二重, 上有樓觀, 合爲瓮城. 南北兩偏, 別[3])開門相對, 各有武夫守衛. 其中門不常開, 唯[4])王與使者出入, 餘悉由[5])偏門也. 自碧瀾亭, 以至西郊, 乃過此門而後入館. 王城之門, 唯[6])此最大且華, 蓋爲國朝人使設也.

[譯文]
선의문[1])
　선의문은 왕성의 정서문이다. 서쪽은 금의 방향이고 오상에서는 의에 속하므로[2]) 그것으로 이름하였다.[3]) 그 정문은 이중이고 위에 누·관이 있으니 합하여 옹성[4])이 된다. 남북 양편에 별도로 문을 열어두었고 서로 마주하는데 각각 무인[武夫]이 지키고 있다.[5]) 가운데 문은 항상 열어놓지 않고 오직 왕과 사신[使者]만이 출입하며 나머지는 모두 편문으로 다닌다. 벽란정[6])부터 서교[7])에 이르면 곧 이 문을 지난 후에 객관에 들어간다. 왕성의 문으로 바로 이것이 가장 크고 또한 화려하니, 대개 송[國朝]의 사신을 위하여 설치하였다.

2) 四 知 : 帝.
3) 四 : 列.
4) 四 知 : 惟.
5) 四 : 繇.
6) 四 : 惟.

[註解]

1) 宣義門: 개경 나성의 정서문이다. 조선시대에는 午正門이라고 불렸는데 이는 五正門의 오류로 짐작된다. 문 밖으로는 西郊, 黃橋 등이 있었으며, 왕과 사신의 행차 때에 이용되었다.
   『高麗史』 권56, 志10 地理1 王京開城府.
   高裕燮, 1945, 『松都古蹟』, 博文出版社 ; 1977, 『松都의 古蹟』, 悅話堂 ; 2007, 『松都의 古蹟』, 悅話堂, 48쪽.
   朴龍雲, 1996, 「開京의 定都와 시설」, 『고려시대 開京 연구』, 一志社, 20~22쪽.
   申安湜, 2000, 「高麗時代 開京의 羅城」, 『명지사론』 11·12合, 202쪽.
   김창현, 2002, 「개경의 나성과 나성문」, 앞의 책, 77·106·107쪽.

2) 西爲金方 於五常屬義: 西方이 金과 義를 상징한다는 것을 의미한다. 王充의 『論衡』에서는 東方은 木, 西方은 金, 南方은 火, 北方은 水로 설명하였다. 또한 五常은 漢代의 董仲舒가 처음으로 제시한 것으로, 유교에서 사람이 지켜야할 다섯 가지 덕목인 仁·義·禮·智·信을 이른다. 『周易』에 따르면 義는 西南을 가리키는 坤과 통한다.
   『論衡』 권1, 勿勢.
   『周易』 坤.
   『漢書』 권56, 董仲舒傳26.

3) 宣義門 …… 故以名之: 본문의 설명과는 다르게 宣義門의 명칭에 대해 義問[義聞]을 宣詔한다는 '宣詔義問'에서 유래하였다는 견해가 있다.
   김창현, 2002, 「개경의 나성과 나성문」, 앞의 책, 107쪽.

4) 合爲甕城: 옹성은 성문의 바깥쪽으로 돌출되게 만든 구조물이다. 원형 또는 방형으로 건설되며 문을 방어하는데 활용되었다.
   諸橋轍次, 1985, 「甕城」, 『大漢和辭典』 7, 大修館書店, 1014쪽.

5) 各有武夫守衛: 『高麗史』 兵志에 따르면 선의문의 圍宿軍은 將校 1인, 軍人 2인, 散職將相 2인, 監門衛士 2인이었다. 이 중 將校와 軍人은 選軍을 통해 입속한 監門衛의 군인층을 가리키며, 후자인 散職將相과 監門衛士은 노부모 시양, 질병 등의 특별한 이유로 감문위에 편성된 군인층으로 파악된다.
   『高麗史』 권83, 志37 兵3 圍宿軍 宣義門.
   吳英善, 1992, 「고려전기 군인층의 구성과 圍宿軍의 성격」, 『韓國史論』 28, 102~104쪽.

6) 碧瀾亭: 예성강 하구에 있었던 館舍이다. 좌우로 두 채가 있어 우벽란정에서는 조서를 봉안하고, 좌벽란정에서는 사신을 접대하였다. 이에 대한 자세한 내용은 『高麗圖經』 권27, 館舍 碧瀾亭條에서 설명할 것이다.
   李鎭漢, 2011, 「高麗前期 對外貿易과 그 政策」, 『高麗時代 宋商往來 硏究』, 景仁文化社, 36쪽.

7) 西郊: 선의문 밖 5리쯤에 위치한 西郊亭을 가리킨다. 사신을 영접하는 장소로 이용되었으며 이곳에는 간수군으로 雜職將校 2인이 배치되었다. 이에 대한 자세한

내용은 『高麗圖經』 권27, 館舍 西郊亭條에서 설명할 것이다.
『高麗史』 권83, 志37 兵3 看守軍.

4-3

[原文]
外門

王城諸門大率草創. 唯[7]宣義門以使者出入之所, 北昌門爲使者回程祠廟之路, 故極加嚴飾, 他不逮也. 自會賓長霸等門其制略同, 唯[8]當其中爲兩戶, 無尊卑, 皆得出入. 其城皆無[9]夾柱, 護以鐵箔. 上爲小廊, 隨山形高下而築之. 自下而望崧山之脊, 城垣繚繞若蛇虺蜿蜒之形. 長霸門通安東府, 光德門通正州, 宣仁門通楊[10]全[11]羅三州, 崇仁門通日本, 安定門通慶廣淸三州, 宣祺門通大金國, 北昌門通三角山, 薪炭松子布帛所出之道也.

[譯文]
외문[1]

왕성의 여러 문은 대략 처음에 만들었다.[2] 오직 선의문은 사신이 드나드는 곳이고 북창문[3]은 사신이 돌아가거나[回程] 사묘[4]에 가는 길이어서 매우 장엄한 장식을 더하였고, 다른 문은 (이에) 미치지 못한다.

---

7) 四: 惟.
8) 四知: 惟.
9) 四知: 無. 원문은 爲로 되어있으나, 의미상 '無'가 옳다고 생각되어 교감 번역하였다.
10) 四知: 揚.
11) 四: 金.

회빈[5]·장패[6] 등의 문부터 그 제도가 대략 같은데, 그 가운데에 두 지게 문을 만들었고 높고 낮음 없이 모두 드나들 수 있다. 그 성은 모두 협주가 없고 철통으로 보호하였다. 위에는 작은 회랑을 만들었으며 산 지형의 높고 낮음에 따라 쌓았다. 아래에서 숭산[7]의 등성이를 바라보면 성벽을 감아 두름이 뱀의 구불구불한 형상과 같다. 장패문은 안동부[8]와 통하고, 광덕문[9]은 정주[10]와 통하며, 선인문[11]은 양주[12]·전주[13]·나주[14] 세 주와 통하고, 숭인문[15]은 일본과 통하며, 안정문[16]은 경주[17]·광주[18]·청주[19] 세 주와 통하고, 선기문[20]은 대금국과 통하며, 북창문은 삼각산[21]과 통하는데[22] 땔나무·숯·잣·베·비단이 나는 지역이다.

[註解]
1) 外門: 개경의 나성문을 가리킨다. 황성문과 겹치는 곳을 제외하면 북동·정동·동남·정남·서남쪽에 주로 분포하고 있는데, 이들 나성문의 위치와 명칭은 5部坊里의 배치와도 밀접한 관계가 있었다. 각 성문에는 將校·軍人·散職將相·監門衛軍 등의 圍宿軍이 교통과 군사적 관계를 고려하여 배치되었다. 나성문의 수에 대해서는 본서 권3-4-(1), 주해 11) 참조.
신안식, 2002, 「개경을 에워싼 성곽」, 『고려의 황도 개경』, 창작과비평사, 36~38쪽.
김창현, 2002, 「개경의 나성과 나성문」, 앞의 책, 84~96쪽.
2) 王城諸門大率草創: 개경의 나성문은 나성이 완공되는 1029년(현종 20)을 전후하여 축조되었다. 나성의 축조에 대해서는 본서 권3-4-(1), 주해 6) 참조.
3) 北昌門: 개경 나성의 정북문이다. 이에 대해서는 본서 권3-4-(2), 주해 13) 참조.
4) 祠廟: 서긍은 북창문으로 나가면 崧山神祠가 있다고 하므로, 본문의 祠廟는 숭산 신사를 가리키는 것으로 보인다. 서긍 일행이 사신으로 오자 6월 26일에 관원을 보내 제사지냈다고 한다.
『高麗圖經』 권17, 祠宇 崧山廟.
5) 會賓: 개경 나성의 남문이다. 이에 대해서는 본서 권3-4-(2), 주해 7) 참조.
6) 長霸: 개경 나성의 동문이다. 이에 대해서는 본서 권3-4-(2), 주해 5) 참조.
7) 崧山: 지금의 황해북도 개성특급시 일원에 있는 송악산이다. 이에 대해서는 본서 권3-3, 주해 7) 참조.
8) 安東府: 본래 신라의 古陁耶郡으로 경덕왕 때 古昌郡으로 고쳤다. 930년(태조 13)에 태조가 후백제와 싸울 때 고을 사람 金宣平·權幸·張吉이 공을 세워 安東府로 승격시켰다. 후에 永嘉郡으로 고쳤다가 995년(성종 14)에 吉州刺史로 칭했다.

1012년(현종 3)에 安撫使로 하였다가 1018년에 知吉州事로 고쳤으며, 1030년에는 安東府로 바꾸었다. 屬郡이 3개, 屬縣이 11개였다.

『高麗史』 권57, 志11 地理2 慶尙道 安東府.
9) 光德門: 개경 나성의 서문이다. 이에 대해서는 본서 권3-4-(2), 주해 9) 참조.
10) 正州: 貞州—지금의 황해북도 개풍군 일원—의 오기이다. 이에 대해서는 본서 권 3-4-(2), 주해 10) 참조.
11) 宣仁門: 개경 황성의 동문이다. 이에 대해서는 본서 권3-4-(2), 주해 1) 참조.
12) 楊: 楊州—지금의 서울 동북지역과 양주시·남양주시·의정부시 일원—를 말한다. 본래 고구려의 北漢山郡으로 고려초에 楊州로 고쳤다. 995년(성종 14)에 左神策軍으로 칭하고 關內道에 소속시켰다. 1012년(현종 3)에 安撫使로 고쳤다가 1018년에 知楊州事로 강등시켰다. 1067년(문종 21)에 南京留守官으로 승격시켰다. 屬郡이 3개, 屬縣이 6개였고, 都護府 1개, 知事郡 2개, 縣令官 1개를 관할하였다.

『高麗史』 권56, 志10 地理1 楊廣道 南京留守官楊州.
13) 全: 全州를 말한다. 고려 太祖가 후백제를 멸망시키고 安南都護府를 두었다가 940년(태조 23)에 다시 全州로 고쳤다. 993년(성종 12)에 承化節度安撫使로 칭했으며, 995년에는 順義軍節度使라고 하고 江南道에 소속시켰다. 1018년(현종 9)에 安南大都護府로 승격시켰다가 1022년에 다시 全州로 하였다. 屬郡이 1개, 屬縣이 11개였고, 知事府 1개, 知事郡 1개, 縣令官 4개를 관할하였다.

『高麗史』 권57, 志11 地理2 全羅道 全州牧.
14) 羅: 羅州를 말한다. 903년(신라 효공왕 7)에 왕건이 후백제의 錦城郡을 함락시킨 뒤 羅州로 바꾸었다. 995년(성종 14)에는 鎭海軍節度使를 칭하고 海陽道에 소속시켰다. 1010년(현종 1)에 거란이 침략하자 현종이 나주까지 와서 열흘 간 머물다 갔으며, 1018년에 牧으로 승격시켰다.

『高麗史』 권1, 世家1 太祖 總序 天復 3년 3월.
『高麗史』 권57, 志11 地理2 全羅道 羅州牧.
15) 崇仁門: 개경 나성의 동문이다. 이에 대해서는 본서 권3-4-(2), 주해 2) 참조.
16) 安定門: 개경 나성의 동문이다. 이에 대해서는 본서 권3-4-(2), 주해 3) 참조.
17) 慶: 慶州를 말한다. 본래 신라의 도읍이었다. 935년(태조 18)에 신라 경순왕이 투항하자 慶州로 개편하였다. 940년에 大都督府로 승격시키고 6부의 명칭을 고쳤다. 987년(성종 6)에 東京留守로 삼았으며, 995년에 留守使를 칭하고 嶺東道에 소속시켰다. 1012년(현종 3)에 慶州防禦使로 강등하였으나 1014년에 安東大都護府로 고치고 1030년에 東京留守로 회복시켰다. 屬郡이 4개, 屬縣이 10개였고, 防禦郡 4개, 知事郡 1개를 관할하였다.

『高麗史』 권57, 志11 地理2 慶尙道 東京留守官慶州.
18) 廣: 廣州를 말한다. 본래 백제의 도읍이었다. 940년(태조 23)에 광주로 바꾸었으며, 983년(성종 2)에 牧이 되었다. 995년에 奉國軍節度使를 칭하고 關內道에 소속시켰다. 1012년(현종 3)에는 安撫使를 두었으며, 1018년에 牧으로 삼았다.

『高麗史』 권56, 志10 地理1 楊廣道 廣州牧.

19) 淸: 淸州를 말한다. 940년(태조 23)에 淸州로 고쳤고 983년(성종 2)에 牧이 되었다. 995년에 全節軍節度使로 삼아 中原道에 소속시켰다. 1012년(현종 3)에 安撫使가 되었다가 1018년에 牧으로 삼았다. 屬郡이 2개, 屬縣이 7개였으며, 知事府 1개, 知事郡 2개, 縣令官이 2개를 관할하였다.
『高麗史』 권56, 志10 地理1 楊廣道 淸州牧.
20) 宣祺門: 개경 나성의 동북문이다. 이에 대해서는 본서 권3-4-(2), 주해 14) 참조.
21) 三角山: 어디에 위치한 산인지 자세히 알기 어렵다. 『高麗史』를 비롯한 기록에서 주로 언급되는 삼각산은 개경 남쪽에 위치한 楊州 삼각산이다. 그런데 본문에서는 나성의 정북문인 북창문과 통한다고 되어있어 방향이 서로 맞지 않다.
22) 長霸門通安東府 …… 北昌門通三角山: 장패문이 안동부와, 광덕문이 정주와, 선인문이 양주·전주·나주와, 안정문이 경주·광주·청주와 통한다는 설명은 개경문의 방위와 각 지역으로 연결되는 교통로와 대략 일치한다. 고려에서는 1061년(문종 15) 이후로 22驛道體制가 성립되어 개경을 중심으로 X자형 간선역로망이 형성되었다. 이 중 靑郊道-廣州道-平丘道-尙州道-慶州道로 이어지는 역로망은 開京-南京-忠州-安東-慶州 방면, 靑郊道-忠淸州道-全公州道-昇羅州道로 이어지는 역로망은 開京-南京-天安-公州-全州-羅州 방면의 교통로를 형성하였다. 서긍은 본문에서 각 지역과 통하는 개성문을 제각기 다르게 배치하였는데, 실제로 그러한지는 알기 어렵다.
정요근, 2001, 「高麗前期 驛制의 整備와 22驛道」, 『韓國史論』 45.
鄭枃根, 2008, 『高麗·朝鮮初의 驛路網과 驛制 研究』, 서울大學校 國史學科 博士學位論文, 74쪽.

4-4

[原文]

廣化門

廣化門王府之偏門也. 其方面東, 而形制略如宣義, 獨無瓮城, 藻飾之工過之. 亦開三門, 南偏門榜12)儀制令13)四事14), 北門榜15)周易乾16)卦繇

12) 知 : 牓.
13) 四 : 今.
14) 知 : 字.
15) 知 : 牓.

辭五字, 仍有春貼[17]子云.

雪痕尙在三雲陛, 日脚初升五鳳樓.

百辟[18]稱觴千萬壽, 袞龍衣上瑞光浮.

[譯文]
광화문[1]

광화문은 왕부의 편문이다. 그 방향은 동쪽을 면하였는데 형태와 제도는 대략 선의문과 같지만, 홀로 옹성이 없으며 장식의 기교는 선의문보다 낫다. 역시 세 문을 내었으니, 남쪽 편문에는 의제령[2] 4사(四事)를 붙였고 북쪽 편문에는 『주역』 건괘의 주사(繇辭) 5글자[3]를 붙였으며 여전히 춘첩자[4]가 있어 이른다.

눈 자취 삼운전[5] 섬돌에 아직 남았는데, 햇살 비로소 오봉루[6]에 넘쳐 나네.

제후[百辟] 잔 들어 천만 수 비니, 곤룡포 위로 상서로운 빛 넘치네.

[註解]
1) 廣化門: 황성의 동문이자 정문으로 성 밖의 각 官署와 통하는 문이다. 職事將校 1인, 散職將相 6인, 監門衛軍 5인 등 圍宿軍이 배치되었다. 광화문에 『周易』의 건괘와 춘첩자를 내걸었던 것은 정문으로서 다른 문들을 지배하며 음양을 조화시킨다는 의미가 있다.
『高麗史』 권83, 志37 兵3 圍宿軍.
朴龍雲, 1996, 「開京 定都와 시설」, 앞의 책, 16·17쪽.
김창현, 2002, 「개경의 황성과 황성문」, 앞의 책, 174~176쪽.
2) 儀制令: 관인들이 조정의 안팎에서 행하는 각종 의례 및 예의에 대한 규정이다. 1025년(현종 16)에 양반관원들이 조정이나 거리 등 공식장소에서 사사로운 예의

16) 四 知 : 乾. 원문은 軋로 되어 있으나, 의미상 '乾'이 옳다고 생각되어 교감 번역하였다.
17) 知 : 帖.
18) 知 : 辟.

로 절하거나 엎드리는 경우 처벌한다는 규정을 정한 것으로 보아 의제령은 고려 초부터 존재하였고, 이를 어긴 경우에 대한 처벌규정인 하위의 格式도 제정되었을 것이다. 의제령은 대부분 『高麗史』 禮志 嘉禮條에 나오는데, 立春을 비롯하여 元正·冬至·聖壽節 등에 하는 의식들이 여기에 수록되어있다. 한편, 본문에서 언급한 의제령 4事가 어떠한 내용인지는 자세히 알기 어렵다.

『高麗史』 권67, 志21 禮9 嘉禮 元正冬至上國聖壽節望闕賀儀·立春賀儀.
『高麗史』 권85, 志39 刑法2 禁令 顯宗 16년 4월.
金晧東, 2012, 「高麗의 관료제 관련 법령에서의 唐令의 영향」, 『中國古中世史研究』 27, 164쪽.

3) 周易乾卦繇辭五字: 『周易』의 乾卦에 있는 占辭 5글자로, 곧 乾·元·亨·利·貞을 가리킨다. 朱熹는 『周易』 文言傳을 토대로 元·亨·利·貞의 4德說을 해석하였는데, 元은 생물의 시작으로 春과 仁에, 亨은 생물의 통함으로 夏와 禮에, 利는 생물의 성취로 秋와 義에, 貞은 생물의 완성으로 冬과 智에 해당한다. 동벽에 자리 잡은 광화문은 방위상으로 건괘의 4德 가운데 元에 해당하여 생물의 시작을 상징한다.
김창현, 2002, 「개경의 황성과 황성문」, 앞의 책, 164쪽.
황준연, 2010, 「『周易』 乾卦 '元亨利貞' 해석의 유형에 관한 고찰」, 『倫理研究』 76, 202·203쪽.

4) 春貼子: 입춘날 대문이나 기둥에 써 붙이던 對句의 글이다. 송대 翰林이 입춘날이면 태평을 頌祝하거나 規諫하는 문구를 써서 禁中의 문짝에 붙이던 것에서 유래하였는데, 주로 五言이나 七言으로 짓는다. 한편, 본문에 나온 춘첩자의 내용 일부가 『東文選』에도 전한다.
『東文選』 권19, 七言絶句 「內殿春帖子」.
諸橋轍次, 1984, 「春貼子」, 『大漢和辭典』 5, 大修館書店, 826쪽.

5) 三雲: 漢代의 궁전 이름이다. 한의 成帝는 甘泉紫殿에 雲帳·雲幄·雲幕을 설치하였는데, 세간에서 이를 三雲殿이라 일컬었다.
『西京雜記』 권1.
諸橋轍次, 1984, 「三雲」, 『大漢和辭典』 1, 大修館書店, 109쪽.

6) 五鳳樓: 後梁의 태조가 즉위하자 공신인 羅紹威가 수도인 낙양에 좋은 목재와 장인들을 동원하여 지은 누각이다.
『舊五代史』 권14, 梁書14 列傳4 羅紹威.
諸橋轍次, 1984, 「五鳳樓」, 『大漢和辭典』 1, 大修館書店, 510쪽.

4-5

[原文]

昇平門

昇平門卽王宮之正南門也. 上爲重樓, 旁起兩觀, 三門並列, 制益宏大. 四阿各有銅火珠爲飾. 自門之內, 左右分爲兩亭, 皆曰同樂. 矮牆幾百堵相屬, 以至神鳳門, 而門之制, 又壯大於昇平矣. 東曰春德, 通世子宮, 西曰太初, 通王居備坐. 又十餘步卽閶闔門, 乃王奉迎詔書之所也. 左右兩挾19)有承天門. 自是而上, 山勢稍逼, 中庭隘狹, 去會慶殿門20), 不過數丈耳. 昇平神鳳閶闔三門, 制度文采大抵相類, 而21)神鳳爲冠. 題牓之字金書朱地, 有歐率更之體. 大抵麗人多法古, 不敢以臆說己22)見, 而妄爲俗體也.

[譯文]

승평문1)

승평문은 곧 왕궁의 정남문이다. 위로는 여러 층 누각을 만들고 옆으로는 양관(兩觀)을 세워서 세 문이 나란히 늘어서니 규모가 더욱 넓고 크다. 네 모서리는 각각 구리로 만든 화주로 장식하였다. 문의 안쪽에서부터 좌우로 나누어 두 정자를 만들었는데 모두 동락2)이라 한다. 낮은 담장 수 백 담이 서로 이어져 신봉문3)에 이르니, 문의 규모가 또한 승평문보다 장대하다. (신봉문의) 동쪽은 춘덕문4)으로 세자궁5)과 통하고, 서쪽은 태초문6)으로 왕이 거처하여 머무는 곳[備坐]과 통한다. 또 10여

---

19) 四 知 : 掖.
20) 四 : "門外"로, 知 : "門【鄭刻有外字】"로 기록되어 있다.
21) 四 : 焉.
22) 四 知 : 己. 원문은 已로 되어 있으나, 의미상 '己'가 옳다고 생각되어 교감 번역하였다.

걸음이면 곧 창합문[7]으로, 여기에서 왕이 조서를 받들어 맞이하는 곳이다.[8] (창합문의) 좌우 협문으로 승천문[9]이 있다. 이곳에서부터 위쪽으로 산세가 점점 급해져 가운데 뜰이 몹시 좁으니 회경전문[10]과의 거리가 불과 몇 길일 뿐이다. 승평·신봉·창합 세 문은 제도와 문채가 대개 서로 비슷하지만 신봉이 으뜸이다. 편액[題牓]의 글자는 붉은 바탕에 금으로 썼는데 구양순[歐率更]의 서체[11]이다. 대개 고려 사람들은 옛 것을 많이 본받아 감히 근거 없는 말[臆說]과 자기 견해로 망령되이 속체(俗體)를 쓰지 않는다.

[註解]
1) 昇平門: 개경 궁성의 정남문이다. 승평문의 방향은 남문인 朱雀門과 통하지만 실제 공식행사에서는 동쪽에 위치한 廣化門과 연결된다. 한편, 『高麗史』 지리지 王京開城府條에는 승평문이 보이지 않는데, 長平門으로 개칭되었을 것으로 보인다.
『高麗史』 권56, 志10 地理1 王京開城府.
김창현, 2002, 「개경의 황성과 황성문」·「개경의 대궐과 별궁」, 앞의 책, 158·193쪽.

2) 同樂: 승평문 안쪽 좌우에 설치된 亭子이다. 同樂이라는 명칭은 『孟子』의 與民同樂에서 유래하였으며 백성들과 더불어 즐거움을 누린다는 의미이다. 따라서 이곳에서는 팔관회, 노인 연회 등이 열렸다. 한편, 본문에서 昇平門과 太初門·神鳳門·春德門 사이의 시설로 동락정만 언급되었지만 실제로는 넓은 뜰인 毬庭이 펼쳐져 있었다.
『孟子』 梁惠王下.
『高麗史』 권68, 志22 禮10 嘉禮 老人賜設儀.
『高麗史』 권69, 志23 禮11 嘉禮雜儀 仲冬八關會儀.
김창현, 2002, 「개경 황성과 궁성의 내부구조」·「개경 궁성 안 건물의 배치와 의미」, 앞의 책, 243·244·288쪽.

3) 神鳳門: 회경전의 정문이다. 본래 威鳳樓였는데 현종대에 神鳳門으로 개칭되었고, 1138년(인종 16)에 다시 儀鳳門으로 바뀌었다. 동락정과 구정을 포함한 신봉문 영역은 팔관회, 사면의 반포, 노인 연회, 義節 포상, 병자와 약자의 구휼, 飯僧, 醮禮, 군사 사열 등 국가 의례가 이루어지는 공간이었다.
『高麗史』 권16, 世家16 仁宗 16년 5월 庚戌.
金昌賢, 2011, 「고려 개경의 대궐과 행사」, 『고려 개경의 편제와 궁궐』, 景仁文化社, 77~90쪽.

4) 春德: 壽春宮의 정문으로 신봉문의 동쪽에 위치하였다. 春德이라는 명칭은 태자

를 春에 비유한 것에서 비롯되었다. 이는 곧 태자의 덕을 의미하며 태자가 인품
을 잘 닦아 덕치를 베풀기를 기원하는 뜻이 담겨있다. 1138년(인종 16)에 棣通門
으로 개칭되었다.
『高麗史』 권16, 世家16 仁宗 16년 5월 庚戌.
김창현, 2002, 「개경 궁성 안 건물의 배치와 의미」, 앞의 책, 289·290쪽.

5) 世子宮: 태자의 처소인 壽春宮을 가리킨다. 장수를 기원하는 壽와 태자를 상징하
는 春을 더하여 이름하였다. 1138년(인종 16)에 麗正宮으로 개칭되었다. 한편, 春
宮에 대해서는 본서 권2-4, 주해 8) 참조.
『高麗史』 권16, 世家16 仁宗 16년 5월 庚戌.
김창현, 2002, 「개경 궁성 안 건물의 배치와 의미」, 앞의 책, 289쪽.

6) 太初: 신봉문의 서쪽에 있던 문이다. 太初는 본래 道家에서 나온 말로 천지가 나
뉘기 이전의 元氣, 도의 本原을 의미한다. 태초문 안에 거처하는 국왕이 천지의
원천, 기의 시원, 도의 실현자가 된다는 의미를 지닌다. 1138년(인종 16)에 泰定
門으로 개칭되었다.
『高麗史』 권16, 世家16 仁宗 16년 5월 庚戌.
諸橋轍次, 1984, 「太初」, 『大漢和辭典』 3, 大修館書店, 536쪽.
김창현, 2002, 「개경 궁성 안 건물의 배치와 의미」, 앞의 책, 288·289쪽.

7) 閶闔門: 신봉문과 회경전 사이의 문으로, 上帝가 거처하는 하늘세계의 天門을 상
징한다. 1138년(인종 16)에 雲龍門으로 개칭되었다.
『高麗史』 권16, 世家16 仁宗 16년 5월 庚戌.
김창현, 2002, 「개경 궁성 안 건물의 배치와 의미」, 앞의 책, 291쪽.

8) 閶闔門乃王奉迎詔書之所也: 송 사신 일행이 창합문 밖에 도착하면 송의 正使와 副
使가 말에서 내리고 고려의 국왕과 관원들이 차례로 조서를 맞이하여 再拜한다.
자세한 내용은 『高麗圖經』 권25 迎詔條에서 설명할 것이다.

9) 承天門: 창합문의 좌·우편문으로, 신하들이 출입하던 문이다. 1138년에 通嘉門으
로 개칭되었다.
『高麗史』 권16, 世家16 仁宗 16년 5월 庚戌.
김창현, 2002, 「개경 궁성 안 건물의 배치와 의미」, 앞의 책, 291·292쪽.

10) 會慶殿門: 會慶殿의 문을 말한다. 이에 대해서는 본서 권4-7 殿門條 참조.

11) 歐率更之體: 歐率更은 歐陽詢(557~641)을 가리킨다. 구양순이 太子率更令을 지냈
으므로 歐率更으로 불렸다. 구양순은 潭州 臨湘 사람으로 字는 信本이다. 隋代에
太常博士를 지내다가, 唐 高祖가 즉위하자 여러 차례 발탁되어 給事中이 되었다.
貞觀 초기에는 太子率更令, 弘文館學士를 역임하고 渤海男에 책봉되었다. 그의
서체는 본래 王羲之의 서체를 모방하였으나 나중에는 왕희지보다 서체가 뛰어
났다고 전해진다. 한편, 신라말부터 고려중기까지 당·송의 영향을 받아 구양순
체가 크게 유행하였다. 실제로 신라말에서 고려초의 각종 금석문을 비롯하여 문
종대 이후 「浮石寺圓融國師碑」(1053)·「法泉寺智光國師玄妙塔碑」(1085)·「金山寺慧
德王師眞應塔碑」(1111) 등을 구양순체로 새겼다.

『新唐書』권198, 列傳123 儒學上 歐陽詢.
金基昇, 1975, 「高麗前期의 書藝」, 『韓國書藝史』, 正音社, 223~227쪽.
박병천, 2001, 「中國 書藝術의 流入과 書體의 影向에 關한 考察—삼국시대부터 고려시대까지 금석문을 대상으로—」, 『동양예술』 4, 133~139쪽.

4-6

[原文]
同德門
同德左右二門相對, 其中卽昇平門也. 形制略似殿門而極高, 唯23)無臺觀. 昌德會賓春宮承休, 其制與同德不異, 特閤24)門與承天二門差褊爾.

[譯文]
동덕문1)
동덕은 좌우 두 문이 서로 마주보고, 그 가운데가 곧 승평문이다. 형태와 제도는 대략 전문2)과 비슷하고 매우 높은데, 다만 대3)·관이 없다. 창덕문4)·회빈문·춘궁문·승휴문5)은 그 규모가 동덕문과 다르지 않으며, 특히 합문6)과 승천 두 문이 약간 좁을 뿐이다.

[註解]
1) 同德門: 昇平門의 좌·우에 있는 문이다. 『書經』의 "덕이 같으면 도를 헤아린다[同德度義]."에서 유래하였다. 덕을 함께 하면 태평한 세상을 이룰 수 있다는 의미가 담겨있다.
『書經』周書 泰誓上.
김창현, 2002, 「개경 궁성 안 건물의 배치와 의미」, 앞의 책, 287·288쪽.

23) 囧知: 惟.
24) 囧: 閤.

2) 殿門: 會慶殿의 문을 말한다. 이에 대한 자세한 내용은 본서 권4-7 殿門條 참조.
3) 臺: 四方을 觀望하기 위해 만든 높고 평평한 건축물을 말한다.
   諸橋轍次, 1985, 「臺」, 『大漢和辭典』 9, 大修館書店, 432쪽.
4) 昌德: 乾德殿 앞에 위치한 문으로, 덕을 널리 흥하게 한다는 의미를 지닌다. 1055년(문종 9)에는 거란 興宗이 사망하자 창덕문 앞에서 문종이 소복을 입고 백관을 거느리며 擧哀하기도 하였다. 1138년(인종 16)에 興禮門으로 개칭되었다.
   『高麗史』 권16, 世家16 仁宗 16년 5월 庚戌.
   『高麗史』 권56, 志10 地理1 王京開城府.
   『高麗史』 권64, 志18 禮6 凶禮 上國喪 文宗 9년.
   김창현, 2002, 「개경 궁성 안 건물의 배치와 의미」, 앞의 책, 290쪽.
5) 承休: 개경 궁성의 문으로, 『高麗圖經』에 따르면 승휴문 안쪽에 尙書省이 있었다고 한다.
   『高麗圖經』 권16, 官府 臺省.
6) 閤: 便殿을 출입하는 문으로 閣門이라고도 한다. 왕이 國老를 위해 연회를 베풀거나 신하들이 엎드려 주장을 펴는 곳이었다.
   김창현, 2002, 「개경 궁성 안 건물의 배치와 의미」, 앞의 책, 290쪽.

4-7

[原文]

殿門

　會慶殿門, 在山之半. 石梯隥25)道高可五丈, 蓋正殿之門也. 竝列三門, 中門26)唯27)詔書得入, 王與人使分左右而行. 門外列戟二十四枝, 甲冑之士, 執其儀衞. 守衞甚衆, 特嚴於他它28)門爾.

---

25) 四知: 磴.
26) 四知: 門. 원문은 間으로 되어 있으나, 의미상 '門'이 옳다고 생각되어 교감 번역하였다.
27) 四知: 惟.
28) 四知: 他.

[譯文]

전문

회경전문은 산 중턱에 있다. 돌계단길의 높이가 5길 정도인데, 대개 정전[1]의 문이다. 세 문을 나란히 세웠는데, 가운데 문은 오직 조서만이 들어갈 수 있고 왕과 사신은 좌우로 나뉘어 다닌다.[2] 문 밖에는 극 24자루를 벌려두고[3] 갑옷과 투구를 갖춘 군사들이 의장과 호위를 담당한다.[4] 수위하는 군사[守衛]가 매우 많으며 특히 다른 문보다도 엄하다.[5]

[註解]

1) 正殿: 왕이 朝會를 하며 정사를 의논하거나 의례를 행하는 곳이다. 국초에는 天德殿—乾德殿—이 주요 정전으로 기능했으나 현종 이후에는 회경전이 제1정전이 되었다. 회경전에서는 조회를 열거나 정사를 의논하기보다 주로 종교나 외교 관련 행사가 열렸다.
金昌賢, 2011, 「고려 개경의 대궐과 행사」, 앞의 책, 60~64쪽.

2) 中門唯詔書得入 王與人使分左右而行: 송 사신 일행이 조서를 가지고 회경전문 밖에 도착하면 都轄官과 提轄官이 조서를 받들어 幕位에 봉안했다. 이후 고려 국왕이 문 아래로 내려와 사신과 함께 회경전으로 들어가는데 조서는 가운데 문으로 인도받아 들어가고, 上節官과 禮物官 등은 양편으로 나누어 회경전으로 들어갔다.
『高麗圖經』 권25, 受詔 導詔.

3) 門外列戟二十四枚: 회경전에 두 종류의 극 12개씩, 총 24개의 극을 진열하였다. 또한 극의 위아래를 金銅으로 장식하였으며, 대체로 중국과 같으나 규모는 같지 않았다.
『高麗圖經』 권13, 兵器 儀戟.

4) 甲冑之士 執其儀衛: 회경전을 호위하는 校尉를 말한다. 붉은색 무늬비단의 착의[紫文羅窄衣]을 입고 다리 모양의 뿔이 달린 복두[展脚幞頭]를 썼으며, 오른쪽에 장검을 차고서 두 손을 마주잡고 섰다.
『高麗圖經』 권12, 仗衛 官府 門衛 校尉.

5) 守衛甚衆 特嚴於他它門爾: 자세한 인원에 대해서는 알 수 없다. 다만 『高麗史』 兵志 圍宿軍條에 의하면 宣慶殿—會慶殿—의 북문에는 將校 1명을 두었다고 전한다.
『高麗史』 권83, 志37 兵3 圍宿軍.

5-1

[原文]

宮殿一

臣仰惟, 神宗皇帝, 誕敷文教, 覃被遐方, 貢琛面內者, 梯航沓¹⁾至. 惟高麗尤加禮遇, 因遣近侍, 銜命綏撫, 嘗頒睿旨. 凡相見處, 殿名鴟吻, 更不回避, 以是知聖謨宏遠, 不責蠻夷以小節, 而嘉其忠順之大義也. 夏童北虜,²⁾ 氈城穹廬, 四時隨水草溫涼以³⁾徙, 初無定都. 若高麗, 自前史已載, 其依山谷而居. 少田業, 力作, 不足以自資, 其俗節於飲食, 而好修⁴⁾宮室. 故至今王之所居堂【太上御名】⁵⁾, 仍在⁶⁾圓櫨方頂, 飛甍連甍, 丹碧藻飾. 望之潭潭然, 依崧山之脊, 蹭道突兀, 古木交蔭,⁷⁾ 殆若嶽祠山寺而已. 今繪其形制, 仍不廢其名也.

[譯文]

궁전1

신이 우러러 살피건대 신종황제¹⁾께서 문물과 교화를 크게 펼쳐 먼 지역까지 미치게 하시니 보화를 바치러 중국으로 향하는[面內] 자들이 산을 넘고 바다를 건너[梯航] 계속 이르렀습니다. 생각하건대 고려에는 더욱 예우를 더하여 이로 인해 근시를 보내 명을 받들어 위무하면서 일찍이 천자의 뜻[睿旨]을 알게 하셨습니다.²⁾ 무릇 상견한 곳의 전명(殿

1) 四 知 : 沓.
2) 四 : 敵.
3) 知 : 遷.
4) 四 : 脩.
5) 四 : 構.
6) 知 : "【太上御名構 鄭刻下有仍在二字】"로 기록되어 있다.
7) 四 知 : 陰.

名)이나 치문은 도리어 회피하지 않았는데 이를 보니 성상의 방책이 크고 원대하여 대수롭지 않은 예절로 오랑캐를 꾸짖지 않고 그들의 충순한 대의에 가상히 여기심을 알았습니다.[3] 하동(夏童)[4]과 북로(北虜)[5]는 전성(氈城)과 궁려(穹廬)에 살며 사철마다 물과 풀, 따뜻하고 서늘한 곳을 따라 옮겨 다니므로 애초에 정해진 도읍이 없습니다.[6] 그러나 고려는 전대 역사에서 이미 기록하였듯이 산골짜기에 의지하여 거주합니다. 토지가 적어서 힘써 경작하여도 자급하기에 부족하므로 그 풍습이 음식은 아끼면서도 궁실을 꾸미기를 좋아합니다.[7] 그러므로 지금까지 왕이 거처하는 궁궐의 구조[태상의 이름이다][8]도 둥근 두공에 모난 지붕과 날아갈 듯 잇닿은 용마루를 단청무늬로 꾸몄습니다. 바라보면 넓고 깊으며 숭산[9] 등성이에 의지하여 꾸불꾸불한 길이 우뚝 솟기도 하고 고목이 어우러져 그늘이 지니 마치 큰 산의 사당[祠]이나 절과 같을 뿐입니다. 이제 그 형태와 제도를 그리니 이에 그 이름을 버리지 않겠습니다.

[註解]

1) 神宗皇帝: 1048~1085. 北宋의 6대 황제로 재위기간은 19년(1067~1085)이다. 이에 대해서는 본서 권2-2-(2), 주해 1) 참조.

2) 惟高麗尤加禮遇 …… 嘗頒睿旨宮: 송과 고려의 외교관계가 각별했음을 서술한 대목이다. 문종대 송과의 외교를 재개한 이후 송은 고려의 사신을 후대하고, 사신을 고려에 보내 황제의 은혜를 베풀었다. 이에 대해서는 본서 권2-1, 주해 3) 및 주해 7) 참조.

3) 凡相見處 …… 而嘉其忠順之大義也: 고려의 궁궐이 천자에 준하는 격식과 명칭을 사용하였지만 송은 고려와의 우호관계를 유지하기 위해 문제삼지 않았다. 참고로 鴟吻은 중국 전통건축에서 지붕의 용마루 양쪽 끝을 장식하는 부재이다. 처음에는 鴟尾로 불리다가 宋代에 이르러 형태가 다소 변화하면서 鴟吻이라 하였다. 고려에서도 궁궐 건축물에 치미를 사용했던 사실이 확인된다.
『高麗史』 권3, 世家3 穆宗 9년 6월 戊戌.
『高麗史』 권55, 志9 五行3 五行五日土 仁宗 2년 윤3월 壬辰.
羅采華·朱南哲, 1990,「鴟尾에 관한 硏究」,『大韓建築學會論文集』 6-2.

4) 夏童: 夏를 낮추어 부른 표현이다. 흉노족 赫連勃勃(381~425)이 夏나라의 후예임

을 표방하여 407년에 세우고 국호를 정하였으나, 23년 만에 멸망당하였다.
徐俊, 2000,『中國古代王朝和政权名号探源』, 华中师范大学出版社, 121~123쪽.

5) 北虜: 北魏를 낮추어 부른 표현이다. 선비족 拓跋珪(371~409)가 386년에 내몽고 일원의 부족들을 규합하여 자립한 나라이다. 적극적인 한화정책을 펼쳤으나 반란과 내부 균열로 534년에 東·西로 분열되었다.
丘遲,『與陳伯之書』.
徐俊, 2000, 앞의 책, 152~158쪽.

6) 夏童北虜 …… 四時隨水草溫涼以徙: 夏童과 北虜는 북방 유목민족이고, 氊城과 穹廬는 그들의 주요 주거형태이다. 펠트 천막과 밧줄, 접이식 목재 구조물을 주요 재료로 이용하여 설치 및 해체가 용이하여 목축 생활을 주로 하는 유목민에게 기동성과 편리성을 제공한다.
황경순, 2013,「몽골의 전통주거 '게르'에 내재된 전통지식과 문화 공간적 특성」,『비교민속학』52.

7) 若高麗 …… 而好修宮室: 이 문장에서 고려는 전대인 고구려를 말한 것이다. 고구려의 주거환경과 풍속에 대한 이와 같은 기록은『後漢書』이래 史書에서 자구상의 차이는 있으나 대체로 유사하다. 북방의 유목민족과 달리 정주하며 고구려가 수도를 건설한 것을 특이하게 여겨 서술하였다.
『後漢書』권85, 東夷列傳75.
『三國志』권30, 魏書30 烏丸鮮卑東夷傳30 高句麗.
『魏書』권100, 列傳88 高句麗.
『舊唐書』권199上, 列傳 149上 東夷 高麗.

8) 太上御名: 南宋 高宗(1107~1187)의 이름인 '構'자를 피휘하여 표기한 것이다. 이에 대해서는 본서 권3-4-(1), 주해 9) 참조.

9) 崧山: 開京의 主山인 송악산을 가리킨다. 이에 대해서는 본서 권3-3, 주해 7) 참조.

5-2

[原文]

王府

王府內城, 環列十三門, 各揭名額, 隨方見義. 唯8)廣化門正東通長衢. 殿門十五, 唯9)神鳳爲冣10)華, 內府十六, 尙書省爲冠. 九殿參差, 會慶爲

---

8) 四知 : 惟.

正寢, 三閣[11]鼎峙, 清燕爲壯麗, 復有小殿, 以爲燕居之所. 日[12]視事於便座, 唯[13]施茵褥於榻上. 國官親侍, 跪列其側, 聽受王旨, 次弟[14]傳出. 大臣五日一見, 別[15]有[16]議[17]政[18]之[19]堂[20]. 餘官則朔望之外, 四見於王, 聽旨受事,[21] 則立於門外, 惟執[22]奏官, 當門授之. 升塔[23]復位, 皆脫履膝行, 而進退往來. 廷趨必面王磬折, 其謹如此. 至餘屋宇, 則皆草創, 名浮於實, 不足詳紀. 析而圖之, 或互見於諸篇也.

[譯文]
왕부

왕부의 내성은 13개의 문이 둘러 있고[1] 각각 명액(名額)을 걸었는데 방향에 따라 뜻을 드러냈다.[2] 다만 광화문[3]은 정동으로 긴 거리와 통한다. 전문(殿門)은 15개이고 다만 신봉문[4]이 가장 화려하며, 성 안의 관부는 16개로[5] 상서성이 으뜸이다.[6] 9개의 전은 들쭉날쭉한데[參差][7] 회경전이 정침이고[8] 3개의 각은 솥발처럼 서 있는데 청연각[9]이 웅장하고

9) 四 知 : 惟.
10) 四 知 : 最.
11) 四・閣, 知 : "閣【鄭刻閣】"으로 기록되어 있다.
12) 四 知 : 日. 원문은 日로 되어있으나, 의미상 '日'이 옳다고 생각되어 교감 번역하였다.
13) 四 知 : 惟.
14) 四 知 : 第.
15) 知 : 每.
16) 知 : 見.
17) 知 : 直.
18) 知 : 至.
19) 知 : 大.
20) 知 : "堂【案鄭刻 無每見直至大堂句 有別有議政之堂句】"로 기록되어 있다.
21) 知 : "令【鄭刻事】"로 기록되어 있다.
22) 知 : "凡有事堂上【案鄭刻 無凡有事當上五字 有則立於門外惟執七字】"로 기록되어 있다.
23) 四 知 : 階.

화려한데 또한 작은 전이 있어 한가로이 거처하는 곳으로 삼았다. 날마다 편좌(便座)에서 정사를 보고 다만 탑(榻) 위에 자리를 깔았다. 국관(國官)과 친시(親侍)는 그 곁에 꿇어앉아 줄지어 있고 왕지(王旨)를 받들어 차례대로 전해나간다. 대신들은 5일에 한번 알현하는데 별도로 정사를 논의하는 당(堂)이 있다.[10] 나머지 관료들은 매월 초하루와 보름날을 제외하고 국왕을 4번 알현하는데 왕지를 듣고서 일을 받을 때면 문 밖에 서 있고 오직 집주관[11]만이 문에서 명령을 전해준다. 섬돌을 올랐다가 자리로 돌아올 때는 모두 신발을 벗고 무릎걸음으로 나아가고 물러나며 가고 온다. 조정에서 종종걸음을 하고 반드시 왕을 향해 공손히 몸을 숙이니[磬折] 삼가는 것이 이와 같다.[12] 나머지 건물들은 모두 (고려가) 처음 만든 것인데[草創] 이름이 실제보다 지나치니 상세히 기록할 만하지 않다. (건물별로) 나누어 그림을 그렸는데 혹 여러 편에도 서로 보일 것이다.

[註解]

1) 王府內城 環列十三門: 王府內城은 고려 개경의 황성을 말한다. 서긍은 왕부내성이 13개의 문으로 둘러싸여 있다고 하고, 『高麗圖經』에서 문의 명칭은 동문인 廣化門과 북문인 太和門만 소개하였다. 한편 『高麗史』 지리지 王京開城府에는 황성문 20여 개의 명칭이 전하는데, 이를 [표]로 나타내면 다음과 같다.

[표] 『高麗史』 地理志 王京開城府 황성문의 명칭

순서	1	2	3	4	5	6	7	8	9	10	11	12	13	14	15	16	17	18	19	20
문	廣化門	通陽門	朱雀門	南薰門	安祥門	歸仁門	迎秋門	宣義門	長平門	通德門	乾化門	金耀門	泰和門	上東門	和平門	朝宗門	宣仁門	靑陽門	玄武門	北小門

따라서 이는 서긍이 중요한 문만을 언급한 것이거나 착오에서 말미암은 것으로 이해된다(①). 그러나 황성과 나성이 겹치는 부분을 제외한 동·남벽 성문만 나타낸 것으로 보고 황성문은 20개가 옳다는 견해도 있다(②). 또한, 『高麗史』 지리지의 황성문 20개는 조선 초기 편찬자들이 확인할 수 있는 문을 망라한 것이

고 같은 문이면서 이름이 바뀐 경우 중복해서 실려 있으므로 서긍이 제시한 문 13개와 가깝다고 보기도 한다(③).
『高麗史』 권56, 志10 地理1 王京開城府.
『高麗史』 권83, 志37 兵3 圍宿軍.
　① 朴龍雲, 1996,「開京 定都와 시설」,『고려시대 開京 연구』, 一志社, 17쪽.
　② 신안식, 2000,「고려전기의 축성(築城)과 개경의 황성」,『역사와 현실』 38, 27~30쪽.
　③ 金昌賢, 2002,「고려 개경의 羅城門과 皇城門」,『歷史學報』 173 ; 2002,『고려 개경의 구조와 그 이념』, 신서원, 153쪽.

2) 環列十三門 …… 隨方見義: 황성문들은 동쪽에서 시작해 계절의 순환 방향으로 동쪽의 宣仁門, 廣化門, 남쪽의 朱雀門, 서쪽의 宣義門, 북쪽의 玄武門, 太和門 등으로 구성되었다. 이들 문의 명칭은 서긍의 언급과 같이 기본적으로 방위를 따라 만들고 이름 붙였다. 또한 대궐 명당은 祖宗이 정사를 펴온 곳인데 그 제도가 天地와 陰陽을 본받았다고 하였으므로 대궐을 둘러싼 황성의 문도 음양오행설을 참작하여 배치하였다.
김창현, 2002,「개경 황성과 황성문」, 앞의 책, 163~176쪽.

3) 廣化門: 개경 황성의 東門이자 정문이다. 이에 대해서는 본서 권3-3, 주해 14) 및 권4-4, 주해 1) 참조.

4) 神鳳: 회경전의 정문인 神鳳門을 말한다. 이에 대해서는 본서 권4-5, 주해 3) 참조.

5) 內府十六: 王府 內城 안의 16개의 官府를 말한다. 관련하여『高麗圖經』 권16 官府 臺省條에는　尙書省·中書省·門下省·樞密院·禮賓省·八關司·御史臺·翰林院·尙乘局·軍器監·閤門·大盈倉·右倉 등 13관부가 언급되어 있다. 이에 대한 자세한 내용은 본서 권16, 臺省條에서 설명할 것이다.
朴龍雲, 1996,「開京 定都와 시설」, 앞의 책, 35쪽.

6) 尙書省: 中書門下省와 더불어 이른바 '三省'을 구성하였던 관부이다. 중서문하성에 의해 작성되고 심의를 거친 王命이나 중요 國事를 실행하는 執行機關이었다. 조직상 상층의 尙書都省과 하층의 尙書6部가 있었으며, 각각 독립적인 성격이 강하였다.『高麗史』百官志는 상서성을 廣評省의 후신으로 기재하였으나, 실제로 광평성은 內史門下省과 계통을 같이하며 상서성은 태조대에 태봉의 제도를 이은 內奉省의 계통에 속한다. 982년(성종 1)에 御事都省이 설치되고 995년에 尙書都省으로 개칭되었으며, 문종대 尙書令·左右僕射·知省事·左右丞·左右司郎中·左右司員外郞·都事 등의 관직이 정비되었다.
『高麗史』 권76, 志30 百官1 尙書省.
邊太燮, 1970,「高麗時代 中央政治機構의 行政體系―尙書省 機構를 중심으로―」,『歷史學報』 47 ; 1971,『高麗政治制度史硏究』, 一潮閣.
李泰鎭, 1972,「高麗 宰府의 成立―그 制度史的 考察―」,『歷史學報』 56.
周藤吉之, 1975,「高麗初期의 宰相, 尙書左右僕射에 대하여」,『朝鮮學報』 77 ; 1980,『高麗官僚制의 硏究』, 法政大學出版局.

朴龍雲, 1995, 「高麗時代의 尙書都省에 대한 檢討」, 『國史館論叢』 61 ; 2000, 『高麗時代 尙書省 硏究』, 景仁文化社.
7) 九殿參差: 오늘날에는 황성(궁성 포함) 안의 건물 수는 정확히 알 수 없다. 다만 『高麗圖經』에는 會慶殿·乾德殿·長和殿·元德殿·萬齡殿·長齡殿·長慶殿·延英殿閣·臨川閣 등 9개의 전각이 기록되어 있다. 이외에 보다 많은 건물들이 존재했을 것으로 짐작되며, 서긍이 언급한 9곳은 대규모의 전각을 가리키며 대개 궁성 안에 위치하였을 것이다.
김창현, 2002, 「개경 황성과 궁성의 내부구조」, 앞의 책, 242쪽.
8) 會慶爲正寢: 會慶은 會慶殿을 말하며, 궁성에서 각종 의례를 행하는 正殿이다. 이에 대해서는 본서 권4-7, 주해 1) 및 권5-3, 會慶殿條 참조.
9) 三閣鼎峙 淸燕爲壯麗: 淸燕은 淸讌閣을 말한다. 1116년(예종 11)에 禁中에 청연각을 만들고 學士·直學士·直閣 각 1인을 두고 경서를 강론하였다. 얼마 뒤 청연각이 궁궐 내에 있어 학사들의 숙직과 출입이 어려워 그 옆에 별도의 閣을 두고 寶文이라 하였다. 보문각에는 중국 황제들의 詔書를, 청연각에는 여러 史書와 子·集類를 각각 보관하였다. 보문각과 청연각에 대한 자세한 내용은 『高麗圖經』 권6, 延英殿閣條 참조. 한편 서긍은 세 전각이 鼎立한 모습을 묘사하였는데, 이 중 청연각과 보문각은 확실하나 나머지 하나가 불명이다. 이에 대해 회경전의 서쪽, 회동문 내에 있으며 서책 수 만권을 보관하였다는 臨川閣으로 추정하기도 한다.
『高麗史』 권76, 志30 百官1 寶文閣.
『高麗史節要』 권8, 睿宗 11년 8월·11월.
周藤吉之, 1979, 「高麗前期の寶文閣―宋の諸閣學士·直學士·待制などとの關聯において―」, 『朝鮮學報』 90 ; 1980, 앞의 책, 333쪽.
崔濟淑, 1981, 「高麗翰林院考」, 『韓國史論叢』 4.
權延雄, 1983, 「高麗時代의 經筵」, 『慶北史學』 6.
朴龍雲, 1996, 「開京 定都와 시설」, 앞의 책, 33·34쪽.
김병인·김지선, 2012, 「고려 예종대 신설제도의 정치적 배경」, 『歷史學硏究』 46.
10) 別有議政之堂: 唐에서는 中書省, 門下省, 尙書省 등 3省 외에 재상들이 모여 군주의 자문을 받거나 국정을 논의하는 장소로 政事堂이 있었다. 고려도 당의 제도를 수용하여 宰臣들의 회의 장소를 두었다. 그러나 고려의 경우 中書門下省으로 운영되어 3성의 재상이 별도로 모여서 의논할 필요가 없으므로 정사당은 유명무실했다(①). 이와 달리 고려의 3성도 분립되어 있었으므로 中書門下의 기능을 한 것이 정사당이라는 견해가 제시되기도 하였다(②). '정사를 논의하는 건물이 별도로 있다.'는 본문의 기록을 참고할 때, 고려에서도 정사당을 별도로 설치하여 운영하였을 것이다. 여기에서 논의된 사안은 재신이 국왕에게 아뢰어 결재를 받아 시행하였다(③).
① 邊太燮, 1967, 「高麗의 中書門下省에 대하여」, 『歷史敎育』 10 ; 1971, 앞의 책.
朴龍雲, 2000, 「高麗時代 中書門下省에 대한 諸說 검토」, 『韓國史硏究』 108 ; 2002, 『高麗社會의 여러 歷史像』, 신서원.

② 李貞薰, 1999,「高麗前期 三省制와 政事堂」,『韓國史硏究』 104.
　　崔貞煥, 2008,「高麗 宰相制度와 政事堂」,『한국중세사연구』 25.
③ 박재우, 2002,「고려전기 國政의 결정과 회의」,『韓國文化』 30 ; 2005,『고려의 국정운영 체계와 왕권』, 신구문화사.
　　박재우, 2015,「고려전기 宰樞의 출신과 국정회의에서의 위상」,『東方學志』 172.

11) 執奏官: 왕명출납을 담당한 관원으로, 掌奏事 또는 掌奏로 별칭되는 執奏가 있었다. 본문은 조회 때 政事와 관련한 왕명을 왕이 해당 관원에게 직접 下命하는 것이 아니라 집주관을 경유하여 전달하였음을 보여준다. 왕명출납의 한 과정을 분담하여 '王↔執奏↔承宣'과 같이 章奏를 奏達하였으며 개인에게 내려지는 왕명을 受命者에게 직접 傳宣하는 임무도 수행하였다. 또 승선을 거치지 않고 개인에게 내려지는 왕명을 직접 전하기도 하였다. 泰封 때 궁예의 章奏를 지낸 崔凝의 사례 등으로 보아 고려 국초부터 있었을 것이다.
　『高麗史節要』 권10, 仁宗 18년 7월.
　諸橋轍次, 1984,「執奏」,『大漢和辭典』 3, 大修館書店, 194쪽.
　金載名, 2003,「高麗의 執奏制」,『史學硏究』 72.

12) 大臣五日一見 …… 其謹如此: 고려 군신 간의 만남에 대한 횟수와 그 의식에 대한 설명이다. 서긍은 고려의 조회가 매월 1일과 15일을 포함하여 4번 시행되었다고 하여 六衙日을 언급하였다. 고려시대 조회와 관련된 의례로는『高麗史』禮志의 一月三朝儀가 참조되는데, 한 달에 세 번 시행되는 조회의식의 정확한 시행 날짜를 알 수 없다. '一月三朝儀' 의식에 이어지는 1012년(현종 3)과 1034년(덕종 3)의 두 편년기사는 모두 5일 간격의 조회에 대한 내용이다.『高麗史』世家의 조회 시행일을 분석해보면, 정종과 의종대에는 3일이 조회 시행일로 나타나고, 이외 朔日(예종 2) 및 25일(선종 즉위)도 조회일로 확인된다. 한편 1281년(충렬왕 7)에는 8일, 15일, 23일에 조회가 시행되었다. 이처럼 서긍의 언급과 달리 고려의 조회 시행일은 일률적이지 않고 시기별로 다르게 나타난다. 고려만의 독특한 방식으로 시행일이 결정된 것 같으나 기록이 소략하여 그 실상을 파악하기 어렵다.
　『高麗史』 권29, 世家29 忠烈王 7년 11월 癸亥.
　『高麗史』 권67, 志21 禮9 一月三朝儀 顯宗 3년 6월 甲辰・德宗 3년 6월 癸巳.
　강제훈, 2004,「조선 초기의 朝會 의식」,『朝鮮時代史學報』 28, 13~18쪽.

5-3

[原文]

會慶殿

會慶殿在閶闔門內, 別有殿門. 規模甚壯, 基址高五丈餘, 東西兩堦.[24] 丹漆欄檻, 飾以銅花, 文彩雄麗, 冠於諸殿. 兩廊通三十間,[25] 中庭甃石, 地虛不堅, 行則有聲. 常禮不敢居, 惟人使至, 則受詔拜表於庭下. 燕會則設使副之席於殿之西楹東向, 上節位於東序, 中節位於西序, 下節位於門之兩廡而北向. 餘禮則別殿以別之.

[譯文]
회경전[1]

회경전은 창합문[2] 안에 있고 별도로 전문이 있다. 규모가 매우 크고 기단의 높이는 5길 남짓이며 동서 양쪽에 섬돌이 있다. 난간을 붉게 칠하고 구리로 만든 꽃으로 장식하였으며 무늬가 웅장하고 화려하여 여러 전(殿) 중에 으뜸이다. 양쪽 회랑은 모두 30칸이고 가운데 뜰은 돌을 덮었는데 땅이 비고 견고하지 못하여 걸으면 소리가 난다. 평상시 [常禮]에는 대체로 거처하지 않고 오직 사신이 이르면 뜰아래에서 조서를 받들거나 표문을 올린다. 연회에서는 정사[使]와 부사[副]의 자리를 회경전의 서쪽 기둥에서 동쪽을 향하여, 상절(上節)의 자리를 동쪽 사랑 [東序]에, 중절(中節)의 자리를 서쪽 사랑에, 하절(下節)의 자리를 문의 양쪽 행랑에 북쪽을 향하여 배설한다.[3] 나머지 의례는 다른 전(殿)에서 별도로 한다.

[註解]
1) 會慶殿: 고려 궁궐의 제1 정전이다. 기록상으로 1029년(현종 20)에 藏經道場을 베푼 것에서 처음 확인되므로 현종대에 건립된 것으로 보인다. 1138년(인종 16)에 이자겸의 난으로 불에 탄 궁궐을 복구하고 궁궐의 명칭을 개칭하였는데, 이때 宣

---

24) 知 : 階.
25) 知 : 間.

慶殿으로 바꿨다. 회경전에서는 百座道場·消災道場·醮祭 등의 종교 행사를 개설하였고, 송과 금의 사절이 왔을 때 조서를 영접하며 사신을 접견하고 연회를 베푸는 등의 사신 관련 행사를 거행하였다.
『高麗史』 권5, 世家5 顯宗 20년 4월 庚子.
『高麗史』 권16, 世家16 仁宗 16년 5월 庚戌.
김창현, 2002, 「개경 황성과 궁성의 내부구조」, 앞의 책, 235~239·244~246쪽.
金昌賢, 2011, 「고려 개경의 대궐과 행사」, 『고려 개경의 편제와 궁궐』, 景仁文化社, 60~65쪽.

2) 閶闔門: 신봉문과 회경전 사이의 문이다. 이에 대해서는 본서 권4-5, 주해 7) 참조.
3) 惟人使至 …… 下節位於門之兩廡而北向: 서긍 일행이 사신으로 왔을 때의 사신 영접 의례 및 연회와 관련한 자세한 내용은 『高麗圖經』 권25 受詔·迎詔·導詔·拜詔·起居條와 권26 燕禮·私覿·燕儀·獻酬條에서 설명할 것이다.

5-4

[原文]
乾德殿

乾德殿在會慶殿之西北, 別有殿門. 其制五間,[26] 視會慶[27]差小. 故事人使至, 彼第三會, 王禮加勤, 特出姬侍, 則燕於其中. 彼[28]使者至, 楷以拘衣制不講, 惟回會慶酬酢而止. 若朝廷非專遣使, 雖郡吏使臣持牒傳命,[29] 亦燕於此殿, 特禮文有隆殺耳.

[譯文]
건덕전[1]

건덕전은 회경전[2]의 서북쪽에 있고 별도로 전문이 있다. 그 제도는 5칸이고 회경전에 비해 조금 작다. 전례[故事]에 사신이 이르면 이곳에

26) 知 : 間.
27) 知 : "殿"이 추가되어 있다.
28) 四知 : 彼.
29) 四 : 會.

서 세 번 모이는데, 왕의 예우가 더욱 정성스러울 때는 특별히 희시(姬侍)[3]를 보내서 그 안에서 연회하였다. 이번에 사신이 이르렀을 때에는 왕해[偕, 인종]가 복제에 구애되어 (연회를) 베풀지 않고, 오직 회경전에서와 같이 잔을 돌리는데 그쳤다. 만약 (송) 조정에서 전임으로 사신을 보내지 않고 비록 지방 관리의 사신이 첩을 가지고 명을 전할지라도 역시 이 전(殿)에서 연회하는데 특별히 예문의 차등[隆殺]이 있을 뿐이다.[4]

[註解]
1) 乾德殿: 고려 궁궐의 제2정전이다. 국초에는 天德殿이었으나 성종대에 건덕전으로 개칭하였다. 현종대에 회경전이 건립되어 제1정전이 되면서 제2정전으로 자리매김하였다. 본문에서 서긍은 건덕전의 규모가 5칸이라고 하였는데, 인종대에 이자겸의 난으로 불에 탄 궁궐을 다시 지을 때에 건덕전을 9칸 규모로 복구하였고, 1138년(인종 16)에 大觀殿으로 개칭하였다. 건덕전에서는 국왕의 즉위, 태후·후비·왕태자·왕자·공주의 책봉의, 왕실 혼례, 元正·冬至·節日 의 朝賀儀, 宣麻儀, 과거의 覆試 등 국가의 주요 의례를 시행하였고, 이외에도 菩薩戒道場·消災道場·醮祭 등의 종교와 사신 관련 행사 등을 거행하였다.
『高麗史』 권16, 世家16 仁宗 16년 5월 庚戌.
김창현, 2002, 「개경 황성과 궁성의 내부구조」, 앞의 책, 236·244~249쪽.
金昌賢, 2011, 「고려 개경의 대궐과 행사」, 앞의 책, 65~72쪽.
2) 會慶殿: 고려 궁궐의 제1정전이다. 이에 대해서는 본서 권5, 會慶殿條 참조.
3) 姬侍: 지체 높은 사람의 가까이에 있으면서 시중을 들던 여자를 가리킨다. 고려에서는 1년 이상 입사한 御殿의 시녀에게 8석을 雜別賜로 지급하고, 侍婢에게는 4석을 지급함으로써 시비와 구별하였다.
『高麗史』 권80, 志34 食貨3 祿俸 雜別賜.
李貞蘭, 2003, 『高麗時代 庶蘗 硏究』, 高麗大學校 史學科 博士學位論文, 40쪽.
4) 若朝廷非專遣使 …… 特禮文有隆殺耳: 송의 지방 관청인 明州는 상인을 사신으로 삼아 고려에 소식을 전하거나 표류민을 송환하였다. 이 사신은 황제가 임명한 것이 아니므로 비교적 낮은 대우를 받았다.
李鎭漢, 2011, 「高麗·宋의 外交와 宋商往來」, 『高麗時代 宋商往來 硏究』, 景仁文化社.

5-5

[原文]
長和殿

長和殿在會慶之後, 直北一崗. 地勢高峻, 形制益隘, 不逮乾德. 兩廡皆帑藏, 其東貯聖朝所錫內府之珍, 其西以儲其國金帛之類. 警備之卒, 視他所加嚴焉.

[譯文]
장화전[1]

장화전은 회경전의 뒤, 정북쪽 한 산등성이에 있다. 지세가 높고 험준하여 형태와 제도가 더욱 협소하니 건덕전에 미치지 못한다. 양쪽 회랑[兩廡]은 모두 재화를 보관하는 곳[帑藏]으로, 그 동편에는 송 황제[聖朝]께서 하사한 내부(內府)[2]의 보물을 쌓아 두고, 그 서편에는 고려[其國]의 금과 비단의 부류를 쌓아 둔다. 경비하는 군사들이 다른 곳에 비하여 더욱 엄하다.[3]

[註解]
1) 長和殿: 고려 궁궐의 제1정전인 會慶殿의 뒤편에 위치하였던 건물이다. 이외에는 기록이 없어 자세한 사항은 알기 어렵다.
2) 內府: 본래 周代에 귀중한 공물을 보관하는 창고를 관장한 관직의 하나이다. 여기서는 고려 왕실재정을 관장하던 기구인 內庫를 가리킨다. 문종대에 使 1인(종6품), 副使 2인(정8품)과 吏屬인 史 4인, 承旨 20인 등을 두었다. 918년(태조 1)에 이미 그 존재가 확인되는 것으로 미루어볼 때 태봉의 재정기구를 계승한 것으로 이해되며, 주로 곡식보다는 금·은 등의 보물과 포·술·병장기 등을 보관하였다.
『高麗史』 권77, 志31 百官2 內庫.
『周禮』「天官冢宰」.
周藤吉之, 1939,「高麗朝より朝鮮初期に至る王室財政—特に私藏庫の研究—」,『東方學報』10, 83쪽.

金載名, 1987, 「高麗時代의 京倉」, 『淸溪史學』 4, 68쪽.
안병우, 2002, 「王室財政과 莊·處」, 『高麗前期의 財政構造』, 서울대학교출판부, 217쪽.
3) 警備之卒 視他所加嚴焉: 내고―장화전―에 배당된 간수군의 수 및 활동 등에 대한 구체적인 기록은 없다. 다만 내고와 함께 왕실재정을 관장하던 내장택의 경우 간수군이 將校 2인, 軍人 8인이므로 내고 역시 그 이상의 간수군이 배정되었을 것으로 추정된다.
『高麗史』 권83, 志37 兵3 看守軍.

5-6

[原文]
元德殿
元德殿在長和殿之後也. 地勢益高, 營治草率. 聞其王不常居, 惟鄰國侵逼, 邊陲有警, 則卽之, 發兵命將. 若刑殺樞要之士30), 則與近臣親密者一二人, 議決于31)此.

[譯文]
원덕전¹⁾
원덕전은 장화전의 뒤에 있다. 지세가 더욱 높아 만듦새[營治]가 거칠고 소박하다[草率]. 듣기로 고려왕이 항상 거처하지는 않고, 오직 이웃나라가 침입해 들어오거나 변경에 변고가 있으면 그곳에 나아가 군사를 일으키고 장수에게 명령을 내린다. 혹 중요한 인물을 사형할 일이 있을 때 가까운 신하나 친밀한 자 한두 사람과 여기에서 의논하여 결정한다.

30) 四知 : 事.
31) 知 : 於.

[註解]
1) 元德殿: 고려 궁궐의 제1 정전인 會慶殿 구역 내에 위치하였던 건물이다. 군사나 형벌 등 흉사에 관한 일을 논의한 곳이다. 이외에는 기록이 없어 자세한 사항은 알기 어렵다.

5-7

[原文]
萬齡殿

萬齡殿在乾德之後, 基【太上御名】32)差小, 而藻飾華麗, 蓋寢室也. 姬嬪侍女於兩廡列室, 而環居. 自崧山之半, 下視其室奧, 亦不甚寬敞. 諒其姬侍之數, 亦稱其居耳.

[譯文]
만령전[1]

만령전은 건덕전의 뒤에 있는데, 토대와 구조【태상의 이름이다】[2]는 약간 작으나 무늬와 장식은 화려하며 대개 침실이다. 희시[姬嬪侍女]가 양쪽 회랑의 줄지은 방에 둘러 거처한다. 숭산의 중턱에서 그 건물의 안쪽을 내려다보면 역시 아주 넓게 트여있지 않다. 희시의 수를 살펴보니 역시 그 거처와 일치할 뿐이다.

[註解]
1) 萬齡殿: 고려 국왕 침전의 하나이다. 그 전신은 神德殿이며, 1138년(인종 16)에는 萬壽殿으로 개칭되었다. 戶部에서 興王寺의 토지를 만령전에 마음대로 주어 해당 관리가 처벌된 기록이 전한다. 이외에는 기록이 소략하여 알 수 없다.

---

32) 四: 構, 知: "【太上御名 構】"로 기록되어 있다.

『高麗史』 권9, 世家9 文宗 34년 3월 壬申.
김창현, 2002, 「개경 궁성 안 건물의 배치와 의미」, 『고려 개경의 구조와 그 이념』, 신서원, 275쪽.
2) 太上御名: 南宋 高宗(1107~1187)의 이름인 '構'자를 피휘하여 표기한 것이다. 이에 대해서는 본서 권3-4-(1), 주해 9) 참조.

6-1

[原文]
宮殿二
長齡殿
長齡殿在乾德之東紫門內. 其制三間[1], 雖華煥[2]不逮萬齡, 而規模過之. 每中朝使者欲行, 前期必有先書介紹, 至則於此受之. 賈人之至境, 遣官迎勞, 舍館定然後, 於長齡受其獻, 計所直, 以方物數倍償之.

[譯文]
궁전2
장령전[1]

장령전은 건덕전의 동쪽 자문[2] 안에 있다. 그 제도는 3칸이며 비록 화려함이 만령전에 미치지 못하지만 규모는 그곳보다 크다. 매번 중국[中朝] 사신이 (고려에) 사행하고자 하면 기일에 앞서 반드시 먼저 서신을 가진 개소[書介紹]가 있고, 이르면 이곳에서 받았다.[3] 상인이 경내에 이르면 관원을 보내 맞이하여 위로하였는데, 객관[舍館]이 정해진 후에[4] 장령전에서 그 헌상한 것을 받았으며 값을 계산하여 방물의 몇 배로 보답하였다.

[註解]
1) 長齡殿: 고려시대 국왕의 편전과 침전을 겸한 건물이다. 1138년(인종 16)에 奉元殿으로 개칭되었다. 고려초 연회를 베푸는 등 여러 용도의 건물로 사용되었던 長生殿을 그 전신으로 보기도 한다.

1) 知: 間.
2) 四: 煩.

『高麗史』권16, 世家16 仁宗 16년 5월 庚戌.
김창현, 2002, 「개경 황성과 궁성의 내부구조」, 『고려 개경의 구조와 그 이념』, 신서원, 252쪽.
김창현, 2002, 「개경 궁성 안 건물의 배치와 의미」, 앞의 책, 275쪽.

2) 紫門: '紫'는 帝王의 처소를 의미하므로 紫門은 궁궐 특히 국왕의 침전이나 정전과 관련된 문으로 짐작된다. 참고로 『三國遺事』에는 강화로 천도할 때 佛牙의 행방을 잊어버리게 되자, 『紫門日記』를 열람하여 당시 궁궐에서 어떤 사람이 佛牙函을 받았는지 확인한 사실이 전한다.
『三國遺事』권3, 塔像4 前後所藏舍利.
諸橋轍次, 1985, 「紫」, 『大漢和辭典』8, 大修館書店, 992쪽.

3) 每中朝使者欲行 …… 至則於此受之: 介紹는 손님과 주인의 말을 전달하는 사람 혹은 행위를 가리킨다. 『禮記』에 의하면 聘禮에서 介가 서로 이어[紹] 명을 전하도록 함으로써 공경을 표현하였다고 한다(①). 송에서도 사절을 보낼 때 기일에 앞서 고려가 이를 맞이할 의례를 준비하도록 登州 혹은 明州에서 상선편으로 報牒을 고려 조정에 전달하였다. 특히 문종대 대송통교가 재개된 이후에는 송 사신이 고려에 갈 때 수개월 전에 알리는 것이 관례였다(②).
① 『禮記』聘義.
② 金庠基, 1937, 「麗宋時代貿易小考」, 『震檀學報』 7 ; 1948, 『東方文化交流史論攷』 乙酉文化社, 69·70쪽.
李鎭漢, 2009, 「高麗時代における宋商の往來と麗宋外交」, 『年報 朝鮮學』 12 ; 2011, 『고려시대 송상왕래 연구』, 207·208쪽.

4) 舍館定然後: 송 사신이 머물렀던 順天館 뒤편에 보다 작은 규모의 객관들이 있었다. 이 중 南門 바깥에서 兩廊까지 있던 4개의 객관인 淸州館, 忠州館, 四店館, 利賓館 등은 중국 상인이 머물렀다. 이에 대한 자세한 내용은 『高麗圖經』권27, 館舍 客館條 참조.

6-2

[原文]

長慶殿

長慶重光宣政三殿, 舊記雖載其名, 今聞更修³⁾重光長慶, 易爲別⁴⁾殿,

---

3) 知 : 修.
4) 知 : "便【鄭刻別】"로 기록되어 있다.

恐是今建閣5)之地. 宣政卽外朝也, 歲時與其臣屬會飮. 王誕日亦有節名, 王俁以八月十七日生, 謂之咸寧. 其日大會公族貴臣近侍於長慶, 中國賈人 之在館者, 亦遣官爲筵6)伴. 用華7)夷8)二9)部樂, 亦有致語. 嘗記其口號曰.

當時瑞色照10)宮林, 和氣濃濃破積陰.

香火千家祈國壽, 笙歌二部樂賓心.

興酣日影移珠箔, 舞罷花枝倒玉簪.

須盡淸歡酬美景, 從容莫訴酒杯深.

[譯文]
장경전11)

장경·중광2)·선정3) 세 전(殿)은 옛 기록에 비록 그 이름이 실렸으나, 지금 듣건대 중광전·장경전을 다시 수리하고 바꾸어 별전으로 삼았다 하니 아마 지금 각(閣)을 세운 곳인 듯하다. 선정전은 곧 외조(外朝)4)인 데 세시(歲時)에 신하들과 모여서 연회한다. 왕이 태어난 날 역시 절명 (節名)5)이 있는데 왕우(王俁, 예종)는 8월 17일에 태어나 함녕이라 이른 다.6) 그 날은 공족7)·고관[貴臣]·근시들을 장경전에서 크게 모으고 중국 상인이 객관에 있으면 역시 관리를 보내 연반8)으로 삼았다. 중국[華]과 고려[夷]의 두 음악9)을 사용하였고 또한 치어10)가 있었다. 일찍이 구호11) 를 기록하니, 이른다.

　　지금 상서로운 빛 궁궐 숲 비추고,

　　화기(和氣) 짙고 짙어 쌓인 음기 깨트리네.

---

5) 四: 閣, 知: "閣【鄭刻閣】"으로 기록되어 있다.
6) 四: 延.
7) 四: 南.
8) 四: 北.
9) 四: 三.
10) 四: 炤.

향 피운 수많은 집에서 국왕의 장수[國壽]을 빌고,
생황으로 연주한 이부악[二部] 손님마음 즐겁게 하네.
흥에 취한 해 그림자 주렴[珠箔]에 옮겨가고,
춤 마친 미녀의 옥비녀는 삐뚤어졌네.
마침내 청아한 즐거움 가득하여 아름다운 경치에 잔 돌리니,
조용하고 술이 많음을[酒杯深] 하소연하지 말게.

[註解]
1) 長慶殿: 고려시대 편전의 하나이다. 이외에는 기록이 없어 자세한 사항을 알기 어렵다.
2) 重光: 고려시대 편전의 하나인 重光殿을 말한다. 1138년(인종 16)에 康安殿으로 개칭되었다. 덕종·헌종·숙종·예종·인종이 중광전에서 즉위하였으며, 음악 공연을 포함한 燈夕 행사가 열렸다.
『高麗史』 권16, 世家16 仁宗 16년 5월 庚戌.
김창현, 2002, 「개경 황성과 궁성의 내부구조」, 앞의 책, 249~251쪽.
金昌賢, 2011, 「고려의 上都 개경」, 『고려 개경의 편제와 궁궐』, 景仁文化社, 16·17쪽.
3) 宣政: 고려시대 편전의 하나인 宣政殿을 말한다. 1138년(인종 16)에 薰仁殿으로 개칭되었다가 宣仁殿으로 바뀌었다. 선정전에서 宋·女眞 사절을 접견하였고, 군사·형벌 등 국정을 논의하기도 하였다. 또한 불교행사 및 왕비를 책봉하는 의례, 왕태자를 책봉하는 의례, 왕태자의 관례를 준비하는 곳으로 이용되었다.
『高麗史』 권16, 世家16 仁宗 16년 5월 庚戌.
김창현, 2002, 「개경 황성과 궁성의 내부구조」, 앞의 책, 249~251쪽.
金昌賢, 2011, 「고려 개경의 대궐과 행사」, 앞의 책, 93~95쪽.
4) 外朝: 국정을 의논하는 곳이다. 『周禮』 冬官考工記의 궁궐 구성인 五門三朝에서 三朝 중 하나이며, 皐門과 庫門 사이에 위치하였다. 신하들이 일하는 관아지역으로 나랏일을 입안하고 궁궐의 행정을 지원하며 정무를 보좌하는 공간이었다. 서긍이 선정전을 외조라고 한 것은 時政得失을 논하고 불교행사 및 가례를 준비하며 외교사절을 접견하는 장소로 이용하였기 때문이다.
諸橋轍次, 1984, 「外朝」, 『大漢和辭典』 3, 大修館書店, 333쪽.
김창현, 2002, 「개경 황성과 궁성의 내부구조」, 앞의 책, 249~251쪽.
金昌賢, 2011, 「고려 개경의 대궐과 행사」, 앞의 책, 93~95쪽.
임석재, 2015, 「주례와 오문삼조」, 『禮로 지은 경복궁』, 인물과 사상사, 107~117쪽.
5) 節名: 고려는 국왕의 생일을 節日로 삼았는데, 982년(성종 1)에 성종의 생일을 千春節로 정한 것이 첫 사례이다. 절일에는 京·都護府·牧에서 표문을 올려 하례하

였고 각 道에서는 말을 보냈으며 탐라에서 방물을 바쳤다. 또 醮禮가 열렸으며 祝壽道場, 祈祥迎福道場 등의 불교행사가 함께 개설되었다.
한정수, 2013, 「고려 전기 정기적 국왕 행사의 내용과 의미」, 『역사와 현실』 87, 472~476쪽.
서금석, 2017, 「고려국왕의 생일 節日에 대한 검토」, 『한국민족문화』 64, 7쪽.
6) 王侯以八月十七日生 謂之咸寧: 함녕은 예종의 절일이다. 서긍은 8월 17일이라 하였으나, 실제로는 정월 병술(7일)이다.
『高麗史』 권12, 世家12 睿宗 序.
7) 公族: 王侯의 同族, 君家의 一族을 말한다. 고려에서는 公·侯·伯 등과 이들의 子에게 주어지는 司徒·司空 등이 諸王을 구성하였다. 이들 封爵은 상속하지 않는 것이 원칙이었으나 近親婚으로 인해 다음 대에도 왕의 사위나 妃父가 나옴에 따라 계속되는 경우가 많았다.
諸橋轍次, 1984, 「公族」, 『大漢和辭典』 2, 大修館書店, 36쪽.
김기덕, 1998, 「宗室封爵制의 構成과 運營」, 『高麗時代 封爵制 硏究』, 청년사.
8) 筵伴: 왕실의례나 외국사신을 맞이하는 의례에서 연회를 주관하던 직책을 가리킨다. 1078년(문종 32) 6월에 盧旦과 金悌가 연반으로 임명된 사례가 있다.
『高麗史』 권9, 世家9 文宗 32년 6월 甲寅.
『高麗史』 권64, 志18 禮6 軍禮 師還儀.
『高麗史』 권65, 志19 禮7 嘉禮 冊王妃儀.
『高麗史』 권66, 志20 禮8 嘉禮 冊王太子儀.
9) 華夷二部樂: 서긍은 『高麗圖經』 권40 樂律條에서 고려의 音이 兩部로 나뉘어, 左部는 唐樂으로 중국의 音이고 右部는 鄕樂으로 대개 오랑캐의 音이라 하였다. 고려는 1116년(예종 11)에 송으로부터 교방악과 대성아악의 악기를 하사받아 太廟 九室의 등가 악장을 새로 제작하였다. 이후 고려의 음악은 雅樂·唐樂·俗樂으로 구분되는데, 아악은 大晟樂을, 당악은 송의 教坊樂을, 속악은 고려 고유의 음악을 가리킨다. 이때 좌부의 당악은 아악과 당악을, 우부의 향악은 속악을 말한다.
『高麗史』 권70, 志24 樂1 序·雅樂 太廟樂章.
李惠求, 1975, 『韓國音樂序說』, 서울대학교출판부, 47·48쪽.
宋芳松, 1988, 『高麗音樂史硏究』, 一志社, 64~66쪽.
김창현, 2000, 「고려시대 음악기관에 관한 제도사적 연구」, 『國樂院論文集』 12 ; 2007, 『고려의 여성과 문화』, 신서원, 306·307쪽.
여운필, 2011, 『역주 고려사 악지』, 월인, 23·24쪽.
10) 致語: 駢儷文으로 이루어져 頌祝하던 문장이다. 의례와 각종 연회에서 開場과 收場을 알리는데 이용되었다.
諸橋轍次, 1985, 「致語」, 『大漢和辭典』 9, 大修館書店, 335쪽.
송재주, 1997, 「高麗俗謠」, 『韓國古典詩歌論』, 國學資料院, 148·149쪽.
11) 口號: 詩體 중 하나로 宋·元代에 樂人이 천자의 성덕을 기리어 바친 시이다. 치어와 함께 頌祝하던 문장으로 시 一章인데 연회가 개장하면 이용되었다.

『宋史』 권142, 志95 樂17 敎坊.
諸橋轍次, 1984, 「口號」, 『大漢和辭典』 2, 大修館書店, 717쪽.
송재주, 1997, 앞의 책, 148·149쪽.

6-3-(1)

[原文]

延英殿閣

延英殿閣在長齡之北. 制度小11)大,12) 畧如乾德. 王於此親試進士. 又其北曰慈和, 亦爲燕集之處. 前建三閣13), 曰寶文, 以奉累聖所錫詔書, 西曰淸燕, 以藏諸史子集. 嘗【太上御名】14)得其燕記, 文曰, 開府儀同三司守太保兼門下侍郎監15)修16)國史上柱國江陵郡開國侯, 食邑一千三百戶, 食實封三百戶, 臣金緣奉敎撰, 通奉大夫寶文閣學士左散騎常侍上護軍唐城郡開國男, 食邑三百戶, 賜紫金魚袋, 臣洪灌奉敎書, 幷篆額. 王以聰明淵懿, 篤實輝光之德, 崇尙儒術, 樂慕華風. 故於大內之側, 延英書殿之北, 慈和之南, 別創寶文淸燕二閣, 以奉聖宋皇帝御製詔勅書畫, 揭爲訓則, 必拜稽肅容, 然後仰觀之, 一以集周孔軻雄以來古今文書, 日與老師宿儒, 討論敷暢先王之道, 藏焉脩焉, 息焉游焉, 不出一堂之上, 而三綱五常之敎, 性命道德之理, 充溢乎四履之間17).

---

11) 知: 大.
12) 知: 小.
13) 知: "閣【案下祇敍寶文淸讌不及臨川三字似當作二】"로 기록되어 있다.
14) 四: 構, 知: "【太上御名 構】"로 기록되어 있다.
15) 四: 兼, 知: "監【鄭刻兼】"로 기록되어 있다.
16) 知: 脩.
17) 知: 間.

[譯文]

연영전각[1]

연영전각은 장령전[2]의 북쪽에 있다. 제도의 크기[小大]는 대략 건덕전[3]과 같다. 왕이 이곳에서 진사들을 친히 시험하였다.[4] 또 그 북쪽은 자화전[5]인데 역시 연회로 모이는 장소이다. (자화전의) 앞에 세 각을 세웠으니, 보문[6]은 여러 황제들이 내린 조서를 봉안하며, 서쪽의 청연[7]은 여러 사서·제자(諸子)·문집을 보관한다. 일찍이 【태상의 이름이다.】 연회의 기문[8]을 얻었으니, (그) 글에 이른다. 개부의동삼사[9] 수태보[10] 겸문하시랑[11] 감수국사[12] 상주국[13] 강릉군개국후[14] 식읍[15] 1300호 식실봉[16] 300호 신 김연[17]이 교(敎)를 받들어 찬하였고, 통봉대부[18] 보문각학사[19] 좌산기상시[20] 상호군[21] 당성군개국남[22] 식읍 300호 사자금어대[23] 신 홍관[24]이 교를 받들어 (비문에) 쓰고 아울러 전액을 쓴다. 왕께서는 총명하고 아름다우며 독실하고 빛나는 덕으로 유술(儒術)을 숭상하고 화풍을 즐겨 흠모하였다. 그러므로 대내의 옆, 연영서전의 북쪽, 자화전의 남쪽에 별도로 보문·청연 두 각을 세우고 송 황제의 어제조칙과 서화를 받들어서[25] 걸고 훈칙으로 삼았으며 반드시 절하고 조아리며 몸가짐을 엄숙히 한 연후에 그것을 우러러 보았다. 한 곳에는 주공[26]·공자[27]·맹자[28]·양웅[29] 이래 고금의 문서들을 모아두고 날마다 나이든 스승과 명망 있는 학자와 더불어 선왕의 도를 토론하고 알리고자 학문을 배우고 닦고 휴식하며 즐기니,[30] 건물에서 나가지 않아도 삼강[31]·오상[32]의 가르침과 성명·도덕의 이치가 사방[四履之間]에 차고 넘쳤다.[33]

[註解]

1) 延英殿閣: 개경 왕성의 전각 중 하나이다. 처음에는 景德殿이었으나, 1021년(현종 12) 7월에 延英殿으로 개칭되었다가 1138년(인종 16) 5월에 集賢殿이 되었다. 문종 때 종2품 大學士와 정4품 學士를 두었다. 延英殿은 宮殿이었으나, 문서의 보관

이나 經筵·覆試의 장소로 이용되기도 하였다.
『高麗史』 권4, 世家4 顯宗 12년 7월 癸卯.
『高麗史』 권16, 世家16 仁宗 16년 5월 庚戌.
『高麗史』 권76, 志30 百官1 諸館殿學士.
周藤吉之, 1979, 「宋代の三館·秘閣と高麗前期の三館とくに史館」, 『高麗朝官僚制の 研究』, 法政大學出版局, 419~421쪽.
신수정, 2012, 「고려전기 학사관부(學士官府)와 예종대의 학사직 운영」, 『역사와 현실』 86, 147·148쪽.

2) 長齡: 고려시대 국왕의 편전과 침전을 겸한 건물인 장령전을 말한다. 이에 대해서는 본서 권6-1, 주해 1) 참조.

3) 乾德: 고려 궁궐의 제2정전인 건덕전을 말한다. 이에 대해서는 본서 권5-4, 주해 1) 참조.

4) 王於此親試進士: 고려시대에 실시된 覆試를 가리킨다. 覆試는 과거의 최종 고시인 동당시 이후 왕이나 태자가 주최하는 2차 시험으로, 성종·현종 등 일부 왕대에 비정기적으로 실시되었다. 국왕은 복시를 통해 과거가 자신의 주관 아래에 있다는 것을 외형적으로 보여주었으며, 공정성과 신뢰도를 높이는 효과도 있었다. 한편, 서긍은 이곳에서 시험이 치러졌다고 했으나 다른 자료에서는 확인되지 않는다.
柳浩錫, 1984, 「高麗時代의 覆試」, 『全北史學』 8.
박수찬, 2017, 「고려전기 복시(覆試)의 시행과 기능」, 『역사와 현실』 106.

5) 慈和: 延英殿의 북쪽에 있는 건물로 1138년(인종 16)에 集禧殿으로 개칭되었다.
『高麗史』 권16, 世家16 仁宗 16년 5월 庚戌.

6) 寶文: 慈和殿의 앞쪽에 있는 전각 중 하나이다. 1116년(예종 11)에 淸燕閣이 궁궐 안에 위치하여 학사들이 直宿하거나 出入하는 데 어려움이 있어 그 옆에 보문각을 지었다. 이후 淸讌閣學士들이 寶文閣學士로 개칭되었으며 待制 등의 관직도 증설되었다. 이곳에서 經筵이 열렸으며, 보문각의 여러 직관들은 知制誥가 되어 詞命의 制撰을 담당하기도 하였다. 이외에도 서적의 편찬 등이 이루어졌다.
『高麗史』 권76, 志30 百官1 寶文閣.
周藤吉之, 1979, 「高麗前期의 寶文閣—宋의 諸閣學士·直學士·待制などとの關聯において—」, 『朝鮮學報』 90 ; 1979, 앞의 책, 333쪽.
崔濟淑, 1981, 「高麗翰林院考」, 『韓國史論叢』 4, 11~13·27·28쪽.
權廷雄, 1983, 「高麗時代의 經筵」, 『慶北史學』 6, 5~7쪽.

7) 淸燕: 慈和殿의 앞쪽에 있는 전각 중 하나로 淸讌이라고도 한다. 이에 대해서는 본서 권5-2, 주해 9) 참조.

8) 燕記: 金仁存이 작성한 「淸燕閣記」를 말한다. 1117년(예종 12) 6월에 왕이 연회를 베풀면서 金仁存에게 명하여 짓게 하고, 洪瓘에게 돌에 새기게 하였다. 같은 글이 『高麗史』 金仁存傳과 『東文選』에도 전한다.
『高麗史』 권96, 列傳9 金仁存.

『高麗史節要』권8, 睿宗 12년 6월.
『東文選』권64, 記「淸燕閣記」.

9) 開府儀同三司: 고려의 문산계로 종1품이다. 995년(성종 14)에 국초의 관계를 대신하여 중국식 문산계가 공적인 질서체계로 채택되었는데, 이때 大匡이 開府儀同三司로 개정되었다.
『高麗史』권77, 志31 百官2 文散階.
朴龍雲, 1981,「高麗時代의 文散階」,『震檀學報』52 ; 1997,『高麗時代 官階·官職 研究』, 고려대학교출판부.

10) 守太保: 太保는 太師·太傅와 함께 3師의 하나로 정1품이며, 3公인 太尉·司徒·司空과 함께 고려전기의 최고직이었다. 국왕을 輔導하는 관직으로, 문종록제에서는 26석 10두의 녹봉을 더 주도록 하였다. 한편 行守法은 階과 本品 사이의 불일치 현상을 해결해 보려는 제도인데, 階高職卑한 경우에 관직명 앞에 行을 붙였고 階卑職高한 경우는 守를 넣어 표시하였다. 고려의 최고 관직이나 관계가 모두 종1품이었으므로, 정1품인 삼사·삼공직은 守를 붙였다.
『高麗史』권76, 志30 百官1 三師三公.
邊太燮, 1967,「高麗宰相考─3省의 權力關係를 중심으로─」,『歷史學報』35·36合 ; 1971,『高麗政治制度史研究』, 一潮閣, 59쪽.
李熙德, 1969,「高麗時代 祿俸制의 研究」,『李弘稙回甲紀念 韓國史學論叢』, 新丘文化社, 169쪽.
朴龍雲, 1981,「高麗時代의 文散階」,『震檀學報』52 ; 1997, 앞의 책, 105쪽.
李鎭漢, 1999,「高麗前期 樞密의 班次와 祿俸」,『韓國學報』96, 171·172쪽.

11) 門下侍郞: 정식 명칭은 中書門下省의 정2품 관직인 門下侍郞平章事를 가리킨다. 平章事는 國務에 관한 議政機能을 담당하였으며, 尙書6部의 判事를 비롯한 여러 겸임을 맡아 행정을 직접 관장하였다.『高麗史』百官志에 따르면 門下侍郞平章事, 中書侍郞平章事, 門下侍郞同中書門下平章事, 中書侍郞同中書門下平章事를 각 1인씩을 두었는데, 실제 사례에서는 어느 한 직위를 복수로 임명하는 등 사정에 따라 탄력적으로 운영하였다.
『高麗史』권76, 志30 百官1 門下府.
邊太燮, 1967,「高麗宰相考─3省의 權力關係를 중심으로─」,『歷史學報』35·36合 ; 1971, 앞의 책, 65·66쪽.
朴龍雲, 2000a,「고려시대의 平章事」,『고려시대 中書門下省宰臣 연구』, 一志社, 130~133·144~155쪽.

12) 監修國史: 시정에 대한 기록을 담당하는 史館의 장관직이다.『高麗史』百官志에는 시중이 겸임한다고 하였으나 실제 사례를 보면 2품 이상의 재상들이 겸직한 경우가 많다. 문장력과 학문이 뛰어난 자가 주로 임명되었다.
『高麗史』권76, 志30 百官1 春秋館.
鄭求福, 1999,「高麗朝 史館과 史官의 史論」,『韓國中世史學史』(Ⅰ), 集文堂, 98~100쪽.

13) 上柱國: 고려시대 정2품의 勳이다. 唐·宋의 제도에서 유래하였으며, 고려에서는 대체로 宰臣에게 敍勳되었다. 무신정권기 이후에는 그 사례가 점차 줄어들었으며 충렬왕 이후로는 폐지되었다.
『高麗史』 권77, 志31 百官2 勳.
呂恩英, 1989, 「高麗時代의 勳制」, 『慶尙史學』 4·5合.

14) 江陵郡開國侯: 開國侯는 고려전기의 封爵號이다. 고려시대 異姓封爵의 경우에는 國公·郡公·郡侯·縣侯·郡伯·縣伯·郡子·縣子·郡男·縣男이 있었다. 특별한 功을 세우거나 국가 원로·재상에게 수여되어 특권으로 기능하였으나 그 작위가 세습되지는 않았다. 본문의 김연은 그의 본관에 따라 강릉군으로 봉해진 것이다.
『高麗史』 권77, 志31 百官2 宗室諸君 附異姓諸君·爵.
『高麗史』 권96, 列傳9 金仁存.
김기덕, 1999, 「封爵制의 構成과 運營」, 앞의 책, 112·113·124·125쪽.

15) 食邑: 국가에서 왕족이나 공신, 封爵을 받은 관료에게 지급한 일정 지역을 말한다. 고려에서는 封爵에 따라 그 戶數가 규정되어 있었지만 실제 운영에서는 시기와 사람에 따라 다르게 지급되었다. 일반적으로는 명목상으로 주어졌으며, 실제로는 封爵에 따라 일정한 녹봉이 별도로 지급되었다.
『高麗史』 권77, 志31 百官2 爵.
河炫綱, 1965, 「高麗食邑考」, 『歷史學報』 26 ; 1988, 『韓國中世史研究』, 一潮閣.

16) 食實封: 食邑의 수여에서 실제로 지급된 戶를 가리킨다. 중국의 경우 식읍에는 실봉과 허봉이 있었으며 전자는 眞戶를 가지고, 허봉은 명예적인 것이었다. 그러나 실봉이 실제로 채워지는 경우는 드물었으며 고려 역시 그러했던 것으로 짐작된다. 다만 왕실이나 그에 준하는 실권자의 경우에는 실제로 식읍을 지급받았으며 수조 또한 직접적으로 이루어졌던 것으로 파악된다.
河炫綱, 1988, 앞의 책.

17) 金緣: ?~1127. 본관은 江陵이고, 字는 處厚이며 후에 仁存으로 개명하였다. 1085년(선종 2) 4월에 과거에 급제하였으며 內侍로서 선종·헌종·숙종의 세 왕을 모셨다. 樞密院副使, 政堂文學, 門下侍郎同中書門下平章事 등을 역임하였으며 守太傅·門下侍中에 이르렀다. 예종대에 과거를 두 차례 주관하였다. 시호는 文成이며 예종 묘정에 배향되었다.
『高麗史』 권13, 世家13 睿宗 6년 3월 辛未·12월 丙辰.
『高麗史』 권14, 世家14 睿宗 12년 6월 庚辰.
『高麗史』 권73, 志27 選擧1 科目1 凡選場 睿宗 원년 4월·9년 3월.
『高麗史』 권96, 列傳9 金仁存.

18) 通奉大夫: 通奉大夫는 원래 通議大夫로, 宋 太宗代부터 사용된 文散階이다. 고려에서는 通奉大夫가 없고, 通議大夫만이 존재하였다. 다만 송 사신단의 路允迪이 通議大夫였기 때문에, 이를 피하기 위해 通奉大夫를 사용한 것으로 짐작된다.
『高麗史』 권77, 志31 百官2 文散階.
『高麗圖經』 권25, 受詔 拜詔.

『宋朝事實』 권1, 祖宗世次 太宗諱炅.
19) 寶文閣學士: 보문각의 學士로, 대우는 종3품에 준하였다. 아침·저녁으로 경서를 강론하였으며 임명되는 인물들은 모두 당대의 호걸들로 주로 名儒였을 것으로 짐작된다.
『高麗史』 권76, 志30 百官1 寶文閣.
周藤吉之, 1979, 앞의 책, 333~338쪽.
20) 左散騎常侍: 고려전기 中書門下省의 정3품 관직으로, 정원은 1인이며 후에 常侍로 개칭되었다. 諫諍, 封駁, 署經 등의 업무를 맡았으며 郎舍의 최고 관직이었다.
『高麗史』 권76, 志30 百官1 常侍.
朴龍雲, 1980, 「臺諫의 職制」, 『高麗時代 臺諫制度 硏究』, 一志社, 66·67쪽.
박재우, 2014, 「대간 관직의 운영과 기능」, 『고려전기 대간제도 연구』, 153~156쪽.
21) 上護軍: 고려전기의 勳이다. 『高麗史』 百官志에는 고려의 勳으로 上柱國과 柱國만을 언급하고 있으나 실제 사례에서는 上護軍 등이 나타난다. 樞密이 上護軍을 받기도 했지만 대체적으로는 품계가 낮은 관직자에게 敍勳되는 경우가 많았다.
呂恩英, 1989, 앞의 논문.
22) 唐城郡開國男: 홍관이 받은 봉작호이다. 그는 본관에 따라 당성군으로 봉해진 것이다.
『高麗史』 권121, 列傳34 忠義 洪灌.
23) 賜紫金魚袋: 紫金魚袋는 공복제의 일부로 관료들에게 내려졌던 魚袋이며, 재상이나 상서·산기상시·어사대부 등에게 내려져 자색복과 함께 패용되었다. 한편 어대는 唐代부터 公服에 종속되는 장식물로 사용되었으며, 玉·金·銅으로 만든 魚符를 넣어두는 주머니였다(①). 고려의 공복제는 신라의 공복제를 따라 紫·緋·靑·黃으로 구성되었다가, 광종대에 紫·丹·緋·綠으로 개편되어 신분제의 상징적인 기능을 담당하였다. 이후 성종대의 관제개편의 일환으로 공복제가 개편됨에 따라 어대 역시 紫金·緋銀魚袋만이 사용되었다(②). 문헌상에 '賜'와 함께 결합되어 관직명과 같이 나타나는데, 이는 왕이 어대를 내려주는 특혜가 관인의 관함적 기능을 하고 있었기 때문이다(③).
① 『舊唐書』 권45, 志25 輿服.
『三國史記』 권33, 雜志2 色服.
黃善榮, 1987, 「高麗初期 公服制의 成立」, 『釜山史學』 12 ; 2002, 『나말여초 정치제도사 연구』, 국학자료원.
② 『高麗史』 권72, 志26 輿服1 冠服 公服.
③ 김보광, 2015, 「고려전기 魚袋의 개념과 운영방식에 대한 검토」, 『韓國史硏究』 169.
24) 洪灌: ?~1126. 본관은 唐城이며 자는 無黨이다. 과거에 급제한 이후 예종 때에 御史中丞, 禮部尙書, 淸燕閣學士 등을 역임하였고 『編年通載續編』을 편찬하는 작업을 담당하였다. 인종이 즉위한 이후에는 守司空·尙書左僕射가 되었으며 1126년(인종 4)에 李資謙이 난을 일으키자 都省에서 직숙하다가 변고를 듣고 궁에 들어

와 왕을 시종하였다. 왕이 延德宮으로 옮길 때 老病으로 뒤쳐졌다가 척준경에 의해 살해당하였다. 후에 推誠報國功臣·三重大匡開府儀同三司·守太尉·門下侍郎同中書門下平章事·判禮部事·上柱國으로 추증되었으며 시호는 忠平이다. 당대의 명필로 이름이 높았으며 그의 글씨는 신라 金生의 필법을 본받은 것으로 평가받았다.
『高麗史』 권13, 世家13 睿宗 8년 10월 庚午.
『高麗史』 권74, 志28 選擧2 科目2 凡國子試之額 睿宗 11년 2월.
『高麗史』 권121, 列傳34 忠義 洪灌.

25) 奉聖宋皇帝御製詔勅書畫: 송 휘종이 보낸 친필조서 등을 보문각에 보관한 일을 말한다. 예종이 송 황제로부터 받은 글씨나 그림 등을 보관하고 때로는 신료들에게 보였던 이유에 대해서는 자신의 외교적 능력과 문치, 학문적 소양 등을 드러내어 자신의 위상을 강화하기 위함이었다는 견해가 있다.
신수정, 2012, 앞의 논문, 161·162쪽.

26) 周: 周 武王의 동생이며 成王의 숙부인 周公 旦(생몰년 미상)을 가리킨다. 이에 대해서는 본서 권4-1, 주해 7) 참조.

27) 孔: 孔子(B.C.551~B.C.479)를 말한다. 본명은 丘이고, 자는 仲尼이다. 齊·衛·陳·宋·晉·蔡·魯 등의 여러 나라를 두루 다녔으나 등용되지 못하였다. B.C.481년에 魯로 돌아와 제자 양성과 저술 활동에 전념하였으며 詩·書·禮·樂을 정리하고 『春秋』를 편찬하였다. 그의 언행을 기록한 『論語』가 남아있다.
『史記』 권47, 孔子世家17.
『漢書』 권30, 藝文志10.

28) 軻: 孟子(생몰년 미상)를 말한다. 이름은 軻이고 자는 子輿이다. 공자의 손자인 子思의 문인에게서 수학하였다. 齊·宋·騰·魏 등의 여러 나라를 두루 다녔으나 등용되지 못하였다. 후에 고향으로 돌아와 문인과 함께 유가의 저서들을 모았다. 그 언행을 기록한 『孟子』가 남아있다.
『史記』 권74, 孟子荀卿列傳40.

29) 雄: 楊雄(B.C.53~A.D.18)을 말한다. 자는 子雲이며 漢代 사람으로 蜀郡 成都에서 태어났다. 어려서부터 학문을 좋아하여 많은 책을 읽었으며 부귀에 구애되지 않고 권력에 아부하지 않았다. 淸靜無爲를 좋아하여 스스로를 큰 도량[大度]으로 여겼다. 『太玄』, 『法言』 등의 저서를 지었다.
『漢書』 권87上·下, 列傳57上·下 揚雄.

30) 藏焉脩焉息焉游焉: 『禮記』에서 말하는 군자의 학문하는 자세이다. 藏과 脩는 주어진 시간에 학문에 힘쓰는 것을 말하며, 息과 游는 휴식시간에도 학문을 놓지 않는 것을 말한다. 본문에서는 선왕의 도를 힘써 항상 연마하는 것을 의미한다.
『禮記』 學記.

31) 三綱: 유교에서 말하는 3가지 기본 강령인 君爲臣綱·父爲子綱·夫爲婦綱을 가리킨다.
『白虎通義』 三綱.

32) 五常: 유교에서 말하는 5가지 기본 도리인 仁·義·禮·智·信을 가리킨다.
『春秋繁露』.

33) 一以集周孔軻雄以來古今文書 …… 充溢乎四履之間: 고려 睿宗代의 講論의 모습을 보여주고 있다. 한편 이를 바탕으로 당시의 性理學의 강론 내용이 상당한 수준이었던 것으로 파악하여, 北宋性理學이 傳來 단계에 이르렀다고 설명하기도 한다. 李源明, 1989,「高麗中期 北宋性理學의 傳來와 性格考」,『서울여자대학교논문집』18, 86·87쪽.

6-3-(2)

[原文]

越今年18)丁酉夏四月甲戌有二19)日, 特召守太傅尙書令帶方公臣俌, 守太傅尙書令20)大21)原公臣俓, 守太保齊安侯臣偦, 守太保通義侯臣僑, 守太保樂浪侯臣景庸, 門下侍郞臣偉, 門下侍郞臣資謙, 臣緣, 中書侍郞臣仲璋, 叅知政事臣晙, 守司空臣至和, 樞密院使臣軌, 知樞密院事臣字之, 同知樞密院事臣安仁等, 置高會于22)淸燕閣, 乃從容謂曰, 予顧德不23)類, 賴24)天降康, 廟社儲祉, 金革25)偃於三邊, 文軌同乎中夏. 凡立政造事, 大小云爲, 罔26)不資稟. 崇寧大觀以來, 施設注措之方, 其於文閣經筵, 求訪儒雅, 遵宣和之制也, 深堂密席, 延見輔臣, 法太淸之宴也. 雖禮有隆殺, 而優賢尙能之意, 則其致一也. 今入朝進貢使資諒, 賫27)桂香御酒龍鳳茗團

18) 四 : '年'이 누락되어 있다.
19) 知 : "二【鄭刻三】"으로 기록되어 있다.
20) 원문은 公으로 되어 있으나『高麗史』권96, 列傳9 金仁存과『東文選』권64, 記「淸燕閣記」를 근거로 令으로 교감 번역하였다.
21) 원문은 太로 되어 있으나『高麗史』권96, 列傳9 金仁存과『東文選』권64, 記「淸燕閣記」를 근거로 大로 교감 번역하였다.
22) 知 : 於.
23) 知 : "【鄭刻無不字】"로 기록되어 있다.
24) 四 : 願.
25) 四 : 華.
26) 四 知 : 罔. 원문은 冈으로 되어 있으나, 의미상 '罔'이 옳다고 생각되어 교감 번역하였다.

珍菓28)寶皿來歸, 嘉與卿等樂斯盛美. 臣僚皆皇29)駭恐懼, 退伏階陛, 辭
以固陋不敢干盛禮, 王趣令就坐30), 溫顏以待之, 備物以享之.

[譯文]

    금년(1117) 정유 여름 4월 갑술 2일[1]에 수태부[2] 상서령[3] 대방공 신 왕보,[4] 수태부 상서령 태원공 신 왕효,[5] 수태보 제안후 신 왕서,[6] 수태보 통의후 신 왕교,[7] 수태보 낙랑후 신 김경용,[8] 문하시랑 신 이위,[9] 문하시랑 신 이자겸,[10] 신 김연, 중서시랑[11] 신 조중장,[12] 참지정사[13] 신 김준,[14] 수사공[15] 신 김지화,[16] 추밀원사[17] 신 이궤,[18] 지추밀원사[19] 신 왕자지,[20] 동지추밀원사[21] 신 한안인[22] 등을 특별히 불러 청연각에서 성대한 연회[高會]를 베풀고는 이에 조용히 일러 말하기를, "내가 돌이켜보면 덕이 뛰어나지는 않으나 하늘이 내린 평안에 힘입어서 태묘와 사직은 복이 쌓이고 전쟁[金革]이 변경[三邊]에서 그치고 글과 법도는 중국[中夏]과 같게 되었다. 무릇 정치를 세우고 일을 일으킬 때는 크고 작은 말과 행동들이 타고난 성품이 아닌 것이 없었다. 숭녕과 대관 이래로 설치하고 조치한 방안으로 그 보문각의 경연에서 유학에 뛰어난 인재[儒雅]를 구하여 찾은 것은 선화의 제도를 따랐고,[23] 깊은 궁궐의 기꺼운 자리에서 재상[輔臣]들을 맞아들여 만나는 것은 태청의 연회를 본받았다.[24] 비록 예에는 더하고 덜함이 있으나 현명한 이를 우대하고 능력이 있는 이를 높이는 뜻은 모두 같다. 지금 입조하였던 진공사 이자량[25]이 계향어주(桂香御酒)[26]와 용봉명단(龍鳳茗團),[27] 진귀한 과일과 귀중한 그릇을 받아서 돌아왔으니[28] 기뻐서 경들과 더불어 이 성대한 아름다움을 즐기

27) 知 : 齎.
28) 知 : 果.
29) 知 : 惶.
30) 知 : 座.

려 한다."라고 하였다. 신료들이 모두 황송하고 놀라 몹시 두려워하며 물러나 섬돌에 엎드려서 비루하여 성대한 예를 감히 하지 못한다고 사양하였으나 왕께서 재촉하여 나아가 앉게 하고는 온화한 얼굴로 그들을 대우하며 물품들을 갖추어 누리게 하였다.

[註解]

1) 今年丁酉夏四月甲戌有二日: 본문에는 丁酉年(1117, 예종 12)의 여름 4월 갑술이 2일로 되어 있으나 그 해 4월의 삭일이 己未이므로 甲戌일은 16일이다. 한편 『高麗史』에는 해당 날 대신에 같은 해 6월 甲戌(17일)등 여러 차례 淸讌閣에서 연회를 베푼 기록이 있다.
『高麗史』 권14, 世家14 睿宗 12년 6월 甲戌.
안영숙 외 지음, 2002, 『고려시대 연력표』, KSI한국학술정보(주), 78쪽.

2) 守太傅: 太傅는 太保·太師와 함께 3師의 하나인 정1품이다. 3師에 대해서는 본서 권6-3-(1), 주해 10) 참조.

3) 尙書令: 尙書省의 종1품 관직으로 정원은 1인이다. 규정상으로는 상서도성의 장관직이었으나 실제로는 王子·王叔 등 宗親들에게 수여되거나 人臣의 경우에는 치사직이나 증직으로 수여되었던 명예직에 가까웠다.
『高麗史』 권76, 志30 百官1 尙書省.
邊太燮, 1971, 「高麗宰相考─3省의 權力關係를 중심으로─」·「高麗時代 中央政治機構의 行政體系─尙書省 機構를 중심으로─」, 앞의 책, 15·69·70쪽.
朴龍雲, 1995, 「高麗時代 尙書都省에 대한 檢討」, 『國史館論叢』 61 ; 2000b, 『高麗時代 尙書省 硏究』, 景仁文化社, 16~19쪽.

4) 俌: 帶方公俌(?~1128)를 말한다. 숙종의 아들로, 母는 明懿太后 柳氏이다. 1102년(숙종 7)에 이름을 받았고, 1106년(예종 1)에 帶方侯에 봉해졌으며, 1109년 公으로 進封되었다. 1122년(인종 즉위)에 이자겸의 모함으로 경산부로 추방되었다가 그곳에서 죽었다. 시호는 良簡이며 開府儀同三司·守太師·中書令·帶方公·食邑五千戶·食實封五百戶에 추봉되었다.
『高麗史』 권77, 志31 百官2 宗室諸君.
『高麗史』 권90, 列傳3 宗室1 帶方公俌.

5) 侾: 大原公侾(1093~1161)를 말한다. 숙종의 아들로, 母는 明懿太后 柳氏이다. 원래 이름은 汝이며, 자는 敬天이다. 1102년(숙종 7)에 이름을 받았으며, 1106년(예종 1)에 大原侯에 봉해졌다가 1114년에 大原公으로 進封되었다. 1122년(인종 즉위)에 이자겸의 모함으로 남쪽 변방으로 유배되었으나 1129년에 소환되었다. 『高麗史』에는 1170년(의종 24)에 사망한 것으로 되어 있으나 그의 묘지명에는 그의 죽음이 1161년의 일로 기록되어 있다. 시호는 莊平이다.

『高麗史』 권16, 世家16 仁宗 7년 12월 庚子.
『高麗史』 권90, 列傳3 宗室1 大原公㑒.
「王㑒墓誌銘」.

6) 偐: 齊安公偐(?~1131)를 말한다. 숙종의 아들로, 母는 明懿太后 劉氏이다. 1103년(숙종 8)에 이름을 받았으며, 1106년(예종 1)에 齊安侯에 봉해졌다. 1122년(예종 17)에 公으로 進封되었다. 이자겸이 권력을 잡은 후 왕에게 요청하여 호위 군사를 철수시키고 문을 닫고 손님을 만나지 않았으며, 술을 탐닉하여 자신을 감추어 화를 면할 수 있었다. 시호는 思節이다.
『高麗史』 권90, 列傳3 宗室1 齊安公偐.

7) 僑: 通義侯僑(1097~1119)를 말한다. 숙종의 아들로, 母는 明懿太后 柳氏이다. 1103년(숙종 8)에 이름을 받았으며, 通義侯에 봉해졌다. 성품이 총명하고 학문을 좋아했으며, 빈객을 잘 대접하였다고 평가받았다. 시호는 英章이다.
『高麗史』 권90, 列傳3 宗室1 通義侯僑.

8) 景庸: 金景庸(1041~1125)을 말한다. 『高麗圖經』내에서는 金景融으로 언급되기도 하였다. 본관은 慶州이며 父는 金元晃이다. 吏部侍郞, 知樞密院事, 門下侍中 등을 역임하였으며 1114년(예종 9)에 치사하였다. 이후 樂浪郡開國侯로 봉작되었다가 인종이 즉위한 이후에는 樂浪郡開國公으로 進封되었다. 시호는 襄懿이다.
『高麗史』 권11, 世家11 肅宗 3년 12월 庚子.
『高麗史』 권12, 世家12 肅宗 8년 2월 辛酉.
『高麗史』 권13, 世家13 睿宗 7년 9월 丙寅.
『高麗史』 권14, 世家14 睿宗 11년 6월 壬午.
『高麗史』 권15, 世家15 仁宗 즉위년 5월 乙亥.
『高麗史』 권97, 列傳10 金景庸.
『高麗史節要』 권8, 睿宗 9년 3월·11년 6월.
『高麗圖經』 권8, 人物 館伴金紫光祿大夫守司空同知樞密院事上柱國金仁揆.
「李資元女李氏墓誌銘」.

9) 瑋: 李瑋(1049~1133)를 말한다. 자는 直淸이고 본관은 樹州이며 父는 李靖恭이다. 형은 李璹이다. 문종대에 과거에 급제하였고, 御史大夫, 同知樞密院事, 叅知政事 등의 관직을 지냈다. 이후 송에서 온 사신을 접대하는 館伴을 담당하기도 하였으며, 門下侍中에 이르렀다. 桂陽郡開國伯으로 봉작된 후 1118년(예종 13)에 치사하였다가, 인종이 즉위하자 桂陽公이 되었다. 인종이 그의 외손을 비로 들인 이후에는 中書令에 제수되었다. 시호는 莊肅이다.
『高麗史』 권12, 世家12 肅宗 10년 6월 甲戌·睿宗 원년 11월 戊子.
『高麗史』 권13, 世家13 睿宗 4년 10월 壬辰·5년 6월 辛巳.
『高麗史』 권14, 世家14 睿宗 11년 6월 壬午·12년 12월 丁丑.
『高麗史』 권15, 世家15 仁宗 즉위년 5월 乙亥·5년 8월 丁丑.
『高麗史』 권73, 志27 選擧1 科目1 凡選場 睿宗 3년 5월.
『高麗史』 권98, 列傳11 李璹 附瑋.

朴龍雲, 1990,「資料 : 科試 設行과 製述科 及第者」,『高麗時代 蔭敍制와 科擧制 硏究』, 一志社, 352쪽.
10) 資謙: 李資謙(?~1126)을 말한다. 그에 대해서는 본서 권2-4, 주해 4) 참조.
11) 中書侍郎: 中書門下省의 정2품 관직인 中書侍郎平章事를 가리킨다. 평장사에 대해서는 본서 권6-3-(1), 주해 11) 참조.
12) 仲璋: 趙仲璋(?~1119)을 말한다. 吏部侍郎·知御史臺事, 左諫議大夫, 叅知政事 등을 역임하였으며, 1115년(예종 10)에는 지공거로 과거를 주관하였다. 이후 門下侍郎平章事에 이르렀다. 시호는 康懷이다.
　　『高麗史』 권13, 世家13 睿宗 6년 3월 辛未·7년 4월 丁酉·9년 3월 己丑.
　　『高麗史』 권14, 世家14 睿宗 14년 6월 癸卯.
　　『高麗史』 권73, 志27 選擧1 科目1 凡選場 睿宗 10년 5월.
13) 叅知政事: 中書門下省의 종2품 관직으로 정원은 1인인데, 실제로는 동시에 2인 내지는 3인이 임명된 사례가 많다. 宰臣의 일원으로서 6部의 判事나 尙書를 겸하였으며(①) 唐과는 달리 정원과 품질을 갖춘 하나의 관직으로 기능하였다. 한편, 논자에 따라서는 叅知政事를 唐·宋과 유사하게 겸직으로 운영하는 겸직재신으로 파악하기도 한다(②).
　① 『高麗史』 권76, 志30 百官1 門下府 評理.
　　邊太燮, 1971,「高麗宰相考—3省의 權力關係를 중심으로—」, 앞의 책.
　　朴龍雲, 2000a,「고려시대의 叅知政事」, 앞의 책, 242~333쪽.
　② 박재우, 1997,「고려전기 재추의 운영원리와 권력구조」,『역사와 현실』 26.
　　박재우, 2005,「국정의 다양한 會議」,『고려 국정운영의 체계와 왕권』, 신구문화사.
14) 晙: 金晙(1057~1124)을 말한다. 본관은 開州이고 자는 適中이다. 영특하여 학문을 좋아하고 글을 잘 지었다. 1085년(선종 2)에 장원으로 과거에 급제하였으며 左拾遺, 尙書右丞·樞密院右承宣, 樞密院知奏事, 知樞密院事 등을 역임하였다. 1116년 4월에는 지공거를 담당하였고, 이후에 中書侍郎平章事에 이르렀다. 인종이 즉위한 이후에는 門下侍郎平章事가 되었다. 시호는 貞愼이다.
　　『高麗史』 권11, 世家11 肅宗 6년 12월.
　　『高麗史』 권13, 世家13 睿宗 4년 12월 壬午·7년 2월 甲寅·9년 3월 己丑.
　　『高麗史』 권14, 世家14 睿宗 15년 6월 丙子.
　　『高麗史』 권73, 志27 選擧1 科目1 凡選場 宣宗 2년 4월·睿宗 11년 4월.
　　『高麗史』 권97, 列傳10 金晙.
　　『高麗史節要』 권8, 睿宗 8년 12월.
15) 守司空: 司空은 太尉·司徒와 함께 3公의 하나로 정1품이다. 3公과 行守法에 대해서는 앞의 권6-3-(1), 주해 10) 참조.
16) 至和: 金至和(생몰년 미상)를 말한다. 1101년(숙종 6)에 右補闕이 되었으며 1112년(예종 7)에 知吏部事에 보임되었다. 이듬해에는 工部尙書가 되었다가 이후 左僕射兼三司使, 叅知政事 등을 역임하였다. 인종이 즉위한 이후에는 判兵部事에

제수되었다.

『高麗史』 권11, 世家11 肅宗 6년 12월.

『高麗史』 권13, 世家13 睿宗 7년 4월 丁酉·8년 3월 戊寅·9년 12월 丁巳.

『高麗史』 권14, 世家14 睿宗 14년 3월 丁未.

『高麗史』 권15, 世家15 仁宗 원년 12월 丙午.

17) 樞密院使: 樞密院의 종2품 관직으로 정원은 2인이다. 樞密七職의 하나로 재상이었으며 6부상서 등의 중요직을 帶有하는 경우가 많았다. 한편 樞密은 문종대를 기준으로 判院事 1인, 院使 2인, 知院事 1인, 同知院事 1인(이상 종2품), 副使, 簽書院事 1인, 直學士 1인 등에 해당한다. 中書門下省의 宰臣과 함께 宰樞로 불리기도 하였으며 宰相으로 의정에 참여하였다.

『高麗史』 권76, 志30 百官1 密直司.

邊太燮, 1976, 「高麗의 中樞院」, 『震檀學報』 41.

朴龍雲, 1976, 「高麗의 中樞院 硏究」, 『韓國史硏究』 12 ; 2001, 『高麗時代 中樞院 硏究』, 高麗大民族文化硏究院.

18) 軏: 李軏(1053~1122)를 말한다. 초명은 載이며 자는 公濟이다. 본관은 淸州이며 父는 李攸績이다. 少府注簿 재임 시 宋으로 가는 표문을 작성할 때 요의 연호를 사용하여 면직되었다. 1101년(숙종 6)에는 禮部郞中으로 요에 파견되었는데, 의천이 요에 금종을 바치는 일을 막지 않았다하여 파면되었다. 예종이 즉위한 이후에는 右諫議大夫, 殿中監, 御史大夫·文德殿學士, 叅知政事를 역임하였다. 예종대에 국자시를 주관하기도 하였으며, 동지공거와 지공거로 두 차례 과거를 주관하였다. 시호는 文簡이다.

『高麗史』 권13, 世家13 睿宗 4년 2월 戊戌·6년 12월 丙午·8년 3월 戊寅.

『高麗史』 권14, 世家14 睿宗 15년 6월 丙子.

『高麗史』 권73, 志27 選擧1 科目1 凡選場 睿宗 3년 5월·13년 5월.

『高麗史』 권97, 列傳10 金黃元 附李軏.

19) 知樞密院事: 樞密院의 종2품 관직으로 정원은 1인이다. 한편 樞密에 대해서는 본서 권6-3-(2), 주해 17) 참조.

20) 字之: 王字之(1066~1122)를 말한다. 초명은 紹中이며 자는 元長이다. 胥吏를 거쳐 벼슬에 올랐으며, 누이의 남편인 왕국모가 이자의를 참살할 때 궁궐문을 지켜 都校令에 임명되었다. 숙종대에 內侍가 되었고 예종이 즉위한 이후 吏部侍郞·樞密院左承宣, 殿中監 등을 역임하였다. 1114년에 송에 사신으로 다녀왔으며 이듬해에도 송에 파견되었다. 이후 叅知政事에 이르렀다. 시호는 章順이다. 예종의 묘정에 배향되었다가 간관의 건의로 철회되었다.

『高麗史』 권13, 世家13 睿宗 7년 2월 甲寅·9년 3월 己丑·6월 丁未·10년 4월 甲寅·7월 戊子.

『高麗史』 권14, 世家14 睿宗 17년 3월 庚午.

『高麗史』 권92, 列傳5 王儒 附字之.

『高麗史節要』 권7, 睿宗 3년 정월 丙子.

21) 同知樞密院事: 樞密院의 종2품 관직으로 정원은 1인이다. 한편 樞密에 대해서는 본서 권6-3-(2), 주해 17) 참조.
22) 安仁: 韓安仁(?~1122)을 말한다. 초명은 皦如이며 자는 子居이다. 본관은 端州이며 父는 韓圭이다. 숙종대에 과거에 급제하였으며 예종의 동궁 시절 侍學으로 있었기 때문에 예종이 즉위한 이후에 측근이 되었다. 1108년(예종 3)에 송에 사신으로 파견되었으며, 1110년에는 송의 사신을 접대하는 관반의 업무를 담당하기도 하였다. 이후 右承宣, 同知樞密院事·翰林學士承旨, 知樞密院事兼太子賓客, 叅知政事 등을 역임하였다. 예종대에 두 차례 과거를 주관하였다. 인종이 즉위한 이후에는 中書侍郎平章事가 되어 李資謙을 견제하였으나, 곧 그에 의해 昇州 甘勿島에 유배되었다가 죽임을 당하였다. 시호는 文烈이다. 한편 한안인이 제거될 때 많은 인물들이 함께 유배되거나 관직을 박탈당했는데 이들을 이자겸 일파 세력과 대립하는 한안인 파로 범주화한 연구도 있다.
『高麗史』 권12, 世家12 睿宗 3년 4月 壬午·7월 乙亥.
『高麗史』 권13, 世家13 睿宗 5년 6月 辛巳·7년 甲寅·12년 12월 丁丑.
『高麗史』 권14, 世家14 睿宗 14년 6月 甲午·17년 3월 庚午.
『高麗史』 권15, 世家15 仁宗 즉위년 5월 乙亥·12월 丙申.
『高麗史』 권73, 志27 選擧1 科目1 凡選場 睿宗 9년 3월·15년 5월.
『高麗史』 권97, 列傳10 韓安仁.
盧明鎬, 1987, 「李資謙一派와 韓安仁一派의 族黨勢力—高麗中期 親屬들의 政治勢力化 樣態—」, 『韓國史論』 17.
朴龍雲, 1990, 「資料 : 科試 設行과 製述科 及第者」, 앞의 책, 361쪽.
E. J. Shultz, 1991, 「韓安仁派의 등장과 그 役割—12世紀 高麗 政治史의 展開 에 나타나는 몇가지 特徵—」, 『歷史學報』 99·100합.
박종기, 1993, 「예종대 정치개혁과 정치세력의 변동」, 『역사와 현실』 9.
南仁國, 1999, 「政治勢力 內部의 葛藤과 支配秩序의 再編」, 『高麗中期 政治勢力 研究』, 신서원, 129~134쪽.
金秉仁, 2003, 「韓安仁勢力과 李資謙勢力의 構成과 性格」, 『高麗 睿宗代 政治勢力 研究』, 景仁文化社.
23) 遵宣和之制也: 宋의 宣和殿의 제도를 본받은 사실을 말한다. 『宋史』 本紀에 의하면 宣和殿에 學士를 둔 기록이 있으며, 장서 보관의 기능도 확인된다. 본문은 고려에서 이러한 기능들을 따르고 있었음을 언급한 것이다.
『宋史』 권21, 本紀21 徽宗 政和 5년 4월 癸亥.
『宋史』 권22, 本紀22 徽宗 宣和 4년 4월 丙午.
24) 法太清之宴也: 宋의 太清樓에서 이루어진 연회가 고려에서도 참고된 사실을 말한다. 『宋史』本紀에 따르면 太清樓는 장서를 보관하는 장소로 이용되었으며, 徽宗이 연회를 베푼 기록이 많이 남아있다. 본문은 고려에서도 이와 유사하게 장서를 보관한 清燕閣에서 연회를 베푼 사실을 가리키고 있다.
『宋史』 권9, 本紀9 仁宗 天聖 8년 3월 壬申·9년 10월 戊辰.

『宋史』권11, 本紀11 仁宗 慶曆 4년 9월 丁亥·5년 9월 辛卯.
『宋史』권21, 本紀21 徽宗 政和 2년 4월 甲午.
25) 資諒: 李資諒(?~1123)을 말한다. 초명은 資訓이다. 본관은 仁州이며 父는 李顥, 형은 李資謙이다. 외척으로 左右衛錄事叅軍事에 보임되었으며, 예종 때 윤관을 따라 여진을 정벌한 공으로 監察御史가 되었다. 1116년(예종 11)에 이영과 함께 송에 사신으로 파견되었다. 이후 刑部侍郎·知奏事兼太子右諭德, 樞密院副使兼太子賓客을 역임하였다. 인종이 즉위한 후에는 中書侍郎平章事에 이르렀다.
『高麗史』권14, 世家14 睿宗 11년 7월 己酉·12년 6월 庚辰·17년 3월 庚午.
『高麗史』권95, 列傳8 李子淵 附資諒.
26) 桂香御酒: 계수의 향을 넣은 황제의 하사주를 말한다.
諸橋轍次, 1985, 「桂香」, 『大漢和辭典』6, 大修館書店.
27) 龍鳳茗團: 송 인종 때 만들어진 최상급의 團茶이다. 압착하여 용봉의 문양으로 만들었다.
諸橋轍次, 1986, 「龍鳳團」, 『大漢和辭典』12, 大修館書店.
28) 今入朝進貢使資諒 賞桂香御酒龍鳳茗團珍菓寶皿來歸: 이자량은 1116년(예종 11) 7월 己酉에 大晟樂을 보내준 것에 대한 謝恩使로 송에 파견되었다가 이듬해 5월 丁巳에 돌아왔다. 한편 『高麗史』金仁存傳에는 進貢使가 李資謙으로 되어 있다.
『高麗史』권14, 世家14 睿宗 11년 7월 己酉·12년 5월 丁巳.
『高麗史』권96, 列傳9 金仁存.

6-3-(3)

[原文]

其供張之設, 器皿之列, 觴豆之實, 菓31)核之品, 則六尙之名珍, 四方之美味, 無一不具. 復有上國玻梨馬腦32)翡翠犀兕瑰奇玩用之物, 交錯於桉33)上, 塤篪桱楬琴瑟鐘磬安樂雅正之聲, 合奏於堂下. 王執爵, 命近臣監勸曰, 君臣交際, 惟以至誠, 其各盡量不辭而飮, 左右再拜, 告旨而卒爵. 或獻或訓34), 和樂孔皆35). 及36)觴酒九行, 且令退息, 續有中貴人, 押賜襲衣

31) 知 : 果.
32) 四 : 瑙.
33) 四 : 案.

寶帶, 以將其厚意焉. 旣而復召, 促席而坐, 使飮食擧措各自便, 或開懷以言笑, 或縱目以觀覽. 欄楯之外, 疊石成山, 庭除之際, 引水爲沼. 嵂崒萬狀, 淸渟四徹, 洞庭吳會幽勝之趣生, 而終宴無憚暑之意, 盡醉劇飮, 夜艾而罷. 於是, 搢37)紳士大夫擧欣欣然有喜色而相告曰, 吾王以慈儉爲寶, 而無肆溢之行, 衣不御文繡, 器不用雕鏤. 猶慮一夫之不得所, 一事之不合度, 每日焦勞惻怛於宵旰之中. 至於燕群臣嘉賓, 則發38)內府之寶藏, 傾上國之異恩, 而窮日之力, 以火繼之, 猶不以爲侈. 其尊賢重禮, 好善忘勢之心, 實可謂高出百王之上矣. 臣嘗聞昔魯公用天子禮樂, 以化成風俗, 故於泮宮, 則先生39)君子, 與之爲樂, 其詩曰, 魯侯戾止, 在泮飮酒, 旣飮旨酒, 永錫難老. 燕於路寢, 則大夫庶士, 與之相宜, 其詩曰, 魯侯燕喜, 宜大夫庶士, 邦國是有, 旣多受祉. 今吾君奉天子恩意, 以寵待臣鄰, 故公卿大夫懷天保報上之意, 言語法從賦我有嘉賓40)之詩, 瞽史歌工作君臣相悅之樂, 懽忻交通, 禮儀卒41)度. 當斯時也, 人靈之和氣, 天地之休應, 上下之施報, 風俗之化源, 皆出於飮食衎衎載色載笑之間42), 豈止永錫難老, 旣多受祉而已耶. 必當億萬斯年, 享太平之福, 而對揚天子永永無疆之休. 臣愚且拙, 遭逢萬幸, 代匱宰43)府. 不以臣之不材, 特有書事44)之命45), 辭

---

34) 四 知 : 酬.
35) 四 知 : 偕.
36) 四 : 乃.
37) 四 知 : 縉.
38) 四 : 登, 知 : "發【鄭刻登】"으로 기록되어 있다.
39) 四 : 王.
40) 知 : 賓.
41) 知 : "率【鄭刻卒】"로 기록되어 있다.
42) 知 : 間.
43) 四 : 率, 知 : "宰【鄭刻率】"로 기록되어 있다.
44) 원문은 命으로 되어 있으나 『高麗史』 권96, 列傳9 金仁存과 『東文選』 권64, 記「淸燕閣記」를 근거로 事로 교감 번역하였다.
45) 원문은 事로 되어 있으나 『高麗史』 권96, 列傳9 金仁存과 『東文選』 권64, 記「淸燕閣記」를 근거로 命으로 교감 번역하였다.

不獲已, 謹拜手稽首, 而强爲之記.

[譯文]
 그 장막의 진설, 그릇들의 배열, 술잔과 고기그릇[觴豆]의 채움, 과일들의 차림은 육상(六尙)¹⁾의 이름난 진귀한 것이고 사방의 뛰어난 맛으로 갖추어지지 않은 것이 하나도 없었다. 또 중국[上國]의 유리[玻梨]·마노·비취·무소뿔[犀兕]의 아름답고 기이한 감상품들이 상 위에 뒤섞여 있었으며, 질나발[塤]²⁾·피리[篪]·강(椌)³⁾·갈(楬)⁴⁾·거문고·비파·종·경쇠[磬]⁵⁾의 안락하고 아담한 소리가 당(堂) 아래에서 함께 연주되었다. 왕께서 술잔을 들고 근신들에게 명하여 술을 권하며[監勸] 말씀하시기를, "군신의 교제는 오직 지극한 정성으로 하니 각자 양을 다하여 사양하지 말고 마시거라."라고 하시니, 좌우가 재배하고 맛을 찬양하며[呰旨] 잔을 비웠다. 혹은 올리고 혹은 받으며 사이 좋은 즐거움[和樂]이 크게 미쳤다. 술 따르기를 아홉 번 행하고 또 물러나 쉬게 하고 잇달아 환관[中貴人]에게 예복과 보물로 장식된 허리띠를 내려주게 하시어 그 두터운 뜻을 보이셨다. 이윽고 다시 부르셔서 재촉하여 자리에 앉게 하시며 음식을 먹고 행동거지를 각자 편하게 하도록 하시니 혹자는 마음을 열고 이야기하고 웃었으며 혹자는 눈길이 가는 대로 관람하였다. 난간 밖에는 돌을 쌓아 산을 이루고 뜰과 섬돌 아래에는 물을 끌어와 못을 만들었으며, (산은) 높고 가파른 만 가지 형상이고 (물은) 맑게 고여 사방으로 흐르니 동정호와 오회⁶⁾의 그윽한 아름다운 흥취가 일어나 연회가 끝나도록 더위를 꺼리는 마음이 없이 몹시 취하도록 잔뜩 마시다가 밤이 다해서야 파하였다. 이에 진신(搢紳)과 사대부들이 모두 매우 기뻐하며 즐거운 기색으로 서로 말하기를, "우리 왕께서는 자애로움과 검소함을 귀중하게 여기시어 마음대로 하거나 지나친 행동이 없으시니 옷은 무늬

가 수놓인 것을 입지 않고, 그릇은 장식을 새기어 치장한 것을 쓰지 않으십니다. 오히려 한 사람이라도 알맞은 자리를 얻지 못할까, 한 가지 일이라도 법도에 맞지 않을까 걱정하시어 매일 정사로 바쁜 중[宵旰之中]에도[7] 애태우고 가엽게 여기십니다. 여러 신하와 귀한 손님들에게 연회를 베풂에 이르러 곧 내부[8]에 간직한 보물들을 여시고 중국[上國]의 특별한 은사[異恩]도 다 내놓으시어, 아침부터 저녁까지 불을 켜고 연회를 계속함에도 오히려 사치스럽다고 여기지 않으셨습니다. 그 어진 이를 존숭하고 예를 중히 하며 선을 좋아하고 권세를 잊는 마음이 실로 빼어난 역대 왕들보다 뛰어나다고 할 만합니다."라고 하였다. 신이 일찍이 듣기를 옛날 노공[9]이 천자의 예악을 사용하여서 교화하여 풍속을 이루었으므로 반궁[10]에서 선생·군자와 함께 즐기셨는데 그 시에 이르기를, "노후가 거둥하시니, 반궁에서 술을 드시네. 이미 맛좋은 술을 마셨으니, 길이 늙지 않음을 주리로다."[11]라고 하였다. 정청[路寢][12]에서 연회하면 대부와 서사가 더불어 서로 어울렸는데 그 시에 이르기를, "노후가 잔치하여 기뻐하시니, 대부와 서사들도 서로 마땅하네. 이 나라를 길이 보유하시리니, 이미 복을 많이 받으셨네."[13]라고 하였다. 지금 우리의 왕께서 천자의 은혜로운 뜻을 받들어 신하들을 아껴 대우하여 주시니 그리하여 공·경·대부는 하늘이 돌보심[14]에 임금께 보답하는 뜻을 품었고, 뛰어난 말솜씨를 가진 자와 뒤에서 따르는 자들은 내게 아름다운 손님이 오셨음을 시[15]로 읊으며, 눈먼 악사와 노래 부르는 장인은 군신이 서로 기뻐하는 악[16]을 연주하였으니 즐거움은 서로 통하였고 예의는 법도에 맞았다. 이러한 때를 맞이하여 사람과 신령의 화합하는 기운과 하늘과 땅의 상서로운 감응, 위와 아래가 베풀고 보답함과 풍기와 습속이 화합하는 근원이 모두 마시고 먹으며 기뻐하는 낯빛과 웃음 사이에서 나왔으니 어찌 늙지 않음을 영원히 받는 것과 이미 복을 많이 받은 것에 그칠 뿐이겠는가. 반드시 무궁한 세월을 마주하여 태평의 복을 누릴 것이며 천자의 영원하고 무한한 아름다움[無疆之休]에 보답할 것이다. 신은 어리석고 또한 졸렬하나 커다란 행운을 만나게 되어 외람되이 재부를 맡았는데[17] 신이 재능이 없다고 여기지 않으시어 특별히 이를 기록하라는 명이 있었으니 사양하였으나 부득이하여 삼가 절을 올리고 머리를 조아리며 억지로 기를 지었다.

[註解]

1) 六尙: 궁중에서 황제가 소용하는 음식, 약재, 의복, 수레 등 여러 가지 물품의 공급과 관리를 담당하는 관서를 아우르는 표현이다. 唐의 경우 殿中省 소속으로 尙食·尙藥·尙衣·尙舍·尙乘·尙輦의 6局이 있었으며 宋의 경우 尙乘 대신 尙醞이 있었다. 한편 고려의 경우에는 尙食局·尙藥局·尙衣局·尙舍局·尙乘局의 5개의 局만이 확인되지만, 田柴科와 文武班祿·避馬式 등의 기록에서 六局으로 언급되고 있다.
『高麗史』 권77, 志31 百官2 司膳署·奉醫署·掌服署·司設署·奉車署.
『高麗史』 권78, 志32 食貨1 田制 田柴科.
『高麗史』 권80, 志34 食貨3 祿俸 文武班祿.
『高麗史』 권84, 志38 刑法1 公式 避馬式.
『新唐書』 권47, 志37 百官2 殿中省.
『宋史』 권164, 志117 職官4 殿中省.

2) 塤: 악기의 한 종류로 壎이라고도 부른다. 흙으로 만들며 여섯 개의 구멍이 있다.
張師勛, 1969, 「管樂器」, 『韓國樂器大觀』, 文化公報部 文化財管理局, 53쪽.

3) 柷: 악기의 한 종류로 梲이라고도 부른다. 나무로 만들며 음악의 시작을 알리는 타악기였다.
張師勛, 1969, 「打樂器」, 앞의 책, 124쪽.

4) 楊: 악기의 한 종류로 敔라고도 부른다. 나무로 만들며 음악의 종료를 알리는 타악기였다.
張師勛, 1969, 「打樂器」, 앞의 책, 125쪽.

5) 磬: 악기의 한 종류이다. 옥돌로 만들기 때문에 石磬·玉磬라고도 불린다. 한편 본문에서 소개된 악기들은 예종대에 송에서 전해진 것으로 짐작된다.
『高麗史』 권13, 世家13 睿宗 9년 6월 甲辰.
張師勛, 1969, 「打樂器」, 앞의 책, 115쪽.

6) 洞庭吳會: 洞庭은 중국 湖南省 북부에 있는 호수이며, 吳會는 중국 浙江省 紹興市 남동쪽에 있는 會稽山을 말한다. 이들은 모두 중국의 명승지이며 경관이 아름다운 것으로 이름 높았다. 본문에서는 난간 밖의 풍경의 아름다움을 동정과 오회

의 풍경에 빗대어 표현하였다.
戴均良 외 주편, 2005, 「吳會」·「洞庭湖」, 『中國古今地名大詞典』, 上海辭書出版社, 372·642쪽.

7) 宵旰: 『舊唐書』에서 사용된 표현인 '宵衣旰食'을 의미하는 것으로 날이 밝기 전에 옷을 입고 해가 진 후에 식사를 할 만큼 임금이 정사를 돌봄에 힘써 바쁜 상황을 나타낸다.
『舊唐書』 권190下, 列傳140下 劉蕡.

8) 內府: 內庫를 의미한다. 내부에 대해서는 본서 권5-5, 주해 2) 참조.

9) 魯公: ?~B.C.627. 고대 중국 국가 魯의 제후인 僖公—『史記』에는 釐公—을 말하며 이름은 申이다. 莊公 사후 혼란스러웠던 魯를 수습하였으며 齊의 桓公과 함께 晉을 공격하기도 하였다. 한편 『詩經』에는 그를 칭송하는 魯頌 4편이 기록되어 있다.
『詩經』 魯頌.

10) 泮宮: 중국 고대에 제후가 세운 학교의 명칭을 일컫는 말이다. 『禮記』 王制에 따르면 대학이 성 밖에 있을 경우 천자는 辟雍이라 하고 제후는 泮宮이라 했다고 한다.
『禮記』 王制.

11) 魯侯戾止 …… 永錫難老: 이 시는 『詩經』에 실려 있는 泮水의 한 구절로, 泮水는 泮宮에서 연회를 즐기며 임금을 칭송한 노래이다. 본문에서는 청연각에서 행한 연회를 泮宮의 연회에 빗대어 묘사하고 있다.
『詩經』 魯頌 泮水.

12) 路寢: 『詩經』에 실려 있는 閟宮에서 사용된 표현으로 고대 천자와 제후의 正廳을 말한다.
『詩經』 魯頌 閟宮.

13) 魯侯燕喜 …… 旣多受祉: 이 시는 『詩經』에 실려 있는 閟宮의 한 구절로, "노후가 잔치하여 기뻐하시니 훌륭한 아내와 장수한 어머니가 계시도다. 대부와 서사들에게 마땅하사 이 나라를 길이 소유하셨으니 이미 복을 많이 받으셔서 머리는 누렇게 되고 이가 어린애처럼 빠졌도다[魯侯燕喜 令妻壽母 宜大夫庶士 邦國是有 旣多受祉 黃髮兒齒 賦也]."의 일부를 인용한 것이다. 閟宮은 魯 僖公이 어진 정치를 베푼 것을 칭송한 노래이다. 본문에서 이러한 시가 인용된 이유는 예종의 치세를 魯 僖公의 그것과 비유하기 위함이었다.
『詩經』 魯頌 閟宮.

14) 天保: 『詩經』에 실려 있는 鹿鳴之什의 한 편명이다. 天保는 임금의 多福을 비는 노래이다. 본문에서는 중국의 천자가 고려의 왕에게 베푼 은혜를 비유하는 표현으로 사용되었다.
『詩經』 小雅鹿鳴之什 天保.

15) 我有嘉賓之詩: 『詩經』에 실려 있는 鹿鳴의 한 구절인데, 鹿鳴은 群臣을 위한 향연에서 부르던 노래이다. 본문에서는 청연각 연회에서 불린 다양한 노래들을 뜻한다.
『詩經』 小雅鹿鳴之什 鹿鳴.

16) 君臣相悅之樂: 『孟子』梁惠王章句 下에 등장하는 노래로「徵招」와「角招」를 말한다. 본문에서는 왕과 신하가 함께 기뻐하며 즐기는 분위기를 칭송하는 악이 연주되었음을 의미한다.
『孟子』梁惠王下.
17) 代貳宰府: 宰府는 中書門下省의 상층부에 속한 관직을 말한다. 그 관직은 門下侍中·諸平章事·叅知政事·政堂文學·知門下省事였으며 宰臣 혹은 五宰라고도 불렀다. 본문의「淸燕閣記」를 작성한 金緣―金仁存―은 1113년(예종 8) 12월 丙辰에 政堂文學이 된 후 재부에 있었다.
『高麗史』권13, 睿宗 8년 12월 丙辰.
『高麗史』권76, 志30 百官1 門下府.
邊太燮, 1971,「高麗宰相考―3省의 權力關係를 중심으로―」, 앞의 책, 58~83쪽.

6-4

[原文]
臨川閣

臨川閣在會慶殿西會同門內. 爲屋四楹, 窓戶洞達, 外無重簷, 頗類臺門. 非燕集之地, 其中藏書數萬卷而已.

[譯文]
임천각[1]

임천각은 회경전[2] 서쪽이며, 회동문[3] 안에 있다. 네 기둥으로 된 건물에는 창과 호가 훤히 트였고, 밖으로는 겹처마가 없어 자못 대문(臺門)과 비슷하다. 연회로 모이는 곳이 아니며 그 안에는 책 수만 권을 보관할 뿐이다.

[註解]
1) 臨川閣: 會慶殿 서쪽에 위치한 건물이다.『高麗圖經』권6 延英殿閣條에는 '3개의

閣이 鼎立하였다.'라고 묘사되어 있는데 淸讌閣, 寶文閣 이외 나머지 하나가 불분명하다. 임천각은 두 건물과 위치가 가깝고 藏書를 보관하였다는 업무의 특성상 그 하나로 추정된다. 또한 『高麗圖經』 권40 儒學條에도 청연각과 함께 장서를 보관한 건물로 기록되어 있다. 한편 『高麗史』에는 임천각에 대한 기록이 보이지 않는데 그 성격으로 미루어 御書院으로 보기도 한다.
朴龍雲, 1996, 「開京 定都와 시설」, 『고려시대 開京 연구』, 一志社, 34쪽.
김창현, 2002, 「개경 황성과 궁성의 내부구조」, 앞의 책, 244쪽.

2) 會慶殿: 고려 궁궐의 제1정전이다. 이에 대해서는 본서 권5-3, 주해 1) 참조.
3) 會同門: 大初門에서 乾德殿으로 통하는 문들 가운데 하나이다. 1138년(인종 16)에 利賓門으로 개칭되었다.
『高麗史』 권16, 世家16 仁宗 16년 5월 庚戌.
『高麗史』 권64, 志18 禮6 凶禮 國恤 先王諱辰眞殿酌獻儀.
『高麗史』 권67, 志21 禮9 嘉禮 一月三朝儀.

6-5

[原文]
長慶宮

長慶宮在王府之西南由嵓山麓. 有二小徑, 北通王府, 東通宣義門長衢. 老屋數十楹, 王顒諸妹居其中, 後出適人, 遂虛其地, 荒蕪益甚. 俁[46]疾革, 又即之醫治, 已而不起, 因以爲祠奉之所, 俁之侍姬, 與其舊僚屬十數人守之. 比使者銜睿眷之隆, 遵元豐舊制, 祭奠前王, 吊慰其嗣, 皆於長慶拜而受之.

[譯文]
장경궁[1]
장경궁은 왕부의 서남쪽이며, 유암산[2] 기슭에 있다. 두 개의 오솔길이

---
46) 四 : 俁.

있는데 북쪽으로는 왕부와 통하고 동쪽으로는 선의문[3]의 긴 거리와 통한다. 오래된 건물은 수십 기둥인데 왕옹[王顒, 숙종]의 여러 누이동생이 그 안에 거처하다가 후에 다른 사람과 혼인하여 나가니 마침내 그 곳이 비어 황무함이 더욱 심해졌다.[4] 왕우[俁, 예종]가 병이 중해져 또 그곳에 가서 치료하였으나 끝내 일어나지 못하였으므로 이에 제사지내는[祠奉] 곳으로 삼았고 왕우의 희시[侍姬][5]와 옛 요속 십 수 인이 그곳을 지켰다. 근래에 사신이 황제의 총애가 두터운 것[眷眷之隆]을 받들어 원풍의 옛 제도에 따라[6] 예종[前王]에게 제사지내고 인종[其嗣]에게 조문하고 위로하였는데 모두 장경궁에서 절하고 받았다.[7]

[註解]
1) 長慶宮: 고려 황성의 소남문 밖에 위치한 궁이다. 현종의 후비인 元城太后 金氏, 순종의 후비인 長慶宮主 李氏 등이 거주하였다. 1105년(예종 즉위)에 崇德宮으로 고치고 숙종의 둘째 딸인 興壽宮主에게 하사하였다. 서긍이 방문했을 시기에는 숭덕궁 또는 興壽宮으로 불렸을 가능성이 있다.
『高麗史』 권12, 世家12 睿宗 즉위년 10월 癸巳·甲午.
『高麗史』 권88, 列傳1 后妃1 元城太后金氏.
김창현, 2002, 「개경 황성과 궁성의 내부구조」, 앞의 책, 225쪽.
2) 由嵒山: 황성 밖 서남쪽에 위치한 산으로 留崵山 또는 琵瑟山이라고도 한다. 산 주변에는 장경궁을 비롯하여 中部에 속한 由岩坊, 藥師道場인 佛恩寺, 태조대 창건된 彌勒寺, 문종의 아들인 扶餘侯가 살던 扶餘宮 등이 있었다.
김창현, 2002, 「개경 사원·궁궐·성곽의 조영」·「개경 행정구역의 편제와 그 이념」, 앞의 책, 29·135쪽.
3) 宣義門: 개경 나성의 정서문이다. 이에 대해서는 본서 권4-2, 주해 1) 참조.
4) 王顒諸妹居其中 …… 荒蕪益甚: 서긍은 장경궁을 숙종의 자매가 거처하였던 곳이라고 하였으나, 실제로 이곳은 숙종의 딸인 興壽宮主의 궁으로 사용되었으므로 사실과 다르다.
『高麗史』 권12, 世家12 睿宗 즉위년 10월 甲午.
김창현, 2002, 「개경 황성과 궁성의 내부구조」, 앞의 책, 225쪽.
5) 姬侍: 지체 높은 사람의 가까이에 있으면서 시중을 들던 여자를 가리킨다. 이에 대해서는 본서 권5-4, 주해 3) 참조.
6) 遵元豊舊制: 元豊舊制는 송 신종 때인 원풍 7년(1084, 선종 1)에 송에서 祭奠使와

弔慰使를 보내왔던 전례를 말한다. 당시 송은 고려 문종의 사후에 左諫議大夫 楊景略을 제전사로, 禮賓使 王舜封을 부사로, 右諫議大夫 錢勰을 조위사로, 西上閤門副使 宋球를 부사로 보냈다. 이번 사행에서도 송의 國信使로 온 給事中 路允迪과 中書舍人 傅墨卿이 각각 제전사와 조위사를 겸임하였다. 지위는 4품 정도로 원풍 때 보다 조금 더 높으며, 弔慰하는 조서와 제문을 황제가 친히 짓는 등 은혜와 예우를 더욱 특별히 하였다.
『高麗史』 권10, 世家10 宣宗 원년 8월 甲申.
『高麗史』 권15, 世家15 仁宗 원년 6월 甲午·庚子·癸卯.
朴龍雲, 1995·1996, 「高麗·宋 交聘의 목적과 使節에 대한 考察(上)·(下)」, 『韓國學報』 81·82合 ; 2002, 『高麗社會의 여러 歷史像』, 신서원, 173-175쪽. 35·36合
김성규, 2014, 「'선화봉사고려사절단'의 일정과 활동에 대하여」, 『한국중세사연구』 40, 224·225쪽.

7) 祭奠前王 …… 皆於長慶拜而受之: 『高麗史』에 의하면 인종은 會慶殿에서 송 황제의 조서를 받았던 것으로 기록되어 본문과 일정한 차이가 있다.
『高麗史』 권15, 世家15 仁宗 원년 6월 庚子.

6-6

[原文]
左春宮

左春宮在會慶殿之東春德門內. 王之嫡長子初立, 曰世子, 既冠而後居之, 屋宇制度殺於王宮. 其大門榜曰大和, 次曰元仁, 次曰育德. 聽事之堂無榜, 梁棟脩偉, 屛上書文王世子篇, 亦建官47)屬十數48)人. 右春宮在昇平門外, 御史臺之西49), 王之姊50)妹諸女居之51).

---

47) 四: "世【闕五字】"로 기록되어 있다.
48) 四: "屬【闕二字】"로 기록되어 있다.
49) 四: "外【闕五字】"로 기록되어 있다.
50) 四 知: 姉.
51) 知: "之【案此條末二行鄭刻闕十二字】"로 기록되어 있다.

[譯文]

좌춘궁[1]

좌춘궁은 회경전 동쪽이며, 춘덕문[2] 안에 있다. 왕의 적장자를 처음 세워 세자라 하고[3] 관례를 마친 이후 이곳에서 거처하는데[4] 건물의 규모는 왕궁보다 못하다. 그 대문의 편액[榜]은 대화, 다음은 원인, 그 다음은 육덕이라 한다.[5] 정사를 보는 건물에는 편액이 없고 들보와 용마루는 길고 크며 병풍에는 문왕세자편[6]을 써놓고 또한 관속[7] 십 수 인을 세웠다. 우춘궁[8]은 승평문[9] 밖이며, 어사대[10]의 서쪽에 있는데 왕의 자매와 여러 딸들을 이곳에 거처하게 하였다.

[註解]

1) 左春宮: 고려의 太子宮인 壽春宮을 말한다. 이에 대해서는 본서 권2-4, 주해 8) 참조.
2) 春德門: 左春宮―壽春宮―의 정문이다. 이에 대해서는 본서 권4-5, 주해 4) 참조.
3) 王之嫡長子初立 曰世子: 왕태자 책봉을 말한다. 본문에서는 세자라 하였으나 실제로는 왕태자라 칭했다. 고려 왕조는 太子府를 세우고 동궁관을 두어 元子를 교육시켰으며, 책봉례를 통해 왕태자로 삼았다. 고려전기 책봉 시기는 대체로 11세 이전이었으나, 태자로 삼은 후에도 상당한 시기를 두고 책봉례가 거행되기도 하여 일정하지 않다.
  김천웅, 2011,「고려시대의 태자 책봉과 책봉례」,『역사와 경계』 80, 41~50쪽.
  김선미, 2014,「고려 문종대 王太子 冊封과 太子 관련 制度 정비의 의미」,『역사민속학』 45.
4) 旣冠而後居之: 왕태자는 책봉과 冠禮를 마치고 태자궁에서 거처하였다. 다만 실제로는 책봉과 관례의 선후관계가 명확하지 않고, 책봉 전에 태자궁에 들어가기도 하였다.
  『高麗史』 권66, 志20 禮8 嘉禮 王太子加元服儀.
  김철웅, 2011, 앞의 논문, 46~52쪽.
  김선미, 2014, 앞의 논문.
5) 其大門榜曰大和 …… 次曰育德: 左春宮은 大和·元仁·育德 등의 3門 구조로 되어 있어, 會慶殿의 神鳳門·閶闔門·會慶殿門의 구조에 대응된다. 정전에 버금가는 좌춘궁의 위상이 드러나는 대목이다.
  김철웅, 2011, 앞의 논문, 52쪽.
6) 文王世子篇:『禮記』에서 '文王之爲世子'로 시작되는 문장이 있어 붙여진 편명이다.

몇 개의 단편을 묶어서 한 편으로 하고 '文王世子'라고 이름하였다. 유가의 이상
적 군주인 주나라 문왕이 세자 시절에 있던 일화를 비롯하여 세자에 대한 교육
방법 등이 수록되어 있다.
『禮記』文王世子.
7) 官屬: 東宮官을 가리킨다. 이에 대해서는 본서 권2-4, 주해 9) 참조.
8) 右春宮: 왕의 자매와 딸들이 거처한 곳이다. 조선시대 왕의 자매와 딸들이 他姓
과 혼인하여 궁궐 밖으로 나갔던 것과 달리, 고려의 경우 그들이 종실의 남자와
근친혼을 하였으므로 대궐 근처의 별궁에 살았다고 생각된다. 좌춘궁과 대비되
어 우춘궁으로 불렸던 것 자체가 그 중요성을 알려준다. 한편 '승평문의 밖', '어
사대의 서쪽'에 위치한다고 하였으나, 전자는 궁성 밖이고 후자는 안이므로 그
위치가 불분명하다.
김창현, 2002, 「개경 황성과 궁성의 내부구조」, 앞의 책, 223쪽.
9) 昇平門: 고려 궁성의 정남문이다. 이에 대해서는 본서 권4-5, 주해 1) 참조.
10) 御史臺: 고려전기 時政을 論執하고 풍속을 교정하며 백관을 糾察·彈劾하던 기구
이다. 그 관원으로는 判事가 1인, 정3품 大夫가 1인, 종4품 知事와 中丞이 각 1인,
종5품 雜端 2인과 侍御史 2인, 정6품 殿中侍御史가 2인, 종6품 監察御史가 10인이
있었다. 국초에 사헌대로 칭하다가 995년(성종 14)에 어사대로 고쳤다. 1014년
(현종 5)에 없애고 금오대를 두었으나, 이듬해 파하고 다시 사헌대를 설치하였
으며 1023년에 다시 어사대로 고쳤다. 해당 관원들은 중서문하성의 諫官과 함께
臺諫으로 불렸으며, 諫爭·署經·封駁 등의 임무를 수행하였다. 백관들이 궁성을
출입하던 左同德門 안에 위치하였다.
『高麗史』 권76, 志30 百官1 司憲府.
宋春英, 1971, 「高麗 御史臺에 관한 一研究」, 『大丘史學』 3.
朴龍雲, 1980, 앞의 책, 77~99쪽.
박재우, 2014, 「대간의 설치와 제도적 구성」, 앞의 책, 44~50쪽.

6-7

[原文]

別宮52)

王之別宮與53)其子弟所居, 皆謂之宮. 王母妃姉妹別居者54), 給宮受田,

---

52) 四 : "【名闕】宮"으로 기록되어 있다.
53) 四 : "【闕五字】"로 기록되어 있다.

以奉湯沐, 或空不居, 而許民射其利55), 而56)供租賦. 雞林宮在王府之西, 扶餘宮在由57)嚴山之東58). 又有辰韓59)朝鮮常60)安樂浪卞61)韓金62)冠六宮, 分置城內, 皆王伯叔昆弟之居也63). 王之64)繼母之宅65)号66)積慶. 今公族不見顯位, 而別宮67)十室九空68). 其田土,69) 昔領70)於壽昌71), 今皆屬之王府, 又置官以掌之72).

[譯文]
별궁1)
왕의 별궁과 그 자제들이 거처하는 곳은 모두 궁이라 한다. 왕의 어머니·부인·자·매들로 따로 거처하는 자는 궁과 토지를 받아서 탕목(湯沐)2)으로 받들었으며, 혹은 비운 채 거처하지 않아도 백성들이 그 이익을 구하는 것을 허락하여 조세와 공부를 바치게 하였다.3) 계림궁4)은

---

54) 四: "妃【闕五字】"로 기록되어 있다.
55) 四: "居【闕五字】"로 기록되어 있다.
56) 知: "而"가 누락되어 있다.
57) 四: "西【闕五字】"로 기록되어 있다.
58) 四·鼎, 知: "東【鄭刻皂】"로 기록되어 있다.
59) 四: 鼓, 知: "韓【鄭刻鼓】"로 기록되어 있다.
60) 知: "長【鄭刻常】"으로 기록되어 있다.
61) 知: 下.
62) 四: "安【闕五字】"로 기록되어 있다.
63) 四: "昆【闕五字】"로 기록되어 있다.
64) 知: "之"가 누락되어 있다.
65) 四: "宅【闕二字】"로, 知: "宮【鄭刻宅】"으로 기록되어 있다.
66) 知: 號.
67) 四: "見【闕五字】"로 기록되어 있다.
68) 四: "九【闕一字】"로 기록되어 있다.
69) 四: 上.
70) 四: "等【闕一字】"로 기록되어 있다.
71) 四: "昌【闕五字】"로, 知: "昌【鄭刻土昔二字誤作上等】"으로 기록되어 있다.
72) 知: "之【案此條鄭刻共闕四十四字】"로 기록되어 있다.

왕부의 서쪽에 있고, 부여궁[5]은 유암산의 동쪽에 있다. 또한 진한[6]·조선[7]·상안[8]·낙랑[9]·변한[10]·금관[11] 여섯 궁은 성안에 나누어 두었는데, 모두 왕의 백부·숙부와 형제의 거처이다.[12] 왕의 계모의 거처[宅] 명칭은 적경[13]이다. 지금 공족[14]으로 지위가 높은 자를 볼 수 없고, 별궁은 열 건물 중 아홉이 비었다. 그 전토는 옛날에 수창궁[15]에서 관리하였는데, 지금은 모두 왕부에 속하고 또 관을 두어 관장하게 하였다.

[註解]
1) 別宮: 국왕과 태자, 국왕의 형제와 자매, 후비, 諸王들이 거주한 궁을 말한다. 고려시대 국왕의 대궐 다음가는 위상으로 壽昌宮, 延慶宮, 大明宮, 長源亭이 대표적이며 계림궁, 진한궁, 조선궁, 상안궁, 낙랑궁, 변한궁, 금관궁은 그 외 왕실 구성원의 궁으로 운영되었다. 이러한 궁은 단순한 거처가 아니라 그 주인의 위상과 경제력의 원천이 되었다.
金昌賢, 2011,「고려 개경의 별궁」·「고려시대 후비궁과 왕녀궁」, 앞의 책, 221·331쪽.
2) 湯沐: 중국 周나라때 천자가 제후에게 목욕할 비용을 마련하도록 내려준 采地를 말한다. 이후 唐나라때 식읍제도로 이어져 군주와 비 및 왕자와 공주 등이 부세를 거두는 관할지역을 의미하게 되었다. 고려는 성종대 식읍제도를 도입하였고 문종대에는 封爵에 따라 식읍의 수를 규정하여 운영하였다. 고려의 식읍제도는 중국과 동일한 체제를 취하였으나 실제 戶口 수에는 중국과 차이가 있으므로 고려 사회의 현실을 반영한 것은 아니었다. 다만 王室에 대한 식읍의 지급은 관인에 대한 전시와 대비되는 것으로 실제 수취했을 가능성도 있다.
『高麗史』 권77, 志31 百官2 爵.
諸橋轍次, 1985,「湯沐」·「湯沐邑」,『大漢和辭典』 7, 大修館書店, 142쪽.
河炫綱, 1988, 앞의 책, 354~360쪽.
李景植, 1988,「古代·中世의 食邑制의 構造와 展開」,『孫寶基博士停年紀念韓國史學論叢』, 知識産業社, 159·160쪽.
3) 王之別宮與其子弟所居 …… 而供租賦: 왕족의 궁원에 부속되었던 토지를 宮院田이라 한다. 궁원전은 왕족의 소유지와 궁원에 분급된 莊·處田으로서의 수조지가 있다. 궁원이 소유한 토지는 궁원에 부속된 노비가 무상으로 경작하거나, 왕족이 특권적 지위를 통해 부근 농민의 요역을 동원하였는데 이 경우 모든 수확이 궁원에 귀속되었다.
周藤吉之, 1939,「高麗朝より李朝に至る王室財政」,『東方學報』 10-1.
旗田巍, 1968,「高麗の公田」,『史學雜誌』 77-4 ; 1972,『朝鮮中世社會史の研究』, 法政大學出版局.

姜晉哲, 1980, 「私田支配의 諸類型」, 『高麗土地制度史研究』, 高麗大學校 出版部, 134~141쪽.

姜晉哲, 1983, 「高麗前期の「地代」に就て―田柴科體制下に於ける「地代」の意義と比重―」, 『史學』 52-3·4合 ; 1989, 「高麗前期 '地代'에 대하여」, 『韓國中世土地所有硏究』, 一潮閣.

安秉佑, 2002, 「王室財政과 莊·處」, 『高麗前期의 財政構造』, 서울대학교출판부, 207~210쪽.

4) 雞林宮: 문종의 3남인 숙종이 1065년(문종 19)에 雞林侯가 되었으므로 그가 거처한 궁이었을 것이다.
『高麗史』 권11, 世家11 肅宗 總序.

5) 扶餘宮: 문종의 9남인 王璲가 1080년(문종 34)에 扶餘侯가 되었으므로 그가 거처한 궁이었을 것이다.
『高麗史』 권90, 列傳3 宗室1 扶餘侯璲.

6) 辰韓: 진한궁을 말한다. 문종의 10남인 王愉가 辰韓侯가 되었으므로 그가 거처한 궁이었을 것이다.
『高麗史』 권90, 列傳3 宗室1 辰韓侯愉.

7) 朝鮮: 조선궁을 말한다. 문종의 8남인 王燾가 1077년(문종 31)에 朝鮮侯가 되었으므로 그가 거처한 궁이었을 것이다.
『高麗史』 권90, 列傳3 宗室1 朝鮮公燾.

8) 常安: 상안궁을 말한다. 문종의 2남인 王琇가 常安侯가 되었으므로 그가 거처한 궁이었을 것이다.
『高麗史』 권90, 列傳3 宗室1 常安公琇.

9) 樂浪: 낙랑궁을 말한다. 平壤公 王基의 손자인 王瑛이 1095년(헌종 1)에 樂浪侯가 되었으므로 그가 거처한 궁이었을 것이다.
『高麗史』 권11, 世家11 肅宗 즉위년 10월 庚辰.

10) 卞韓: 변한궁을 말한다. 문종의 5남인 王愔이 1077년(문종 31)에 卞韓侯가 되었으므로 그가 거처한 궁이었을 것이다.
『高麗史』 권90, 列傳3 宗室1 卞韓侯愔.

11) 金冠: 금관궁을 말한다. 문종의 4남인 王㤝가 1077년(문종 31)에 金官侯가 되었으므로 그가 거처한 궁이었을 것이다.
『高麗史』 권90, 列傳3 宗室1 金官侯㤝.

12) 雞林宮在王府之西 …… 皆王伯叔昆弟之居也: 고려는 宗室에 대한 封爵名으로 平壤·樂浪·開城·朝鮮·鷄林·金官·卞韓·扶餘·辰韓 등 주로 국명이나 그에 준하는 명칭을 부여했는데, 이는 중국의 천자가 제후국을 봉하는 것과 같이 황제 체제하의 분봉제를 의미한다. 또한 『三國遺事』에 나오는 여러 국명을 망라하고 있는 점은 고려의 국가의식이 반영된 것이다.
김기덕, 1998, 「封爵制의 成立過程」, 앞의 책, 59쪽.

13) 積慶: 적경궁을 말한다. 본문에서 왕의 계모의 거처라고 하였으나 사료상 積慶을

하사받은 이로는 현종대 元和王后 崔氏의 소생인 積慶公主와 문종대 仁睿太后 李氏의 소생인 積慶宮主가 있으므로 사실과는 차이가 있다. 이처럼 후비나 王女의 호칭이 거주하는 宮의 명칭에 따라 정해진 것도 고려시대의 한 특징이다.
김창현, 2002, 「고려시대 후비궁과 왕녀궁」, 앞의 책, 376쪽.

14) 公族: 王侯의 同族, 고려 국왕의 一族을 의미한다. 이에 대해서는 본서 권6-2, 주해 7) 참조.

15) 壽昌: 수창궁을 말한다. 1011년(현종 2)에 현종이 入御한 기사가 있어 적어도 성종~목종대에 창건된 것으로 보인다. 이후 왕이 거처하거나 이어한 주요 별궁이 되었으며, 과거 급제자에 대한 홍패의 하사, 사신의 연회, 불교와 도교 행사의 장소로 활용되었다.
『高麗史』 권4, 世家4 顯宗 2년 2월 丁卯.
김창현, 2002, 「고려 개경의 별궁」, 앞의 책, 222~237쪽.

7-1

[原文]

冠服

臣聞, 東¹⁾夷²⁾之俗, 斷髮文身, 雕題交趾. 高麗自箕子封時, 已教以田蠶之利, 則當有衣冠矣. 漢史稱其公會衣服, 皆錦繡金銀自³⁾飾, 而大加主簿著幘如冠, 小加著折風如弁, 豈依倣商周冠弁之制而然乎. 唐初稍服五采, 以白羅爲冠, 革帶皆⁴⁾金珥⁵⁾. 逮我中朝, 歲通信使, 屢賜襲衣, 則漸漬華風, 被服寵休, 翕然丕變, 一遵我宋之制度焉, 非徒解辮削衽⁶⁾而已也. 然而官名參差, 朝衣燕服, 時有同異者, 謹列之作冠服圖⁷⁾.

[譯文]

관복

신이 듣건대 동이의 풍속은 머리카락을 자르고 몸에 문신을 하며 이마에 무늬를 새기고 발을 포갠다고 합니다.¹¹⁾ 고려는 기자²⁾가 봉해진 때부터 이미 농사짓고 누에치는 이로움을 가르쳤으니, 마땅히 의관이 있었을 것입니다. 후한서[漢史]³⁾에 이르기를 "그 공식 모임의 의복은 모두 비단에 수를 놓고 금·은으로 장식하며, 대가⁴⁾와 주부⁵⁾는 책⁶⁾을 쓰는데 관⁷⁾과 같고 소가⁸⁾는 절풍⁹⁾을 쓰는데 변¹⁰⁾과 같다."라고 하였으니,¹¹⁾ 어찌 상¹²⁾이나 주¹³⁾의 관·변 제도를 모방해서 그렇겠습니까. 당¹⁴⁾

---

1) 四: 高.
2) 四: 麗.
3) 四知: 首.
4) 知: "皆"가 누락되어 있다.
5) 四: 飾, 知: "珥【鄭刻云革帶皆金飾】"으로 기록되어 있다.
6) 四: "非徒采服金帶"로 기록되어 있다.
7) 知: "云"이 누락되어 있다.

초기에 차츰 다섯 가지 색의 옷을 입고 흰색 비단으로 관을 만들었으며 가죽 허리띠는 모두 금고리를 달았습니다.[15] 우리 송[中朝]에 이르러 해마다 사신을 보내어 여러 번 일상복 내려주었으므로[16] 점차 중국의 풍속에 젖고 황제의 은혜[寵休]를 입게 되어 크게 바꾸어 하나같이 우리 송의 제도를 따르게 되었으니 단지 머리를 풀고 좌임을 없앤 것[17]만은 아닙니다. 그러나 관직의 명칭이 들쭉날쭉하고 조회와 연회의 의복이 (송과) 다른 것이 있으므로 삼가 그것을 열거하여 관복도를 그립니다.

[註解]

1) 斷髮文身 雕題交趾: 이 구절은 『禮記』의 "동쪽은 夷라 하는데 머리카락을 풀어헤치고 몸에 문신을 하였으며, 화식을 하지 않는 자가 있다. 남쪽은 蠻이라 하는데 이마에 무늬를 새기고 발을 포개며, 화식을 하지 않는 자가 있다[東方曰夷 被髮文身 有不火食者矣 南方曰蠻 雕題交趾 有不火食者矣]."라는 내용과 유사하다. 다만 본문과 비교해보면 머리카락이 斷髮과 被髮로 차이가 있으며, 이마와 발의 특징은 남만의 풍습이라 언급하고 있다. 또한 『隋書』에는 머리카락을 자르고 문신을 하는 것이 남만의 습속으로 기록되어 있다. 이로 미루어 볼 때 서긍은 남만과 동이의 풍속을 혼동한 것으로 짐작된다.
『隋書』 권82, 列傳47 南蠻.
『禮記』 王制.
김진선·고부자, 2014, 「中國正史 朝鮮傳의 韓國 古代服飾―冠과 修髮을 중심으로―」, 『服飾』 64-1, 118쪽.

2) 箕子: 생몰년 미상. 殷 紂王의 숙부로 이름은 胥餘이며 箕國에 봉해졌으므로 기자라고 불려졌다. 이에 대해서는 본서 권1-1, 주해 3) 참조

3) 漢史: 南北朝時代 劉宋의 학자 范曄이 편찬한 『後漢書』를 가리킨다. 기전체의 역사서로 光武帝부터 孝獻帝에 이르는 後漢 14대 황제들을 기록하였다. 판본에 따라 차이가 있지만 本紀 10권, 列傳 80권, 志 10권의 총 120권으로 구성되어 있다. 列傳의 마지막에 外夷를 배치하였으며 첫 번째로 東夷가 언급되었다. 이는 外夷가 중국과 구분되는 전통과 문화를 갖고 있음을 이해한 것으로, 중국의 역사서에서는 처음으로 확인되는 편찬방식이었다.
신승하, 2000, 「위·진·남북조(魏·晉·南北朝)시대의 사학」, 『중국사학사』, 고려대학교 출판부, 96~99쪽.

4) 大加: 고구려의 지배계급이다. 초기국가 형성과정에서 종래 君長社會의 大小 族長勢力이 국왕을 중심으로 하는 국가권력의 통제 하에 편입되면서 지배신분층으

로 결집되어 加 계급을 형성하였으며, 군장사회의 지배력에 따라 대가와 소가로 구분되었다. 대가는 행정 구역을 배당받아 지배권을 행사하였고 왕과 마찬가지로 使者, 皁衣, 先人의 家臣을 거느렸으며 諸加評議를 통해 국정에 참여하기도 하였다. 또한 촌락의 농민들로부터 豪民을 통하여 거두어들인 재물을 분배받았고 1백 명에 달하는 많은 사람을 순장한 사례도 확인되는 등 경제적으로도 富의 소유자였다.

金哲埈, 1956, 「高句麗·新羅의 官階組織의 成立過程」, 『李丙燾博士華甲記念論叢』, 一潮閣 ; 1975, 『韓國古代社會研究』, 知識産業社, 127·128쪽.
金光洙, 1982, 「高句麗 前半期의 「加」階級」, 『建大史學』 6.
리승혁, 1986, 「고구려의 대가, 소가에 대하여」, 『력사과학』 1986-2, 28~31쪽.

5) 主簿: 漢代부터 중앙과 지방관의 屬吏級 文官으로 설치되어 문서 관련 사무를 전담한 관직이다. 고구려는 이른 시기부터 漢郡縣의 영향을 받아 주부를 하나의 관등으로 설정하였다. 주부는 국왕 측근직의 성격이 강하여 왕권과 밀접한 관계 속에서 발전하였으며, 3세기경에는 대가급의 대우를 받았다.

金哲埈, 1975, 앞의 책, 128쪽.
여호규, 2000, 「고구려 초기 정치체제의 성격과 성립기반」, 『한국고대사연구』 17, 145·146쪽.
조영광, 2015, 「고구려 초기 관등의 기원과 성격에 대하여」, 『사학연구』 119, 55·56쪽.

6) 幘: 관리들이 쓰던 모자이다. 중국의 幘은 승려가 쓰는 감투와 비슷했는데, 前部와 耳部에 삼각형 수식이 붙어 있었고 가운데가 비어 있어 여기에 지붕[屋]을 덧붙인 것이다. 이에 비해 고구려의 幘은 『後漢書』에 '無後'라고 기록되어 있어서 뒷부분[收]이 빠져있거나 축소된 것으로 생각된다.

『後漢書』 권85, 東夷列傳75 高句驪.
金東旭, 1979, 「韓國服飾史」, 『(增補)韓國服飾史研究』, 亞細亞文化社, 18·19쪽.
김진선·고부자, 2014, 앞의 논문, 107~109쪽.

7) 冠: 머리를 덮는 쓰개의 한 종류로 가장 일찍부터 사용한 것으로 보이며, 官位에 있는 자가 공식적인 자리에서 착용하였다. 다양한 형태가 존재하여 일관된 특징을 파악하기는 힘들며, 幘·帽·巾의 上位 개념이었다.

姜淳弟, 1989, 「巾制小考 Ⅱ—上古時代의 冠·巾을 中心으로—」, 『生活科學研究論集』 9-2, 2~4·23쪽.

8) 小加: 고구려 지배계급의 하나로 족장세력이 국가권력의 통제 하에 편입되면서 형성된 加 중 지배력이 약했던 이들을 가리킨다. 이에 대해서는 앞의 주해 4) 참조

9) 折風: 고대 한국의 고유한 관모로 끝이 뾰족한 고깔 모양이다. 처음에는 小加 등이 착용하였으나 시간이 지남에 따라 낮은 계층의 사람들까지 착용하게 되었다. 고구려 고분벽화에 따르면 좌우에 달린 끈으로 머리에 고정시키는 방식이 확인된다.

정완진·이순원, 1994, 「고구려 관모(冠帽)연구」, 『服飾』 23, 158·159쪽.

金鎭玖, 1995, 「折風의 硏究」, 『복식문화연구』 3, 4~11쪽.

10) 弁: 앞에서 보면 삼각주와 같이 보이고 옆에서 보면 사다리꼴 내지 반월형으로 보이는 좌우대칭형의 고깔이다. 한편 고구려의 경우 胡族 계통의 풍습으로 鳥羽를 꽂기도 하였다.
金東旭, 1979, 앞의 책, 19쪽.
김진선·고부자, 2014, 앞의 논문, 109·110쪽.

11) 其公會衣服 …… 小加著折風如弁: 이 내용은 『後漢書』에서 고구려의 복식을 언급한 구절인 "그 공식 모임의 의복은 모두 비단에 수를 놓고 금·은으로 장식하였다. 대가와 주부는 모두 책을 쓰는데 관책과 같고 뒤가 없으며, 소가는 절풍을 쓰는데 모양이 변과 같다[其公會衣服 皆錦繡金銀以自飾 大加主簿皆著幘如冠幘而無後 其小加著折風形如弁]."의 일부를 인용한 것이다.
『後漢書』 권85, 東夷列傳75 高句驪.

12) 商: 중국의 고대 왕조로 殷이라고도 한다. 湯 때에 이르러 국가 조직이 갖추어졌으며, 걸왕의 하왕조가 혼란에 빠지자 이를 공격하여 무너뜨리고 상왕조를 건국하였다. 紂王代에 이르러 周의 武王에 의해 멸망했다.
이춘식, 2005, 「은·주 왕조의 성립과 문화발달」, 『중국사서설(개정판)』, 교보문고.

13) 周: 중국의 고대 왕조이다. B.C. 11세기에 武王이 商을 멸망시키고 건국하였으며, B.C.256년까지 존속하였다. 이에 대해서는 본서 권0-1-(1), 주해 7) 참조.

14) 唐: 7세기부터 10세기 초까지 중국을 지배했던 왕조이다. 618년 5월 20일에 李淵에 의해 건국되었으며, 3년만에 王世充을 평정하고 중국을 통일하였다. 20代에 걸친 289년 간 존속하였으며 907년 哀帝때 後梁의 朱全忠에 의해 멸망하였다.
이춘식, 2005, 「수·당 제국의 수립과 중국문화의 융성」, 앞의 책.

15) 唐初稍服五采 …… 革帶皆金珥: 『新唐書』 高麗傳의 '왕복은 다섯 가지 색이며 흰색 비단으로 관을 만들고 가죽 허리띠는 모두 금테두리를 둘렀다[王服五采 以白羅製冠 革帶皆金釦]'는 부분의 내용이며, 工服에 쓰인 다섯 가지 색은 靑·黃·赤·白·黑을 말한다. 白羅冠은 흰색 비단으로 제작된 높고 넓은 모륜과 그 속에 가려진 낮은 모체로 구성된 작은 변형 관모에 귀를 통과시킬 수 있는 끈이 달렸을 것으로 추정된다.
『新唐書』 권220, 列傳145 東夷 高麗.
정완진, 2012, 「고구려 백라관(白羅冠)의 형태 비정(比定)」, 『東洋學』 51, 186·187쪽.

16) 屢賜襲衣: 襲衣는 평상시 입는 옷 일체를 말한다. 宋이 高麗에 衣服을 보낸 사례는 1072년(문종 26)에 御衣 2벌·黃闌衫 1벌·紅闌便服 1벌·金腰帶 2개를, 1078년에 紫花羅夾公服 1벌·淺色花羅汗衫 1벌·紅花羅繡夾三襜 1벌·紅花羅繡夾包肚 1벌·紅花羅繡勒帛 1벌·白縣綾夾袴 1벌·靴 1켤레·紅羅繡夾複 2벌·腰帶 2개·羅繡複 1벌을 내려준 일이 확인된다.
『高麗史』 권9, 世家9 文宗 26년 6월 甲戌.
『高麗史』 권72, 志26 興服 冠服 王冠服 文宗 32년 6월.

17) 削衽: 左衽을 없앤 것을 말한다. 左衽이란 『書經』에서 四夷의 풍속으로 언급된 용

어인데 비하의 의미를 지니고 있었다. 그러므로 본문의 左袵을 없앴다는 표현은 고려가 송의 제도를 따르게 되어 오랑캐의 습속을 버렸음을 의미한다.
『書經』周書 畢命.

7-2

[原文]
王服

高麗8)王常服9), 烏紗高帽, 窄袖緗袍, 紫羅勒巾10), 間11)繡金碧. 其會國官士民, 則加幞頭束帶, 祭則冕圭. 唯12)中朝人使至, 則紫羅公服, 象笏玉帶, 拜舞抃13)蹈, 極謹14)臣節. 或15)聞16)平居燕息之時, 則皁巾白紵袍, 與民庶無別也,

[譯文]
왕복

고려왕의 평상복은 검은색 비단의 높은 모자에 소매가 좁은 담황색 도포를 입고, 자색 비단으로 만든 넓은 허리띠를 두르는데, 금실과 푸른 실을 섞어 수놓았다. 그 나라의 관리와 사민(士民)을 만날 때는 복두1)와 속대2)를 더하고3) 제사지낼 때는 면을 쓰고 규를 든다.4) 오직 중국 사신

---

8) 知: "高麗"가 누락되어 있다.
9) 知: "服【鄭刻王上有高麗字】"로 기록되어 있다.
10) 四 知: 中.
11) 知: 間.
12) 四 知: 惟.
13) 知: 忭.
14) 知: "稱【鄭刻謹】"으로 기록되어 있다.
15) 知: "或【鄭刻有聞字】"로 기록되어 있다.
16) 知: "聞"이 누락되어 있다.

이 오면 자색 비단 공복에 상아로 만든 홀을 들고 옥대를 차며,[5] 예를 행할 때는[拜舞抃蹈][6] 지극히 삼가 신하의 예절을 다한다. 혹 듣기로 평상시와 편안히 쉴 때에는 검은 두건에 흰 모시 도포를 입고 있어 일반 백성과 다를 바가 없다고 한다.

[註解]

1) 㡤頭: 중국에서 기원한 冠帽이다. 각이 지고 위가 평평하여 두 단으로 되어 있으며 모서리에 脚이 달려 있다. 우리나라에는 648년(신라 진덕왕 2)을 전후하여 唐으로부터 수용되어 지배층 사이에서 착용되기 시작하였으며, 고려시대에도 국왕을 비롯한 왕족과 문무양반층이 주로 착용하였다. 그밖에 국왕이나 외국 사절의 호위 등 특별한 임무를 맡은 군인, 諸王·宗室·宮宅의 蒼頭 등은 예외적으로 사용이 허용되었다. 국왕이 착용하는 복두의 경우에는 羅나 그 이상의 고품질 비단으로 만들었으며, 그 이외에는 紗로 제작하거나 신분이 높지 않은 경우에는 布를 사용하였다.
姜淳弟, 1991, 「冠帽硏究(1)—7C~13C 㡤頭受容 이후의 韓國과 日本의 冠帽를 중심으로—」, 『生活科學硏究論集』 11-1, 12~15쪽.
朴龍雲, 2005, 「고려시기의 㡤頭와 㡤頭店」, 『韓國史學報』 19 ; 2016, 『고려시대 사람들의 의복식 생활』, 景仁文化社, 276·285~297쪽.

2) 束帶: 옷을 가지런히 잡아매는 허리띠를 말한다.
諸橋轍次, 1985, 「束帶」, 『大漢和辭典』 6, 大修館書店, 166쪽.

3) 其會國官士民 則加㡤頭束帶: 왕이 관리와 사민을 만날 때 입는 의복을 설명하는 부분이다. 한편 『高麗史』 輿服志에서는 왕이 조정에 나아가 정무를 관장할 때 입는 의복으로 건국 초기에는 柘黃袍를, 의종대에는 경우에 따라 赭黃袍나 梔黃衣를 입는다고 언급되어 있다.
『高麗史』 권72, 志26 輿服1 冠服 視朝之服.

4) 祭則冕圭: 冕은 제왕이나 제후가 朝儀·祭禮 등에 입는 正服에 갖추어 쓰던 冕旒冠을 말한다. 윗부분을 이루는 장방형의 판 앞으로 珠玉을 꿰매 늘어뜨린 깃술인 旒가 여러 개 달려 있다. 신분에 따라 그 수에 차이가 있었는데 중국의 경우 천자는 12류, 제후는 9류를 달도록 규정되어 있었다. 圭는 천자가 제후를 봉할 때 신표로 주던 물건으로 제사나 조빙 때 손에 들었다. 고려 국왕은 거란으로부터 여러 차례 규를 받은 적이 있었으므로 이를 祭禮에서 사용했으리라고 여겨진다. 한편 본문은 왕이 祭禮를 지낼 때 입는 의복을 설명하는 부분이다. 『高麗史』 輿服志에서는 왕의 祭服으로 1118년(인종 18)에는 9旒冕冠과 7章服을, 의종대에는 袞服과 9旒冠이 언급되고 있다. 그러므로 본문에서 언급되는 冕은 9류관이었을 것이다.

『高麗史』 권72, 志26 輿服1 冠服 祭服·王冠服 文宗 19년 4월·宣宗 2년 12월·肅宗 2년 12월·睿宗 3년 2월·仁宗 20년 5월.
金東旭, 1979, 앞의 책, 30·31·33쪽.

5) 唯中朝人使至 …… 象笏玉帶: 송에서는 고려 국왕을 책봉하지 않았지만 사신을 교환하면서 여러 물품을 내려주었다. 그 중에는 紫花羅夾公服도 포함되어 있었는데, 본문에서 언급되고 있는 자색 비단 공복은 이러한 종류의 것이다. 송에서는 황태자부터 자색공복을 착용하였으므로 고려국왕을 황태자나 친왕과 동급으로 설정하였음을 알 수 있다. 다만 고려전기 국왕들은 국내에서 의례를 행하거나 집무할 때는 緗袍를 착용하였는데, 이는 중국황제의 제도를 준용한 것이었다. 고려국왕이 평소 상포를 입어 국내의 의례를 행하고 중국의 칙서를 접수할 때 자색공복을 입는 것은 스스로 밖으로는 중국의 제후이고 안으로는 고려의 황제라는 자의식이 반영된 것이다.
『高麗史』 권72, 志26 輿服1 冠服 王冠服 文宗 32년 6월.
이종서, 2012, 「고려 국왕과 관리의 복식(服飾)이 반영하는 국가 위상과 자의식의 변동」, 『한국문화』 60, 45~50쪽.

6) 拜舞抃蹈: 의례 등에서 이루어지는 다양한 행동들이다. 拜는 절을 하는 것, 舞는 춤을 추는 것, 抃은 손뼉을 치는 것, 蹈은 발을 구르는 것이다. 본문의 拜舞抃蹈는 이러한 행위들을 의례의 절차에 맞추어 수행하였음을 의미한다.
諸橋轍次, 1984, 「抃」·「拜舞」, 『大漢和辭典』 5, 大修館書店, 126·200쪽.
諸橋轍次, 1985, 「蹈」, 『大漢和辭典』 10, 大修館書店, 943·944쪽.

7-3

[原文]

令官服

高麗建官, 唐武德間[17]有九等. 一曰大對[18]盧[19], 摠[20]知國事. 次曰太大兄, 次[21]鬱折, 次[22]太[23]大夫人使者, 次[24]衣頭大兄, 掌機密, 謀政事,

---

17) 知: 閒.
18) 知: "對【鄭本此下凡闕二百八十一字以國相條末樞密使副同知院奏事等官通許服之句誤接於下】"로 기록되어 있다.
19) 知: 靈.
20) 知: 總.

逗²⁵⁾發兵馬, 選授官爵. 次²⁶⁾大使者, 次²⁷⁾大兄收²⁸⁾位使者, 次²⁹⁾上位使者, 次³⁰⁾小兄, 次³¹⁾諸過節, 次³²⁾先人. 又有掌賓客, 比³³⁾鴻臚卿, 以大夫³⁴⁾使者爲之. 又有國子博士通事舍人典書客, 皆小兄以上爲之. 又諸大城置傉薩, 比諸督. 諸城置處閭近支, 比刺史³⁵⁾, 亦謂之道史³⁶⁾. 其武官曰大摸³⁷⁾達, 比衞將軍, 皁³⁸⁾衣頭大兄以上爲之. 次³⁹⁾末客, 比中郎將, 以大兄以上爲之. 其次領千人, 以下各有等差.

今其官稱勳秩, 往往竊倣中朝, 或詰其由, 則曰遵用開元故事. 至其衣冠, 亦或似之. 前世臣服, 以靑羅爲冠, 絳羅爲珥, 飾以羽毛. 比年國官, 悉以紫文羅袍, 紗製幞頭, 其玉帶佩金魚, 唯⁴⁰⁾官至太師⁴¹⁾太尉中書令尙書令者, 則服之.⁴²⁾

---

21) 知 : "次曰"로 기록되어 있다.
22) 知 : "次曰"로 기록되어 있다.
23) 知 : 大.
24) 知 : "次曰"로 기록되어 있다.
25) 知 : 遣.
26) 知 : "次曰"로 기록되어 있다.
27) 知 : "次曰"로 기록되어 있다.
28) 知 : "次曰"로 기록되어 있다.
29) 知 : "次曰"로 기록되어 있다.
30) 知 : "次曰"로 기록되어 있다.
31) 知 : "次曰"로 기록되어 있다.
32) 知 : "次曰"로 기록되어 있다.
33) 知 : "比"가 누락되어 있다.
34) 知 : 兄.
35) 知 : 史.
36) 知 : 使.
37) 知 : 模.
38) 知 : 皁.
39) 知 : "次曰"로 기록되어 있다.
40) 知 : 惟.
41) 知 : 史.
42) 四 : "摠知國事 …… 則服之"가 누락되어 있다.

[譯文]
영관복

고구려[高麗]에서 관제를 세움에 당 무덕 연간[1]에는 9등급이 있었다.[2] 첫째는 대대로[3]이며 나라 일을 총괄하여 담당했다. 다음이 태대형,[4] 다음은 울절,[5] 다음은 태대부인사자,[6] 다음은 의두대형[7]인데 (이상의 관등은) 기밀을 주관하고 정사를 논의하며 군대를 내보내고 관작을 가려 제수하였다.[8] 다음은 대사자,[9] 다음은 대형수위사자[10] 다음은 상위사자,[11] 다음은 소형,[12] 다음은 제과절,[13] 다음은 선인[14]이다.[15] 또 빈객을 담당하는 곳이 있어 홍려경[16]과 비슷하며 대부사자로서 맡게 하였다.[17] 또한 국자박사, 통사사인, 전서객이 있었는데 모두 소형 이상이 맡았다.[18] 또 여러 대성에 욕살[19]을 두었는데, 도독[20]과 비슷하다. 여러 성에는 처문근지[21]를 두었는데, 자사[22]에 비견되며 또한 도사라고 불렀다. 그 무관인 대모달[23]은 위장군[24]에 비견되며 조의두대형 이상을 임명하였다. 다음은 말객[25]으로 중랑장[26]과 비슷하며 대형 이상으로 삼았다. 그 다음은 천 명을 거느리고,[27] 이하는 각각 등차가 있었다.

(고려의) 지금 그 관명이나 훈질이 왕왕 외람되이 중국의 것을 모방하고 있는데 혹 그 이유를 힐문하니 곧 개원의 고사[28]를 따라 사용한다고 말한다. 의관에 이르기까지 또 혹은 유사한 것이 있다. 전대 신하의 복식은 청색 비단으로 관[29]을 삼고 붉은 비단으로 귀고리[30]를 하여 깃털로 장식을[31] 하였다.[32] 근래에는 국관들이 모두 자색의 무늬있는 비단 옷[33]을 입고 비단으로 만든 복두[34]를 쓰며 옥대에 금어[35]를 차는데,[36] 오직 관직이 태사, 태위,[37] 중서령,[38] 상서령[39]에 이른 자만 (이와 같이) 입는다.

[註解]
1) 唐武德間: 武德은 唐 高祖(566~635)의 연호로 618~626년에 사용되었다.

『舊唐書』 권1, 本紀1 高祖.

2) 高麗建官 唐武德間有九等: 고구려의 관등제는 사서의 편찬시기와 기록주체에 따라 조금씩 다르다. 고구려 관등에 대한 가장 상세한 기록은 7세기에 편찬된 것으로 여겨지는 『翰苑』에 인용된 「高麗記」이다. 때문에 고구려 관등제에 대한 연구도 주로 이 자료를 중심으로 이루어졌다. 이하 고구려 관등의 순서와 기본적인 설명도 「高麗記」를 따랐다. 한편, 고구려의 관등이 9등이었다는 것은 「高麗記」와 『通典』에 전한다. 하지만 『新唐書』, 『北史』, 『隋書』, 『周書』 등에는 12~13등으로 기록되어 있어 차이가 있다. 9등이라는 것은 고구려의 관등을 중국의 官品에 대응시켜 표현한 것에 불과하다. 한편, 본문은 『通典』과 매우 유사한 내용으로 구성되어 있다.

『新唐書』 권220, 列傳145 東夷 高麗.
『周書』 권49, 列傳41 異域上 高麗.
『隋書』 권81, 列傳46 東夷 高麗.
『北史』 권94, 列傳82 高句麗.
『翰苑』 권30, 蕃夷部 高麗.
『通典』 권186, 邊防2 東夷下 高句麗.
임기환, 2000, 「4·7세기 고구려 관등제의 전개와 운영」, 『한국 고대의 신분제와 관등제』, 아카넷, 167~179쪽.
노중국, 2003, 「三國의 官等制」, 『강좌 한국고대사』 2, 가락국사적개발연구원, 112~114쪽.
琴京淑, 2004, 「高句麗 前期의 官職體系」, 『高句麗 前期 政治史 硏究』, 高麗大學校 民族文化硏究院, 69~105쪽.

3) 大對盧: 吐捽이라고도 한다. 고구려 제1위의 관등이다. 정원은 1명, 임기는 3년이었고 대대로 선임시에 유력 귀족들이 사병을 동원하여 무력충돌을 벌이기도 하였다.

『舊唐書』 권199上, 列傳149上 東夷 高麗.
『翰苑』 권30, 蕃夷部 高麗.
金哲埈, 1975, 앞의 책.
노태돈, 1999, 「지방제도의 형성과 그 변천」, 『고구려사 연구』, 사계절출판사.

4) 太大兄: 莫何何羅支라고도 한다. 고구려 제2위의 관등이다. 유력 귀족가문의 대표자가 자리하여 국정을 관장하며 주로 군사권을 장악하였다. 兄은 연장자 또는 족장을 뜻하는 말로 고구려의 중앙집권화 과정에서 관등 명칭으로 발전했다고 여겨진다. 太大兄·皁衣頭大兄·小兄 등은 모두 兄에서 파생된 관등이다.

『翰苑』 권30, 蕃夷部 高麗.
金哲埈, 1975, 앞의 책, 130쪽.
武田幸男, 1978, 「高句麗官位制とその展開」, 『朝鮮學報』 86.
林起煥, 1992, 「6·7세기 高句麗 政治勢力의 동향」, 『韓國古代史研究』 5, 29~36쪽.

5) 鬱折: 고구려 제3위의 관등이며 당의 종2품에 해당한다. 『新唐書』에는 '主圖簿者',

『翰苑』에는 '華言主簿'로 되어 있어 문서 관리 업무를 담당하는 실무 관료였다고 짐작되지만 더 이상 자세한 것은 알 수 없다.
『新唐書』 권220, 列傳145 東夷 高麗.
『翰苑』 권30, 蕃夷部 高麗.
金哲埈, 1975, 앞의 책, 137쪽.
武田幸男, 1978, 앞의 논문, 32쪽.

6) 太大夫人使者: 謁奢라고도 한다. 고구려 관등의 하나인 太大使者로 생각되며 당의 정3품에 해당한다. 3세기 이전 고구려 초기 관등에 보이는 使者가 太大使者·大使者·收位使者·小使者 등으로 분화하면서 정비된 관등이다. 使者는 족장의 家臣 역할을 하던 것으로 고구려가 고대 국가로 발전하면서 행정 관료로 성장하게 되었다.
金哲埈, 1975, 앞의 책.
武田幸男, 1978, 앞의 논문.

7) 衣頭大兄: 中裏皂衣頭大兄이라고도 한다. 『後漢書』, 『新唐書』, 『通典』에는 '皂衣頭大兄', 『三國史記』에는 '位頭大兄'이라고 되어 있다.
『三國史記』 권40, 雜志9 職官下 外官.
『後漢書』 권85, 東夷列傳75 高句驪.
『新唐書』 권220, 列傳145 東夷 高麗.
『通典』 권186, 邊防2 東夷下 高句麗.

8) 掌機密 …… 選授官爵: 大對盧 이하 衣頭大兄까지 인사·행정·군사권을 독점하는 최상위의 관등이며, 귀족회의체의 구성원이었다고 짐작된다. 『翰苑』 및 『通典』에는 '掌機密' 앞에 '以前五官'이라는 문구가 삽입되어 있다.
『翰苑』 권30, 蕃夷部 高麗.
『通典』 권186, 邊防2 東夷下 高句麗.
武田幸男, 1978, 앞의 논문, 40~43쪽.

9) 大使者: 大奢라고도 한다. 부여의 관제에도 대사자가 보이는데, 실무 담당의 幕僚였다고 이해된다. 『三國史記』에 의하면 191년(고구려 고국천왕 13)에 대사자에 임명하는 기사가 있어 적어도 2세기 말에는 사용되었음을 알 수 있다.
『三國史記』 권16, 高句麗本紀4 故國川王 13년.
『三國志』 권30, 魏書30 烏丸鮮卑東夷傳30 東夷 夫餘.
金光洙, 1992, 「夫餘의 '大使'職」, 『水邨朴永錫教授華甲紀念 韓國史學論叢』 上, 探求堂.

10) 大兄收位使者: 서긍이 주로 참고했다고 여겨지는 『通典』에는 '大兄'과 '收位使者'로 구분되어 있다. 大兄은 일명 纈支라고도 한다. 收位使者는 「中原高句麗碑」에 보이는 拔位使者와 동일한 것으로 일명 儒奢라고도 한다.
『翰苑』 권30, 蕃夷部 高麗.
『通典』 권186, 邊防2 東夷下 高句麗.
申瀅植, 1979, 「中原高句麗碑에 대한 一考察」, 『史學志』 13, 62~67쪽.

11) 上位使者: 契達奢라고도 한다. 『三國史記』 外官 高句麗人位의 狄相도 상위사자에

비정된다.

『三國史記』 권40, 雜志9 職官下 外官.

『翰苑』 권30, 蕃夷部 高麗.

金哲埈, 1975, 앞의 책.

武田幸男, 1978, 앞의 논문.

12) 小兄: 失支라고도 한다. 『三國史記』에는 3세기 말기인 봉상왕대에 이미 소형의 존재가 나타나고 있다.

『三國史記』 권17, 高句麗本紀5 烽上王 2년.

『翰苑』 권30, 蕃夷部 高麗.

13) 諸過節: 『通典』에는 諸兄, 過節, 不過節로 『翰苑』「高麗記」에는 諸兄, 過節, 不節로 나뉘어져 있고 『新唐書』에는 過節만 보인다. 諸兄은 당의 종7품, 過節은 정8품, 不節은 종8품에 해당한다.

『新唐書』 권220, 列傳145 東夷 高麗.

『翰苑』 권30, 蕃夷部 高麗.

『通典』 권186, 邊防2 東夷下 高句麗.

14) 先人: 失元 또는 庶人이라고도 한다. 『三國志』 東夷傳에 의하면, 고구려에서는 왕뿐만 아니라 여러 大加도 使者·皂衣·先人의 관리를 둘 수 있다고 하였다. 이로 미루어 보면 선인은 하급 행정실무직으로 고구려가 중앙집권적 귀족국가로 전환하는 과정에서 일원화된 관등체계 속에 편입된 존재이다.

『三國志』 권30, 魏書30 烏丸鮮卑東夷傳30 東夷 高句麗.

金哲埈, 1975, 앞의 책, 128쪽.

15) 一曰大對盧 …… 次先人: 6~7세기 고구려의 관등은 大對盧~皂衣頭大兄의 최상위층, 大使者~大兄, 收位使者~小兄, 諸兄~先人의 네 개의 계층으로 나뉘며, 過節과 不節은 誤記이거나 임시로 사용된 관등으로 추정된다.

『翰苑』 권30, 蕃夷部 高麗.

『通典』 권186, 邊防2 東夷下 高句麗.

宮崎市定, 1959, 「三韓時代の位階制について」, 『朝鮮學報』 14, 257쪽.

武田幸男, 1978, 앞의 논문, 23쪽.

16) 鴻臚卿: 唐에서 賓客 업무를 담당하기 위해 설치한 鴻臚寺의 최고 책임자로 외국 사신의 접대와 使行의 임무를 전담하는 외교 담당관이었다.

『唐六典』 권18, 鴻臚寺.

『通典』 권186, 邊防2 東夷下 高句麗.

최재영, 2009, 「唐代 長安의 朝貢使節의 변화와 鴻臚寺의 기능」, 『동북아역사논총』 24.

廉景伊, 2012, 「唐 前期 鴻臚(小)卿의 對外 活動과 變化 樣相」, 『中國史硏究』 79.

17) 又有掌賓客 …… 以大夫使者爲之: 『通典』에는 '掌賓客' 앞에 '狀古雛加'라고 되어 있어 빈객 업무를 담당하는 주체를 분명히 해두었다. 서긍이 자료를 옮기는 과정에서 생략한 것으로 보인다. 大夫使者 이상이 임명되었다고 하는데, '大夫使者'는 곧 '太大使者'이다.

『通典』권186, 邊防2 東夷下 高句麗.
武田幸男, 1978, 앞의 논문, 23·42쪽.
18) 又有國子博士通事舍人典書客 皆小兄以上爲之:『通典』에는 大學博士도 보인다. 이들 관직에 대해서는 구체적인 기록이 남아 있지 않아 자세히 알 수 없다. 영양왕때 太學博士 李文眞이『新集』5권을 만들었다는 내용만이『三國史記』에 전한다.
『三國史記』권20, 高句麗本紀8 嬰陽王 11년 정월.
『通典』권186, 邊防2 東夷下 高句麗.
19) 傉薩: 耨薩이라고도 한다. 고구려의 지방통치체제의 조직구조는 연구자에 따라 2~4단계로 파악되어 그 견해를 달리 한다. 다만 욕살은 지방통치체제의 상위구조인 諸大城의 장관이었다는 점에서 의견이 일치한다. 욕살은 大城의 민정업무를 관장하고 예하 지역의 군사를 통섭했다.
『周書』권49, 列傳41 異域上 高麗.
『隋書』권81, 列傳46 東夷 高麗.
나동욱, 2009,「6~7세기 고구려 지방군사운용체계—지방통치체제 검토를 바탕으로—」,『史學研究』95.
20) 諸督:『通典』,『新唐書』등 史書의 기록을 참고하면 '都督'의 한 용례이다. 도독은 魏 文帝 때 각 州의 軍事와 刺史를 통할하기 위해 처음으로 두어졌고, 이후 晉과 南北朝를 거치며 제도적으로 정착되어 唐代에는 지방행정단위인 都督府의 장관으로 지방통치의 임무를 수행하였다.
『新唐書』권220, 列傳145 東夷 高麗.
『通典』권186, 邊防2 東夷下 高句麗.
日中民族科學研究所 編, 1980,「都督」,『中國歷代職官辭典』, 國書刊行會, 294쪽.
柳元迪, 1985,「唐 前半期 都督府와 州의 統屬關係」,『東洋史學研究』22.
21) 處閭近支: 고구려의 지방단위인 城의 장관으로 處閭近支를 가리키며, 間은 閭의 오기이다. 道使라고도 한다. 중앙의 귀족이 임명되어 현지에 파견되었으며 行政 이외에 軍政도 담당하였다.
노태돈, 1999, 앞의 책, 246~248쪽.
나동욱, 2009, 앞의 논문.
22) 刺使: 刺史를 뜻한다. 중국 前漢 武帝가 전국에 州를 설치하면서 두었던 관직으로 처음에는 지방관 규찰의 임무를 수행하였으나 후에는 州의 장관이 되었다. 唐에서는 州를 上·中·下로 구분하였으며, 장관으로 刺史 1인을 두었다.
日中民族科學研究所 編, 1980,「刺史」,『中國歷代職官辭典』, 國書刊行會, 133쪽.
柳元迪, 1985, 앞의 논문, 5·6쪽.
23) 大摸達: 고구려의 최고 무관직으로 5부의 병을 위시한 군병들로 구성된 수도 주둔군인 大幢의 사령관이다.
황병선, 1983,「고구려 무관직의 등급과 임무」,『력사과학』3, 43쪽.
노태돈, 1999,「귀족연립정권과 연개소문의 정변」, 앞의 책, 479·480쪽.
24) 衛將軍: 漢 文帝 즉위 후 설치되었으며 수도의 각 軍을 지휘하도록 하였다. 隋代

에 12衛로 나뉘어 졌으며, 唐에서는 정3품으로 중앙군인 12衛의 武官으로 궁정을 호위하고 中郞將府와 지방의 折衝府를 통할하였다.
日中民族科學硏究所 編, 1980,「衛將軍」,『中國歷代職官辭典』, 國書刊行會, 16쪽.
김택민 주편, 2008,「권제24 諸衛府」,『譯註 唐六典』下, 신서원.

25) 末客:『翰苑』에 인용된「高麗記」에는 '末若', '郡頭'라고 되어 있다. 中郞將에 비견되는 것으로 보아 휘하 군사를 거느리고 궁궐 숙위와 수도의 치안을 담당한 것으로 여겨진다. 大兄 이상이 취임하였는데, 이들은 官位上 차관급에 해당하는 계층이다.
『翰苑』권30, 蕃夷部 高麗.
武田幸男, 1978, 앞의 논문, 41쪽.

26) 中郞將: 秦·漢에서 禁中의 경비를 담당하는 郞中令에 소속된 五官署, 左署, 右署의 長官으로 처음 설치하였다. 將軍의 다음으로 中郞 또는 中郞將으로 불렸다. 唐의 中郞將은 정4품하로 衛 아래에 있는 府 소속의 校尉(정6품상) 이하를 거느리고 숙위하는 일을 관장하고 府事를 총괄하였다.
日中民族科學硏究所 編, 1980,「中郞將」,『中國歷代職官辭典』, 國書刊行會, 246쪽.
김택민 주편, 2003,「권제5 尙書兵部」,『譯註 唐六典』上, 신서원, 486쪽.

27) 其次領千人:『通典』의 내용과 동일하다. 그러나『翰苑』「高麗記」에는 '次'가 없이 '其領千人'으로 되어 있어 '천 명을 거느린다'는 의미가 된다. 여타의 기록과 비교해 볼 때, 후자가 타당하다고 생각한다.
이정빈, 2016,「「천남생 묘지」에 보이는 將軍과 7세기 고구려의 군사 운용」,『韓國古代史探究』22, 102쪽.

28) 開元故事: 開元은 唐 玄宗(712~756)의 연호로 713~741년까지 사용되었다. 이 시기에 唐의 행정법전인『唐六典』이 편찬되고 唐律이 改修되는 등 唐의 제도가 정비되었는데, 開元故事는 이를 뜻한다.
김택민 주편, 2003,「解題」, 앞의 책, 신서원.
金鐸敏·任大熙, 1994,「唐律疏議 解題」,『譯註 唐律疏議』Ⅰ, 한국법제연구원.

29) 冠: 머리를 덮는 쓰개의 한 종류이며, 官位에 있는 자가 공식적인 자리에서 착용하였다. 이에 대해서는 본서 권7-1, 주해 7) 참조.
姜淳弟, 1989, 앞의 논문, 2~4·23쪽.

30) 珥: 귀모양 장신구의 일종으로 일반적으로 귓불을 뚫고 그 구멍에 끼워서 착장하였다. 그런데 본문에서 비단으로 만들었다는 것으로 보아 귀걸이는 아닌 듯하다. 冠帽에 부착하는 사슴 뿔 모양의 장식물로 여겨진다.
주경미, 2003,「韓國 古代 耳飾의 着裝方式 硏究」,『역사민속학』17.

31) 飾以羽毛: 冠帽에 새의 깃을 꽂아 장식하는 것을 의미한다. 이러한 양식은 북방 유목민족 사이에 행해지던 풍습이 전해진 것이다.
안명숙·김용서, 2006,「삼국시대의 복식」,『한국복식사』, 예학사, 20쪽.
姜淳弟, 1989, 앞의 논문, 23~25쪽.

32) 前世臣服 …… 飾以羽毛: 前世는 고구려를 뜻한다. 유사한 내용이『舊唐書』와『新

唐書』에 전한다. 이에 따르면 大臣 혹은 官貴者가 청라관을 쓰고, 그 다음이 강라관을 쓰며 庶人은 褐衣를 입고 弁을 썼다고 한다.
『舊唐書』 권199上, 列傳149上 東夷 高麗.
『新唐書』 권220, 列傳145 東夷 高麗.
임기환, 2004, 「4~7세기 관등제의 전개와 운영」, 『고구려 정치사 연구』, 한나래, 245~252쪽.
전호태, 2015, 「고구려 복식문화 연구론」, 『韓國史研究』 170, 102·103쪽.
33) 袍: 무릎 아래로 내려오는 길이의 두루마기형 복식으로 고려시대에는 왕 이하 서민에 이르기까지 광범위하게 착용하였다.
김문숙·이순원, 2001, 「고려시대 일반복식의 명칭에 관한 연구」, 『服飾』 51-2, 69쪽.
34) 幞頭: 중국에서 기원한 冠帽로 각이 지고 위가 평평하여 두 단으로 되어 있으며 모서리에 각이 달려 있다. 이에 대해서는 본서 권7-2, 주해 1) 참조.
35) 金魚: 금으로 제작한 물고기로 장식한 주머니이다. 이에 대해서는 본서 권 6-3-(1), 주해 23) 참조.
36) 比年國官 …… 其玉帶佩金魚: 서긍에 의하면 고려의 관복은 宋과 동일하여 紫, 緋, 綠의 순서로 되어 있었다고 한다. 고려 의종 때 정한 규정에는 문관 4품 이상이 紫衫을 입고 紅鞓에 金魚를 찼고, 6품 이상이 緋衫을 입고 紅鞓에 銀魚를 차며, 9품 이상이 綠衫을 입게 되어 있는데, 이는 서긍이 말한 것과 같으며 宋에서 元豊 연간에 정한 규정과 대체로 일치한다.
『高麗史』 권72 志26 輿服1 冠服 公服 毅宗朝.
『宋史』 권153, 志106 輿服5 諸臣服下 公服 元豊 원년.
이종서, 2012, 앞의 논문, 42·43쪽.
김보광, 2015, 「고려전기 魚袋의 개념과 운영방식에 대한 검토」, 『韓國史研究』 169, 183~191쪽.
37) 太師太尉: 3師·3公의 구성원으로 정1품 최고 관직이다. 3師·3公에 대해서는 본서 권6-3-(1), 주해 10) 참조.
38) 中書令: 中書門下省의 종1품직이다. 중서문하성의 門下侍中과 상서성의 尙書令이 같은 종1품직으로 있었으나 중서령은 '人臣之極'이라고 하여 이들보다 조금 더 높은 지위였다. 그러나 주로 종친들에게 대우식·명예직으로 수여하거나 신료들에게 贈職 혹은 致仕職으로 제수하였으므로 實務職과는 거리가 있었다.
『高麗史』 권76, 志30 百官1 門下府.
『高麗史』 권129, 列傳42 叛逆3 崔忠獻.
金成俊, 1964, 「宗親府考」, 『史學研究』 18 ; 1985, 『韓國中世政治法制史研究』, 一潮閣, 310~312쪽.
邊太燮, 1967, 「高麗宰相考—3省의 權力關係를 중심으로—」, 『歷史學報』 35·36合 ; 1971, 『高麗政治制度史研究』, 一潮閣, 61~64쪽.
朴龍雲, 1997, 「高麗時期 中書令에 대한 검토」, 『韓國 古代·中世의 支配體制와 農民』, 知識産業社 ; 2000a, 『고려시대 中書門下省宰臣 연구』, 一志社, 49~51쪽.

39) 尙書令: 尙書省의 장관으로 종1품이다. 이에 대해서는 본서 권6-3-(2), 주해 3) 참조. 한편 令官服을 입은 대상이 太師·太衛·中書令·尙書令 등이고 뒤의 國相服과 구별되는 것을 보건대, 영관은 고려의 종실, 즉 諸王이었다고 생각된다.

7-4

[原文]
國相服
國相之服, 紫文羅袍, 毬文金帶, 仍佩金魚. 侍中太尉司徒中書門下侍郎平章事叅知政事左右僕射政堂文學判尙書吏部43)事樞密使副同知院奏事等官, 通許服之.

[譯文]
국상복
국상의 복식은 자색의 무늬 있는 비단 옷[紫文羅袍]에 둥근 모양의 무늬를 넣은 금대[毬文金帶]이고, 아울러 금어대를 찬다. 시중,1) 태위, 사도,2) 중시·문하시랑평장사,3) 참지정사,4) 좌·우복야,5) 정당문학,6) 판상서이부사,7) 추밀사, (추밀)부사,8) 동지원사, (지)주사9) 등의 관원들이 모두 이를 입는 것이 허락된다.10)

[註解]
1) 侍中: 中書門下省의 종1품직인 門下侍中으로 고려의 최고 관직이다. 같은 종1품직으로 尙書令과 中書令이 있었으나 이들은 실무직이 아니라 대우직·명예직이었

43) 四: "國相服 …… 侍中太尉司徒中書門下侍郎平章事叅知政事左右僕射政堂文學判尙書吏部"가 누락되어 있다. 知: "部【鄭刻以上皆闕事字以下誤接上條一日大對句下又案鄭刻事上有盧字蓋卽上條大對下靈字之誤也】"로 기록되어 있다.

다. 때문에 문하시중은 중서문하성의 장관이자 宰臣의 으뜸으로 국왕과 함께 국정을 논의하였다. 또한 判尙書吏部事를 겸직하여 首相·冢宰가 되어 文官의 인사를 총괄하기도 하였다.

『高麗史』 권76, 志30 百官1 門下府.

邊太燮, 1971, 앞의 책, 65·79~81쪽.

張東翼, 1979, 「高麗前期의 兼職制에 대하여(下)」, 『大丘史學』 17, 24쪽.

朴龍雲, 1998, 「高麗時代의 門下侍中에 대한 검토」, 『震檀學報』 85 ; 2000a, 앞의 책, 49~51쪽.

朴龍雲, 2000, 「高麗時代의 6部判事制에 대한 考察」, 『고려시대연구』 II, 한국정신문화연구원 ; 2000b, 『高麗時代 尙書省 硏究』, 景仁文化社, 110~141쪽.

2) 司徒: 太尉·司空과 함께 3公의 하나로 정1품 최고 관직이다. 3師·3公에 대해서는 본서 권6-3-(1), 주해 10) 참조.

3) 中書門下侍郞平章事: 中書門下省의 정2품 관직이다. 平章事에 대해서는 본서 권6-3-(1), 주해 11) 참조.

4) 叅知政事: 中書門下省의 종2품 관직이다. 이에 대해서는 본서 권6-3-(2), 주해 13) 참조.

5) 左右僕射: 尙書都省의 정2품 관직으로 文宗代 정해진 정원은 좌·우 각 1인이다. 상서성의 최고 관직은 尙書令이지만 실무직이 아니었으므로 僕射가 실질적인 장관이었다. 그러나 中書門下省과 中樞院의 종2품 宰相보다 田柴科나 祿俸·丘史 數 등에서 오히려 낮은 대우를 받았다. 때문에 복야가 정2품이기는 하지만 재상보다 조금 낮은 직위였다고 볼 수 있다. 하지만 司徒·司空을 겸대한 복야는 三司와 6部判事를 겸직하기도 하고 국가 祭禮를 주관하며, 公文 발송시 可否를 검토하는 권한을 갖는 등 나름대로 중요한 업무를 담당하는 지위에 있었다.

『高麗史』 권76, 志30 百官1 尙書省.

邊太燮, 1971, 앞의 책, 70~72쪽.

周藤吉之, 1975, 「高麗初期의 宰相, 尙書左右僕射について」, 『朝鮮學報』 77 ; 1980, 『高麗朝官僚制の硏究』, 法政大學出版局, 103~108쪽.

朴龍雲, 1995, 「高麗時代의 尙書都省에 대한 檢討」, 『國史館論叢』 61 ; 2000b, 앞의 책, 19~34쪽.

6) 政堂文學: 中書門下省의 종2품 관직이며, 宰臣의 일원으로서 국왕과 함께 국정을 논의하였다(①). 6部判事를 겸직하거나 6部尙書를 중복직으로 帶有하였다(②). 한편, 田柴科와 祿俸 지급 규정에는 정당문학이 보이지 않는데, 이러한 이유 등으로 정당문학을 兼職으로 이해하는 견해도 있다(③).

① 『高麗史』 권76, 志30 百官1 門下府.

② 邊太燮, 1971, 앞의 책, 67·68·77~82쪽.

周藤吉之, 1974, 「高麗初期の官吏制度―とくに兩府の宰相について―」, 『東洋大學大學院紀要』 11 ; 1980, 앞의 책, 41·42쪽.

朴龍雲, 1999, 「고려시대의 政堂文學에 대한 검토」, 『韓國史學報』 7 ; 2000a, 앞

의 책, 334~375쪽.
李鎭漢, 1999, 「高麗前期 樞密의 班次와 祿俸」, 『韓國學報』 96, 157·158쪽.
③ 張東翼, 1979, 앞의 논문, 27쪽.
崔貞煥, 1985, 「高麗 中書門下省의 祿俸規定과 그 運營實態―《高麗史》食貨志 祿俸條의 검토―」, 『韓國史硏究』 50·51合 ; 1991, 『高麗·朝鮮時代 祿俸制 硏究』, 慶北大學校出版部, 93~96쪽.
박재우, 1997, 「고려전기 재추의 운영원리와 권력구조」, 『역사와 현실』 26, 171·172쪽.

7) 判尙書吏部事: 尙書吏部의 장관이다. 고려에서는 尙書6部에 정3품의 尙書가 있었지만 宰臣이 아니었다. 그러므로 국정 수행에 한계가 있어 그 위에 判事를 두고 宰臣이 겸직하게 하여 국정에 참여할 수 있도록 한 것이다. 6部 가운데 吏部가 가장 서열이 앞섰으므로 判尙書吏部事를 겸직하는 宰臣은 首相으로서 文選을 비롯한 吏部의 업무도 총괄하였다.
邊太燮, 1971, 앞의 책, 79~82쪽.
朴龍雲, 1998, 「고려시대의 門下侍中에 대한 검토」, 『震檀學報』 85 ; 2000a, 앞의 책, 48~54쪽.
朴龍雲, 2000b, 앞의 책, 114~141쪽.

8) 樞密使副: 樞密院―中樞院―의 종2품 관직인 樞密院使와 樞密院副使의 합칭이다. 추밀원사에 대해서는 본서 권6-3-(2), 주해 17) 참조.

9) 同知院奏事: 樞密院―中樞院―의 종2품 관직인 同知院事와 정3품 관직인 知奏事의 합칭으로 추정된다. 동지원사에 대해서는 본서 권6-3-(2), 주해 21) 참조.

10) 國相之服 …… 通許服之: 고려시대 재상의 복식에 대해서는 상세한 자료가 없어 실체를 파악하기가 어렵다. 다만 의종조에 정해진 백관공복 규정을 보면 문관 4품 이상은 紫衫을 입고 紅鞓에 金魚를 패용했고, 宰臣樞密의 帶는 金玉班犀帶와 方團毬路帶였다.
『高麗史』 권72, 志26 輿服1 冠服 公服 毅宗朝.
朴龍雲, 2013, 『『고려사』 여복지 역주』, 景仁文化社, 68~71쪽.

7-5

[原文]

近侍服

近侍之服, 紫文羅袍, 御仙金帶, 仍佩金魚. 自左右常侍御史大夫左右

丞六尙書翰林學士承旨學士以上及祗待國朝使命接伴館伴官, 悉服之.

[譯文]
근시복

근시의 복식은 자색 무늬 비단 포에 어선금대[1]를 두르고 아울러 금어대를 패용한다. 좌·우상시,[2] 어사대부,[3] 좌·우승,[4] 육상서,[5] 한림학사승지,[6] 학사[7] 이상부터 국조사를 맞이하도록 명받은 접반과 관반의 관원들[8]이 모두 입는다.[9]

[註解]
1) 御仙金帶: 어선화로 장식한 금대로, 3~4품에 해당하는 근시와 종관이 착용하였다. 『宋史』 輿服志에는 御仙花帶가 1082년(송 신종 15)의 과대 규정에서 처음 확인되는데, 觀文殿學士를 비롯하여 寶文閣直學士, 御史大夫, 中丞, 六尙書, 侍郎, 散騎常侍 등의 3~4품에 해당하는 관인들이 착용하였다. 고려의 경우, 의종대 공복 규정에는 품질에 따라 과대의 장식판 재료를 구분할 뿐 어선화 무늬에 대한 기록은 없다. 다만, 현재 고려시대 어선화 과대의 띠꾸미개와 띠끝장식판, 띠고리 등이 남아있어 그 대략을 짐작할 수 있다.
『高麗史』 권72, 志26 輿服1 冠服 公服 毅宗朝.
『宋史』 권153, 輿服5 諸臣服下 公服.
설유경, 2011, 「고려시대 과대(銙帶)에 관한 연구」, 이화여자대학교 의류학과 석사학위논문, 13~19·63~71쪽.
2) 左右常侍: 고려전기 中書門下省의 정3품 관직인 左右散騎常侍를 말하며, 문종 때 정원은 좌·우 각 1인이다. 이에 대해서는 본서 권6-3-(1), 주해 20) 참조.
3) 御史大夫: 고려전기 국왕에 대한 諫諍, 주요 정책이나 인사에 대한 署經·封駁을 담당한 御史臺의 정3품 관직으로 문종 때 정원은 1인이다. 어사대 관원은 中書門下省의 낭사와 더불어 臺諫이라 불리며 言官의 역할을 하였다.
『高麗史』 권72, 志26 輿服1 冠服 公服 毅宗朝.
『高麗史』 권76, 志30 百官1 司憲府.
朴龍雲, 1980, 「臺諫의 職制」, 『高麗時代 臺諫制度 硏究』, 一志社, 77~99쪽.
박재우, 2014, 「대간 활동의 성격과 운영 방식」, 『고려전기 대간제도 연구』, 새문사, 294~301쪽.
4) 左右丞: 고려전기 尙書都省의 종3품 관직으로, 문종 때 정원은 각 1인이다. 左·右丞은 상서도성의 하층조직 가운데 가장 상급 관직이다.

『高麗史』 권72, 志26 輿服1 冠服 公服 毅宗朝.
『高麗史』 권76, 志30 百官1 尙書省.
朴龍雲, 2000b, 앞의 책, 37~42쪽.

5) 六尙書: 고려전기 尙書6部의 정3품 관직으로 정원은 각 1인이다. 尙書6部의 각 관서에서 가장 상위직은 宰臣이 겸직하게 되어 있는 判事였고 尙書는 그 다음 직임이었다. 6부상서 사이의 서열은 대체로 吏部·兵部·戶部·禮部·刑部·工部의 순이었다.
『高麗史』 권72, 志26 輿服1 冠服 公服 毅宗朝.
『高麗史』 권76, 志30 百官1 吏曹·兵曹·戶曹·刑曹·禮曹·工曹.
朴龍雲, 2000b, 앞의 책, 323~329쪽.

6) 翰林學士承旨: 翰林院의 정3품 관직으로 문종 때 정원은 1인이며 재상이 겸하였다. 翰林院은 국왕을 대신해 詞命을 짓는 일을 관장하였으며 과거 급제자 중 학식이 높은 인물들이 선발되었다. 經筵官과 考試官을 비롯하여 국왕을 侍從하는 등 다양한 업무를 담당하였다.
『高麗史』 권72, 志26 輿服1 冠服 公服 毅宗朝.
『高麗史』 권76, 志30 百官1 藝文館.
周藤吉之, 1980, 「高麗初期の翰林院と誥院―宋の翰林學士·知制誥との關連において―」, 『東洋學報』 58-3·4合 ; 1980, 앞의 책, 277~287쪽.
崔濟淑, 1981, 「高麗翰林院考」, 『韓國史論叢』 4, 11쪽.
邊太燮, 1983, 「高麗의 文翰官」, 『金哲埈華甲紀念 史學論叢』, 知識産業社, 203쪽.

7) 學士: 翰林院의 정4품 관직인 翰林學士로, 문종 때 정원은 2인이다. 翰林學士承旨와 더불어 근시직이었다. 1116년(예종 11)에 품계를 정3품으로 올리고 한림원의 관원들을 모두 本品의 行頭로 삼았다. 이러한 조처로 한림학사 역시 한림학사승지와 같은 복식을 착용하였던 것으로 보인다.
본품항두제는 중요한 직무를 수행하지만 兼職으로 운영되던 관직을 우대하는 방식의 하나이다. 이때의 本品은 本職의 품계를 뜻하며, 본품항두직을 겸한 관직의 班次를 나타낸다. 또한 行頭는 항렬의 우두머리를 말한다. 본품항두직을 띠게 되면 각종 의식에서 본품의 반차를 대표하는 항두원이 되었다(①). 한편 본품이 본품항두직의 품계를 뜻하며 겸직으로 운영되었다고 보는 견해도 있다(②).
① 『高麗史』 권76, 志30 百官1 通禮門.
  李鎭漢, 2004, 「고려시대 본품항두(本品行頭)」, 『역사와 현실』 54 ; 2009, 『고려 중앙정치제도사의 신연구』, 혜안.
② 崔貞煥, 1985, 「高麗 中書門下省의 祿俸規定」, 『韓國史硏究』 50·51合 ; 1991, 『高麗·朝鮮時代 祿俸制 硏究』, 慶北大學校出版部, 101~105쪽.

8) 接伴館伴官: 외국 사절에 대한 영송과 접대를 담당한 관원인 接伴使와 館伴使를 말한다. 接伴使와 館伴使는 고려에 온 송 사절에 대한 영송과 접대 업무를 총괄하는 역할을 하였다. 먼저, 接伴使는 사절단의 고려 경내 진입부터 개경의 객관에 이르기까지의 路程과 귀국과정의 영송 업무를 통솔하였다. 館伴使의 경우, 사절단의 예성강 도착 이후 개경에 머무는 동안의 업무를 담당하였다. 이들의 역

할은 송 사절에 대한 의례적인 영접과 접대에 국한되지 않고 국가 간 외교교섭의 실무자로서 활동하였다. 이들의 지위는 정3품과 정4품이 주축이었는데 상대국 사절의 지위 및 외교 사안의 중요도에 따라 고위직인 중추원의 추밀이 임명되는 등 재상급이 포함되기도 하였다.
金圭錄, 2015, 「고려중기의 宋 使節 迎送과 伴使의 운용」, 『歷史敎育』 134.
9) 近侍之服 …… 悉服之: 본문의 자삼을 입고 御仙金帶에 금어대를 차는 관직은 정3품직에 해당한다. 그런데 의종대 관리공복 규정에 따르면 문관 4품 이상은 복식인 紫服을 입고 紅鞓에 금어대를 차며 金班犀帶를 착용한다고 되어있다. 이러한 『高麗史』의 규정은 『高麗圖經』에 기록된 자색 공복을 입는 관직군과 약간의 차이를 보인다.
『高麗史』 권72, 志26 輿服1 冠服 公服 毅宗朝.

7-6

[原文]
從官服

從官之服, 紫文羅袍, 御仙金帶. 御史中丞諫官給事侍郎州牧留守使副閤門執贊六尙直官44)都知兵馬四部護使等與其非泛恩數, 悉服之. 王之世子及王之兄弟亦然.

[譯文]
종관복

종관의 복식은 자색의 무늬 있는 비단 옷에 어선금대를 찬다. 어사중승,1) 간관,2) 급사,3) 시랑,4) 주목·유수의 사와 부사,5) 합문집찬,6) 육상직관,7) 도지병마,8) 4도호부사[四部護使]9) 등 및 특별한 은혜를 입은 자들은 모두 입는다. 왕세자와 왕의 형제도 또한 그러하였다.10)11)

---

44) 四 : 宮, 知: "官【鄭刻宮】"으로 기록되어 있다.

[註解]
1) 御史中丞: 고려전기 御史臺의 종4품 관직으로 문종 때 정원은 1인이다. 어사대 관원에 대해서는 본서 권6-6, 주해 10) 참조.
『高麗史』 권76, 志30 百官1 司憲府.
2) 諫官: 中書門下省의 하부조직인 郎舍의 구성원으로 諫諍과 封駁을 담당하였다. 諫官에는 中書門下省의 散騎常侍(정3품) 이하 拾遺(종6품)까지 속한다. 종관복을 착용하는 관원들의 관품을 고려할 때 간관 중 諫議大夫(정4품)와 中書舍人(종4품)이 해당된다. 간의대부는 문종 때 좌·우를 각 1인씩 정하였고, 중서사인도 문종대 정원이 1인이었다.
『高麗史』 권76, 志30 百官1 門下府.
邊太燮, 1967, 「高麗의 中書門下省에 대하여」, 『歷史敎育』 10 ; 1971, 앞의 책, 38~41쪽.
朴龍雲, 1971, 「高麗朝의 臺諫制度」, 『歷史學報』 52 ; 1980, 앞의 책, 65~72·82~85쪽.
崔承熙, 1976, 「臺諫制度의 成立과 그 機能의 分析」, 『朝鮮初期 言官·言論硏究』, 서울大學校 韓國文化硏究所, 41쪽.
박재우, 2012, 「고려전기 臺諫의 조직과 기능」, 『韓國史學報』 49 ; 2014, 앞의 책, 107~109쪽.
3) 給事: 고려전기 中書門下省의 종4품 관직인 給事中으로 문종 때 정원은 1인이다. 諫諍과 封駁 등 諫官의 역할을 수행하기도 하였다.
『高麗史』 권76, 志30 百官1 門下府.
邊太燮, 1971, 앞의 책, 39·40쪽.
朴龍雲, 1980, 앞의 책, 68·69쪽.
4) 侍郎: 고려전기 尙書6部의 정4품 관직이다. 문종 때 정원은 吏部·禮部·工部가 각 1인, 兵部·戶部·刑部가 각 2인이다.
『高麗史』 권76, 志30 百官1 吏曹·兵曹·戶曹·刑曹·禮曹·工曹.
5) 州牧留守使副: 지방관들에 대한 언급으로 8牧의 使·副使와 3京의 留守使·副留守를 가리킨다. 먼저, 州牧은 1018년(현종 9)에 8牧에 파견된 관리를 말하는 것으로 각 州牧에는 3품 이상의 使 1인과, 4품 이상의 副使 1인 중 하나를 임명하였다. 의종대 공복 규정에 牧의 副使이상은 紫服을 입고 金魚를 찼다. 다음은 西京, 東京, 南京의 3京에 두었던 외관직인 留守使와 副留守를 가리키는 것으로 각각 3품 이상의 유수사 1인과 4품 이상의 부유수 1인을 두었다. 서경유수는 京官의 상서, 즉 정3품에 준하고 부유수 역시 3품에 준하도록 하였으며 동경과 남경의 부유수 이상은 紫服을 입고 金魚를 차도록 하였다.
『高麗史』 권56, 志10 地理1 南京留守官 楊州.
『高麗史』 권57, 志11 地理2 東京留守官 慶州.
『高麗史』 권58, 志12 地理3 西京留守官 平壤府.
『高麗史』 권72, 志26 輿服1 冠服 公服 毅宗朝.
『高麗史』 권77, 志31 百官2 外職 西京留守官·東京留守官·南京留守官·諸牧.

6) 閤門執贊: 고려전기 閤門―閣門―의 관직이다. 執贊은 기록이 없어 그 직능에 대해서 상세히 알 수 없다. 다만, '執贊'이란 명칭으로 보아 각종 의례에서 주요 역할을 담당하는 使, 引進使, 引進副使, 副使를 비롯하여 通事舍人이나 閤門祗候까지의 관직들로 이해된다. 이들은 사와 인진사가 정5품, 인진부사가 종5품, 閤門副使가 정6품, 통사사인과 지후가 정7품으로 관품상 모두 비색복과 은어대의 대상이어야 한다. 그러나 '합문집찬'으로 묶어 모두 자색복을 입는다고 한 것은 아마도 궁중에서 국왕이 주재하는 의례를 진행하는 역할 때문에 우대받은 조처일 것이다. 의종대 공복 규정에 閤門의 관원들은 따로 분류하여 모두 紫服을 입도록 하였으나 魚袋는 착용하지 않도록 하고 있다.
『高麗史』권72, 志26 輿服1 冠服 公服 毅宗朝.
『高麗史』권76, 志30 百官1 通禮門.
김보광, 2016, 「고려전기 公服制의 정비 과정에 대한 연구」, 『사학연구』 121, 187쪽.

7) 六尙直官: 六尙은 본래 秦나라의 官名으로, 尙冠·尙衣·尙食·尙沐·尙席·尙書를 일컫는다. 直官은 각 직임을 담당하는 관원을 의미하므로, 주로 국왕의 일상생활과 관련한 고려전기 尙食局, 尙藥局, 尙衣局, 尙舍局, 尙乘局 등의 관서의 관원을 지칭하는 것으로 이해된다.
『高麗史』권77, 志31 百官2 司膳署·奉醫署·掌服署·司設署·奉車署.
諸橋轍次, 1984, 「六尙」, 『大漢和辭典』 2, 大修館書店, 61쪽.

8) 都知兵馬: 都知兵馬事로 보인다. 『高麗史』에 기록된 몇 가지 사례를 통해 직임을 단편적으로 유추해볼 수 있다. 1174년(명종 4)에 조위총의 난 진압 시 鄭筠이 都知兵馬事로 기록된 점이나, 1216년(고종 3)에 거란유종의 침입 시에 鄭叔瞻를 行營中軍元帥로, 趙冲를 副元帥, 右承宣 李延壽를 都知兵馬事로 삼아 5領軍을 지휘하게 하였다는 내용 등을 통해 특별한 군사 조치가 필요할 시 임시로 파견하였던 5군의 책임자로 짐작된다.
『高麗史』권77, 志31 百官2 外職 行營兵馬使.
『高麗史』권96, 列傳9 尹瓘 附鱗瞻.
『高麗史』권103, 列傳16 趙冲.
朴龍雲, 2008, 「고려시기 兵馬使와 都兵馬使 機構에 대한 몇 가지 문제―兵馬判事와 都兵馬使 職位를 중심으로―」, 『韓國史研究』 141 ; 2010, 『고려시기 역사의 몇 가지 문제』, 일지사, 91~93쪽.
朴龍雲, 2008, 「고려시기의 行營兵馬使에 대한 고찰」, 『한국중세사연구』 25 ; 2010, 앞의 책.

9) 四部護使: 部護使는 군사적 요충지역에 설치된 都護府使의 오기이다. 문종 때 3품 이상의 使 1人과 4품 이상의 副使 1인으로 정하였다. 『高麗史』 지리지 序에 따르면 현종 초에 4도호 8목이 설치되면서 4도호부체제가 정립되었다. 이후 1022년(현종 13)에 安南都護府가 혁파되고, 1127년(인종 5)에 安東都護府가 폐지되어 3도호부만이 남아있었다. 실제로 인종대에는 安北, 安西, 安邊의 3도호부만이 있었다. 그러므로 본문의 4부가 각각 어디에 대입되는지는 명확히 설명하기 힘들다.

『高麗史』 권56, 志10 地理1 序.
『高麗史』 권57, 志11 地理2 東京留守官 慶州.
『高麗史』 권58, 志12 地理3 安西大都護府 海州·安邊都護府 登州·安北大都護府 寧州.
『高麗史』 권77, 志31 百官2 外職 大都護府.
李基白, 1965, 「高麗地方制度의 整備와 州縣軍의 成立」, 『趙明基華甲記念 佛敎史學論叢』; 1968, 『高麗兵制史研究』, 一潮閣, 199쪽.

10) 王之世子及王之兄弟亦然: 왕세자 및 왕의 형제의 복식이 4품 정도의 관직이 나열된 종관복에 들어간 것은 자색공복을 착용하면서 어대를 패용하지 않기 때문이다. 다만 왕세자 및 왕 형제의 복식은 종관복 관직의 것과 달리 帶와 그 꾸미개에서 차이가 나타난다. 의종대 공복 규정에 따르면 종친으로 公·侯·伯은 通犀·金·玉·班犀帶를 차고 어대를 패용하지 않았는데, 이는 왕족을 상징하는 특징적인 모습의 하나로 각인되어 권위를 과시한 것이었다.
『高麗史』 권72, 志26 輿服1 冠服 王世子冠服·公服 毅宗朝.
박용운, 2013, 앞의 책, 52~54쪽.
이정란, 2017, 「고려 왕가의 특권 향유와 신성가문 의식」, 『史林』 62, 134·135쪽.

11) 從官之服 …… 王之世子及王之兄弟亦然: 본문의 자삼을 입고 御仙金帶를 차는 관직은 4품직에 해당한다. 이들은 궁중과 관계되어 특별대우를 받는 합문과 6국을 제외하면 대체로 2성6부의 차관급으로 이해된다. 그런데 의종대 공복 규정에 따르면, 문관 4품 이상은 紫服을 입고 紅鞓에 금어대를 차며 班犀·도금한 銀帶를 착용하였다. 이러한 『高麗史』의 규정은 『高麗圖經』에 기록된 자색 공복을 입는 관직군과 약간 차이가 있다.
『高麗史』 권72, 志26 輿服1 冠服 公服 毅宗朝.
김보광, 2016, 앞의 논문, 186·187쪽.

7-7

[原文]

卿監服

卿監之服, 緋[45]文羅袍, 紅鞓犀帶, 仍佩銀魚. 六寺卿貳省部丞郞國子儒官祕書典職以上, 悉服之.

---

45) 知: "紫【鄭刻緋】"로 기록되어 있다.

[譯文]

경감복

경감의 복식은 비색의 무늬 있는 비단 옷에 붉은 가죽 서대를 하고 아울러 은어대[1]를 찬다. 육시(六寺)의 경과 소경[貳],[2] 성과 부의 승랑,[3] 국자유관[4]과 비서전직[5] 이상은 모두 이를 입는다.[6]

[註解]

1) 銀魚: 은으로 제작한 물고기로 장식한 주머니이다. 고려에서 공복을 구성하는 부속물의 하나로 의종대의 규정에 의하면, 상참 6품 이상은 은어대를 찬다고 되어 있다. 한편, 어대에 대해서는 본서 권6-3-(1), 주해 23) 참조.
『高麗史』 권72, 志26 輿服1 冠服 公服 毅宗朝.

2) 六寺卿貳: 6寺의 장관[卿]과 차관[貳]을 가리킨다. 寺는 衛尉寺, 太僕寺, 大府寺, 禮賓省, 司宰寺 등 행정 실무를 담당한 관서인데, 구체적으로 6寺가 어떤 관서를 가리키는지는 자세히 알기 어렵다. 이들 관서의 장·차관은 卿과 少卿으로 대략 종3품~종4품에 해당한다. 그런데 『高麗史』 輿服志의 의종대 관리 공복 규정에 의하면, 문관 4품 이상은 자색복을 입는다고 되어있어 『高麗圖經』의 기록과 차이가 있다.
『高麗史』 권72, 志26 輿服1 冠服 公服 毅宗朝.
『高麗史』 권76, 志30 百官1 衛尉寺·司僕寺·禮賓寺·內府寺·司宰寺.

3) 省部丞郎: 中書門下省과 尙書省·6部의 丞·郎을 가리킨다. 그런데 앞의 近侍服에서 중서문하성의 常侍와 상서도성의 丞, 6부의 尙書를, 從官服에서 중서문하성의 給事中, 6부의 侍郎을 이미 언급하였으므로, 해당 卿監服에서의 丞郎은 중서문하성의 起居注·起居郞·起居舍人(이상 종5품)·司諫(정6품)·正言(종6품), 상서성의 郞中(정5품)·員外郞(정6품), 6부의 郞中(정5품)·員外郞(정6품)을 가리키는 것으로 보인다.
『高麗史』 권76, 志30 百官1 門下府·尙書省·吏曹·兵曹·戶曹·刑曹·禮曹·工曹.
김보광, 2016, 앞의 논문, 188쪽.

4) 國子儒官: 국자감의 관직이다. 卿監服에서 언급된 관직들이 대략 종3품~종6품이므로 國子祭酒(종3품), 國子司業(종4품), 國子丞(종6품)을 가리킨다. 그런데 국자사업으로 자색복을 입은 사례가 있어, 좨주와 사업의 복색을 자색복으로 파악하기도 한다.
『高麗史』 권76, 志30 百官1 成均館.
김보광, 2016, 앞의 논문, 188쪽.

5) 祕書典職: 비서성의 6품 이상 관직으로 監(종3품), 少監(종4품), 丞(종5품), 郞(종6

품)이 있는데, 감과 소감은 6寺卿貳와 유사한 부류이므로 典職은 승과 랑을 가리킨다.
 『高麗史』 권76, 志30 百官1 典校寺.
 김보광, 2016, 앞의 논문, 188쪽.
6) 緋文羅袍 …… 悉服之: 본문의 비삼을 입고 紅鞓犀帶에 은어대를 차는 관직은 종3품부터 종6품에 해당한다. 그런데 의종대 관리공복 규정에 의하면, 문관 4품 이상은 자삼을 입고 홍정에 금어대를 차고, 상참 6품 이상은 비삼을 입고 홍정에 은어대를 차며, 이들 모두 상아로 된 홀을 든다고 하였다. 그리고 구체적으로 문·무 3품은 班犀金鍍銀帶를, 문·무 4품 이하 상참관은 金鍍銀犀帶를 두른다고 규정되어 있다. 이러한 차이는 서긍이 고려를 견문한 기간이 약 1개월에 불과하여 면밀히 살펴보지 못해 나타난 것일 가능성이 있다.
 『高麗史』 권72, 志26 輿服1 冠服 公服 毅宗朝.

7-8

[原文]
朝官服

朝官之服, 緋文羅袍, 黑鞓角帶, 仍佩銀魚. 司業博士史館校書太醫司天兩省錄事以上, 悉服之. 其[46)]於[47)]階官, 亦限年數, 必待遷升而後改易也. 館伴見中朝人使於館中, 則各置二人, 服緋前導, 唯[48)]不佩魚. 當是倣本朝朱衣雙引之制也.

[譯文]
조관복

조관의 복식은 비색의 무늬 있는 비단 옷에 검은색 가죽 각대를 하고 아울러 은어대를 찬다. 사업·박사,[1)] 사관·교서,[2)] 태의·사천 두 관청의

46) 知: "其【鄭刻有於字】"로 기록되어 있다.
47) 知: "於"가 누락되어 있다.
48) 四 知: 惟.

녹사³⁾ 이상은 모두 이를 입는다.⁴⁾ 그 관계와 관직은 역시 햇수에 한정되는데, 반드시 승진하기를 기다려야 하며, 그 뒤에야 (관복을) 바꿔 입는다. 관반이 중국 사신을 관에서 볼 때는 각각 두 사람을 배치하여 비색 옷을 입고 앞에서 이끌게 하는데, 다만 어대는 차지 않았다. 이는 송[本朝]의 붉은 옷을 입은 서리 두 명이 이끄는⁵⁾ 제도를 모방한 것이다.

[註解]
1) 司業博士: 국자감의 관직인데 國子司業(종4품)은 앞의 卿監服에서 國子儒官으로 표현된 것으로, 司業博士는 국자감의 司業과 박사직인 國子博士(정7품)·太學博士(종7품)·四門博士(정8품) 등을 가리킨다.
   『高麗史』권76, 志30 百官1 成均館.
2) 史館校書: 時政에 대한 기록을 관장하는 史館과 왕실의 도서를 관장하는 비서성의 관직이다. 그런데 앞서 卿監服의 관직이 대략 3품~6품 참상관의 관복을 규정하고 있다. 따라서, 朝官服은 그 이하의 관원에 해당하므로 史館·校書는 直史館(8품)과 秘書校書郎(정9품)을 가리킨다고 생각된다.
   『高麗史』권76, 志30 百官1 春秋館.
3) 太醫司天兩省錄事: 太醫司天兩省은 의약과 치료의 일을 관장하는 太醫監과 천문과 기상 관측 및 시각에 관한 일을 관장하는 司天監의 두 관부를 가리킨다. 본문에서는 태의감과 사천관의 녹사를 언급하고 있는데, 이들 관부에 녹사라는 직함이 없다. 그런데 본문의 朝官服은 참외관을 규정한 것이며, 태의감에는 종8품의 丞이, 사천감에는 종6품의 丞과 종7품의 主簿가 있었으므로 녹사는 이들 관직을 의미하는 것으로 생각된다.
   『高麗史』권76, 志30 百官1 書雲觀·典醫寺.
   김보광, 2016, 앞의 논문, 188·189쪽.
4) 朝官之服 …… 悉服之: 본래 朝官은 조회에 참석하는 6품 이상의 관직을 뜻하는데 본문의 비삼을 입고 검은색 가죽 각대에 은어대를 차는 관직은 대체로 7품~8품과 그 이하도 포함되어 있다. 의종대의 관리공복 규정에 의하면, 상참 6품 이상은 비삼을 입고 홍정에 은어를 차고, 9품 이상은 녹삼을 입는다고 규정되어 있어, 『高麗圖經』의 기록과 차이가 있다.
   『高麗史』권72, 志26 輿服1 冠服 公服 毅宗朝.
5) 朱衣雙引: 貴戚이나 大臣이 외출할 때 붉은 옷을 입은 朱衣吏가 앞을 인도하던 것을 가리킨다. 皇太子, 宰相, 親王, 使相, 叅政은 朱衣吏 2인이 있었다고 한다.
   『玉堂雜記』卷下.
   諸橋轍次, 1985, 「朱衣吏」, 『大漢和辭典』6, 大修館書占, 38쪽.

7-9

[原文]

庶官服

庶官之服, 綠衣木笏, 幞頭烏鞾49). 自進士入官, 省曹補吏, 州縣令尉主簿司宰等, 悉服之.

[譯文]

서관복

서관의 복식은 녹색 옷에 나무 홀을 쥐고 복두를 쓰며 검은 가죽신을 신는다. 진사로 입관한 자[1]부터 성조보리(省曹補吏),[2] 주현의 영·위·주부·사재[3] 등이 모두 이를 착용한다.[4]

[註解]

1) 進士入官: 進士는 製述業과 明經業에 급제한 자에게 주던 칭호로, 進士入官은 과거를 통해 관로에 오른 자를 의미한다.
朴龍雲, 1990, 「高麗時代 科擧의 考試와 體系에 관한 檢討」, 『高麗時代 蔭敍制와 科擧制 研究』, 一志社, 140쪽.

2) 省曹補吏: 중서문하성과 상서6부 등 여러 관부에 속한 상급 胥吏를 의미한다. 서리는 기록이나 문부를 관장하는 刀筆의 임무를 가지고 행정의 말단을 맡아 실무를 담당하며 主事, 錄事, 別駕, 令史, 書令史 등이 있었다. 또한 담당 업무에 따라 일반 서리직과 기술직 서리로 구분되었고, 지위와 서열에 따라 主事·錄事 등의 입사직과 掌固 등의 미입사직으로 나뉜다. 본문의 서관에 해당하는 서리는 입사직에 해당한다.
李佑成, 1964, 「高麗朝의 「吏」에 對하여」, 『歷史學報』 23 ; 1991, 『韓國中世社會研究』, 一潮閣.
金光洙, 1969, 「高麗時代의 胥吏職」, 『韓國史研究』 4.
朴龍雲, 1990, 「高麗時代 蔭敍制의 實際와 그 機能」·「高麗時代의 科擧—製述科의 運營」, 앞의 책.

---

49) 鞾 : "鞾【鄭刻鞾】"로 기록되어 있다.

박종진, 2001, 「高麗時代 吏屬職의 構造와 胥吏의 地位」, 『高麗·朝鮮前期 中人硏究』, 신서원.

3) 州縣令尉主簿司宰: 令尉는 현의 지방관인 縣令(7품 이상)과 縣尉(8품)이다. 主簿는 官物의 출납을 관장하는 송의 지방관인데, 고려의 지방관 중 主簿는 없다. 다만, 고려에서는 지방 수령을 행정적으로 보좌하기 위해 파견된 속관인 判官, 司錄參軍事, 掌書記 등과 지방 행정 말단을 담당한 鄕吏가 있었는데, 이들 중 하나를 主簿로 표현한 것으로 짐작된다. 司宰 역시 속관이나 향리로 짐작되나 자세한 것은 알 수 없다.

『高麗史』 권77, 志31 百官2 外職 諸縣.
『宋史』 권167, 志120 職官7 主簿.
朴宗基, 1992, 「高麗時代 外官 屬官制 硏究」, 『震檀學報』 74 ; 2002, 『지배와 자율의 공간, 고려의 지방사회』, 푸른역사.

4) 庶官之服 …… 悉服之: 『高麗史』 輿服志 의종대의 관리 공복 규정에 의하면, 9품 이상은 녹삼을 입고, 도호부와 목의 判官·知州事 이상의 경우 의대와 어부는 본품을 따르되 자삼과 비삼을 임시로 입는 경우 어대를 차지 못하며, 녹삼을 입은 자는 홀을 나무로 한다고 기록되어있다. 본문에 제시된 서관복의 착용자는 주로 初入仕者와 入仕胥吏로 구성되어 있었다.

『高麗史』 권72, 志26 輿服1 冠服 公服 毅宗朝.

8-1-(1)

[原文]

人物

臣聞, 東南之[1]夷,[2] 高麗人材寔[3]盛. 仕[4]於國者, 唯[5]貴臣, 以族望相高, 餘則或由進士選, 或納貲[6]爲之. 與夫世祿吏職, 莫不有等. 故有職, 有階, 有勳, 有使[7], 有檢校, 有功臣, 有諸衛, 仰稽本朝官制, 而以開元禮叅[8]之. 然而名實不稱, 淸濁混殽, 徒爲虛文耳. 今使者入境, 皆擇臣屬通敏者, 付以將迎之禮. 以州牧, 則有若刑部侍郞[9]知全州吳俊和, 禮部侍郞知靑[10]州洪若伊, 戶部侍郞知廣州陳淑. 以迎勞餞送, 則有若銀靑光祿大夫吏部侍郞朴昇中, 開府儀同三司守太保中書侍郞中書門下平章事金若溫, 開府儀同三司守太保門下侍郞同中書門下平章事崔洪宰, 開府儀同三司守太保門下侍郞兼中書門下平章事林文友, 同知樞密院事拓俊京李資德, 凡此皆王之近臣也. 除王府四會之外, 與之燕飮酬[11]酢, 衎衎如也.

[譯文]

인물

1) 四 : 諸.
2) 四 : 國.
3) 四知 : 最.
4) 四 : 時.
5) 四 : 惟.
6) 四 : 資.
7) 知 : "使【鄭刻賜】"로 기록되어 있다. 원문에는 賜로 되어 있으나, 의미상 '使'가 옳다고 생각되어 교감 번역하였다.
8) 知 : 參.
9) 知 : 部.
10) 知 : "淸【鄭刻靑】"으로 기록되어 있다.
11) 四 : 酹.

신이 듣기에 동남쪽의 오랑캐 (가운데) 고려에 인재가 가장 성합니다. 나라에서 벼슬하는 자로 오직 관위가 높은 신하[貴臣]는 명망이 있는 큰 가문[族望]으로 서로 높이고, 나머지는 혹 진사[1]선을 거치거나 혹은 재물을 바쳐 되기도 합니다. 대저 세세로 녹을 받는 직[世祿]과 이직(吏職)은 등차가 없지 않습니다. 그러므로 직[2]이 있고, 계[3]가 있고, 훈[4]이 있고, 사[5]가 있고, 검교[6]가 있고, 공신이 있고, 여러 위[7]가 있으니, 송[本朝]의 관제를 거슬러 상고하되 개원례[8]를 참작하였습니다. 그러나 명칭과 실상이 걸맞지 않고 청(淸)과 탁(濁)[9]이 섞이고 어지러워 단지 형식적인 제도[虛文]가 되었을 뿐입니다. 이번에 사신이 (고려) 경계에 들어가니 모두 신료 가운데 (사물에) 통달하고 민첩한 자를 선발하여 맞이하고 대접하는[將迎] 예를 맡겼습니다. 주목(州牧)은 곧 형부시랑[10] 지전주[11] 오준화,[12] 예부시랑[13] 지청주[14] 홍약이,[15] 호부시랑[16] 지광주[17] 진숙[18]과 같은 이들이 있었습니다. (사신을) 맞이하여 위로하고 전송하는 일[迎勞餞送]은 은청광록대부[19] 이부시랑[20] 박승중[21]과 개부의동삼사[22] 수태보[23] 중서시랑중서문하평장사[24] 김약온,[25] 개부의동삼사 수태보 문하시랑동중서문하평장사 최홍재,[26] 개부의동삼사 수태보 문하시랑겸중서문하평장사 임문우,[27] 동지추밀원사[28] 척준경[29]·이자덕[30]과 같은 이들이 있었는데, 무릇 이들 모두가 왕의 근신입니다. 왕부에서의 네 차례 모임 뿐만 아니라 이들과 함께 연회에서 술을 마시고 잔을 주고받았는데 즐거웠습니다.

[註解]
1) 進士: 과거의 예비고시인 國子監試와 본고시인 禮部試에 급제한 사람에게 주어지는 칭호이다. 이에 대해서는 본서 권7-9, 주해 1) 참조.
2) 職: 官職을 의미한다. 『高麗史』百官志 서문에 의하면, 태조가 개국 초에 신라와 태봉의 제도를 참용하여 官을 설치하고 職을 나누어 庶務를 보도록 하였다. 그리

고 이렇게 설치된 관직은 크게 文班職과 武班職, 京職과 外職 등으로 구분되었으며, 이의 高下에 따라 正1品·從1品부터 正9品·從9品까지 품계가 매겨졌다.
『高麗史』권76, 志30 百官1 序.
朴龍雲, 1993, 「高麗時代의 官職과 官階」, 『한국사』13, 국사편찬위원회 ; 1997, 『高麗時代 官階·官職 硏究』, 고려대학교출판부, 11~15쪽.

3) 階: 官階를 의미하는 것으로, 관인들의 공적인 지위와 신분을 나타내는 질서체계이다. 고려 태조는 일찍이 개국과 함께 신라의 位階制를 채용하는 한편 弓裔의 관제를 수용하여 고려식 관계를 사용하였다. 이후 995년(성종 14)에 중국식 文散階를 도입, 유일한 공적 질서체계로 자리 잡게 됨에 따라 국초의 관계는 鄕職化하였다.
朴龍雲, 1997, 앞의 책, 33~37쪽.

4) 勳: 勳階를 의미하는 것으로, 공로가 있는 사람에게 策功의 형식으로 敍勳되었다. 문종대에 上柱國(정2품), 柱國(종2품)을 두었으나 충렬왕대 이후 폐지되었다. 한편 『高麗史』百官志에는 고려에서 훈계는 상주국과 주국만 두었던 것으로 기록되어 있으나, 연구에 따르면 上輕車都尉, 上護軍 등의 사례도 발견된다.
『高麗史』권77, 百官2 志31 勳.
『高麗史』권90, 列傳3 宗室1 孝隱太子.
呂恩映, 1989, 「高麗時代의 勳制」, 『慶尙史學』4·5合.

5) 使: 王命에 의해 중앙과 중외에서 활동하던 使命之任을 가리키는 것으로 추정된다. 이는 주로 정규관제 이외에 새로 설치되거나 임시로 지방에 파견하는 관직에 사용되었는데, 도병마사, 순찰사, 안찰사, 찰방사 등이 여기에 해당한다.
河炫綱, 1962, 「高麗地方制度의 一硏究(下)—道制를 中心으로—」, 『史學硏究』14 ; 1977, 『高麗地方制度의 硏究』, 韓國硏究院 ; 1988, 『韓國中世史硏究』, 一潮閣, 271·272쪽.
邊太燮, 1968, 「高麗按察使考」, 『歷史學報』40 ; 1971, 『高麗政治制度史硏究』, 一潮閣, 167쪽.
김아네스, 1993, 「高麗時代의 察訪使」, 『韓國史硏究』82.

6) 檢校: 檢校職을 의미한다. 일정한 직임이 부여되지 않은 散職 또는 虛職으로 문반 5품, 무반 4품 이상에 해당하는 관식에 설정되었으며, 官職의 앞 또는 뒤에 檢校라는 단어를 덧붙여 표시하였다. 그러나 후기에 이르면 검교직을 濫授하여 하위 관직에도 설치되었다.
韓㳓劤, 1966, 「勳官「檢校」考—그 淵源에서 起論하여 鮮初 整備科程에 미침—」, 『震檀學報』29·30合.
朴龍雲, 1997, 앞의 책, 29~32쪽.

7) 諸衛: 고려시대 경군인 2軍 6衛 가운데 6위에 해당하는 左右衛·神虎衛·興威衛·金吾衛·千牛衛·監門衛를 가리킨다. 모두 42領 42,000명으로 구성되어 있었는데, 좌우위·신호위·흥위위는 경군의 주력 부대로 수도 개경의 守備와 出征·防守를 담당하였고, 금오위는 개경의 치안을, 천우위는 국왕을 시종하는 의장을, 감문위는

궁성 내외 여러 문의 수위를 담당하였다.

『高麗史』 권77, 志31 百官2 西班 鷹揚軍·龍虎軍·左右衛·神虎衛·興威衛.

李基白, 1956, 「高麗京軍考」, 『李丙燾博士華甲紀念論叢』, 一潮閣 ; 1968, 『高麗兵制史研究』, 一潮閣, 69~74쪽.

8) 開元禮: 唐 玄宗 開元 연간(713~741)에 제정된 『大唐開元禮』를 가리킨다. 726년(당 현종 14)에 通事舍人 王岳이 『禮記』의 개찬 등을 건의하는 上疏에 따라 새로운 의례의 편찬이 시도되었다. 이후 731년에 中書令 簫嵩이 集賢院을 주재하면서 起居舍人 王仲丘를 기용하여 태종대의 『大唐儀禮―貞觀禮―』와 고종대의 『顯慶禮』를 절충·계승하여, 이듬해인 732년에 『대당개원례』 150권이 완성·반포되었다. 이의 구성은 吉禮 55, 賓禮 6, 軍禮 23, 嘉禮 50, 凶禮 18 등 152 항목으로 되어 있다.

池田溫, 1972, 「大唐開元禮解說」, 『大唐開元禮』, 汲古書院, 822~825쪽.

9) 淸濁: 淸職과 濁職을 합하여 이루어진 용어이다. 전자는 '맑고 요긴한 관직'이라는 의미를 지니며, 후자는 이와 반대인 '탁하고 한가한 관직'이라는 의미를 지니고 있다. 특히 청직의 경우 주로 국왕과 직접 관련된 업무나 유교정치이념의 구현과 연관된 업무를 담당하였기 때문에 신분에 하자가 없는 자가 임명되었다. 여기에는 御史臺와 中書門下省 郎舍 소속의 臺諫職, 政曹인 吏曹와 兵部의 관원, 翰林院의 관직, 誥院의 知制誥, 寶文閣과 史館의 관원, 國子監의 祭酒와 中樞院의 承宣 등이 해당된다.

朴龍雲, 1997, 앞의 책, 213~236쪽.

10) 刑部侍郎: 법률의 제정과 재판, 처결 등의 업무를 담당하는 尙書刑部의 관직으로, 문종대에 정4품 2인을 두었다. 지전주목 오준화의 겸대경직이다.

『高麗史』 권76, 志30 百官1 刑曹.

朴龍雲, 2000b, 「高麗時代의 尙書6部에 대한 檢討」, 『高麗時代 尙書省 硏究』, 景仁文化社, 238~240쪽.

11) 知全州: 전주목의 장관인 牧使를 의미한다. 고려시대 수령의 제수 자격을 겸대한 京職과 읍격의 高下 여부에 따라 결정되었으나, 실제는 제수 자격보다 품계가 낮은 경직자가 임명되는 경우가 많았다. 한편 전주는 지금의 전라북도 전주시 일원이다. 전주에 대해서는 본서 권4-3, 주해 13) 참조. 아울러 해당 지역의 주목은 계수관으로서 국가기념일에 상표진하를 하거나 항공선상, 지방 죄수의 추검 등 여러 기능을 하였다. 이외에도 계수관은 외국 사절의 영접에도 참여하였는데, 송 사절이 고려에 들어와 개경에 이르기까지 해로를 관할하는 전주목, 청주목, 광주목의 역할은 매우 중요했다.

『高麗史』 권77, 志31 百官2 諸牧.

이진한, 2002, 「고려시대 守令職의 제수 자격」, 『史叢』 55, 43~49쪽.

구산우, 2002, 「고려시기 계수관(界首官)의 지방행정 기능과 위상」, 『역사와 현실』 43 ; 2003, 『高麗 前期 鄕村支配體制 硏究』, 혜안, 203~205쪽.

12) 吳俊和: 생몰년 미상. 본문 이외에는 기록이 없어 자세한 내용을 알기 어렵다.

13) 禮部侍郎: 각종 儀禮의 禮式과 祭禮를 비롯하여 朝會·交聘·學校·科擧 등의 업무를

담당한 尙書禮部의 관직으로, 문종대에 정4품 1인을 두었다. 지청주 홍약이의 겸대경직이다.
『高麗史』권76, 志30 百官1 禮曹.
朴龍雲, 2000b, 앞의 책, 240~244쪽.
14) 知靑州: 淸州의 장관인 牧使를 의미한다. 청주는 지금의 충청북도 청주시 일원이다. 청주에 대해서는 본서 권4-3, 주해 19) 참조.
15) 洪若伊: 생몰년 미상. 1120년(예종 15)에 左正言으로서 疏를 올려 時政得失을 간한 일이 있다. 이후 1129년에는 盧令琚와 함께 金에 파견되어 誓表를 전달하였다.
『高麗史』권14, 世家14 睿宗 15년 8월 辛巳.
『高麗史』권16, 世家16 仁宗 7년 11월 丙辰.
16) 戶部侍郎: 戶口와 田地 및 이에 근거한 徭役·貢物·租稅 등을 관장한 尙書戶部의 관직으로, 문종대에 정4품 2인을 두었다. 지광주 진숙의 겸대경직이다.
『高麗史』권76, 志30 百官1 戶曹.
朴龍雲, 2000b, 앞의 책, 235~238쪽.
17) 知廣州: 광주의 장관인 牧使를 의미한다. 광주는 지금의 경기도 광주시 일원이다. 광주에 대해서는 본서 권4-3, 주해 18) 참조.
18) 陳淑: ?~1151. 예종대에 侍御史로서 법도에 어긋나게 팔관회의 의식을 행한 別駕를 잡아 가둔 일로 인해 都官員外郎으로 좌천되었다. 1125년(인종 3)에는 司宰少卿으로서 金에 사행하였고, 1135년에 西京에서 妙淸 등이 난을 일으키자, 右軍使 李周衍의 휘하에서 난을 진압하는데 참여하였다. 이후 禮部尙書·同知樞密院事·兼太子賓客, 兵部尙書·知樞密院事, 右僕射 등을 역임하고 叅知政事로 치사하였다.
『高麗史』권15, 世家15 仁宗 3년 5월 壬申.
『高麗史』권16, 世家16 仁宗 14년 3월 乙酉·12월 庚申·16년 3월 戊戌.
『高麗史』권17, 世家17 毅宗 5년 4월 壬寅.
『高麗史』권97, 列傳10 韓安仁.
『高麗史』권98, 列傳11 金富軾.
19) 銀靑光祿大夫: 고려전기의 문산계로 정3품에 해당한다. 995년(성종 14)에 국초의 관계를 대신하여 중국식 문산계가 공적인 질서체계로 채택되었는데, 이때 大相이 金紫興祿大夫로 개정되었다. 1076년(문종 30)에 다시 銀靑光祿大夫로 고쳤다.
『高麗史』권77, 志31 百官2 文散階.
朴龍雲, 1981, 「高麗時代의 文散階」, 『震檀學報』52 ; 1997, 앞의 책, 55~71쪽.
20) 吏部侍郎: 文官 등에 대한 인사업무 등을 담당한 尙書吏部의 관직으로, 문종대에 정4품 1인을 두었다.
『高麗史』권76, 志30 百官1 吏曹.
朴龍雲, 2000b, 앞의 책, 230~233쪽.
21) 朴昇中: 생몰년 미상. 본관은 務安, 자는 子千이고, 曾祖父는 遲이다. 과거에 급제하여 常安府錄事를 거쳐 中書注書가 되었다. 예종대에 翰林侍讀學士로서 朴景綽·金黃元 등과 함께 詳定官이 되어 의례를 제정하였다. 인종대에 翰林學士承旨를

거쳐 左散騎常侍로서 지공거가 되었다. 당시 국정을 擅斷하던 李資謙에게 아부하여 檢校司空·政堂文學·判翰林院事·叅知政事 등을 거쳐 守太尉·中書侍郎平章事에 이르렀으나, 1126년(인종 4)에 이자겸이 척준경에 의해 제거됨에 따라 간관의 탄핵을 받고 蔚珍에 유배되었다가 1128년에 務安縣으로 옮겨졌으나 곧 사망하였다. 한편 『高麗史』, 『高麗史節要』 예종 2년 6월 기사에는 각각 朴昇中과 朴景中으로, 『破閑集』에는 朴昇沖으로 서로 다르게 기록되어 있으나, 모두 동일인이다.
『高麗史』 권125, 列傳38 姦臣1 朴昇中.
『高麗史』 권127, 列傳40 叛逆1 李資謙.
『高麗史節要』 권9, 仁宗 6년 4월.
『破閑集』 卷下.

22) 開府儀同三司: 고려전기의 문산계로 종1품에 해당한다. 이에 대해서는 본서 권 6-3-(1), 주해 9) 참조.
23) 守太保: 太師·太傅와 함께 3師의 하나로, 정1품 최고 관직이었다. 3師·3公에 대해서는 본서 권6-3-(1), 주해 10) 참조.
24) 中書侍郞中書門下平章事: 中書門下省의 정2품 관직으로, 中書侍郞同中書門下平章事를 의미한다. 평장사에 대해서는 본서 권6-3-(1), 주해 11) 참조.
25) 金若溫: 1059~1140. 본관은 光陽, 자는 柔勝, 초명은 義文이며, 父는 金良鑑이다. 과거에 급제하여 尙衣奉御를 거쳐 廣州通判이 되었다가 들어와 中書舍人이 되었다. 예종대에 知御書都省事, 知西京留守事·戶部尙書, 知樞密院事 등을 역임하였다. 이후 인종대에 叅知政事, 檢校司徒·守司空·門下侍郞平章事·上柱國을 거쳐 門下侍中으로 치사하였다. 시호는 思靖이다.
『高麗史』 권17, 世家17 仁宗 17년 11월 辛丑.
『高麗史』 권97, 列傳10 金若溫.

26) 崔洪宰: ?~1135. 『高麗史』 및 『高麗史節要』에는 崔弘宰로 되어 있고, 『東人之文四六』 및 『宋史』에는 崔洪宰로 되어 있는데, 모두 동일인이다. 본관은 稷山, 자는 令如이다. 蔭敍로 閤門祗候가 되었으며, 예종대에 東女眞 정벌에 참가하여 공을 세웠다. 이후 殿中監으로서 요에 사행하였다. 인종대에 叅知政事, 權判樞密院事, 門下侍郞平章事 등을 역임하였으나, 이자겸에 의해 1124년(인종 2)에 昇州 樗地島로 유배되었다. 이자겸이 척준경에게 제거되자 다시 소환되어, 平章事·判吏部事 등을 거쳐 佐理同德功臣號를 받았다. 이후 뇌물을 받고 賣官한 일로 인해 간관 최유청 등의 탄핵을 받아 守司空·右僕射로 좌천되었다가 얼마되지 않아 門下侍郞平章事로 치사하였다. 시호는 襄肅이다.
『高麗史』 권15, 世家15 仁宗 2년 2월 乙酉.
『高麗史』 권16, 世家16 仁宗 11년 6월 辛亥·13년 2월 丁酉.
『高麗史』 권125, 列傳38 姦臣1 崔弘宰.
『東人之文四六』 권6, 敎書 册皇太子敎書 金富軾.
『宋史』 권487, 列傳246 外國3 高麗 建炎 2년.

27) 林文友: 생몰년 미상. 『高麗史』 등에는 1123년(인종 1)에 門下侍郞平章事로 재직

중인 임문우는 확인되지 않는다. 다만 비슷한 시기에 林有文이 崔洪宰와 함께 해당 관직에 임명된 일이 있으므로, 양자는 동일 인물일 가능성이 있다.
『高麗史』 권15, 世家15 仁宗 원년 12월 丙午.
朴龍雲, 2000a, 「고려시대의 平章事」, 『고려시대 中書門下省宰臣 연구』, 一志社, 171쪽.

28) 同知樞密院事: 樞密院의 종2품 관직으로 정원은 1인이다. 樞密에 대해서는 본서 권6-3-(2), 주해 17) 참조.

29) 拓俊京: ?~1144. 본관은 谷州이다. 본래 선조가 곡주의 吏 집안으로 가난해 학업에 전념하지 못하고 무뢰배들과 어울리다 서리직을 얻고자 하였으나 뜻을 이루지 못하였다. 鷄林公府의 從子로 있다가 樞密院別駕가 되었다. 1104년(숙종 9)에 시작된 東女眞 정벌에 여러 차례 참여하여 큰 공을 세웠다. 이후 給事中·西北面兵馬副使, 衛尉卿·直門下省, 吏部尙書·叅知政事, 中書侍郞平章事 등을 역임하였다. 1126년(인종 4)에 李資謙과 함께 난을 일으켰으나, 인종의 회유에 따라 이자겸을 잡아 귀양보내고 난을 진압하여 공신이 되었다. 그러나 이듬해에 좌정언 정지상의 탄핵을 받아 嵒墮島로 유배되었다가 1128년에 곡주로 옮겨졌으며 그곳에서 사망하였다.
『高麗史』 권15, 世家15 仁宗 5년 3월 乙卯.
『高麗史』 권127, 列傳40 叛逆1 拓俊京.

30) 李資德: 1071~1138. 본관은 仁州, 자는 觀止이다. 祖父는 子淵이고, 父는 顗이다. 蔭敍로 京市署丞이 되었다. 이후 刑部侍郞, 樞密院副使, 工部尙書·知樞密院事, 叅知政事 등을 역임하였으나, 1126년(인종 4)에 이자겸의 난에 연좌되어 黃州牧使로 좌천되었다. 1136년에 다시 叅知政事가 되었고 이듬해에 太子少保를 겸하였으며, 1138년에 中書侍郞平章事로서 사망하였다.
『高麗史』 권16, 世家16 仁宗 14년 12월 庚申·15년 12월 甲子·16년 8월 壬戌.
『高麗史』 권95, 列傳8 李子淵 附資德.

8-1-(2)

[原文]
　　以私覿送遺, 則有若戶部侍郞梁鱗12)金惟揀13), 刑部侍郞林景淸, 工部侍郞盧令琚, 中侍大夫黃君裳, 工部郞中鄭俊, 左司郞中李之甫, 殿前承

12) 知 : 鱗.
13) 四知 : 揀.

旨林寵臣, 朝散郎祕書丞金端14), 閤15)門使金輔臣, 閤16)門通事舍人李穎
之曹祺, 內殿崇班胡仁穎, 引進使王儀, 閤門祇候高唐愈閔17)仲衡, 通事
舍人李漸梁文矩, 中衛郎劉及, 中亮郎彭京, 忠訓郎王承, 成忠郎李俊琦
金世安, 保義郎李俊異, 承節郎許宜何景陳彥卿. 以傳命贊導, 則有若正
議大夫禮部尙書金富佾, 通議大夫殿中監鄭覃, 尙書李瑋, 中亮大夫知閤
門事沈安之, 中亮大夫閤18)門副使劉文志, 閤19)門引進使金義元, 閤門通
事舍人沈起王洙金澤李銳材金純正黃觀李淑陳迪,　閤門祇候尹仁勇朴承
鄭擇陳俯, 通事舍人李德升吳子璵20)卓安. 皆以才能辯21)博, 乃膺是選.
爰自相見以迄言旋, 其相與燕樂游22)觀, 揖遜之儀, 文采雍容, 有足觀者.
今姑自李資謙而下, 圖其形者五人, 幷其族望而爲之說.

[譯文]

사사로이 만나고[私覿] 예물을 보내는 일은[送遺] 곧 호부시랑 양린·
김유간,1) 형부시랑 임경청,2) 공부시랑3) 노영거,4) 중시대부5) 황군상,6) 공
부낭중7) 정준,8) 좌사낭중9) 이지보,10) 전전승지11) 임충신,12) 조산랑13) 비
서승14) 김단,15) 합문사16) 김보신,17) 합문통사사인18) 이영지·조기,19) 내전
숭반20) 호인영,21) 인지시22) 왕의,23) 합문지후24) 고당유25)·민중형,26) 통사
사인 이점27)·양문구,28) 중위랑29) 유급,30) 중량랑31) 팽경,32) 충훈랑33) 왕
승,34) 성충랑35) 이준기·김세안,36) 보의랑37) 이준이,38) 승절랑39) 허의·하

---

14) 四: 瑞, 知: "端【鄭刻誤瑞】"로 기록되어 있다.
15) 四: 閣.
16) 四: 閣.
17) 四 知: 敏.
18) 四: 閣.
19) 四: 閣.
20) 知: 璵.
21) 四: 辨.
22) 四: 遊.

경·진언경⁴⁰⁾과 같은 이들이 있었습니다. 명을 전하고 인도하는 일은 곧 정의대부⁴¹⁾ 예부상서⁴²⁾ 김부일,⁴³⁾ 통의대부⁴⁴⁾ 전중감⁴⁵⁾ 정담,⁴⁶⁾ 상서 이숙,⁴⁷⁾ 중량대부⁴⁸⁾ 지합문사⁴⁹⁾ 심안지,⁵⁰⁾ 중량대부 합문부사⁵¹⁾ 유문지,⁵²⁾ 합문인진사 김의원,⁵³⁾ 합문통사사인 심기⁵⁴⁾·왕수⁵⁵⁾·김택⁵⁶⁾·이예재·김순정·황관·이숙·진적, 합문지후 윤인용·박승·정택·진칭, 통사사인 이덕승·오자여⁵⁷⁾·탁안⁵⁸⁾과 같은 이들이 있었습니다. 모두 재능이 있고 박학하여[辯博] 이에 선발되었습니다. 그리하여 상견례[相見]부터 돌아오기[言旋]까지 그들과 더불어 연회를 즐기고 놀며 보았는데, 주인과 손님이 서로 만나는 예의[揖遜之儀]와 문장이 아름답고[文采] 몸가짐이 화락함[雍容]은 볼만한 것이 있었습니다. 지금 우선 이자겸부터 이하로 그 형상을 그린 것이 5명인데, 아울러 그 가문의 명망[族望]을 설명하였습니다.

[註解]
1) 梁鱗·金惟揀: 본문 이외에는 기록이 없어 자세한 내용을 알기 어렵다.
2) 林景淸: 예종대에 禮賓少卿으로 요에 사행하였고, 內侍를 지냈다. 1128년(인종 6)에 묘청 일파가 서경천도를 주장하였을 때 적극 호응하였으며, 그 해에 樞密院副使가 되었다. 이후 刑部尙書·同知樞密院事, 知樞密院事, 守司空·尙書右僕射 등을 역임하였다. 1135년에 妙淸 등이 난을 일으켰을 때에 그 당여로 지목되어 守司空·尙書左僕射·樞密院使·判三司事로 치사하였다.
『高麗史』 권14, 世家14 睿宗 10년 4월 甲寅.
『高麗史』 권15, 世家15 仁宗 6년 9월 丙午.
『高麗史』 권16, 世家16 仁宗 7년 12월 庚子·8년 12월 丙申·11년 4월 己丑. 12월 己亥·13년 11월 癸酉.
『高麗史節要』 권8, 睿宗 8년 12월.
『高麗史節要』 권9, 仁宗 6년 8월.
『高麗史節要』 권10, 仁宗 13년 11월.
3) 工部侍郎: 山澤, 工匠, 營造 등의 업무를 담당한 尙書工部의 관직으로, 문종대에 정4품 1인을 두었다.
『高麗史』 권76, 志30 百官1 工曹.

4) 盧令琚: 생몰년 미상. 1124년(인종 2)에 李資謙에 의해 유배당했으나, 이후 사면
되어 1129년에는 금에 사행하였다. 1135년에 서경 반란을 토벌할 때 김부식을
따라 참여하였다.
『高麗史』 권16, 世家16 仁宗 7년 11월 丙辰.
『高麗史節要』 권9, 仁宗 2년 2월.
『高麗史節要』 권10, 仁宗 13년 1월 戊申.
5) 中侍大夫: 고려전기 文散階에서는 찾을 수 없다. 한편 송에 中侍大夫(정5품)가 있다.
『宋史』 권168, 志121 職官8 合班之制 官品.
6) 黃君裳: 생몰년 미상. 1107년(예종 2)에 兵馬判官으로 여진정벌에 참여하였다. 이
후 1114년과 1115년에 각각 通事舍人과 侍郎으로서 요에 사행하였다.
『高麗史』 권13, 世家13 睿宗 9년 12월 甲辰.
『高麗史』 권14, 世家14 睿宗 10년 정월 己丑.
『高麗史節要』 권7, 睿宗 2년 11월.
7) 工部郎中: 山澤, 工匠, 營造 등을 담당한 尙書工部의 관직으로, 문종대에 정5품 2
인을 두었다.
『高麗史』 권76, 志30 百官1 工曹.
8) 鄭俊: ?~1135. 1135년(인종 13)에 서경 반란을 토벌하는데 참여했다가 사망하였다.
『高麗史節要』 권10, 仁宗 13년 윤2월.
9) 左司郎中: 尙書省의 관직으로 문종대에 정5품 1인을 두었다.
『高麗史』 권76, 志30 百官1 尙書省.
10) 李之甫: 생몰년 미상. 본관은 仁州이고 父는 李資謙이다. 1124년(인종 2)에 이자
겸이 朝鮮國公에 책봉될 때 尙書戶部郎中·知茶房事에 제수되었다. 1126년에 이자
겸의 난에 참여하였다가 삼척으로 유배되었는데, 이후 1129년에 사면이 내려질
때 풀려나 그 형제들과 함께 한 곳에서 모여 살도록 허락받았다.
『高麗史』 권16, 世家16 仁宗 7년 3월 庚寅.
『高麗史節要』 권9, 仁宗 2년 7월·4년 2월 辛酉·癸亥·5월.
11) 殿前承旨: 南班職의 하나로, 궁중에서 국왕의 호종 및 왕명의 전달 등을 담당하
였다. 문종대에 정9품 8인을 두었다. 1116년(예종 11)에 三班奉職으로 고쳤다. 문
종대 관제에 의하면 殿前承旨를 비롯한 內殿崇班 등의 남반직은 掖庭院의 소속
으로 되어 있다(①). 그러나 언급된 남반직은 모두 宋制 계통인 반면, 여타 액정
원의 직위들은 唐의 內侍省에 해당하므로 양자는 계통이 다르다. 또한 백관지에
서 언급된 직위들 이외의 남반직도 확인된다는 점에서 남반직이 처음부터 액정
원 소속이었던 것으로 보기 어렵다는 지적이 있다(②).
① 『高麗史』 권76, 志30 百官1 掖庭局.
  李丙燾, 1966, 「高麗南班考」, 『서울대학교 論文集』 12, 162~166쪽.
② 朴龍雲, 2009, 『『高麗史』 百官志 譯註』, 신서원, 461쪽.
12) 林寵臣: 본문 이외에는 기록이 없어 자세한 내용을 알기 어렵다.
13) 朝散郎: 고려전기 文散階로 종7품下에 해당한다.

『高麗史』 권77, 志31 百官2 文散階.
14) 秘書丞: 經籍과 祝疏를 관장한 秘書省의 관직으로, 문종대에 종5품 2인을 두었다. 비서성 관직들은 學識과 文才가 뛰어난 인물들이 주로 맡았다.
『高麗史』 권76, 志30 百官1 典校寺.
朴龍雲, 2009, 앞의 책, 255쪽.
15) 金端: 생몰년 미상. 1115년(예종 10)에 權迪―權適―, 甄惟底, 趙奭, 康就正 등과 함께 宋 大學에 들어갔고, 1117년에 송 황제가 시험하여 上舍及第를 내려주었다. 1130년(인종 8)에 左司郎中으로 금에 사행하여 保州에 들어와 사는 인구를 추쇄하는 것을 면해주기를 청하였고, 1135년에는 少卿으로 금에 갔다. 1139년에는 禮部侍郎으로서 김부식과 함께 과거를 주관하였다. 이후 1142년에 금 사신이 왔을 때 館伴使로서 영접에 참여하였다. 1149년(의종 3)에 左散騎常侍를 거쳐 1151년에는 戶部尙書가 되었다.
『高麗史』 권14, 世家14 睿宗 10년 7월 戊子·12년 5월 丁巳.
『高麗史』 권16, 世家16 仁宗 8년 12월 乙酉·13년 윤2월 乙卯.
『高麗史』 권17, 世家17 仁宗 20년 2월·毅宗 3년 12월 壬申·5년 4월 丙辰.
『高麗史』 권73, 志27 選擧1 科目1 凡選場 仁宗 17년 6월.
16) 閤門使: 閤門―閣門―의 정5품 관직이다.
『高麗史』 권76, 志30 百官1 通禮門.
17) 金輔臣: 생몰년 미상. 1096년(숙종 1)에 覆試에서 장원급제하였다.
『高麗史』 권11, 世家11 肅宗 원년 3월 戊午.
18) 閤門通事舍人: 閤門―閣門―의 관직으로, 문종대에 정7품 4인을 두었다. 한편 동일 관서의 祗候가 1116년(예종 11)경에 叅上職으로 조정되는데, 閤門通事舍人의 반차가 더 높았으므로 이보다 먼저 참상직이 되었을 것으로 본다. 반차는 正言보다 높고 員外郎과 같았다. 이처럼 해당 관직의 반차를 품계보다 높게 설정한 것은 각종 의례를 담당하는 중요한 관직으로 인식하였기 때문이다.
『高麗史』 권76, 志30 百官1 通禮門.
李鎭漢, 1999, 「人物 事例를 통해 본 官職의 班次와 祿俸」, 『고려전기 官職과 祿俸의 관계 연구』, 一志社, 166·167쪽.
19) 李穎之·曹祺: 본문 이외에는 기록이 없어 자세한 내용을 알기 어렵다.
20) 內殿崇班: 南班職의 하나로, 궁중에서 국왕의 호종 및 왕명의 전달 등을 담당하였으며, 문종대에 정7품 4인을 두었다. 남반에 대해서는 앞의 주해 12) 참조.
『高麗史』 권76, 志30 百官1 掖庭局.
21) 胡仁穎: 생몰년 미상. 1129년(인종 7)에는 賀正使로 금에 사행하였다. 이후 試軍器少監·知茶房事를 지냈다.
『高麗史』 권16, 世家16 仁宗 7년 11월 乙卯.
「胡晉卿墓誌銘」.
22) 引進使: 閤門―閣門―의 관직으로, 문종대에 정5품 2인을 두었다.
『高麗史』 권76, 志30 百官1 通禮門.

23) 王儀: 생몰년 미상. 1123년에 引進使를 지냈다.
『高麗史』 권74, 志28 選擧2 科目2 凡國子試之額 明宗 27년 4월.
24) 閤門祗候: 閤門—閣門—의 관직으로, 문종대에 정7품 4인을 두었다. 한편 『高麗史』 百官志에는 1202년(신종 5)에 지후 중 文·吏 각 3인을 叅秩로 올린 것으로 되어 있으나, 1116년(예종 11) 무렵 몇몇 관직들의 班次를 조정할 때에 이미 叅上職이 되었다. 이러한 사실은 인종대 녹봉 개정에도 반영되어 참상직의 하한으로 기록되었다.
『高麗史』 권76, 志30 百官1 通禮門.
李鎭漢, 1997, 「高麗時代 參上·參外職의 區分과 祿俸」, 『韓國史研究』 99·100合 ; 1999, 앞의 책, 163~185쪽.
25) 高唐愈: 高兆基(?~1157)를 가리킨다. 唐愈는 초명이고, 본관은 耽羅, 父는 高維이다. 예종대에 과거 급제하여 남쪽지역 수령으로 나갔다. 1123년(인종 1)에 閤門祗候를 지냈고 이후 侍御史로 당시의 폐단을 상소하여 여러 차례 논박하다가 工部員外郎으로 좌천되었다가 다시 臺官이 되었다. 1131년에 禮部郎中으로서 金에 사행하였다. 의종대에 守司空·上柱國, 政堂文學·判戶部事, 叅知政事·判兵部事, 中書侍郎平章事·判吏部事 등을 역임하였다.
『高麗史』 권16, 世家16 仁宗 8년 4월 戊子·7월 庚申·9년 11월 己亥.
『高麗史』 권17, 世家17 毅宗 원년 12월 丁巳·2년 3월 丙寅·12월 辛巳·3년 4월 辛酉·12월 壬申·4년 10월 辛亥.
『高麗史』 권18, 世家18 毅宗 11년 2월 己亥.
『高麗史』 권98, 列傳11 高兆基.
『高麗史節要』 권10, 仁宗 13년 정월 戊申.
『高麗史節要』 권11, 毅宗 4년 10월.
26) 閔仲衡: 본문 이외에는 기록이 없어 자세한 내용을 알기 어렵다.
27) 李漸: 생몰년 미상. 과거에 급제하였다는 기록이 전한다. 尙衣奉御를 지냈다.
「李仁榮墓誌銘」.
28) 梁文矩: 생몰년 미상. 본문 이외에는 기록이 없어 자세한 내용을 알기 어렵다.
29) 中衛郎: 고려전기 文散階에서는 찾을 수 없다. 한편 송에 中衛郎(종5품)이 있다.
『宋史』 권168, 志121 職官8 合班之制 官品.
30) 劉及: 생몰년 미상. 劉伋이라고도 한다. 宋나라 사람으로, 父는 劉載이다. 1101년(숙종 6)에 고려에 來投하여 숙종이 文德殿에서 시험하고 8품관에 제수하였다. 예종대에 通事舍人을 지냈고, 인종대에 中衛郎에 재임하였으며, 尙衣奉御가 되었다.
『高麗史』 권11, 世家11 肅宗 6년 정월 庚辰.
「劉載墓誌銘」.
31) 中亮郎: 고려전기 文散階에서는 찾을 수 없다. 한편 송에 中亮郎(종5품)이 있는데, 성씨 등을 보건대 이하 송의 문산계를 가진 인물의 일부는 송 사신단의 일원이거나 투화인이었을 가능성이 있다.

『宋史』권168, 志121 職官8 合班之制 官品.
32) 彭京: 본문 이외에는 기록이 없어 자세한 내용을 알기 어렵다.
33) 忠訓郎: 고려전기 文散階에서는 찾을 수 없다. 한편 송에 忠訓郎(정9품)이 있다.
『宋史』권168, 志121 職官8 合班之制 官品.
34) 王承: 본문 이외에는 기록이 없어 자세한 내용을 알기 어렵다.
35) 成忠郎: 고려전기 文散階에서는 찾을 수 없다. 한편 송에 成忠郎(정9품)이 있다.
『宋史』권168, 志121 職官8 合班之制 官品.
36) 李俊琦·金世安: 본문 이외에는 기록이 없어 자세한 내용을 알기 어렵다.
37) 保義郎: 고려전기 文散階에서는 찾을 수 없다. 한편 송에 保義郎(정9품)이 있다.
『宋史』권168, 志121 職官8 合班之制 官品.
38) 李俊異: 생몰년 미상. 內殿崇班으로서 李寧(생몰년 미상)에게 그림을 가르친 바 있다. 後進을 질투해 그림에 능한 사람이어도 칭찬에 박하였으나, 인종이 불러 李寧이 그린 산수화를 보여 주자 깜짝 놀라 칭찬했다는 일화가 전한다.
『高麗史』권122, 列傳35 方技 李寧.
39) 承節郎: 고려전기 文散階에서는 찾을 수 없다. 한편 송에 承節郎(종9품)이 있다.
『宋史』권168, 志121 職官8 合班之制 官品.
40) 許宜·何景·陳彥卿: 본문 이외에는 기록이 없어 자세한 내용을 알기 어렵다.
41) 正議大夫: 고려전기 文散階로 정4품上에 해당한다.
『高麗史』권77, 志31 百官2 文散階.
42) 禮部尙書: 尙書禮部의 관직으로, 문종대에 정3품 1인을 두었다.
『高麗史』권76, 志30 百官1 工曹.
43) 金富佾: 1071~1132. 본관은 慶州, 자는 天與이다. 父는 金覲이다. 金富軾의 형이다. 선종대에 과거 급제하였으며, 숙종초 直翰林院 재임 중에 樞密院使 王嘏를 따라 宋에 사행하여 表文을 지었다. 이후 拾遺·知制誥가 되었다. 原州·尙州의 수령으로 나가서는 훌륭한 치적을 남겼다. 1115년(예종 10) 禮部郎中으로 있을 때에 요가 여진을 정벌하기 위해 원병을 요청하자 국익에 도움이 되지 않는다고 하며 金富軾, 拓俊京 등과 함께 반대하였다. 1116년에는 國子司業·兼起居注·知制誥로서 寶文閣待制에 충원되어 더욱 명성을 떨쳤다. 이후 1125년(인종 3)에 同知樞密院事가 되었고, 政堂文學, 戶部尙書·判禮部事, 中書侍郞同中書門下平章事, 守司徒·判尙書兵部事 등을 지냈고, 이후 병으로 사직을 청하자 특별히 守太尉·判秘書省事·柱國을 제수하였다. 시호는 文簡이다.
『高麗史』권14, 世家14 睿宗 11년 11월 庚子.
『高麗史』권15, 世家15 仁宗 3년 12월 壬戌·4년 4월 辛亥·5년 6월 庚午·12월 壬午·6년 3월 壬寅.
『高麗史』권16, 世家16 仁宗 8년 6월 癸巳.
『高麗史』권97, 列傳10 金富佾.
『高麗史節要』권6, 肅宗 2년 4월.
『高麗史節要』권8, 睿宗 10년 8월.

44) 通議大夫: 고려전기 文散階로 정4품下에 해당한다.
『高麗史』 권77, 志31 百官2 文散階.
45) 殿中監: 왕실의 구성원들과 그들의 譜牒을 관장한 殿中省의 관직으로, 문종대에 종3품 1인을 두었다. 『高麗史』 百官志에 의하면 목종대에 전중성과 그 속관들이 있었던 것으로 되어 있으나, 해당 관직들이 성종대에 이미 임명된 사례가 있는 것으로 볼 때, 이 기구의 처음 설치는 중앙 기구들이 정비되는 983년(성종 2)의 일로 이해된다.
『高麗史』 권76, 志30 百官1 宗簿寺.
朴龍雲, 2009, 앞의 책, 278·279쪽.
46) 鄭覃: 본문 이외에는 기록이 없어 자세한 내용을 알기 어렵다.
47) 李璹: ?~1131. 본관은 樹州, 父는 李靖恭이다. 과거에 급제한 후 예종·인종대에 주요 관직을 지냈다. 1106년(예종 1)에 郞將으로서 金寶威과 함께 遼에 사행하였다. 1118년에는 왕이 會慶殿에서 藏經道場을 설하였을 때 웃으며 이야기하다 臺官의 탄핵을 받았다. 1128년(인종 6)에 檢校司徒·守司空·左僕射·判禮部事가 되었고, 같은 해 叅知政事를 지냈다. 처남 金仁揆가 이자겸의 당여로 유배되자 김인규의 재산을 점탈했다. 뒤에 김인규가 돌아와 이 일을 책망하자 자신의 아들 李溫卿을 시켜 무고하였으나 발각되어 파직되었다.
『高麗史』 권12, 世家12 睿宗 원년 10월 甲戌.
『高麗史』 권15, 世家15 仁宗 6년 3월 壬寅·7월 丙戌.
『高麗史』 권16, 世家16 仁宗 9년 6월 丁亥.
『高麗史』 권98, 列傳11 李璹.
『高麗史節要』 권8, 睿宗 13년 9월.
48) 中亮大夫: 고려전기 文散階에서는 찾을 수 없다. 한편 송에 中亮大夫(종5품)가 있다.
『宋史』 권168, 志121 職官8 合班之制 官品.
49) 知閤門事: 閤門의 兼官職이다. 1116년(예종 11)에 本品의 行頭로 설정되어 本品行頭職의 하나가 되었다. 본품항두제에 대해서는 본서 권7-5, 주해 7) 참조
50) 沈安之: 본문 이외에는 기록이 없어 자세한 내용을 알기 어렵다.
51) 閤門副使: 閤門—閤門—의 정6품 관직이다.
『高麗史』 권76, 志30 百官1 通禮門.
52) 劉文志: 본문 이외에는 기록이 없어 자세한 내용을 알기 어렵다.
53) 金義元: 1066~1148. 본관은 羅州 光陽縣이고, 父는 金良鑑이다. 문종대에 國子監試에 합격하였고 父蔭으로 將仕郞·軍器注簿同正이 되었다. 선종대에 成佛都監判官을 지냈고 누차 옮겨 監察御史가 되었으며 漣州의 수령으로 나갔다. 1109년(예종 4)에는 行營兵馬判官으로서 여진과의 전투에 참여하였으며, 1113년에는 刑部侍郞으로서 遼에 사행하였다. 인종대에 兵部侍郞·知茶房事, 禮賓卿·知御史臺事를 거쳐 1126년(인종 4)에는 戶部尙書·同知樞密院事에 발탁되었으나, 이자겸의 난이 진압되자 당여로 지목되어 守令으로 폄출되었으며, 1128년에 安邊都護府로 옮겼다. 이후 1132년에 戶部尙書·兼三司使에 제수되었고 金紫光祿大夫·特進이 더해졌다.

『高麗史』 권13, 世家13 睿宗 4년 3월 乙卯·8년 10월 庚午.
『高麗史』 권15, 世家15 仁宗 4년 4월 辛亥.
「金義元墓誌銘」.

54) 沈起: 생몰년 미상. 1132년(인종 10) 閤門祗候 재임 중에 崔惟淸과 함께 宋에 가서 표문을 올렸다.
『高麗史』 권16, 世家16 仁宗 10년 2월 辛巳.
『宋史』 권487, 列傳246 外國3 高麗.
『建炎以來繫年要錄』 권53, 高宗 紹興 2년 4월.

55) 王洙: 생몰년 미상. 1131년(인종 9)에 兵部郎中으로서 금에 사행하였다. 이후 1135년에 서경 반란을 토벌하는데 참여하였다.
『高麗史』 권16, 世家16 仁宗 9년 8월 癸巳.
『高麗史節要』 권10, 仁宗 13년 정월 戊申.

56) 金澤: 생몰년 미상. 1128년(인종 6)에 閤門通事로서 兪元胥와 함께 금에 사행하였다. 이후 1151년(의종 5)에 試刑部尙書가 되었고 다음해 工部尙書가 되었다.
『高麗史』 권15, 世家15 仁宗 6년 11월 己丑.
『高麗史』 권17, 世家17 毅宗 5년 12월 戊子·6년 4월 庚辰.

57) 李銳材 …… 吳子璵: 본문 이외에는 기록이 없어 자세한 내용을 알기 어렵다.

58) 卓安: 기록이 없어 자세한 내용을 알기 어렵다. 다만 『高麗圖經』 권39 紫燕島條에 의하면, 그는 송의 서긍 일행이 紫燕島에 도착했을 당시 객관인 慶源亭에서 사절단을 맞이한 譯官이었다.

8-2

[原文]
守太師尙書令李資謙

高麗素尙族望, 而國相多任勳戚. 自王運娶李氏之後, 而俁爲世子時, 亦納李女爲妃. 由是, 門戶始光顯. 資謙之兄資義, 在前代時, 已爲國相, 坐事流竄. 故資謙視覆車之戒, 每自修飭, 俁深信重之, 使爲春宮傅友. 時楷尙沖幼, 資謙擇博學多聞之士八人, 以導翊之. 如金端輩, 頃自本朝, 賜第歸國, 正預選掄. 壬寅夏四月, 俁薨, 諸弟爭立. 先是, 顒有五子, 而俁居長. 資謙已立楷, 仲父帶方公俌, 意欲奪其位. 遂與門下侍郎韓繳如, 樞密

使文公美, 謀爲不軌, 而禮部尙書李永, 吏部侍郎鄭克永, 兵部侍郎林存等十餘人爲內應. 未及擧而謀泄, 卽擒捕下吏. 資謙乃諷王, 放俌於海島, 而誅群惡連逮支黨數百人. 故以定亂之功, 進封太師, 益加食邑采地, 位尙書令. 資謙風兒[23)]凝靜, 儀矩雍容, 好賢樂善. 雖秉國政, 頗知推尊王氏, 在夷[24)]狄[25)]中, 能扶奬王室, 亦可謂賢臣矣. 然而信讒嗜利, 治田疇第宅, 阡陌相連, 制度侈靡. 四方饋遺腐肉常數萬斤, 他皆稱是, 國人以此鄙之, 惜哉.

[譯文]

수태사[1)] 상서령[2)] 이자겸[3)]

고려는 본래 가문의 명망을 숭상하여 나라의 재상들이 훈척에서 많이 임명되었다. 왕운[王運, 선종][4)]이 이씨를 (왕비로) 맞이한 이후부터 왕우[偶, 예종][5)]가 세자로 있을 때[6)] 또 이씨의 딸을 받아들여 비로 삼았다.[7)] 이로 말미암아 가문이 비로소 빛나게 드러났다. 이자겸의 형인 이자의[8)]는 전왕 시기에 이미 나라의 재상이 되었다가 일로 인해 죄를 입어 유배되었다.[9)] 그러므로 이자겸은 앞의 수레가 뒤집히는 일을 경계 삼아[10)] 매번 스스로 삼가니, 왕우가 깊이 믿고 중하게 여겨 춘궁[11)]의 스승이자 벗으로 삼았다.[12)] 이 때 왕해[楷, 인종][13)]가 아직 어려서, 이자겸이 배움이 넓고 견문이 많은 선비 8인을 골라 이끌고 돕게 하였다. 김단과 같은 무리들이 근래에 송[本朝]이 급제를 내려주어 귀국하게 하였으니, 바로 선발에 뽑혔다.[14)] 임인년(1122년) 여름 4월에 왕우가 훙서하자 여러 동생들이 즉위를 다투었다. 이에 앞서 왕옹[王顒, 숙종][15)]은 다섯 아들을 두었는데[16)] 왕우가 장남이었다. 이자겸이 이미 왕해를 세우자 작은아버

---

23) 知 : "姿【鄭刻貌】"로 기록되어 있다.
24) 四 : 諸.
25) 四 : 國.

지인 대방공 왕보[17]가 그 왕위를 빼앗고자 생각하였다. 마침내 문하시랑[18] 한교여,[19] 추밀원사[20] 문공미[21]와 더불어 반역을 도모하였고 예부상서[22] 이영,[23] 이부시랑 정극영,[24] 병부시랑[25] 임존[26] 등 10여 인이 내응하였다. 아직 거사가 이르지 못하였는데 음모가 새어나가니 사로잡아 조사하였다[下吏]. 이자겸이 이내 왕에게 이야기해 왕보를 해도로 추방하였으며 여러 악인을 베고 연루된 무리 수백 인을 잇달아 붙잡았다. 그러므로 난을 평정한 공으로 태사에 진봉되었고 식읍[27]과 채지[28]를 많이 더하였으며 상서령에 올랐다.[29] 이자겸은 풍모가 엄하고 고요하였으며 거동이 기품 있고 어진 이를 좋아하고 선을 즐겼다. 비록 국정을 잡았으나 자못 왕씨를 추존할 줄 알았으며 오랑캐 중에서는 능히 왕실을 보필하니[扶獎] 역시 어진 신하라 이를 만하다. 그러나 참소를 믿고 이익을 탐하여 전주와 제택을 다스리는데 땅의 경계가 서로 이어졌고[30] 씀씀이가 사치스러웠다. 사방에서 보내주어 썩는 고기가 항상 수만 근이었고 다른 것들도 모두 이와 같았는데, 나라 사람들이 이 때문에 그를 비루하게 여겼으니 애석하다.

[註解]

1) 守太師: 3師·3公의 하나로 정1품 최고 관직이었다. 3師·3公에 대해서는 본서 권6-3-(1), 주해 10) 참조.
2) 尙書令: 尙書省의 장관으로, 문종대에 종1품 1인을 두었다. 이에 대해서는 본서 권6-3-(2), 주해 3) 참조.
3) 李資謙: ?~1126. 본관은 慶原이며 예종·인종대에 크게 활동한 문신이다. 그에 대해서는 본서 권2-4, 주해 4) 참조.
4) 王運: 고려의 제13대 왕 宣宗(1049~1094)이다. 그에 대해서는 본서 권2-2-(2), 주해 12) 참조.
5) 俁: 고려의 제16대 왕 睿宗(1079~1122)이다. 그에 대해서는 본서 권0-1-(2), 주해 9) 참조.
6) 而俁爲世子時: 王俁는 1100년(숙종 5) 정월에 왕태자로 책봉되었다. 한편 본문에서는 왕태자가 아닌 세자라 표현하였는데, 이는 송이 고려를 제후국으로 바라보

는 인식이 투영된 것으로 보인다. 이에 대해서는 본서 권2-4, 주해 3) 참조.
『高麗史』 권11, 世家11 肅宗 5년 정월 乙未.

7) 自王運娶李氏之後 …… 亦納李女爲妃: 宣宗이 慶原李氏와 혼인 관계를 맺었던 사실과 睿宗이 왕태자 시절 경원이씨와 혼인하였음을 의미하는 내용이다. 선종의 비는 정신현비 이씨, 사숙태후 이씨, 원신궁주 이씨로 모두 경원이씨 가문에서 배출되었다. 그런데 본문에서 서긍은 왕실과 경원이씨의 통혼 관계를 선종대에 처음 시작된 것과 같이 서술하였으나, 문종의 비로 이자연의 딸인 인예태후 이씨, 인경현비 이씨, 인절현비 이씨가 존재하므로, 사실과는 차이가 있다. 아울러 본문에는 예종이 왕태자 시절에 경원이씨와 혼인한 듯이 기록되었는데, 실제 예종은 즉위한 이후인 1106년(예종 1)에 경화왕후 이씨, 1108년에 문경태후 이씨와 혼인하였다.
『高麗史』 권12, 世家12 睿宗 원년 6월 壬戌·3년 정월 丁卯.
『高麗史』 권88, 列傳1 后妃1 仁睿順德太后李氏·仁敬賢妃李氏·仁節賢妃李氏·長慶宮主李氏·貞信賢妃李氏·思肅太后李氏·元信宮主李氏·敬和王后李氏·文敬太后李氏.

8) 資謙之兄資義: 李資義(?~1095)를 가리킨다. 본관은 慶原, 祖父는 李子淵, 父는 李頲이다. 1077년(문종 31)에 京市署丞이 되었고, 이후 大僕卿, 戶部尙書, 知中樞院事 등을 역임하였으며, 1095년(헌종 1)에 中樞院使를 지냈다. 이자의는 헌종 즉위 후 鷄林公이 왕위를 노리고 있음을 알고 선종과 원신궁주 이씨의 아들인 한산후 왕윤을 즉위시키고자 하였다. 이에 계림공이 평장사 소태보, 상장군 왕국모 등과 더불어 이자의 일파의 숙청을 도모하고 宣政門에서 그를 주살하였다. 한편 서긍은 이자의를 이자겸의 형이라고 하였는데 실제로는 사촌형에 해당한다.
『高麗史』 권10, 世家10 宣宗 6년 12월.
『高麗史』 권10, 世家10 獻宗 즉위년 6월 甲申·원년 7월 庚申.
『高麗史』 권88, 列傳1 后妃1 元信宮主李氏.
『高麗史』 권127, 列傳40 叛逆1 李資義.
「李頲墓誌銘」.

9) 資謙之兄資義 …… 坐事流竄: 1095년(헌종 1)에 일어난 李資義의 난을 의미한다. 선종대부터 계림공·소태보로 대표되는 계림공 세력과 이자의·이자위 등이 후원하는 한산후 세력이 존재하였다. 1094년에 헌종이 즉위하자 두 세력의 대립이 본격화되었다. 계림공 세력은 계림공을 즉위시키고자 하였고, 이자의 세력은 원신궁주 이씨의 아들인 한산후 왕윤을 옹립하고자 하였다. 계림공 세력은 왕국모, 고의화 등 무장세력을 포섭하여 한산후·이자의 세력을 숙청하고 집권하게 되었다. 결국 계림공은 헌종을 폐위하고 자신이 왕위에 올랐다. 한편 본문에서는 이자의가 유배된 것으로 기록하였는데, 그는 선정문에서 주살되었다.
南仁國, 1983, 「高麗 肅宗의 卽位와 王權强化」, 『歷史敎育論集』 5 ; 1999, 『고려 중기 정치세력 연구』, 신서원.
서성호, 1993, 「숙종대 정국의 추이와 정치세력」, 『역사와 현실』 9, 15~20쪽.
蔡雄錫, 2001, 「12세기초 고려의 개혁 추진과 정치적 갈등」, 『韓國史硏究』 112,

35~40쪽.

한편 이자의의 난에 관련된 헌종·숙종대 정치세력 연구는 다음과 같다.
藤田亮策, 1933, 「李子淵と其の家系(上)」, 『靑丘學叢』 13.
尹庚子, 1965, 「高麗王室과 仁州李氏와의 關係」, 『淑大史論』 2.
金光植, 1989, 「高麗 肅宗代의 王權과 寺院勢力―鑄錢政策의 背景을 中心으로―」, 『白山學報』 36.
金塘澤, 2001, 「고려 文宗~仁宗朝 仁州李氏의 정치적 역할」, 『韓國中世社會의 諸問題』, 韓國中世史學會.
金秉仁, 2003, 「肅宗의 卽位와 側近勢力의 形成」, 『高麗 睿宗代 政治勢力 硏究』, 景仁文化社.

10) 覆車之戒: 賈誼가 漢 文帝에게 올린 「上疏陳政事」의 일부를 인용한 것이다. 가의는 太子를 보좌하는 방책을 논하면서 "앞의 수레가 뒤집히면 뒤의 수레가 경계한다[前車覆 後車誡]."라고 하였다. 본문은 이자겸이 사촌형인 이자의의 일을 교훈으로 삼아 매사 일을 행함에 조심하였음을 가의의 상소 내용에 빗대어 묘사하였다.
『漢書』 권48, 列傳18 賈誼.

11) 春宮: 왕태자가 거처하는 태자궁을 의미하며, 東宮이라고도 한다. 이에 대해서는 본서 권2-4, 주해 8) 참조.

12) 俁深信重之 使爲春宮傅友: 이자겸이 예종대부터 신임을 받았다는 사실을 나타낸 내용이다. 이자의의 난이 종결된 후 숙종대에 경원이씨 세력은 위축되었다. 그러나 경원이씨는 숙종의 외가이자 강릉김씨, 해주최씨, 경주김씨, 파평윤씨 등 당대 고위 관직 가문과 통혼하여 예종대에 다시 관직에 진출할 배경을 마련하였으며, 특히 이자겸은 1108년(예종 3)에 자신의 딸을 예종에게 납비한 후 급격한 승진 가도에 올랐다.
신수정, 2005, 「고려시대 慶源李氏 家門의 정치적 변화에서의 혼인망―이자의·이자겸 난과 관련하여―」, 『韓國史學報』 21.

13) 楷: 고려의 제17대 왕 仁宗(1109~1146)이다. 그에 대해서는 본서 권2-1, 주해 5) 참조.

14) 如金端輩 …… 正預選掄: 1115년(예종 10)에 金端, 甄惟底, 趙奭, 康就正, 權適은 사신 王字之, 文公美 등과 함께 송에 건너가 太學에 입학하였다. 이후 1117년에 송 황제가 시험하여 上舍及第를 내려주었고, 같은 해 5월에 李資諒과 함께 고려에 돌아왔다. 이 무렵 인종에 대한 교육도 시작된 것으로 생각된다.
『高麗史』 권14, 世家14 睿宗 10년 7월 戊子·12년 5월 丁巳.
『高麗史』 권74, 志28 選擧2 科目2 制科 睿宗 10년 9월·12년.
『東文選』 권41, 「上大宋皇帝遣學生請入國學表」.

15) 顒: 고려의 제 15대 왕 肅宗(1054~1105)이다. 이에 대해서는 본서 권2-2-(2), 주해 27) 참조.

16) 顯有五子: 서긍은 숙종에게 다섯 아들이 있었다고 하였으나, 그는 일곱 아들을 두었다. 한편 본문에서 서긍이 숙종의 아들이 다섯이라고 한 이유는 그가 고려에 온 1123년(인종 1) 당시 예종과 생존한 아들인 원명국사 징엄, 대방공 왕보, 대원공 왕효, 제안공 왕서만 헤아렸던 것으로 보인다. 상당후 왕필은 1099년(숙종 4)에, 통의후 왕교는 1119년(예종 14)에 사망하였다.
『高麗史』 권90, 列傳3 宗室1 上黨侯泌·圓明國師澄儼·帶方公俌·大原公俒·齊安公偦·通義侯僑.
「王侾墓誌銘」.

17) 帶方公俌: ?~1128. 父는 숙종, 母는 明懿太后 柳氏이다. 그에 대해서는 본서 권6-3-(2), 주해 4) 참조.

18) 門下侍郎: 中書門下省의 정2품 관직인 門下侍郎平章事를 가리킨다. 평장사에 대해서는 본서 권6-3-(1), 주해 11) 참조.

19) 韓繳如: 韓安仁(?~1122)을 가리킨다. 초명은 皦如 또는 繳如이고, 字는 子居이다. 본관은 端州, 父는 韓圭이다. 한편 본문에서는 한안인의 최종관직을 門下侍郎(平章事)이라고 하였는데, 『高麗史』 등에는 中書侍郎平章事를 지낸 것으로 되어 있다. 본문에서 한안인을 초명인 한교여로 기록한 것은 반역자로 처벌한 이자겸 일파로부터 들었기 때문일 것이다. 이에 대해서는 본서 권6-3-(2), 주해 22) 참조.
『高麗史』 권15, 世家15 仁宗 즉위년 5월 乙亥.
『高麗史』 권97, 列傳10 韓安仁.

20) 樞密使: 樞密院使를 말한다. 樞密院의 종2품 관직으로 정원은 2인이다. 추밀원사와 추밀에 대해서는 본서 권6-3-(2), 주해 17) 참조.

21) 文公美: 文公仁(?~1137)을 가리킨다. 초명은 公美이다. 본관은 南平, 父는 文翼이다. 과거에 급제하여 直史館에 보임되었다. 樞密院使, 叅知政事, 中書侍郎平章事·西京留守 등을 역임하고 判尙書兵部事·監修國史를 거쳐 判吏部事가 되었다. 韓安仁·李永·鄭克永 등과 함께 이자겸에 반대하다 崔思全의 참소로 유배되었다가, 1127년(인종 5)에 소환되었다. 이후 妙淸 등의 서경천도 주장에 동조하였으나, 김부식에 의해 묘청의 난이 진압되고 간관의 탄핵을 받아 守太尉·判國子監事로 좌천당했다. 시호는 忠懿이다.
『高麗史』 권16, 世家16 仁宗 8년 12월 丙申·9년 9월 丙申·11년 4월 己丑·11월 癸酉·15년 12월 壬申.
『高麗史』 권125, 列傳38 姦臣1 文公仁.

22) 禮部尙書: 尙書禮部의 정3품 관직으로 정원은 1인이다.
『高麗史』 권76, 志30 百官1 禮曹.

23) 李永: 생몰년 미상. 字는 大年, 본관은 安城, 父는 李仲宣이다. 숙종대 과거에 급제하여 直史館이 되었다. 이후 禮部侍郎·右諫議大夫·知御史臺事·寶文閣學士 등을 역임하였다. 한안인의 妹弟로 1122년(인종 즉위)에 珍島로 유배되었으며, 이자겸의 난이 진압되고 나서 簽書樞密院事로 추증되었다.
『高麗史』 권15, 世家15 仁宗 즉위년 12월 丙申.

『高麗史』권97, 列傳10 李永.
24) 鄭克永: 1067~1127. 字는 師古, 본관은 樹州 金浦縣이다. 1094년(선종 11)에 과거에 장원급제하였다. 翰林學士, 東京留守使, 判衛尉事·翰林學士·知制誥 등을 역임했다. 한안인의 堂弟로 1122년(인종 즉위)에 유배되었다가 1127년에 소환되었는데 얼마 지나지 않아 사망하였다.
『高麗史』권15, 世家15 仁宗 즉위년 12월 丙申.
『高麗史』권73, 志27 選擧1 科目1 凡選場 宣宗 11년 3월.
『高麗史』권98, 列傳11 鄭克永.
25) 兵部侍郞: 武選, 軍務, 儀衛, 郵驛을 담당한 尙書兵部의 관직으로, 문종대에 정4품 1인을 두었다.
『高麗史』권76, 志30 百官1 兵曹.
26) 林存: 생몰년 미상. 숙종대에 과거에 급제하였다. 1121년(예종 16)에 起居舍人 재임 중에 청연각에서 시를 읊기도 하였다. 侍御史, 晉州牧副使, 中書舍人, 吏部侍郞 등을 역임했다.
『高麗史』권14, 世家14 睿宗 16년 윤5월 辛卯.
『高麗史』권15, 世家15 仁宗 즉위년 12월 丙申·5년 4월 乙酉·9년 9월 丁酉.
『高麗史』권16, 世家16 仁宗 10년 6월 丙申.
27) 食邑: 국가에서 왕족이나 공신, 封爵을 받은 관료에게 지급한 일정 지역을 말한다. 이에 대해서는 본서 권6-3-(1), 주해 15) 참조.
28) 采地: 식읍의 수여에서 실제로 지급된 戶인 食實封을 가리킨다. 이에 대해서는 본서 권6-3-(1), 주해 16) 참조.
29) 位尙書令: 본문에는 이자겸이 상서령에 오른 것으로 되어 있으나, 『高麗史』에서는 확인되지 않는다. 다만 이자겸은 1122년(인종 즉위)에 守太師·中書令·邵城侯에 제수되었고 1124년에 亮節翼命功臣·中書令·領門下尙書都省事·判吏兵部·西京留守事·朝鮮國公으로 책봉되었다. 그러므로 서긍이 고려에 방문한 1123년 당시 이자겸을 상서령이라고 한 것은 領門下尙書都省事였기 때문일 것이다.
『高麗史』권15, 世家15 仁宗 즉위년 5월 乙亥.
『高麗史』권127, 列傳40 叛逆1 李資謙.
30) 治田疇第宅 阡陌相連: 이자겸이 대규모의 토지를 소유하고 있었음을 의미하는 내용이다. 집권자의 대토지 소유는 토지겸병과 인구집중현상에 따른 것으로 예종·인종대부터 나타나기 시작했다. 그런데 이자겸과 그 일파는 불법적인 방법으로 타인의 토지를 겸병하였다고 한다.
宋柄基, 1969,「高麗時代의 農莊―12世紀 以後를 中心으로―」,『韓國史硏究』3, 2쪽.
金潤坤, 1976,「李資謙의 勢力基盤에 對하여」,『大丘史學』10, 2~4쪽.

8-3

[原文]

接伴正奉大夫刑部尙書柱國賜紫金魚袋尹彥植

尹氏素以儒學知名. 瓘在王俁時, 爲樞府, 嘗朝貢至中國, 而彥植乃其子也. 世與李氏通昏, 又與資謙厚善. 楷在春宮, 而彥植亦預引翼之列. 故楷立而進官崇貴. 彥植美風姿, 人質修26)偉, 宛然有儒者之風, 不可以蠻27)夷28)接29)之也.

[譯文]

접반1) 정봉대부2) 형부상서3) 주국4) 사자금어대5) 윤언식6)

윤씨는 본디 유학으로 이름을 알렸다. 윤관7)이 왕우[王俁, 예종]가 재위할 때에 추밀[樞府]8)이 되었고, 일찍이 조공하러 송[中國]에 이르렀는데, 윤언식은 곧 그의 아들이다. 대대로 이씨와 통혼하였고9) 또한 이자겸과 우의가 두터웠다[厚善]. 왕해[楷, 인종]가 춘궁에 있을 때 윤언식 또한 일찍이 인도하고 보좌하는 반열[引翼之列]10)에 참여했다. 그리하여 왕해가 즉위하니 관직이 올라 높고 귀해졌다. 윤언식은 풍채[風姿]가 아름답고 자질이 매우 훌륭하여 완연히 유자(儒者)의 풍모가 있으니 오랑캐[蠻夷]로 대할 수 없다.

[註解]

1) 接伴: 사절에 대한 영송과 접대의 使命을 받고 발탁된 관원이다. 이에 대해서는 본서 권7-5, 주해 8) 참조. 한편 接伴과 同接伴은 모두 사절의 영송과 접대의 使命을 수행하는 관원이나, 각자의 지위 고하에 따라 사절을 맞이하는 지역의 遠近

---

26) 四 知 : 脩.
27) 四 : 高.
28) 四 : 麗.
29) 四 : 忽.

에 차이가 있었다. 예컨대 同接伴 禮部侍郎 김부식은 群山島에서, 接伴 刑部尙書 윤언식은 紫燕島에서 차례로 사절단을 영접하였다.
金圭錄, 2015, 「고려중기의 宋 使節 迎送과 伴使의 운용」, 『歷史敎育』 134, 162~166쪽.
2) 正奉大夫: 고려후기 문산계로 종2품에 해당한다. 그런데 정봉대부는 1298년(충렬왕 24)에 金紫光祿大夫(종2품)를 개칭한 것이므로, 서긍이 방문할 당시에는 존재하지 않았다. 참고로 송에는 正奉大夫(정4품上)가 있다.
『高麗史』 권77, 志31 百官2 文散階.
『宋史』 권169, 志122 職官9 敍遷之制 文武散官.
3) 刑部尙書: 尙書刑部의 정3품 관직으로 정원은 1인이다. 6部尙書에 대해서는 본서 권7-5, 주해 5) 참조.
『高麗史』 권76, 志30 百官1 刑曹.
朴龍雲, 2000b, 앞의 책, 238·239쪽.
4) 柱國: 고려전기의 勳으로 종2품에 해당한다. 고려시대 勳에 대해서는 본서 권6-3-(1), 주해 13) 및 권6-3-(1), 주해 21) 참조.
『高麗史』 권77, 志31 百官2 勳.
5) 賜紫金魚袋: 紫金魚袋는 공복제의 일부로 관료들에게 내려졌던 魚袋를 말한다. 魚袋에 대해서는 본서 권6-3-(1), 주해 23) 참조.
6) 尹彦植: 1087~1149. 본관은 坡平, 父는 尹瓘이다. 1106년(예종 1)에 문음으로 사로에 진출하였다. 閤門祗候를 거쳐 1118년에 知淸州事를 지낸 후 試給事中·紫金魚袋를 제수받았다. 인종을 태자 시절부터 보도하였다. 1126년(인종 4)에 이자겸의 난이 진압되자 鴉州로 유배되었다. 이후 복귀하여 判閤門事·三司使, 工部尙書, 吏部尙書 등을 역임하였다. 1147년(의종 1)에 尙書右僕射·三司使가 되었고, 이듬해 守司空이 더해졌다. 시호는 懿淸이다.
『高麗史』 권96, 列傳9 尹瓘.
『東文選』, 권25, 制誥 「尹彦植可工部尙書」.
김용선, 2014, 「새 자료 「尹彦植 묘지명」」, 『한국중세사연구』 40 ; 2016, 「尹彦植墓誌銘」, 『(속)고려묘지명집성』, 한림대학교 출판부.
7) 瓘: 尹瓘(?~1111)을 가리킨다. 본관은 坡平, 자는 同玄이다. 三韓功臣 尹莘達의 현손이다. 1073년(문종 27)에 급제하였다. 拾遺, 補闕 등을 거쳐 1095년(숙종 즉위)과 1098년에 각각 요와 송에 사행하였다. 1099년에는 右諫議大夫·翰林侍講學士가 되었으나 左諫議大夫 任懿와 인척이어서 직에서 물러났다. 이후 樞密院副使, 御史大夫, 叅知政事, 中書侍郎同平章事 등을 역임하였다. 북방에서 여진이 강성해져 수차례 전투에서 패하자 숙종에게 주청하여 別武班을 조직하고 훈련시켰다. 1107년(예종 2)에는 元帥로서 여진정벌에 나서 9성을 축성하고 이듬해 개선하였다. 그러나 9성 환부가 결정되고 윤관에게 책임을 물을 것이 지속적으로 요구됨에 따라 그의 공신호와 관직이 박탈되었다. 이후 1110년에 복귀하여 守太保·門下侍中·判兵部事가 되었다. 예종묘정에 배향되었고, 시호는 文肅이다.
『高麗史』 권11, 世家11 肅宗 즉위년 10월 辛未·3년 7월 己未·4년 4월 庚子.

『高麗史』권12, 世家12 肅宗 8년 2월 乙亥·6월 丁卯·3년 3월 庚辰.
『高麗史』권96, 列傳9 尹瓘.
朴龍雲, 1996, 「資料: 科試 設行과 製述科 及第者」, 『高麗時代 蔭敍制와 科擧制 研究』, 一志社, 347·348쪽.
朴龍雲, 1998, 「高麗時代의 門下侍中에 대한 검토」, 『震檀學報』85 ; 2000a, 앞의 책, 69쪽.

8) 樞府: 樞密院의 상부조직인 樞密을 가리킨다. 추밀에 대해서는 본서 권6-3-(2), 주해 17) 참조.
9) 世與李氏通昏: 윤언식의 본관인 坡平尹氏와 慶源李氏 간에 지속적인 통혼 관계가 있었음을 말한다. 이 시기까지 확인되는 두 가문의 관계는 윤언식의 父 윤관이 李成幹의 딸과 혼인한 바 있다.
朴龍雲, 1977, 「고려시대 海州崔氏와 坡平尹氏 家門 분석」, 『白山學報』23 ; 2003, 『高麗社會와 門閥貴族家門』, 景仁文化社, 204·205쪽.
10) 引翼之列: 본문은 『詩經』의 "주름진 늙은이를 인도하고 보좌해서 장수하여 편안하도록 큰 복을 더 크게 하네[黃耉台背 以引以翼 壽考維祺 以介景福]."를 인용한 것이다. 이는 윤언식이 1122년(예종 17)에 太子中允으로서 당시 태자였던 인종을 보도한 것을 이와 같이 표현하였다.
『詩經』大雅 生民 行葦.
김용선, 2016, 앞의 책.

8-4

[原文]
同接伴通奉大夫尙書禮部侍郞上護軍賜紫金魚袋金富軾
金氏世爲高麗大族, 自前史已載, 其與朴氏族望相埒. 故其子孫多以文學進. 富軾豐兒30)碩體, 面黑目露. 然博學强識, 善屬文, 知古今, 爲其學士所信服, 無能出其右者. 其弟富轍, 亦有詩31)譽. 嘗密訪其兄弟命名之意, 蓋有所慕云.

---

30) 知: 貌.
31) 知: 時.

[譯文]

동접반[1] 통봉대부[2] 상서예부시랑 상호군[3] 사자금어대 김부식[4]

김씨는 대대로 고려의 대족(大族)으로, 이전 사서부터 이미 기재되었는데 박씨와 더불어 가문의 명망이 서로 같았다.[5] 그러므로 그 자손은 문장과 학문으로써 (관직에) 나아감이 많았다. 김부식은 살찐 얼굴에 장대한 몸이며 얼굴은 검고 눈이 튀어나왔다. 그런데 배움이 넓고 기억력이 좋아 문장을 잘 짓고 고금을 잘 알아, 학사에게 신복을 받는데 있어 그보다 뛰어난 자가 없다. 그의 아우 김부철[6] 또한 시로 명성이 있다. 일찍이 슬쩍 그 형제의 이름 지은 뜻을 물었는데, 대개 사모하는 바가 있다고 한다.[7]

[註解]

1) 同接伴: 사절이 고려 境內에 진입하는 시점부터 개경에 위치한 순천관에 이르기까지의 路程 및 귀국과정에서 영접과 수행업무 전반을 주관하던 관원이다. 이에 대해서는 본서 권7-5, 주해 8) 참조.

2) 通奉大夫: 고려에서는 확인되지 않는 관계이다. 이에 대해서는 본서 권6-3-(1), 주해 18) 참조.

3) 上護軍: 고려의 勳이다. 이에 대해서는 본서 권6-3-(1), 주해 21) 참조.

4) 金富軾: 1075~1151. 본관은 慶州, 자는 立之, 父는 金覲이다. 1096년(숙종 1)에 급제하여 安西大都護府司錄叅軍事가 되었다. 이후 直翰林院을 거쳐 樞密院副使, 政堂文學, 中書侍郎同中書門下平章事 등을 역임하였으며, 송에 세 차례 사행하였다. 1135년(인종 13)에 서경에서 묘청 등이 난을 일으키자 이를 진압하였고, 그 공으로 檢校太保·守太尉·門下侍中·判尙書吏部事가 되었다. 1148년(의종 2)에는 守太保를 더했다. 시호는 文烈이고, 中書令으로 추증되었으며, 인종 묘정에 배향되었다. 『三國史記』, 『睿宗實錄』, 『仁宗實錄』 등을 찬술하였다.
『高麗史』 권16, 世家16 仁宗 10년 12월 丁未.
『高麗史』 권17, 世家17 毅宗 2년 12월 辛巳.
『高麗史』 권98, 列傳11 金富軾.
金秉仁, 1995, 「金富軾과 尹彦頤」, 『全南史學』 9.
정구복, 2001, 「김부식의 생애와 업적」, 『정신문화연구』 24.

5) 金氏世爲高麗大族 …… 其與朴氏族望相埒: 慶州金氏와 朴氏가 前朝인 신라시대에도 가문의 명망을 다투었음을 의미한다. 박혁거세와 김알지의 후손이 신라왕이

되었으므로, 이와 같이 표현하였다.

6) 富轍: 金富轍(1079~1136)을 가리킨다. 후에 富儀로 고쳤다. 본관은 慶州, 父는 金覲이다. 1097년(숙종 2)에 급제하였다. 당시 한 집안에서 세 명이 급제하면 모친에게 해마다 30석을 주던 제도가 있었는데, 이미 그의 형제 金富弼, 金富佾, 金富軾이 과거에 급제한 상태였으므로, 김부철이 급제하자 10석을 더 주고 상례로 삼았다. 이후 直翰林院, 詹事府司直, 知樞密院事 등을 역임하였으며, 두 차례 송에 사행하였다. 1117년에 금이 요를 격퇴하고 고려에 형제관계를 요청해오자 이를 수용하여 국가를 보전하자는 의견을 상소하였다. 1126년(인종 4)에 금 사신 韓昉이 왔을 때 館伴을 맡았다. 묘청 등이 서경 천도를 주장하였을 때 강력히 반대하였고, 1135년에 묘청 등이 난을 일으키자 직접 平西十策을 上書하고 진압에 참여하였다. 시호는 文懿이다.
『高麗史』 권15, 世家15 仁宗 2년 7월 戊子.
『高麗史』 권97, 列傳10 金富佾 附富儀.

7) 蓋有所慕云: 金富軾과 金富轍 형제의 이름이 宋代 유학자이자 문장가인 蘇軾과 蘇轍의 이름을 따서 지은 것임을 의미한다.
鄭求福, 1991, 「金富軾」, 『韓國史市民講座』 9, 一潮閣, 122쪽.

8-5

[原文]

館伴金紫光祿大夫守司空同知樞密院事上柱國金仁揆

金景融王顒世, 太傅守中書令. 仁揆卽其子也. 顒父徽嘗娶金氏女, 于[32]仁揆有元舅之尊. 韓繳如等叛, 李資謙挾王楷以誅群惡, 而仁揆與有力焉. 故位[33]司空使[34]樞府. 仁揆頎而美髯, 皃[35]魁秀, 進止端重[36], 爲所擇以接使華也.

---

32) 四 知: "顒於"로 기록되어 있다.
33) 四 知: "進"이 추가되어 있다.
34) 四: "居"가 추가되어 있다.
35) 知: 貌.
36) 四: "重【闕】"로 기록되어 있다.

[譯文]

관반[1] 금자광록대부[2] 수사공[3] 동지추밀원사 상주국[4] 김인규[5]

김경용[6]은 왕옹[王顒, 숙종] 때에 태부[7] 수중서령[8]이었다. 김인규는 곧 그의 아들이다. 왕옹의 아버지인 왕휘[徽, 문종][9]가 일찍이 김씨의 딸에게 장가들었으니, 김인규를 외숙부[元舅]로 존중함이 있었다.[10] 한교여 등이 반역하자 이자겸이 왕해[王楷, 인종]를 보호하고 여러 악인들을 베었는데,[11] 김인규가 참여하여 힘을 보탰다. 그러므로 사공에 오르고 추밀[樞府]에 있도록 했다.[12] 김인규는 풍채가 좋고 수염이 아름다우며 얼굴이 매우 빼어났고, 몸가짐[進止]이 단정하고 중후하여 중국 사절[使華]을 접대하도록 선택되었다.

[註解]
1) 館伴: 사절이 개경에 위치한 객관에 체류하는 동안 영접과 수행의 업무를 주관한 관원이다. 이에 대해서는 본서 권7-5, 주해 8) 참조.
2) 金紫光祿大夫: 고려전기의 문산계에 종2품에 해당한다. 995년(성종 14)에 국초의 관계를 대신하여 중국식 문산계가 공적인 질서체계로 채택되었는데, 이때 大丞이 興祿大夫로 개정되었다. 1076년(문종 30)에 종2품 金紫光祿大夫로 고쳤다.
『高麗史』 권77, 志31 百官2 文散階.
朴龍雲, 1981, 「高麗時代의 文散階」, 『震檀學報』 52 ; 1997, 앞의 책, 55~72쪽.
3) 守司空: 太尉·司徒와 함께 3공의 하나로, 정1품 관직이다. 3師·3公에 대해서는 본서 권6-3-(1), 주해 10) 참조.
4) 上柱國: 고려전기의 勳으로 정2품에 해당한다. 고려의 勳에 대해서는 본서 권6-3-(1), 주해 13) 및 권6-3-(1), 주해 21) 참조.
5) 金仁揆: ?~1142. 본관은 慶州이다. 과거에 급제하여 1117년(예종 12)에 給事中·樞密院左承宣·兼太子左贊善이 되었다. 이후 左諫議大夫, 知門下省事, 叅知政事 등을 거쳐 守太尉·中書侍郎平章事에 올랐다. 1126년(인종 4)에 이자겸의 난이 진압되자 이자겸의 아들인 李之彦이 사위였기 때문에 知春州事로 좌천되었다. 1135년에 복귀하여 戶部尙書로서 금에 사행하였다. 1141년에는 守司空·尙書左僕射·叅知政事에 이르렀다.
『高麗史』 권14, 世家14 睿宗 12년 6월 庚辰·17년 3월 庚午.
『高麗史』 권15, 世家15 仁宗 원년 12월 丙午·2년 12월 甲子·3년 12월 壬戌.
『高麗史』 권16, 世家16 仁宗 13년 3월 乙酉.

『高麗史』 권97, 列傳10 金景庸 附仁揆.
6) 金景融: 金景庸(1041~1125)을 말한다. 그에 대해서는 본서 권6-3-(2), 주해 8) 참조.
7) 太傅: 太師·太保와 함께 三師의 하나로, 정1품의 최고 관직이다. 3師·3公에 대해서는 본서 권6-3-(1), 주해 10) 참조.
8) 守中書令: 中書門下省의 종1품 관직으로, 정원은 1인이다. 이에 대해서는 본서 권7-3, 주해 38) 참조. 한편 본문에는 김경용이 숙종대에 太傅·守中書令을 지낸 것으로 되어있는데, 이는 守太傅·中書令의 誤記일 수도 있다.
9) 徽: 고려의 11대 왕 文宗(1019~1083)이다. 그에 대해서는 본서 권2-2-(1), 주해 43) 참조.
10) 顯父徽嘗娶金氏女 …… 有元舅之尊: 元舅는 주로 王家에서 어머니의 남자형제를 가리키는 용어이다. 문종은 金元冲의 딸인 仁穆德妃 金氏와 혼인하였는데, 金元冲의 父 金因渭와 金仁揆의 조부인 金元晃은 형제관계였다. 그러므로 김인규에게 숙종은 6촌 外再從兄弟가 되고, 인종은 8촌 外三從孫이지 3촌 外叔은 아니다. 따라서 본문에서 "김인규를 외숙부[元舅]로 존중함이 있었다."라고 한 것은, 인종이 그를 외가의 웃어른으로 공경하였음을 이와 같이 표현한 듯하다.
『高麗史』 권88, 列傳1 后妃1 仁穆德妃金氏.
諸橋轍次, 1984, 「元舅」, 『大漢和辭典』 1, 大修館書店, 977쪽.
金蓮玉, 1982, 「高麗時代 慶州金氏의 家系」, 『淑大史論』 11·12合, 237~241쪽.
李樹健, 1984, 「高麗前期 支配勢力과 土姓」, 『韓國中世社會史硏究』, 一潮閣, 196~199쪽.
11) 韓皦如等叛 …… 挾王楷以誅群惡: 李資謙 일파와 韓安仁 일파 간에 있었던 정치적 대립을 의미한다. 이에 대해서는 본서 권6-3-(2), 주해 22) 참조.
12) 故位司空 使樞府: 본문에는 김인규가 1122년(인종 즉위)에 이자겸이 한안인 일파를 제거한 직후 司空·樞府에 오른 것으로 되어있다. 그는 1122년에 知奏事로 재직하였고, 1123년 12월에 同知樞密院事가 되었으므로, 1122년에는 추밀원부사로 임명되어 추부 즉 추밀이 되었을 수도 있다.
『高麗史』 권15, 世家15 仁宗 원년 12월 丙午·2년 12월 甲子.
『高麗史』 권73, 志27 選擧1 科目1 凡選場 仁宗 즉위년 8월.
朴龍雲, 2001, 「高麗時代의 樞密에 대한 검토」, 『高麗時代 中樞院 硏究』, 高麗大學校 民族文化研究所, 205쪽.

8-6

[原文]

同館伴正議大夫守尙書兵部侍郞上護軍賜紫金魚袋李之美

高麗每中朝人使至, 必遴擇人材37), 或經朝貢者, 以爲館伴. 之美卽資謙之子, 風兒38)秀39)美40). 往嘗入覲天闕, 住館累月, 其41)事無巨細, 悉稟之. 之美處決, 無42)不中禮. 進趨詳雅, 綽有華風. 每言及朝廷, 必眷43)眷44)有傾葵之意, 其忠誠亦可嘉尙云.

[譯文]

동관반¹⁾ 정의대부 수상서병부시랑 상호군 사자금어대 이지미²⁾

고려는 매번 중국[中朝] 사신이 이르면 반드시 인재를 가려서 선발하거나 혹은 조공하러 갔던 자를 관반으로 삼는다.³⁾ 이지미는 곧 이자겸의 아들인데, 풍채와 용모가 빼어나고 아름답다. 일찍이 송 조정[天闕]에 들어가 황제를 뵙고 여러 달 동안 객관에 머무르면서 그 일의 크고 작음이 없이 모두 아뢰었다. 이지미의 처결은 예에 맞지 않은 것이 없었다. 행동거지[進趨]는 세심하고 우아하며 여유로워 중화의 풍모가 있다. 매번 조정을 언급함에 반드시 연모하여[眷眷] 해바라기가 (해를 향해) 기우는 뜻이 있으니, 그 충성이 또한 가상하다 할 만하다.

---

37) 四 : 才.
38) 知 : 貌.
39) 四 知 : 美.
40) 四 知 : 秀.
41) 四 知 : "國"이 추가되어 있다.
42) 四 : 莫.
43) 四 知 : 惓.
44) 四 知 : 惓.

[註解]

1) 同館伴: 사절이 개경에 위치한 객관에 체류하는 동안 영접과 수행의 업무를 주관하는 관원이다. 이에 대해서는 본서 권7-5, 주해 8) 참조.

2) 李之美: 생몰년 미상. 본관은 慶源, 父는 李資謙이다. 1118년(예종 13)에 鄭克永과 함께 송에 가서 權適 등을 制科에 급제시킨 것과 詔書를 내려준 것에 대해 謝意를 표하였다. 1124년(인종 2)에 秘書監·樞密院副使가 되었고, 이듬해에는 同知樞密院事로서 知貢擧가 되어 과거를 주관하였다. 이후 知樞密院事를 거쳐 判樞密院事에 올랐다. 1126년에 이자겸의 난이 진압되자 陝州로 유배되었다가 1129년에 사면되었다.

『高麗史』 권14, 世家14 睿宗 13년 6월 戊寅·8월 戊午.
『高麗史』 권15, 世家15 仁宗 3년 12월 壬戌·4년 4월 辛亥.
『高麗史』 권16, 世家16 仁宗 7년 3월 庚寅.
『高麗史』 권73, 志27 選擧1 科目1 凡選場 仁宗 3년 5월.
『高麗史』 권127, 列傳40 叛逆1 李資謙.
『高麗史節要』 권9, 仁宗 2년 7월·3년 4월.

3) 高麗每中朝人使至 …… 以爲館伴: 고려에서 館伴使를 差定하는 방식에 대하여 언급한 내용이다. 고려에서 사절의 영송과 접대를 담당하는 接伴使와 館伴使를 선정할 때 가장 중요하게 고려하였던 것은 개인의 학문적 능력과 중국 사행 경험 등이었다. 때문에 선정된 이들의 대다수는 과거 급제자 출신으로 고시관 경력과 사행 경험을 두루 갖춘 이들이었다. 예컨대 李之美의 경우 1118년(예종 13)에 송에 사행한 경험이 있으며, 1125년(인종 3)에는 知貢擧를 맡아 과거를 주관하였다. 한편 接伴使와 館伴使에 대해서는 본서 권7-5, 주해 8) 참조.

『高麗史』 권14, 世家14 睿宗 13년 8월 戊午.
『高麗史』 권73, 志27 選擧1 科目1 凡選場 仁宗 3년 5월.
金圭錄, 2015, 앞의 논문, 166~177쪽.

9-1

[原文]
儀物一
臣聞, 諸蠻之國, 雖有君長, 其出入則不過以旌旛十數自隨, 與其臣屬略無分[1]辨. 唯[2]高麗素通朝聘, 久被漸摩. 故其君臣上下動有禮文. 王之巡行, 各有儀物, 神旗[3]前驅, 甲士塞途, 六衞之軍, 各執其物. 雖不盡合典禮, 然而比之諸蠻, 粲然可觀. 此孔子所以欲居而不以爲陋也. 況箕子之國而爲聖朝眷懷之厚者乎. 今幷[4]繪其儀物如[5]後.

[譯文]
의물1
신이 듣기에 여러 오랑캐 나라들에서는 비록 군장이 있더라도 그 출입에 깃발[旌旛]을 든 십 수 명이 따르는데 불과하여 신하들과 거의 구분되지 않는다고 합니다. 오직 고려는 평소 (중국과) 조빙을 통하여 점차 교화된 지 오래되었습니다.[1] 그러므로 군신과 상하의 행동에 예법이 있습니다. 왕의 순행에는 각각 의물을 갖추어 신기[2]는 앞에서 이끌고 갑사[3]는 길을 막으며[塞途][4] 6위의 군[5]은 각각 의물을 잡습니다. 비록 전례(典禮)에 모두 부합하지는 않지만 여러 오랑캐와 비교하면 찬연하여 볼 만합니다. 이것이 공자[6]가 거처하고자 하면서 누추하다고 여기지 않은 까닭입니다.[7] 하물며 기자[8]의 나라로 송 황제[聖朝]의 돌봄이 두터

---

1) 四 知 : 分. 원문은 介로 되어 있으나, 의미상 '分'이 옳다고 생각되어 교감 번역하였다.
2) 四 知 : 惟.
3) 四 : 騎.
4) 知 : 併.
5) 知 : 於.

9. 의물1- 249

운 곳이 아니겠습니까. 이제 아울러 그 의물을 그렸으니 다음과 같습니다.

[註解]
1) 唯高麗素通朝聘 久被漸摩: '漸摩'는 『漢書』 董仲舒傳에 나오는 말로 "백성을 인으로써 젖어들게 하고, 백성을 의로써 연마하게 한다[漸民以仁 摩民以誼]."라는 구절에서 인용한 것이다. 이는 옛 왕들이 천하를 다스림에 있어 大學과 庠序를 통해 백성을 교화시켰음을 나타내는 말인데, 여기서는 고려가 일찍부터 중원과 통교한 결과 다른 오랑캐와 달리 교화되었음을 강조한 것이다.
『漢書』 권56, 列傳26 董仲舒.

2) 神旗: 방위의 색에 따라 신물을 그린 大旗를 가리킨다. 이에 대해서는 『高麗圖經』 권14, 旗幟條에서 설명할 것이다.

3) 甲士: 일반적으로 갑옷을 갖춘 군사를 뜻하지만, 여기서는 고려의 京軍인 2군의 병사로 생각된다. 2군은 鷹揚軍과 龍虎軍으로 이루어져 있으며, 近仗이라고 불리는 국왕의 친위대였다. 『高麗圖經』 권14 旗幟條에 "오직 홍기에만 장식이 있으며 용호맹군의 갑사가 잡는다[唯紅旗有飾 龍虎猛軍甲士所執]."라거나 小旗條에 "국왕이 조서를 맞이하면 용호군 수만 인이 갑옷을 입고 그것을 잡는다[國王迎詔 則龍虎軍數萬人 被甲執之]."라고 하여 2군의 하나인 龍虎軍의 갑사가 깃발을 들고 의장 임무를 담당하는 것도 이와 관련된다.
『高麗史』 권77, 志31 百官2 西班 鷹揚軍.
李基白, 1956, 「高麗 京軍考」, 『李丙燾博士華甲紀念論叢』, 一潮閣 ; 1968, 『高麗兵制史研究』, 一潮閣, 68·69쪽.

4) 塞途: 귀인이 길을 지나갈 때 길을 막아 사람들의 통행을 저지하는 행위인 辟除를 가리킨다. 掃除·啣除라고도 한다.
諸橋轍次, 1985, 「辟除」, 『大漢和辭典』 10, 大修館書店, 1080쪽.

5) 六衛之軍: 고려의 京軍인 6衛이다. 6위는 대략 995년(성종 14) 경에 설치된 것으로 보이며, 전투부대로서 개경의 수비와 유사시 출정을 담당하였다. 6위의 구성에 대하여 『高麗史』에서는 左右衛·神虎衛·興威衛·金吾衛·千牛衛·監門衛로 기록한 반면, 서긍은 龍虎軍·神虎軍·興威軍·金吾軍·千牛軍·控鶴軍으로 파악하였다.
李基白, 1956, 「高麗 京軍考」, 『李丙燾博士華甲紀念論叢』, 一潮閣 ; 1968, 앞의 책, 90쪽.
李基白, 1960, 「高麗 二軍·六衛의 形成過程에 대한 再考」, 『黃義敦先生古稀記念史學論叢』, 東國大學校史學會 ; 1968, 앞의 책.
洪承基, 1983, 「高麗 初期 中央軍의 組織과 役割—京軍의 性格—」, 『高麗軍制史』, 陸軍本部 ; 2001, 『高麗政治史研究』, 一潮閣, 54쪽.

6) 孔子: B.C.551~B.C.479. 이름은 丘, 자는 仲尼이며 중국 춘추시대의 교육자이자 철학가이다. 그에 대해서는 본서 권6-3-(1), 주해 27) 참조.

7) 此孔子所以欲居而不以爲陋也: 『論語』子罕篇 의 "공자께서 九夷에 거처하려고 하자 혹자가 말하기를 '누추한 곳인데 어찌하시려고 합니까?'라고 하자 공자께서 '군자가 거처하는데 어찌 누추함이 있겠는가.'[子欲居九夷 或曰 陋如之何 子曰 君子居之 何陋之有].'라는 구절을 인용한 것이다. 오랑캐가 사는 곳도 군자가 살면 누추하지 않다는 의미로, 고려가 예법을 갖춘 나라임을 공자의 말을 빌려 강조하였다.
『論語』子罕.
8) 箕子: 생몰년 미상. 殷 紂王의 숙부로 이름이 胥餘이며 箕國에 봉해졌으므로 기자라 불려졌다. 이에 대해서는 본서 권1-1, 주해 3) 참조.

9-2

[原文]
盤螭扇

盤螭扇二. 製以絳⁶⁾羅, 朱柄金飾, 中繡單螭蜿蜒屈曲. 一角無鱗, 形實類龍, 蓋蛟虬之屬也. 王行則在前, 衣錦袍拒風親衛軍執之. 燕則立⁷⁾于⁸⁾庭中, 禮畢乃徹⁹⁾.

[譯文]
반리선¹⁾

반리선은 둘이다. 진홍 비단으로 만들고 붉은 자루에 금으로 장식하며, 가운데에 한 마리의 교룡이 구불거리고 꿈틀대는 그림을 수놓았다. (교룡은) 뿔 하나에 비늘이 없고 모습이 실로 용과 비슷하지만 대개 교규²⁾의 종류이다. 왕이 행차할 때 앞에 세우며 비단 포를 입고 거풍³⁾을

6) 四: 綠, 知: "絳【鄭刻綠】"으로 기록되어 있다.
7) 四: 止, 知: "立【鄭刻止】"로 기록되어 있다.
8) 知: 於.
9) 知: "退【鄭刻徹】"로 기록되어 있다.

쓴 친위군[4]이 잡는다. 연회 때에는 전정[庭] 가운데에 세우는데 의례가
끝나면 거둔다.

[註解]
1) 盤螭扇: 한 마리의 용을 수놓은 의장용 부채로, 『高麗史』에서는 蟠龍扇 혹은 盤龍扇으로 나온다. 扇은 자루가 긴 부채로 햇빛을 가리고 바람이나 먼지를 막아 국왕을 보호하는 기능을 하며, 舜이 堯에게 선양을 받은 후 현인을 구해 자신을 보필하도록 하기 위해서 만들었다고 한다. 고려에서는 盤龍扇 이외에도 紅繡扇·孔雀扇 등을 의장으로 사용하였고, 주로 국왕의 행차 시에 어가 앞이나 궁궐에서 행사가 진행될 때 殿庭에 배치하였다. 송의 제도는 고려와 마찬가지로 한 마리의 용을 그린 團龍扇과 두 마리를 그린 雙盤龍扇이 있는데, 둥근 부채 모양이고 황색 바탕에 용을 수놓아 고려의 것과는 약간 차이가 있다. 고려의 盤龍扇이 『高麗圖經』에서 盤螭扇으로 표현된 것은 서긍의 입장에서 고려가 제후국이었으므로 '龍' 대신 '螭'를 썼다고 여겨진다.
한편 우리나라에서 부채는 오래전부터 사용되었는데, 『三國史記』의 807년(신라 애장왕 8)에 음악을 연주하는 자리에서 歌尺이 繡扇을 들고 있다는 기록이 시기적으로 가장 앞선다. 『高麗史』에도 920년(태조 3)에 甄萱이 태조에게 孔雀扇을 선물하였다는 기록이 있는데, 이 공작선은 공작무늬를 수놓은 것이며 왕만이 사용할 수 있는 상징적인 물건이었다.
『高麗史』 권67, 志21 禮9 嘉禮 元正冬至節日朝賀儀.
『高麗史』 권72, 志26 輿服1 儀衛 凡法駕衛仗·上元燃燈奉恩寺眞殿親幸衛仗.
『宋史』 권143, 志96 儀衛1 殿庭立仗.
『三才圖會』 儀制4 扇.
崔常壽, 1972, 「부채의 起源說과 韓國부채에 대한 最初의 記錄」, 『韓國 부채의 硏究』, 韓國紀念圖書出版協會, 20·21쪽.
金三代子, 1985, 「부채의 起源과 變遷」, 『美術資料』 36, 1·2·7쪽.
강제훈, 2012, 「조선전기 국왕 儀仗制度의 정비와 상징」, 『史叢』 77, 65쪽.
2) 蛟虬: 蛟는 뱀과 유사하며 네 발이 달려있는 동물이고, 虬는 뿔이 두 개 난 새끼 용을 말한다.
諸橋轍次, 1985, 「虬」·「蛟」, 『大漢和辭典』 10, 大修館書店, 1·25쪽.
3) 拒風: 고구려 관모의 명칭이다. 『高麗圖經』 권11, 神虎左右親衛軍條에 신호좌우친위군이 금빛 꽃으로 장식한 큰 모자를 썼는데 이를 고구려인들이 썼던 拒風의 풍속이 남아 있는 것이라고 기록되어 있다. 拒風은 折風을 말한다. 이에 대해서는 본서 권7-1, 주해 9) 참조.
諸橋轍次, 1984, 「拒風」, 『大漢和辭典』 5, 大修館書店, 178쪽.
4) 親衛軍: 고려시대 친위군의 실체는 명확하지 않지만 대체로 京軍의 2軍을 친위군

으로 파악한다. 2군은 近仗이라고도 불렸으며 국왕과 궁성의 호위를 담당하였다. 2군의 將軍을 親從將軍이라 하고, 용호군을 親禦軍이라고 한 것에서도 친위군의 면모를 살필 수 있다(①). 이에 대해 禁軍이라고 하여 2軍과 달리 별도의 전문적인 친위군이 존재했다는 점을 강조하는 연구도 있다(②). 한편『高麗圖經』권11, 仗衛條와 권24, 節仗條에는 '龍虎左右親衛旗頭', '龍虎左右親衛軍將', '錦衣龍虎親衛' 등의 표현이 있어 참고가 된다.

① 李基白, 1956,「高麗 京軍考」,『李丙燾博士華甲紀念論叢』, 一潮閣 ; 1968, 앞의 책, 69쪽.
洪元基, 1990,「高麗 二軍·六衛制의 性格」,『韓國史研究』68, 51~54쪽.
鄭景鉉, 1992,「二軍六衛制의 成立과 機能」,『高麗前期 二軍六衛制 研究』, 서울大學校 國史學科 博士學位論文, 99~103쪽.
② 金塘澤, 1983,「武臣政權時代의 軍制」,『高麗軍制史』, 陸軍本部.
金洛珍, 1995,「牽龍軍과 武臣亂」,『高麗武人政權研究』, 서강대학교출판부.
宋寅州, 1997,「高麗 二軍의 成立時期와 性格에 대한 再檢討」,『한국중세사연구』4 ; 2007,『고려시대 친위군 연구』, 일조각.
김낙진, 2005,「高麗時代 禁軍의 組織과 性格—『高麗史』輿服志 儀衛條의 分析을 중심으로—」,『國史館論叢』106.

9-3

[原文]
雙螭扇
雙螭扇四. 采色裝飾, 略同單螭, 但繡形並列. 行禮則亦以親衛軍執之.

[譯文]
쌍리선
쌍리선은 넷이다. 색깔과 장식은 대체로 단리선[單螭]과 같은데, 다만 수놓은 (교룡의) 모양이 나란히 늘어서 있다. 예를 행할 때에는 마찬가지로 친위군이 잡는다.

9-4

[原文]
繡花扇

繡花扇二. 製以絳羅, 朱柄金飾, 中繡牡丹雙花. 扇之形制, 比之螭文, 其上微窪. 行禮排立, 在[10)]螭扇之次, 亦以親衛軍執之. 三色之扇, 各廣二尺, 高四尺, 其笴各長一丈云.

[譯文]
수화선[1)]

수화선은 둘이다. 진홍 비단으로 만들었는데 붉은 자루에 금으로 장식하고 가운데에 모란꽃 한 쌍을 수놓았다. 부채의 형태와 제도는 교룡 무늬(의 부채)에 비하여 윗부분이 조금 우묵하다. 예를 행할 때에 줄지어 세우는데 교룡 무늬 부채의 다음에 두며, 역시 친위군이 잡는다. (위의) 세 종류의 부채는 각각 넓이가 2자, 높이는 4자이며 그 자루는 각각 길이가 1길이라고 한다.

[註解]
1) 繡花扇: 붉은 바탕에 모란꽃을 수놓은 의장용 부채이다. 『高麗史』에는 紅繡扇으로 기록되어 있다. 송의 제도 역시 붉은 바탕에 5색으로 된 꽃을 수놓아서 고려의 수화선과 유사한 모양이었을 것으로 보인다.
『高麗史』 권72, 志26 輿服1 儀衛 朝會儀仗.
『三才圖會』 儀制4 紅團扇.

---

10) 知 : 於.

9-5

[原文]
羽扇

羽扇四. 其制11)掇拾翠12)羽, 編13)次14)爲之, 下以銀飾. 狀如文禽15), 塗16)以黃金, 頗覺17)華采. 但難於愛18)護, 歲19)月20)旣21)久, 則羽毛脫22)落, 其形上方. 今當圖其完形, 如初製23)而未久者, 庶24)可考也. 其制, 笴長一丈, 扇廣一尺五寸, 高二尺. 行禮, 則以金花曲脚幞頭錦衣親衞軍將執之25).

[譯文]
우선11)

우선은 넷이다. 그 제도는 푸른색 깃털을 주워 모아 차례로 엮어 만들며 아랫부분은 은으로 장식하였다. 모양은 깃털에 무늬가 있는 날짐승[文禽]과 같은데, 황금을 칠하여 자못 화려한 색채를 드러냈다. 다만 소

---

11) 知 : 製.
12) 四 : "制【闕三字】"로 기록되어 있다.
13) 四 : "羽【闕一字】"로 기록되어 있다.
14) 四 : 以.
15) 四 : "文【闕一字】"로 기록되어 있다.
16) 四 : 花.
17) 四 : "金【闕二字】"로 기록되어 있다.
18) 知 : "保【鄭刻愛】"로 기록되어 있다.
19) 知 : "歲【鄭刻有月旣二字】"로 기록되어 있다.
20) 知 : "月"이 누락되어 있다.
21) 知 : "旣"가 누락되어 있다.
22) 四 : "毛【闕一字】"로 기록되어 있다.
23) 知 : 制.
24) 四 : "初【闕六字】"로 기록되어 있다.
25) 四 : "之【鄭刻此條闕十三字】"로 기록되어 있다.

중히 간직하기는 어렵고 세월이 오래되어 깃털이 떨어져 나가서 그 형태는 위가 각이 졌다. 지금 그 완전한 모습을 그렸으니, 처음 만들고 오래되지 않은 것과 같아 (그 모습을) 거의 짐작할 수 있을 것이다. 그 규정에 자루 길이는 1길, 부채의 너비는 1자 5치, 높이는 2자이다. 예를 행할 때에는 금화곡각복두(金花曲脚幞頭)[2]를 쓰고 비단 옷을 입은 친위군장[3]이 잡는다.

[註解]

1) 羽扇: 학, 백로, 공작새 등 새의 깃털로 만든 부채를 말한다. 『拾遺記』에서 전하기를 "周 昭王 때에 塗修國에서 붉은 까치를 바쳤는데 암수 한 쌍이다. 한여름에 털이 빠져 날개깃을 모아 부채를 만들었는데, '游飄', '條翩', '虧光', '仄影'이라고도 부른다[周昭王時 塗修國獻丹鵲 雌雄各一 孟夏毛脫 聚鵲翅為扇 一名游飄 一名條翩 一名虧光 一名仄影]."라고 하였다. 또한 『西京雜記』에 "천자가 여름에는 羽扇을 베풀고, 겨울에는 繪扇을 베푼다[天子夏設羽扇 冬設繪扇]."고 하였다. 이를 통해 우선이 오래전부터 상류사회의 전유물이며 의장용으로 사용되었음을 알 수 있다. 한편 본문의 우선은 무늬가 있는 푸른 색 깃털을 엮어서 만든 것이므로 『高麗史』의 孔雀扇을 가리키는 것으로 보인다. 공작선은 국왕의 행차 시에 어가 앞에 배치되었다. 송에서는 이를 雉扇이라고 한다. 치선은 아래는 각지고 위는 둥근 모양이며 비색 비단으로 만들고 가운데에 두 마리의 공작을 수놓았으며, 그 주변에 꿩 깃털을 배열하여 장식한 것으로, 제왕들이 사용하였다.
『高麗史』 권72, 志26 興服1 儀衛 法駕衛仗.
『三才圖會』 儀制4 雉扇.
『格致鏡原』 권58, 羽扇.
崔常壽, 1972, 앞의 책, 94쪽.
金三代子, 1985, 앞의 논문, 4쪽.
2) 曲脚幞頭: 兩脚을 꺾어 올려서 오른쪽으로 조금 굽힌 복두를 가리킨다. 복두에 대해서는 본서 권7-2, 주해 1) 참조.
3) 親衛軍將: 금화곡각복두를 착용했다는 친위군장은 명확하지 않으나, 유사한 사례로 『高麗圖經』 권11, 龍虎左右親衛軍將이 있다. 이들은 帽頭의 兩脚을 꺾어 올려서 오른쪽으로 조금 굽히고 金花로 장식한 모자를 쓰며 왕이 출입할 때에 10여 명이 羽扇과 金鉞을 들고 뒤따른다고 한다.

9-6

[原文]
曲蓋

曲蓋二. 其形六角, 各有流蘇. 絳羅被飾上爲明珠, 金銀間[26]錯, 其柄微曲. 王之出入, 不覆其下, 唯[27]以衛軍執之, 前驅數十步, 以爲儀式. 其制高一丈一[28]尺, 廣六尺.

[譯文]
곡개[1]

곡개는 둘이다. 모양은 육각이며 각각 유소[2]가 있다. 진홍 비단에 위는 명주로 장식하고 금·은이 사이사이 섞였으며 자루는 조금 굽었다. 왕이 출입할 때 그 아래를 받치지 않고, 오직 친위군이 잡고 수십 보 앞에서 이끄는 것을 의식으로 삼았다. 그 제도는 높이가 1길 1자, 너비가 6자이다.

[註解]
1) 曲蓋: 蓋는 몸체에 각을 잡은 후 비단을 씌운 日傘 모양의 의장으로, 곡개는 자루가 구부러져 중심대가 아래 사람에게 닿지 않게 만든 것이며 햇빛을 가리거나 비를 피하는 용도였다. 곡개는 太公望이 만든 것으로, 周 武王이 商 紂王를 정벌할 때 蓋의 자루가 큰 바람으로 구부러지자, 강태공이 이 형상으로 곡개를 만들었다고 한다. 『高麗史』에는 국왕이 행차할 때의 의장으로 靑曲柄大傘이 전하는데, 이 역시 곡개의 한 종류이나 본문의 곡개와는 색깔에 차이가 있다. 송의 곡개는 붉은색 바탕에 청색으로 瑞草를 그리거나 수놓았다.
『高麗史』 권72, 志26 輿服1 儀衛 法駕衛仗.

---

26) 知 : 間.
27) 四 知 : 惟.
28) 知 : "二[鄭刻一]"로 기록되어 있다.

『宋史』 권148, 志101 儀衛6 鹵簿儀服.
『古今注』 권上, 輿服 曲蓋.
『三才圖會』 儀制4 曲盖.
2) 流蘇: 오색의 실을 섞어 만든 술을 말한다. 車馬, 樓臺, 帳幕, 旌旗 등에 달았다.
諸橋轍次, 1985, 「流蘇」, 『大漢和辭典』 6, 大修館書店, 1132쪽.

9-7

[原文]
靑蓋

靑蓋之制29), 略同中國. 絳羅爲裏, 廣幅垂下, 復加黃絲組綏, 以爲采飾. 聞常用以紅, 唯30)人使至, 則以靑羅罩之. 蓋麗人以紅爲最貴, 非國王不得用, 今此31)覆蓋, 亦恭順聖朝, 謙避使節之一端耳.

[譯文]
청개[1]

청개의 제도는 대체로 중국과 같다. 진홍 비단으로 안감을 삼고, 넓은 폭을 아래로 늘어뜨리고 다시 노란 실로 짠 끈을 더하여 장식하였다. 듣기로 평상시에는 홍색인데, 오직 사신이 이르면 푸른 비단으로 감싼다고 한다. 대개 고려인은 홍색을 가장 귀히 여겨서 국왕이 아니면 사용할 수 없는데, 지금 이 개를 덮는 것은 또한 송 조정[聖朝]에 공순하여 사절에게 겸손히 삼가는 한 방편일 뿐이다.

---

29) 知:"其制【鄭刻云靑蓋之制】"로 기록되어 있다.
30) 四知:惟.
31) 知:"以【鄭刻此】"로 기록되어 있다.

[註解]
1) 靑蓋: 푸른 비단으로 된 일산 모양의 의장이다. 『高麗圖經』 권19, 進士條와 권24, 次上節條에 의하면 송 사신단의 정사와 부사가 행차하는 의식에 청개를 사용하거나, 과거에 급제하면 청개를 받치고 노복이 이끄는 말을 타서 성안을 돌아다니며 영광을 드러냈다고 한다.

10-1

[原文]

儀物二

華蓋

華蓋之制, 文羅繪繡間¹⁾錯爲之. 上有六角, 各出流蘇, 狀如佩環. 五采垂帶相比, 仍有鸞聲. 其蓋縱三尺, 橫六尺, 長二丈五尺. 大禮則以金吾仗衛軍執之, 立於閶闔門外.

[譯文]

의물2

화개¹⁾

화개의 제도는 무늬 비단에 그림과 수를 사이사이에 섞어서 만든다. 위는 육각이며 각각 유소를 달았는데 모양이 패환²⁾과 같다. 오색 비단으로 띠를 둘러 가지런히 내렸는데 여기에서 방울소리를 낸다. 화개는 세로가 3자, 가로가 6자, 길이가 2길 5자이다. 대례³⁾에는 금오장위군⁴⁾이 잡고 창합문⁵⁾ 밖에 선다.

[註解]

1) 華蓋: 천자가 사용하는 일산 모양의 의장이다. 黃帝가 만든 것으로, 황제가 蚩尤와 涿鹿의 들판에서 싸울 때 항상 오색구름과 金枝玉葉이 황제의 위에 머물면서 꽃의 형상을 띠었기 때문에 이것을 형상화하여 만들었다고 한다. 고려에서는 圜丘나 太廟 등의 여러 의례에 의장으로 사용되었고, 조회나 조하 의식에 繖·扇과 함께 전정에 배치되었다.
『高麗史』 권59, 志13 禮1 吉禮大祀 圜丘 親祀儀.
『高麗史』 권60, 志14 禮2 吉禮大祀 太廟 禘祫親享儀.

---

1) 間: 間.

『高麗史』 권72, 志26 輿服1 儀衞 朝會儀仗.
『古今注』 권上, 輿服 華蓋.
諸橋轍次, 1985, 「華蓋」, 『大漢和辭典』 9, 大修館書店, 710쪽.
2) 佩環: 장식으로 차는 고리옥으로, 環佩 또는 佩玉이라고도 한다.
諸橋轍次, 1985, 「環佩」, 『大漢和辭典』 7, 大修館書店, 976쪽.
3) 大禮: 왕이 새로 즉위하거나 왕후를 들이는 것과 같이 조정에 중요한 일이 있을 때 행하는 禮式을 일컫는다. 이러한 대례가 행해지면 도성 안팎으로 儀仗을 설치하였는데, 『高麗圖經』에서는 華蓋를 비롯하여 貫革·黃幡·毬杖 등을 소개하고 있다. 한편, 본문에서 가리키는 대례는 송 황제의 조서를 받드는 의례였을 것이다.
『高麗史』 권72, 志26 輿服1 儀衞 凡遇大禮大朝會則有內外儀仗.
諸橋轍次, 1984, 「大禮」, 『大漢和辭典』 3, 大修館書店, 454쪽.
4) 金吾仗衞軍: 고려 京軍의 6衞 가운데 하나인 金吾衞 소속의 군사이다. 금오위는 수도의 치안 등 경찰 임무를 맡았으며 精勇 1領과 役領 1領으로 구성되었다.
『高麗史』 권77, 志31 百官2 西班 金吾衞.
李基白, 1956, 「高麗 京軍考」, 『李丙燾博士華甲紀念論叢』, 一潮閣 ; 1968, 『高麗兵制史研究』, 一潮閣, 69·70쪽.
5) 閶闔門: 고려 개경 궁궐의 정전 會慶殿과 神鳳門 사이의 문이다. 이에 대해서는 본서 권4-5, 주해 7) 참조.

10-2

[原文]
黃幡

黃幡之制, 以文羅爲之, 上繡祥雲. 其形上銳, 兩角設流蘇, 動搖有聲. 幡之首尾, 通長九尺, 濶一尺2)五寸3), 竿長一丈五尺. 大禮則以與華蓋並列, 而所執之軍服飾一等也.

2) 四 : 丈.
3) 四 : 尺, 知 : "寸【鄭刻一丈五尺似誤】"로 기록되어 있다.

[譯文]
황번[1]

황번의 제도는 무늬 비단으로 만들고 위에는 상서로운 구름을 수놓았다. 그 모양은 위가 뾰족하고 양쪽 모서리에는 유소를 달았으니 흔들리면 소리가 난다. 황번의 머리부터 꼬리까지 총 길이는 9자, 너비는 1자 5치, 자루의 길이는 1길 5자이다. 대례에는 화개와 나란히 세우는데, 이를 잡는 군인의 복식도 동일하다.[2]

[註解]
1) 黃幡: 의례와 의장에서 사용되는 황색의 수를 놓은 표식기를 말한다. 『高麗史』輿服志에는 黃繡幡으로 기록되었으며, 국왕 법가 위장과 사면령 반포 때에 의장으로 사용되었다.
『高麗史』권72, 志26 輿服1 儀衛 凡法駕衛仗·宣赦儀仗.
2) 大禮則以輿華蓋並列 而所執之軍服飾一等也: 『高麗圖經』권24, 次金吾衛條에 자주색 적삼에 복두를 쓴 금오위의 군사가 幡과 蓋를 잡는다고 기록되어 있다.

10-3

[原文]
豹尾

豹尾之制, 建於矛上, 大小不一, 當是隨其獸之形而取之. 迎詔則以千牛衛軍執之在前, 及門則立於同德昇平兩間[4]也.

[譯文]
표미[1]

---
4) 四 : 間, 知 : 間.

표미의 제도는 모(矛)[2] 위에 달며 크기[大小]가 같지 않은데, 그 짐승의 (꼬리)모양에 따라 취하였기 때문이다. 조서를 맞이할 때 천우위[3] 군사가 잡고 앞에 있으며, 문에 이르면 동덕[4]과 승평[5] 양 문 사이에 선다.

[註解]

1) 豹尾: 矛에 표범의 꼬리를 달아 장식한 의장물이다. 漢代에 천자의 수레 중 가장 끝 수레에 표범의 꼬리를 달아 장식하였다. 宋代도 豹尾車를 사용하였으며 元代에는 장대에 표범의 꼬리를 매달았고 明代에는 戟에 매달았다. 『高麗史』 輿服志에서는 豹尾槍으로 기록되었다. 『高麗圖經』 권12, 千牛左右仗衛軍條와 권24, 次金吾衛條에 천우위와 금오위의 군사가 표미를 잡았다고 한다.
『高麗史』 권72, 志26 輿服1 鹵簿 法駕鹵簿.
『宋史』 권149, 志102 輿服1 豹尾車.
『三才圖會』 儀制3 豹尾・大豹尾.

2) 矛: 긴 장대 끝에 휘어진 쌍날의 칼이 달린 창의 일종이다.
檀國大學校 東洋學硏究所, 2007, 「矛」, 『漢韓大辭典』 10, 檀國大學校出版部, 195쪽.

3) 千牛衛: 京軍인 6衛 중 하나로, 국왕을 측근에서 시위하는 의장 부대이다. 본래 千牛는 국왕을 경호할 때 사용하는 칼로, 천우위는 천우도를 가지고 국왕의 옆에서 시종하고 숙위하는 군대를 의미한다. 천우위는 常領 1領과 海領 1領으로 구성되었다.
『高麗史』 권77, 志31 百官2 西班 千牛衛.
李基白, 1968, 앞의 책, 70쪽.
鄭景鉉, 1992, 「二軍六衛制의 成立과 機能」, 『高麗前期 二軍六衛制 硏究』, 서울大學校 國史學科 博士學位論文, 106쪽.

4) 同德: 昇平門의 좌우에 있는 동덕문을 가리킨다. 이에 대해서는 본서 권4-6, 주해 1) 참조.

5) 昇平: 궁성 내의 정남문인 승평문을 가리킨다. 이에 대해서는 본서 권4-5, 주해 1) 참조.

10-4

[原文]

金鉞

金鉞之制, 略同柱斧. 於竿之杪, 立一翔鸞, 行則動搖, 有騫騰之勢. 王行則龍虎親衛軍將一人執之, 從于5)後.

[譯文]

금월1)

금월의 제도는 대략 주부2)와 같다. 자루의 끝에는 나는 (모양의) 난새 하나를 세웠는데, 이동하면 흔들리니 날아오르는[騫騰] 형상이다. 국왕이 행차할 때 용호친위군장3) 한 명이 잡고 뒤에 따른다.

[註解]
1) 金鉞: 금색으로 도금한 의장용 도끼로, 국왕의 지휘권과 生死에 관한 권한을 상징하는 의장이다. 『高麗圖經』 권11, 龍虎左右親衛軍將條에 의하면 국왕이 행차할 때 용호군 10여 인이 羽扇과 금월을 들고 뒤따랐다고 한다.
    강제훈, 2012, 「조선전기 국왕 儀仗制度의 정비와 상징」, 『史叢』 77, 66쪽.
    박용운, 2013, 『『고려사』 여복지 역주』, 景仁文化社, 122쪽.
2) 柱斧: 수정을 이용하여 제작한 작은 도끼로, 조정에 오를 때에 사용되었다.
    諸橋轍次, 1985, 「柱斧」, 『大漢和辭典』 6, 大修館書店, 279쪽.
3) 龍虎親衛軍: 京軍 중 하나인 龍虎軍 소속의 군사를 가리킨다. 용호군은 국왕의 친위군으로, 近仗으로도 불리었으며, 2領으로 구성되었다.
    『高麗史』 권77, 志31 百官2 西班 龍虎軍·鷹揚軍.
    李基白, 1968, 앞의 책, 69쪽.
    鄭景鉉, 1992, 앞의 논문, 99·100쪽.

---

5) 知 : 於.

10-5

[原文]
毬杖

毬杖之制, 以木刻成, 裹以白金. 中有小好, 貫采綬而垂之. 大禮則以散員校尉十人執之, 立於會慶殿兩階之6)下.

[譯文]
구장1)

구장의 제도는 나무를 깎아 만들고 은[白金]으로 감쌌다. 가운데에는 작은 구멍이 있어 채색한 끈을 꿰어서 늘어뜨렸다. 대례에는 산원2)과 교위3) 10명이 잡고 회경전4) 양 계단의 아래에 선다.

[註解]
1) 毬杖: 격구를 할 때 사용하는 막대인데, 은색으로 칠하고 꼭대기에 끈을 붙여서 의장으로 사용하기도 하였다. 『高麗史』 輿服志에는 銀毬杖으로 기록되어 있고 남반 관원들이 잡고 있었다고 하여 본문과 다소 차이가 있다.
『高麗史』 권72, 志26 輿服1 儀衛 朝會儀仗.
박용운, 2013, 앞의 책, 127쪽.
2) 散員: 정8품의 무반직으로 郞將과 別將을 보좌하는 역할을 맡았으며, 매 領마다 5인을 두었다.
『高麗史』 권77, 志31 百官2 西班.
李基白, 1968, 앞의 책, 73쪽.
3) 校尉: 정9품 무반직으로 尉 또는 伍尉라고도 하며 伍의 지휘관이다. 매 領마다 20인을 두었다.
『高麗史』 권77, 志31 百官2 西班.
李基白, 1968, 앞의 책, 73·74쪽.
4) 會慶殿: 고려 궁궐의 제1정전이다. 이에 대해서는 본서 권5-3, 주해 1) 참조.

---

6) 知 : "之"가 누락되어 있다.

10-6

[原文]
旂旆

旂旆之制, 以絳羅爲之, 次第相屬, 繫於竿上. 又於其杪, 以白羽爲之飾. 自群山島已見之, 惟領軍執事者各給焉. 蓋藉以指麾之物, 此衞軍所以旂頭爲高品也.

[譯文]
기패[1]

기패의 제도는 붉은 비단으로 만들었으며 차례대로 서로 잇대어 자루 위에 매달았다. 또한 그 끝에 흰 깃으로 장식을 하였다. 군산도[2]부터 이미 보이는데 오직 군대를 다스리고 일을 처리하는 자에게 각각 준다. 대개 지휘의 물건으로 쓰이니, 이는 친위군이 기두를 품이 높은 사람으로 여기는 까닭이다.

[註解]
1) 旂旆: 붉은 비단의 의장용 깃발로, 旗旆라고도 한다. 『高麗圖經』 권11, 龍虎左右親衛軍將條와 권12, 六軍散員旗頭條에 의하면, 기패는 용호좌우친위군과 6군 산원의 기두가 들고 있었다고 한다.
諸橋轍次, 1984, 「旗旆」, 『大漢和辭典』 5, 大修館書店, 708쪽.
2) 群山島: 지금의 전라북도 군산시에 속한 선유도를 말한다. 군산도는 송 사신단이 고려의 국경에 진입하여 고려의 관리들에게 처음으로 영접 받았던 곳이다. 이곳에는 群山亭이라는 객관이 설치되어 있어서 사신단이 머무르기도 하였다. 서긍은 군산도에서 겪은 일을 『高麗圖經』 권36, 群山島條에 기록하였다.
森平雅彦, 2008, 「高麗群山亭考」, 『年報朝鮮學』 11 ; 2013, 『中近世の朝鮮半島と海域交流』(森平雅彦 編), 汲古書院.
윤용혁, 2010, 「고려시대 서해 연안해로의 객관과 안흥정」, 『역사와 경계』 74, 34~39쪽.
박영철, 2017, 「'海國' 고려와 군산도」, 『군산과 동아시아-황해남로 흥망사-』, 민속원.

11-1

[原文]

仗衛一

臣聞, 高麗王城仗衛, 比他郡最盛. 蓋驍勇萃於此, 當中朝使至, 盡出之, 以示榮觀[1]焉. 其制民十六以上充軍役, 其六軍上衛, 常留官府. 餘軍皆給田受業, 有警則執兵赴敵, 任事則執役服[2]勞, 事已則復歸田畝, 偶合前古鄕民之制. 初高麗在魏晉[3], 戶不過三萬, 至唐高宗下平壤, 收其兵乃三十萬[4], 今視前世, 又增[5]倍[6]矣. 其留衛王城, 常三萬人, 迭分番以守. 制兵之略, 軍有將, 將有領, 隊伍有正步, 列[7]有等, 列爲六軍, 曰龍虎神虎興威金吾千牛控鶴. 分爲兩衛, 曰左衛右衛, 別以三等, 曰超軍猛[8]軍海軍[9]. 無黥墨之制, 無營屯之居, 唯[10]給使於公, 以衣服爲別而已. 鎧甲上下連屬, 制如逢掖, 形狀詭異. 金花高帽, 幾及二[11]尺. 錦衣青袍, 綬帶垂胯[12]. 蓋其國人質侏儒, 特加高帽錦衣[13], 以壯其容耳. 今繪圖各以名色列之[14]于後[15].

---

1) 四：覩.
2) 知：赴.
3) 四：晉, 知："世【鄭刻晉】"으로 기록되어 있다. 원문은 世로 되어 있으나, 의미상 '晉'이 옳다고 생각되어 교감 번역하였다.
4) 四："千【闕三十三字】"로 기록되어 있다.
5) 知：倍.
6) 知：增.
7) 四：刊.
8) 知：海.
9) 知："猛軍【鄭刻猛軍在海軍前】"으로 기록되어 있다.
10) 四 知：惟.
11) 四：三, 知："二【鄭刻三】"으로 기록되어 있다.
12) 四：袴, 知："胯【鄭刻袴】"로 기록되어 있다.
13) 四：采, 知："衣【鄭刻采】"로 기록되어 있다. 원문은 采로 되어 있으나, 의미상 '衣'가 옳다고 생각되어 교감 번역하였다.
14) 知："之"가 누락되어 있다.

[譯文]

의장과 호위1

신이 듣기에 고려 왕성의 의장과 호위는 다른 지역[郡]에 비해 가장 성대합니다. 날래고 용맹한 자가 여기에 뽑혔으며 중국[中朝]의 사신이 이를 때면 이들을 거의 다 나오게 하여 영예로운 모습을 보여줍니다.[1] 그 제도는 민이 16세 이상이면 군역에 충당하고[2] 6군의 상위는 항상 관부에 머무릅니다. 나머지 군은 모두 전지를 지급받아 업을 받는데 변고가 있으면 병장기를 들고 적진에 나아가고, 일을 맡으면 (개경에서) 주어진 역을 담당하며 복무하다가 일이 끝나면 다시 전무로 돌아가니 우연하게도 옛 향민제도와 일치합니다.[3] 애초에 고구려[高麗]는 위[4]·진[5]시기에 호가 3만을 넘지 않았으나 당 고종이 평양을 함락시켰을 때[6] 병사를 거두었으니 곧 30만이었고, 지금은 전대에 비해 또 배로 늘었습니다.[7] 왕성에 머무르며 방비함에는 항상 3만 인이고[8] 교대로 번을 나누어서 지킵니다.[9] 병을 편제하는 대략은 군에 장이 있고 장에 영이 있으며 대와 오에는 정과 보가 있어[10] 열(列)에 등급이 있으며 열이 6군이 되니 용호[11]·신호[12]·홍위[13]·금오[14]·천우[15]·공학[16]이라 합니다.[17] (이를) 나누어 양 위가 되는데 좌위·우위이고 3등으로 구별하니 초군·맹군·해군입니다.[18] 얼굴에 묵형을 하는 제도는 없으며[19] 군영에 주둔하며 사는 것도 아니고[20] 오직 공적인 일에 사역되면[給使] 의복으로 구별할 뿐입니다.[21] 갑옷은 위아래가 연결되어 모양이 봉액[22]과 같아서 형상이 괴이합니다. 금색 꽃이 달린 높은 모자는 거의 2자에 이릅니다. 비단 옷의 청색 도포는 띠를 느슨히 하여 바지까지 내려트립니다. 대개 고려인들은 바탕이 왜소하기에[侏儒] 특별히 높은 모자와 비단 옷을 더하여

---

15) 知:"於后【鄭刻此條脫三十二字】"로 기록되어 있다.

그 용모를 장대하게 할 뿐입니다. 이제 그림을 그리고 각 명칭[名色]을 뒤에 나열합니다.

[註解]
1) 當中朝使至 …… 以示榮觀焉: 송의 사신이 개경에 이르면 의장대 군사들이 화려한 의물을 갖추어 이들을 인도하였다. 사절의 행렬에 대해서는 『高麗圖經』 권24, 節仗條에서 설명할 것이다.
2) 民十六以上充軍役: 서긍은 본문에서 民의 나이가 16세 이상이 되면 군역에 충당된다고 이해하였다. 한편 군역의 시작점이 되는 연령은 『高麗史』 내에서도 15세, 16세, 20세 등 다르게 기록되고 있다. 때문에 어떠한 연령을 기준으로 볼 것인가에 대해 연구자들도 해석이 나뉘고 있다.
『高麗史』 권78, 志32 食貨1 田制.
『高麗史』 권79, 志33 食貨2 戶口.
『高麗史』 권81, 志35 兵1 兵制.
李基白, 1956, 「高麗 軍人考」, 『李丙燾博士華甲紀念論叢』, 一潮閣 ; 1968, 『高麗兵制史研究』, 一潮閣, 116·117쪽.
姜晉哲, 1980, 「私田支配의 諸類型」, 『高麗土地制度史研究』, 高麗大學校 出版部, 121쪽.
朴龍雲, 1996, 「開京의 戶口」, 『고려시대 開京 연구』, 一志社, 149쪽.
3) 餘軍皆給田受業 …… 偶合前古鄕民之制: 餘軍들이 평상시 농업에 종사하다가 변고가 생기면 군역에 충당되고 일이 끝나면 다시 농업에 종사한다는 내용으로, 이 구절은 초기 연구에서 고려 병제를 병농일치의 부병제로 인식하게 해준 근거 가운데 하나로 이용되었다(①). 하지만 고려의 경군은 軍班氏族으로 구성되었다는 관점에서, 서긍이 향민제도와 같다고 언급한 여군은 京軍과 서로 구분되는 존재로 보아야 한다는 주장도 나왔다. 그렇기에 본문의 내용은 경군이 부병제로 운영되었다고 파악할 수 있는 근거가 되지 않는다고 하였다(②). 다시 부병제를 옹호하는 견해도 개진되었다. 이 견해에서는 서긍이 서술한 고려의 여군을 州縣軍과 村留 2·3품군을 합한 것으로 보았다. 그리고 유사시 執兵·服勞하다가 전무로 돌아가는 주체가 본문에는 餘軍으로, 『宋史』 高麗傳에는 '六軍三衛'로 기록된 점에서 여군과 6군3위는 다른 성격의 부대가 아니라고 파악하였다. 그리하여 고려 군 전체가 부병제의 형태로 운영되었다고 해석하였다(③). 이와 같이 본문의 내용은 고려 경군의 성격을 논하는 초기 연구에서 주요한 자료로 활용되었다. 이후 고려 경군의 성격에 대해 번상된 농민군과 전업군인 양자 모두로 구성되었다고 이해하는 이원적 구성론이 대두하여 통용되고 있으나, 여군이 무엇을 지칭하는지는 논자마다 의견이 엇갈리고 있다(④).
① 內藤雋輔, 1934, 「高麗兵制管見」, 『靑丘學叢』 15·16합 ; 1988, 『高麗時代史論著集』 2·3, 太學社.

② 李基白, 1968, 「高麗 初期 兵制에 관한 後代 諸說의 檢討」, 앞의 책, 24~26쪽.
③ 姜晉哲, 1980, 앞의 책, 117~119쪽.
④ 張東翼, 1986, 「高麗前期의 選軍」, 『高麗史의 諸問題』, 三英社
鄭景鉉, 1990, 「高麗前期 京軍의 運營」, 『韓國史論』 23, 156·157쪽.
李仁哲, 1995, 「高麗前期 京軍의 構成과 軍人田의 支給對象」, 『정신문화연구』 18, 140~142쪽.
洪元基, 2001, 「高麗 軍班氏族諸說의 성과와 과제」, 『高麗前期軍制研究』, 혜안, 202·203쪽.

4) 魏: 220년 曹丕(187~226)가 許에서 後漢 獻帝에게 황위를 禪讓받으면서 건립한 국가이다. 이후 洛陽으로 천도하였다. 劉備가 세운 蜀·孫權이 세운 吳와 함께 삼국시대를 이루었으며, 263년 蜀을 멸망시키기도 하였다. 265년 晉王 司馬炎(236~290)이 황위에 오르고자 元帝를 폐위시키면서 멸망하였다.
이춘식, 2005, 「호족국가의 수립과 위진남북조시대의 문화」, 『중국사 서설(개정판)』, 교보문고, 209~214쪽.

5) 晉: 265년 司馬炎(236~290)이 魏 元帝를 폐위시키면서 건립한 국가이다. 280년 吳의 도읍인 建業을 함락시키며 통일을 이루었다. 이후 유목 민족의 성장과 황실 내부의 혼란으로 어려움을 겪었다. 匈奴 출신 劉淵(?~310)이 세운 漢의 공격으로 관동 지역 대부분을 상실하였으며, 311년 흉노의 공격으로 도읍 낙양이 함락되고 懷帝가 사로잡혔다. 장안으로 천도하였으나 316년에 장안 역시 함락되고 愍帝가 투항하면서 晉은 멸망하였다. 한편 사마씨의 일족인 司馬睿(276~322)가 317년에 建業에서 즉위하여 다시 晉을 세웠는데, 양자를 구분하기 위해 앞선 진을 西晉, 뒤의 진을 東晉이라 지칭한다.
이춘식, 2005, 앞의 책, 214~219쪽.

6) 至唐高宗下平壤: 당 고종이 668년에 평양을 함락시켜 고구려를 멸망시킨 사실을 말한다. 이에 대해서는 본서 권3-4-(1), 주해 4) 참조.

7) 今視前世 又增倍矣: 고려의 병력이 약 60만 명임을 나타낸 것이다. 고려의 병력은 주진군 14만 2천여 명과 주현군 4만 8천여 명으로 구성되었다. 또한 村留 2·3품군의 수를 약 40만 명으로 추정하여 총 60만 명의 병력이 존재하였던 것으로 이해된다.
姜晉哲, 1980, 앞의 책, 117~119쪽.

8) 其留衛王城 常三萬人: 고려 경군의 규모를 나타낸 구절이다. 한편 『高麗史』 兵志 兵制條에서는 경군인 2군 6위의 병력을 4만 5천명으로 서술하고 있어 차이가 있다. 이와 관련하여 경군 내부의 병역 기피 혹은 도주로 인한 결원 그리고 각 領에 1,000명이라는 인원이 완비되어 있지 않았다는 것을 고려하여 본문에서 언급된 약 3만 명이 확보 가능한 실제 병력으로 본다. 이는 南道 州縣에서 非番在鄉하는 保勝·精勇軍의 규모인 2만 8천여 명과도 큰 차이가 없다.
姜晉哲, 1980, 앞의 책, 122~124쪽.

9) 其六軍上衛 …… 迭分番以守: 왕성의 시위병이 교대 근무한 것을 표현한 구절이

다. 都房六番과 같이 왕성에서 번을 나누어 교대 근무한 것으로 이해한 견해가 있지만(①), 『宋史』 高麗傳의 내용 가운데 "3년마다 선발하여 서북을 지키고 반 년이면 바꾸었다[三歲以選 戍西北 半歲而更]."라는 표현과 해당 구절을 비교하여 지방의 농민이 입역 기간 중에 番上侍衛한 것으로 해석하기도 한다(②).
① 李基白, 1968, 「高麗史 兵志의 檢討」, 앞의 책, 24~26쪽.
② 姜晉哲, 1980, 앞의 책, 117~119쪽.

10) 軍有將 …… 隊伍有正步 ; 서긍이 파악한 고려군의 편제를 나타내는 구절이다. 『高麗史』 등에 기록된 내용과는 다소 차이가 난다. 고려에는 1000명 단위로 구성된 領에 지휘관으로 將軍이 존재하였고, 200명 단위로 구성된 부대 단위에는 郎將이 있었다. 또한 50명으로 구성된 伍의 지휘관으로 伍尉 혹은 校尉가 있었고, 25명으로 이루어진 隊에는 隊正이 지휘관으로 존재하였다. 따라서 본문의 "伍에는 步가 있다."는 부분은 실제와 다르다.
李基白, 1968, 앞의 책, 74쪽.
이기백·김용선, 2011, 『『고려사』 병지 역주』, 일조각, 75쪽.

11) 龍虎: 고려의 경군인 2軍의 용호군을 가리킨다. 이에 대해서는 본서 권10-4, 주해 3) 참조.

12) 神虎: 고려 경군 6衛 중 하나이다. 신호위는 左右衛·興威衛와 함께 3衛로 묶이며 경군의 주력 부대였고 保勝 5領과 精勇 2領으로 구성되었다.
『高麗史』 권77, 志31 百官2 西班 神虎衛.
李基白, 1968, 앞의 책, 70쪽.

13) 興威: 고려 경군 6衛 중 하나이다. 흥위위는 左右衛·神虎衛와 함께 3衛로 묶이며 경군의 주력 부대였고 保勝 7領과 精勇 5領으로 구성되었다.
『高麗史』 권77, 志31 百官2 西班 興威衛.
李基白, 1968, 앞의 책, 70쪽.

14) 金吾: 고려 경군 6衛의 금오위를 가리킨다. 이에 대해서는 본서 권10-1, 주해 4) 참조.

15) 千牛: 고려 경군 6衛의 천우위를 가리킨다. 이에 대해서는 본서 권10-3, 주해 3) 참조.

16) 控鶴: 공학군은 초기에 응양군을 다르게 지칭하는 것으로 이해하였다(①). 또한 경군인 2軍 중에서 특수한 임무와 역할로 인해 별도의 명칭으로 불리게 된 소부대였다는 주장도 나왔다(②). 이후 2군과 별개의 부대이며 별도로 조직된 禁軍이었다는 점이 밝혀졌다(③).
① 李基白, 1975, 「軍事組織」, 『한국사』 5, 국사편찬위원회, 98·99쪽.
② 鄭景鉉, 1992, 『高麗前期 二軍六衛制 硏究』 서울大學校 國史學科 博士學位論文, 102~104쪽.
③ 金塘澤, 1987, 「崔氏政權과 그 軍事的 基盤」, 『高麗武人政權硏究』, 새문社, 180·181쪽.
宋寅州, 1996, 「高麗時代의 禁軍」, 『한국중세사연구』 3, 107~109쪽.

김낙진, 2005, 「高麗時代 禁軍의 組織과 性格—『高麗史』 輿服志 儀衛條의 分析을 중심으로—」, 『國史館論叢』 106.

17) 其六軍上衛 …… 曰龍虎神虎興威金吾千牛控鶴: 서긍은 본문에서 고려의 경군 편제를 6軍으로 파악하였으나 『高麗史』에서는 고려 경군을 2軍 6衛로 서술하여 차이가 난다. 2군은 국왕을 수행·경호하는 친위부대의 성격을 가졌으며, 전투부대의 역할은 6위가 담당하였다. 6위에 대해서는 본서 권9-1, 주해 6) 참조. 한편 六軍上衛를 상시 개경에 위치해야 했던 금오위·천우위·감문위로 파악한 견해가 있다(①). 또한 금오위 소속의 령을 구분하여 금오위의 役領·천우위의 常領·海領, 監門衛領 만을 六軍上衛로 보기도 한다. 금오위의 정용과 역령을 각기 다른 범주로 파악해야 하므로 서긍이 '三衛' 대신 '上衛'라는 다소 애매한 표현을 사용했다는 것이다(②). 『高麗圖經』 仗衛條의 기재된 목차 순서에 따라 六軍의 上衛를 龍虎·神虎·興威로, 下衛를 金吾·千牛·控鶴으로 보기도 한다(③).
『高麗史』 권81, 志35 兵1 兵制.
李基白, 1968, 앞의 책, 24·25쪽.
① 鄭景鉉, 1990, 앞의 논문, 157쪽.
② 李仁哲, 1995, 앞의 논문, 140~142쪽.
③ 宋寅州, 2002, 「『高麗圖經』에 서술된 군제관련 記事의 검토」, 『한국중세사연구』 12, 176쪽.

18) 左衛右衛 …… 曰超軍猛軍海軍: 서긍은 고려의 6군이 좌위와 우위로 나뉘며 초군·맹군·해군으로 구분된 것으로 이해하였다. 6군이 좌·우로 편제되어 있음은 본조 목차에 등장하는 '興威左右親衛軍' 등의 명칭을 통해 알 수 있다. 超軍·猛軍·海軍의 편제는 좌위 혹은 우위에 각각 나누어져 소속된 것이 아니라 좌·우위가 합쳐진 전체 군 단위에 편제된 것으로 파악된다(①). 맹군을 精勇으로, 초군을 保勝으로, 해군을 특수군으로 비정한 견해도 있다(②).
① 宋寅州, 2002, 앞의 논문, 170~172쪽.
② 이혜옥, 1993, 「고려전기의 軍役制—保勝·精勇을 중심으로—」, 『國史館論叢』 46, 8~10쪽.

19) 無黥墨之制: 黥墨之制는 범죄자의 얼굴이나 노출되는 피부에 刺字를 새긴 墨刑을 말한다. 묵형은 先秦 시기부터 定刑으로 자리 잡았다. 後漢 光武帝 시기부터는 잠시 폐지되었으나 남북조시대에 와서 다시 부활하였다. 唐末 이후부터는 군사들의 도망을 방지하기 위해 이용되었으며, 宋代에는 군사들에게 入墨하는 것이 의무적이었으나 병종에 따라 입묵을 하는 부위와 목적이 달랐다. 하지만 고려에서는 송과 같이 군사들에게 입묵하는 제도가 존재하지 않았다.
韓容根, 1991, 「高麗律 成立에 관한 一考察」, 『國史館論叢』 21, 179~183쪽.
남정현, 2007, 「宋代 刺字刑의 시행과 사회적 인식의 변화—『名公書判淸明集』을 중심으로—」, 『法史學硏究』 35, 256~259쪽.

20) 無營屯之居: 고려시대 군영에 대해서 추측해 볼 수 있는 구절이다. 『高麗史』 兵志 兵制條에는 "좌우군영을 두었다[置左右軍營]."라는 기록이 있다. 따라서 본문의

구절을 오기로 파악하고, 『高麗史』의 기록에 따라 군인들이 머무르는 군영이 갖추어져 있었다고 본 견해가 있다(①). 하지만 이와 다르게 『高麗史』의 군영을 職員과 將帥들을 두기 위한 관아로 파악하고, 소속 군사들의 집단적 주둔건물로서의 병영은 존재하지 않았다고 보기도 한다. 고려는 병영 건물을 설치하고 운영할 재정적 여유가 없었으며, 개경지역의 인구·주택·식량 등의 사정을 확인해볼 때 현실적으로 병영이 존재하기 어려웠다는 이유이다(②).
① 李基白, 1968, 앞의 책, 24쪽.
② 鄭景鉉, 1990, 앞의 논문.
21) 以衣服爲別而已: 의복에 따라 군역의 성격과 병종을 구분한다는 구절이다. 고려는 984년(성종 3)에 중앙관제의 정비과정에서 군인의 복색을 정하였는데, 부대의 복색을 달리하여 그들의 임무를 표시할 수 있게 하였다.
李基白, 1968, 앞의 책, 64·65쪽.
22) 逢掖: 겨드랑이 부분이 넓은 큰 소매의 옷을 말한다.
諸橋轍次, 1985, 「逢掖」, 『大漢和辭典』11, 大修館書店, 76쪽.

11-2

[原文]
龍虎左右親衛旗頭

龍虎左右親衛旗頭, 服毬文錦袍, 塗金束帶, 展脚幞頭, 略類中朝服度. 持小旗斾, 以令六軍, 蓋軍衛之隊長也. 唯16)王府之內衛者二人, 使者至, 則置一人於17)兵仗內, 乘馬前導. 蓋所以待18)使人而供給, 皆輟侍王之人, 禮至於此, 可謂至矣.

[譯文]
용호좌우친위기두1)

---

16) 四 知 : 惟.
17) 知 : "於【鄭刻有兵字】"로 기록되어 있다.
18) 四 : 侍, 知 : "待【鄭刻侍】"로 기록되어 있다.

용호좌우친위의 기두는 둥근 무늬 비단 포,[2] 도금한 속대, 전각복두[3]를 착용하니 대략 중국[中朝]의 복식 제도와 유사하다.[4] 작은 기패[5]를 가지고서 6군에 명령하니 대개 군위의 대장(隊長)이다. 다만 왕부 안에는 시위가 두 명뿐인데 사신이 이르면 곧 1인을 병장(兵仗)들 안에 두어 말을 타고 앞장서서 인도하게 했다. 사신을 대접하고 공급하기 위해서 왕을 시위하는 사람을 모두 거두어들인 것이니, 예가 이에 이르면 가히 지극하다 할 만하다.

[註解]
1) 旗頭: 기수를 말하며 부대의 장을 이르기도 한다.
   諸橋轍次, 1984, 「旗頭」, 『大漢和辭典』 5, 大修館書店, 708쪽.
2) 袍: 두루마기형 복식의 하나이다. 이에 대해서는 본서 권7-3, 주해 33) 참조
3) 展脚幞頭: 展脚幞頭는 平脚의 형태인 복두의 일종이다. 복두에 대해서는 본서 권 7-2, 주해 1) 참조.
4) 龍虎左右親衛旗頭 …… 略類中朝服度: 『高麗圖經』에 의하면 사절 행차시 용호군은 모두 기병으로 활과 화살을 지니고 검을 패용하며 방울소리가 나는 馬具로 말을 장식했다. 그리고 선두에 서는 기두는 붉은 기를 잡고 인도하였다. 한편 『高麗史』 輿服志에는 의종대 용호군으로 구성된 龍虎衛身隊의 복장이 기록되어 있다. 구성상 모두 기병인 점은 『高麗圖經』과 같지만, 착용하는 복장은 갑옷으로 서로 다르다. 또한 패용하는 武具와 관련해서도 領都將·將校는 칼, 나머지 군사들은 화살과 활집으로 구분하고 있어 이들이 모든 무구를 함께 지닌 듯 서술된 본문의 내용과 다소 차이가 있다.
   『高麗史』 권72, 志26 輿服1 儀衛 凡法駕衛仗.
   『高麗圖經』 권24, 節仗 次騎兵.
   김낙진, 2005, 앞의 책, 5쪽.
5) 旗旆: 의장품의 하나로 그림이 그려진 깃발을 말한다. 이에 대해서는 본서 권 10-6, 주해 1) 참조.

11-3

[原文]

龍虎左右親衛軍將

龍虎左右親衛軍將, 亦服毬文錦袍塗金束帶. 帽頭兩脚折而上, 右勢微屈, 飾以金花. 王出入, 則十餘人執羽扇金鉞以從.

[譯文]

용호좌우친위군장

용호좌우친위의 군장도 또한 둥근 무늬 비단 포와 도금한 속대를 착용한다. 모자의 머리 부분은 양쪽 각(脚)이 꺾여서 올라가고 오른쪽으로 조금 굽었는데 금화로 장식하였다. 왕이 드나들 때에는 10여 인이 우선[1]과 금월[2]을 잡고서 따른다.

[註解]

1) 羽扇: 깃을 모아 만들어 장식을 더한 의장용 부채이다. 이에 대해서는 본서 권 9-5, 주해 1) 참조.
2) 金鉞: 자루 끝에 鷲鳥를 장식한 의장용 도끼이다. 이에 대해서는 본서 권10-4, 주해 1) 참조.

11-4

[原文]

神虎左右親衛軍

神虎左右親衛軍, 服毬文錦袍塗金束帶. 金花大帽仍加紫帶, 繫於頷下, 如紘纓之屬. 形製極高, 望之巍然. 昔齊永寧中, 高麗使至, 服窮袴, 冠拒

風. 中書郞王融戱之曰, 服之不衷, 身之災也. 頭上定是何物, 荅曰, 此[19]則[20]古弁之遺像也. 今觀高帽之制, 其拒風之俗, 今猶然也.

[譯文]
신호좌우친위군

신호좌우친위군은 둥근 무늬 비단 포와 도금한 속대를 착용한다. 금화 장식의 큰 모자에 자색 띠를 더하여 턱 아래에서 매었으니 갓끈의 종류와 같다. 만듦새가 매우 높아 바라보면 우뚝 솟았다. 옛 제(齊)[1] 영녕 연간[2]에 고구려[高麗] 사신이 이르니 궁고[3]를 입고 거풍[4]을 썼다. 중서랑 왕융[5]이 그 모습을 희롱하여 말하기를, "입는 것이 알맞지 않는 것은 몸에는 재앙이다. 머리 위에 얹은 것은 무슨 물건인가?"라고 하니 (사신이) 답하여 말하기를, "이것은 곧 옛 변(弁)[6]이 전해진 모양이다."라고 하였다.[7] 이제 높은 모자의 제도를 보니 그 거풍의 풍속이 지금도 여전히 그러하다.

[註解]
1) 齊: 중국 남북조시대에 남조 국가 가운데 하나이다. 479년에 蕭道成이 송나라(420~478)를 멸망시키고 제나라를 건국하였다. 제나라는 501년에 멸망할 때까지 23년간 존속하였다.
이춘식, 2005, 앞의 책.
2) 齊永寧中: 永寧은 後漢에서 120~121년에, 晉에서 301~302년에, 後趙에서 350년에 사용한 연호이다. 齊에서는 永寧이라는 연호를 사용한 바가 없다. 다만 본문에서 이후 일화에 등장하는 中書郞 王融(467~493)의 생몰년을 감안할 때 永寧은 齊나라 武帝代에 사용되던 연호인 寧明(483~493)의 오기로 생각된다.
3) 窮袴: 통이 좁은 바지를 말한다. 고려시대에는 군인이 착용하는 복식이었다. 이는 활동성 보장의 목적과 함께 군인의 상대적으로 낮은 신분이 모두 고려된 것이었다. 한편 고구려 벽화에서 나타나는 것으로 보아 삼국시대에는 下庶人들이

19) 知 : "此【鄭刻有則字】"로 기록되어 있다.
20) 知 : "則"이 누락되어 있다.

입었던 것으로 보이며 그 모양은 좁은 잠방이의 형태이다.

柳喜卿, 1980, 「三國과 渤海의 服飾」, 『韓國服飾史研究』, 梨花女子大學校 出版部, 61쪽.

박용운, 2016, 「고려시대 사람들 의복식의 분류와 형태」, 『고려시대 사람들의 의복식 생활』, 景仁文化社, 163쪽.

4) 拒風: 『南齊書』 東夷傳에는 折風으로 기록되어 있으므로 양자는 같은 것으로 파악된다. 절풍에 대해서는 본서 권7-1, 주해 9) 참조.

『南齊書』 권58, 列傳39 東夷 高麗國.

5) 王融: 467~493. 중국 南朝 齊의 문신이다. 字는 元長이며 琅邪 臨沂—지금의 중국 산둥성 동남부— 사람이다. 文才가 뛰어나 秀才에 천거되었고 太子舍人, 祕書丞, 中書郎 등을 지냈다. 武帝의 병환이 심해지자 蕭子良을 옹립하려했으나 실패하였고 蕭昭業이 즉위하자 사형당했다.

『南齊書』 권47, 列傳28 王融.

6) 弁: 좌우대칭형의 고깔을 말한다. 이에 대해서는 본서 권7-1, 주해 10) 참조.

7) 中書郎王融 …… 此則古弁之遺像也: 王融과 고구려 사신 사이의 일화는 『南齊書』 東夷傳에도 동일하게 실려 있다.

『南齊書』 권58, 列傳39 東夷 高麗國.

11-5

[原文]

興威左右親衛軍

興威左右親衛軍, 服紅文羅袍, 以五采團花點襴爲飾, 金花大帽黑犀束帶. 王之左右二十餘人, 出則執螭文繡花大扇曲蓋, 扈從前後. 常服, 自龍虎神威以下, 皆以紫帽, 無金飾. 諸衛中, 唯[21]此一等人質差偉焉.

[譯文]

흥위좌우친위군

흥위좌우친위군은 오색의 둥근 꽃으로 점점이 옷자락을 장식한 붉은

---

21) 四 知 : 惟.

무늬 비단 포와 금화 장식의 큰 모자·흑색 서대[黒犀束帶]를 착용하였다. 왕의 좌우 20여 인은 (왕이) 나서면 곧 교룡무늬[1]·꽃무늬[2]의 대선과 곡개[3]를 잡고 앞뒤에서 호종한다. 평상시 복장은 용호·신위[4] 이하가 모두 자색 모자를 쓰며 금 장식이 없다. 여러 위 중에서 오직 이 한 무리의 자질이 남달리 뛰어나다.

[註解]
1) 螭文: 螭文扇을 말한다. 螭文扇은 비단으로 만들어 교룡이 수놓아진 의장용 부채이다. 『高麗圖經』에는 이문선에 해당되는 부채로 盤螭扇과 雙螭扇 두 가지가 기록되어 있다. 이문선에 대해서는 본서 권9, 盤螭扇·雙螭扇條 참조.
2) 繡花: 繡花扇을 말한다. 繡花扇은 비단으로 만들어 모란꽃이 수놓아진 의장용 부채이다. 수화선에 대해서는 본서 권9-4, 주해 1) 참조.
3) 曲蓋: 비단으로 장식된 6각형 형태의 의장용 가리개이다. 이에 대해서는 본서 권9-6, 주해 1) 참조.
4) 神威: 고려에는 神威라는 명칭을 가진 군은 없다. 다만 神虎衛의 오기이거나 神虎衛와 興威衛를 아울러 이르는 표현으로 보인다.

11-6

[原文]
上六軍左右衞將軍

上六軍左右衞將軍, 被介冑, 烏革間[22]鐵爲之, 文錦絡縫, 使相連屬. 自腰以下, 垂十餘帶, 飾[23]以五采繡花. 左佩弓劒, 拱手鞠躬, 立於殿門之上. 惟受詔拜表日, 會慶殿中門六人, 兩偏門各四人, 屹然山立, 如土木偶. 恭肅之容, 亦可尙也.

22) 知 : 間.
23) 四 : 筋.

[譯文]

상육군좌우위장군[1]

상육군좌우위의 장군은 갑옷과 투구를 입었는데 검은 가죽의 사이는 철로 만들었으며 무늬 있는 비단으로 이어 꿰매서 서로 잇게 하였다. 허리 아래로는 10여 개의 대를 늘어뜨렸는데 오색의 수놓은 꽃으로 장식하였다. 왼쪽에는 활과 검을 차고 양손을 맞잡고 몸을 굽히며, 전문 위에 서 있다. 오직 조서를 받거나[2] 표를 올리는[3] 날에는 회경전[4] 중문에 6인이, 양쪽 편문에 각 4인이 우뚝 솟은 산처럼 서 있는데 흙이나 나무로 만든 인형 같다. 공손하고 엄숙한 모양은 또한 높이 살만하다.

[註解]

1) 上六軍左右衛將軍: 본문의 將軍은 서긍이 앞서 언급한 上六軍의 左右衛에 소속된 군사지휘관을 가리키는 것으로, 그 실체를 명확히 파악하기 어렵다. 한편 고려의 將軍은 정4품의 무반직으로 매 領 마다 1인씩 두어졌다. 각 領의 최고 지휘관이었으며, 上·大將軍이 重房을 갖추었듯이 그들의 회의기구인 將軍房을 갖고 있었다.
『高麗史』권77, 志31 百官2 西班 鷹揚軍.
李基白, 1968, 앞의 책, 73쪽.
宋寅州, 2002, 앞의 논문, 176쪽.
2) 受詔: 천자가 사신을 통해 제후에게 조서를 전달하는 의례를 가리킨다. 수조의식은 迎詔, 導詔, 拜詔의 순서로 이루어졌다. 이에 대한 자세한 내용은 『高麗圖經』권25, 受詔條에서 설명할 것이다.
3) 拜表: 수조의식이 끝나고 시절이 본국으로 돌아가기 직전에, 제후가 천자에게 표문을 올리는 의례를 가리킨다. 이에 대해서는 본서 권2-4, 주해 11) 참조.
4) 會慶殿: 고려 궁궐의 제1정전이다. 이에 대해서는 본서 권5-3, 주해 1) 참조.

11-7

[原文]

上六軍衛中檢郞將

上六軍衛中檢郞將, 蓋有功於宮禁者, 以次遷補, 王所親信賴, 以保捍內外. 常服皆紫衣幞頭. 唯[24]大禮齋祭受詔拜表, 則介胄而出, 兜鍪不加於首, 而負於背. 裹紫文羅巾, 飾以珠貝. 左佩弓劒, 手執彈弓. 王行則在前, 有喧嘯[25]則控弦不發, 而爲之警, 人皆肅然. 飛鳥過則以丸擊之, 夜則秉炬[26]而行, 巡視不惰. 嘗疑執[27]彈之義問之[28], 云取御史彈劾之義[29].

[譯文]
상육군위중검랑장[1]

상육군위의 중검랑장은 대개 궁궐[宮禁]을 지키는데 공이 있는 자가 차례로 옮겨 보임되니, 왕이 가까이하고 신임하는 바에 힘입어서 내외를 보위한다. 평상시 복장은 대개 자색 옷과 복두이다. 다만 대례나 재제, 조서를 받들거나 표를 올릴 때면 갑옷과 투구를 입고 나오는데, 투구는 머리에 쓰지 않고 등에 매단다. 자색 무늬의 비단 두건[2]을 매는데 주패(珠貝)로 장식하였다. 왼쪽에는 활과 칼을 차고 손은 탄궁을 잡고 있다. 왕의 행차에서는 앞에 있는데 소란이 있으면 시위를 당기지만 쏘지는 않고 이로써 경계하니 사람들이 모두 숙연해진다. 나는 새가 지나가면 탄환으로 이를 맞추고 밤이면 횃불을 잡고 다니며 순시를 게을리 하지

---

24) 四知 : 惟.
25) 知 : "嘩【鄭刻嘯】"로 기록되어 있다.
26) 知 : 炬.
27) 四 : 軌.
28) 四 : "之"가 누락되어 있다.
29) 知 : "義耳"로 기록되어 있다.

않는다. 일찍이 탄궁을 잡고 있는 의미를 물은 적이 있는데, 어사[3]가 탄핵하는 뜻을 취한 것이라 한다.

[註解]

1) 上六軍衙中檢郞將: 본문의 中檢郞將은 서긍이 앞서 언급한 上六軍의 左右衛에 소속된 군사지휘관을 가리키나, 그 실체를 명확히 알 수 없다. 한편 고려전기에는 中檢郞將과 명칭이 유사한 中郞將이 확인된다. 中郞將은 무반 정5품 관직으로 매 領마다 2인씩 두었으며, 將軍의 보좌관 역할을 하였다.
『高麗史』 권77, 志31 百官2 西班 鷹揚軍.
李基白, 1968, 앞의 책, 73쪽.
宋寅州, 2002, 앞의 논문, 176쪽.

2) 紫文羅巾: 巾은 일반적으로 두건이라고 부르는 머리싸개로, 국왕으로부터 民庶까지 고려의 전 계층이 널리 이용하던 쓰개 가운데 하나였다. 『高麗圖經』 권19, 民庶 民長·進士條 및 권21, 皂隷 丁吏·房子條를 살펴보면 文羅巾은 무늬가 있는 비단으로 제작한 것으로 군인들이나 丁吏·房子·지방의 民長 등이 썼으며, 과거를 준비하는 儒者들은 네 가닥의 띠가 붙어있는 四帶文羅巾을 착용한 것이 확인된다. 본문의 紫文羅巾은 색깔만이 추가되었을 뿐 문라두건과 동일한 형태의 것으로 파악된다.
박용운, 2016, 앞의 책, 205~207쪽.

3) 御史: 고려전기 時政을 論執하고 풍속을 교정하며 백관을 糾察·彈劾하던 기구인 御史臺의 관원을 가리킨다. 한편 어사대에 대해서는 본서 권6-6, 주해 10) 참조.

11-8

[原文]

龍虎中猛軍

龍虎中猛軍, 服青布窄衣白紵窮袴, 復加鎧甲, 唯[30]無覆髆. 首不施冑, 背負而行. 各執小矛, 上繫白旗, 大不盈尺, 繪雲爲飾. 迎詔入城, 受詔拜表, 則在衆仗之後, 夾道而進. 府會游[31]觀, 惟不施甲冑. 兵仗中, 獨此軍

30) 四知: 惟.

最衆, 約三萬人.

[譯文]
용호중맹군[1]

용호중맹군은 푸른 포로 만든 착의[2]와 흰 모시로 만든 궁고를 입고 다시 갑옷을 덧입었는데 다만 부박[3]이 없다. 머리에는 투구를 쓰지 않고 등에 매달고 간다. 각기 작은 모를 잡았는데 위에 흰 기를 매달았고, 크기는 한 자도 안 되며 구름을 그려 장식하였다.[4] 조서를 맞이하여 성에 들어가거나 조서를 받고 표를 올릴 때면 여러 장위의 뒤에 있으며 길을 끼고 나아간다. 왕부의 모임이나 유람할 때만 오직 갑주를 입지 않는다. 병장(兵仗) 중에 유독 이 군대가 가장 많으니 대략 3만 인이다.[5]

[註解]
1) 龍虎中猛軍: 용호는 고려시대 경군 2군의 하나인 용호군이고, 맹군은 용호군의 편제 중 하나이다. 서긍이 파악한 고려군제에 대해서는 본서 권11-1, 주해 18) 참조
2) 窄衣: 窄袖衣의 다른 표현이며 저고리―襦·衣―의 일종이다. 착수는 소매가 좁다는 의미로 廣袖와 대별된다.
柳喜卿, 1980, 「上代社會의 服飾」·「高麗王朝社會의 服飾」, 앞의 책, 23·191쪽.
박용운, 2016, 앞의 책, 156·157쪽.
3) 覆膊: 어깨와 그 뒤쪽을 보호하는 갑주로 披膊이라고도 한다.
諸橋轍次, 1984, 「披膊」, 『大漢和辭典』 5, 大修館書店, 152쪽.
4) 各執小矛 …… 繪雲爲飾: 『高麗圖經』 권14 小旗條에 따르면 용호중맹군의 矛에 매단 흰 기는 붉은 술에 흰 바탕이며 녹색 구름을 그려 넣었다고 한다.
5) 兵仗中 …… 約三萬人: 서긍은 용호중맹군의 규모에 대하여 본문에 3만여 인이라 서술하였다. 또한 『高麗圖經』 권14, 小旗條에서는 수만 인, 『高麗圖經』 권24, 初神旗隊條에서는 1만여 인이라고 하였다. 다만 『高麗史』 兵志에 의하면 용호군은 2領의 규모로 총 2,000여 명으로 나타난다. 이를 통해 볼 때 『高麗史』와 『高麗圖經』 사이에는 용호군의 군사력을 바라보는 시각에 현격한 차이가 있다.
宋寅州, 2002, 앞의 논문, 175·176쪽.

31) 四知: 遊.

11-9

[原文]

金吾仗衞軍

金吾仗衞軍, 服紫寬袖衫32). 圈着33)幞頭, 以采上束, 各隨其方之色, 方爲一隊, 隊爲一色, 間34)繡團花爲飾35). 執持幡蓋儀物, 立於閶闔門外.

[譯文]

금오장위군

금오장위군은 자색의 소매가 넓은 삼[1]을 입는다. 복두를 말아 쓰고 색끈으로 올려 묶었는데, 각기 그 방위의 색을 따랐으니[2] 방위가 한 대가 되고 대가 한 색이며 사이에 둥근 꽃을 수놓아 장식하였다. 황번[3]·화개[4]·의물을 잡아 쥐고 창합문[5] 밖에 선다.

[註解]

1) 紫寬袖衫: 寬袖는 窄袖에 대별되는 廣袖와 같은 의미이고, 衫은 赤衫 또는 單衫·單衣이라 불리기도 하며 윗도리에 입는 홑옷을 가리킨다.
박용운, 2016, 앞의 논문, 158~162쪽.
2) 各隨其方之色: 五方과 五色, 그리고 五行의 원리를 가리킨다. 『書經』에는 五行으로 水·火·木·金·土의 다섯 가지가 언급되어 있다. 이 五行은 『呂氏春秋』『春秋左氏傳』 등을 거치며 여러 가지에 다시 배당되어 각종 현상들의 원리를 설명하는데 사용되었다. 土는 중앙과 황색을, 木은 동쪽과 청색을, 金은 서쪽과 백색을, 火는 남쪽과 적색을, 水는 북쪽과 흑색을 의미한다.
『書經』 周書 洪範.
吳二煥 譯, 1986, 『中國哲學史』, 乙酉文化社, 80~85쪽.

---

32) 四: "衫[闕]"로, 知: "彩[疑衫字]"로 기록되어 있다.
33) 四: 者, 知: "著[鄭刻字]"로 기록되어 있다.
34) 知: 開.
35) 四: 筋.

3) 幡: 의례와 의장에서 사용되었던 黃幡을 가리킨다. 이에 대해서는 본서 권10-2, 주해 1) 참조.
4) 蓋: 천자가 사용하는 일산 모양의 의장인 華蓋를 가리킨다. 이에 대해서는 본서 권10-1, 주해 1) 참조.
5) 閶闔門: 고려 궁성에 회경전과 신봉문 사이에 위치한 문이다. 이에 대해서는 본서 권4-5, 주해 7) 참조.

11-10

[原文]
控鶴軍36)

控鶴軍服紫文羅袍, 五綵37)間38)繡大團花爲飾, 上折脚幞頭. 凡數十人, 以奉詔輿, 王與人使私覿往來, 則奉箱篚.

[譯文]
공학군

공학군은 자색 무늬 비단 포를 입는데 오색 비단 사이사이에 크고 둥근 꽃을 수놓아 장식하였으며 절각복두를 쓴다. 무릇 수십 인이 조를 실은 수레를 받들며 왕과 사신이 개인적인 일로 만나기 위해 왕래할 때 상자와 광주리를 받든다.

36) 四 : "軍"이 누락되어 있다.
37) 知 : 采.
38) 知 : 間.

12-1

[原文]

仗衞二

千牛左右仗衞軍

千牛左右仗衞軍, 服緋窄衣, 首加皮弁, 黑角束帶. 腰有二襜, 飾以獸文. 手執小戈, 上貫一鼓, 其制如鞀. 亦有執畫戟鐙杖豹尾之屬, 與此服飾, 皆一等也.

[譯文]

의장과 호위2

천우좌우장위군[1]

천우좌우장위군은 비색 착의를 입고 머리에는 가죽으로 만든 변(弁)[2]을 더하며 검은 뿔의 속대를 한다. 허리에는 2개의 옷 가리개[3]가 있으며 짐승 무늬로 꾸몄다. 손은 작은 과(戈)[4]를 잡는데 위로 한 개의 북을 꿰었으니 그 제도가 도고[5]와 같다. 또한 화극[6]·등장[7]·표미[8]를 잡은 무리가 있는데, 이 복식과 더불어 모두 최고의 등급이다.

[註解]

1) 千牛左右仗衞軍: 고려 경군인 6위의 천우위를 가리킨다. 이에 대해서는 본서 권 10-3, 주해 3) 참조.
2) 皮弁: 가죽으로 만든 변을 가리킨다. 弁에 대해서는 본서 권7-1, 주해 10) 참조.
3) 襜: 옷 가리개 또는 무릎을 가리는 蔽膝을 의미한다. 기장이 긴 홑옷, 수레의 휘장이라는 의미도 있으나 본문에서는 허리에서 늘어뜨리는 옷 가리개를 가리킨다.
   諸橋轍次, 1985, 「襜」, 『大漢和辭典』 10, 大修館書店, 269쪽.
4) 戈: 고대 무기의 하나인 끝이 뭉툭한 창의 일종으로 끝이 두 갈래로 갈라진 창을 가리킨다.
   諸橋轍次, 1984, 「戈」, 『大漢和辭典』 5, 大修館書店, 1쪽.
5) 鞀: 손잡이가 있는 작은 북인 鞀鼓를 말한다. 북 자루를 잡고 흔들면 북의 좌·우

에 매단 구슬이 북면을 쳐서 소리를 낸다. 『高麗史』에는 '鼗'로 기록되어 있으며 軒架와 法駕鹵簿에서 사용되었다.
『高麗史』 권70, 志24 樂1 雅樂 親祠登歌軒架 軒架.
『高麗史』 권72, 志26 輿服1 鹵簿 法駕鹵簿.
박용운, 2013, 『『고려사』 여복지 역주』, 景仁文化社, 221쪽.

6) 畫戟: 색채나 장식을 한 쌍날이 달린 창의 일종이며, 의장용으로도 쓰였다.
諸橋轍次, 1985, 「畫戟」, 『大漢和辭典』 7, 大修館書店, 1113쪽.

7) 鐙杖: 鐙棒 혹은 鐙杖子라고도 하며 의례에 쓰이던 물건이다. 주로 法駕鹵簿에서 사용되었으며 燃燈會와 八關會 때, 西京과 南京을 순행하고 돌아오는 어가와 사면령을 선포할 때 등 국왕의 鹵簿에서 두루 사용되었다.
『高麗史』 권72, 志26 輿服1 鹵簿.

8) 豹尾: 표범의 꼬리모양으로 장식한 儀物을 말한다. 이에 대해서는 본서 권10-3, 주해 1) 참조.

12-2

[原文]
神旗軍

神旗軍, 以皮蒙首, 上爲木鼻, 狀獸額, 示服猛也. 朱衣短後, 復加兩襜, 飾以獸文. 唯¹⁾迎詔受禮, 則陳于²⁾前, 張五方大神旗. 載以車軸, 隨所向安立, 每車十餘人. 山路間³⁾關突兀, 時方大暑, 汗流浹背, 比之他儀, 最爲勞耳.

[譯文]
신기군¹⁾

신기군은 가죽으로 머리를 덮는데 위로는 나무로 된 코를 만들어 짐

---

1) 四 : 惟.
2) 知 : 於.
3) 知 : 間.

승 이마를 형상화하여 용맹함[服猛]을 나타냈다. 붉은 옷은 뒤가 짧고 다시 2개의 옷 가리개를 더하여 짐승 무늬로 꾸몄다. 오직 조서를 맞이하고 의례를 받을 때에만 앞에 (신기군을) 나란히 세워 오방대신기²⁾를 펼치도록 하였다. 수레에 싣고 향하는 곳에 따라 (기를) 안정되게 세우는데, 수레마다 10여 인이 있다. 산길이 울퉁불퉁하고 우뚝한데다가 때가 바야흐로 대서인지라³⁾ 땀이 흘러 등을 흠뻑 적시니 다른 장위에 비해 가장 수고로웠다.

[註解]
1) 神旗軍: 神旗를 운용하는 의장대를 말한다. 神旗에 대해서는 『高麗圖經』 권14, 旗幟條에서 설명할 것이다.
2) 五方大神旗: 각 방위의 색에 따라 神物을 그린 神旗를 가리킨다. 면적이 넓고 높이가 길며 의례 때 신기군 십 수 인이 수레를 사용하여 펼쳤다. 이에 대해서는 『高麗圖經』 권14 旗幟條에서 설명할 것이다.
3) 時方大暑: 大暑는 24절기 중 小暑와 立秋 사이인 12번째 절기이며, 음력 6월 중엽 양력 7월 23일 경으로 땅이 습하고 매우 덥다. 서긍이 개경에 체류한 기간은 1123년(인종 1) 음력 6월 13일부터 7월 12일까지로 大暑와 겹쳤다.
『高麗史』 권50, 志4 曆1 宣明曆上 宣明步發斂術2 推五行用事.
김성규, 2014, 「『선화봉사고려사절단』의 일정과 활동에 대하여」, 『한국중세사연구』 40, 232~240쪽.

12-3

[原文]
龍虎上超軍
龍虎上超軍, 服靑布窄衣, 文羅頭巾. 前襟與背, 皆有團號, 其制不一. 王宮使令, 咸以龍文, 餘以盤花, 悉皆蹙金, 雜作間⁴⁾繡, 制作精巧. 舘中三節位側, 布列三二人, 名曰巡邏, 實察非常也. 人使出入, 則亦給使, 上

節十·5)餘人, 以等殺之.

[譯文]
용호상초군[1]

용호상초군은 청포로 만든 착의를 입고 문라두건[2]을 한다. 앞깃과 등에는 모두 둥근 호(號)가 있는데 그 제도는 한 가지가 아니다. 왕궁의 사령(使令)은 모두 용무늬이며 나머지는 서려있는 꽃[盤花]으로, 모두 금실로 수놓아 무늬를 오그라트렸는데[蹙金] 간간이 수놓은 것을 섞어 만들었으니 제작이 정교하다. 순천관[3] 내 삼절 자리 옆은 2~3인을 포열 하였는데 이름이 순라이며 실제로 사변(非常)을 살폈다. 사신이 드나들 때면 역시 사령을 공급하였으니 상절은 10여 인이고 (그 이하는) 등급에 따라 감하였다.

[註解]
1) 龍虎上超軍: 고려시대 경군의 하나인 용호군의 한 부대를 가리키며, 초군은 용호군의 편제 중 하나이다. 龍虎軍에 대해서는 본서 권10-4, 주해 3) 참조. 서긍이 파악한 고려군제에 대해서는 본서 권11-1, 주해 18) 참조.
2) 文羅頭巾: 무늬가 있는 비단으로 만든 두건인 文羅巾을 가리킨다. 문라건에 대해서는 본서 권11-7, 주해 2) 참조.
3) 館: 송 사신이 머물던 객관인 순천관을 가리킨다. 이에 대해서는 본서 권3-4-(2), 주해 16) 참조.

4) 知: 間.
5) 四: 千, 知: "十【鄭刻千】"으로 기록되어 있다.

12-4

[原文]

龍虎下海軍

龍虎下海軍, 服靑布窄衣, 黃繡盤鵰6), 紅革銅帶, 執朱柄檛. 順天門守衛二十餘人, 每至館會, 則列于7)廷8)中, 酒行則聲喏而退, 東西兩序交互卷行, 復出門外.

[譯文]

용호하해군[1]

용호하해군은 청색포로 만든 착의를 입는데 서려있는 수리[盤鵰]를 황색으로 수놓았으며, 붉은 가죽과 구리로 된 띠를 두르고 붉은 자루의 채찍을 잡았다. 순천문에 머물러 지키는 20여 인[2]은 매번 객관에서의 연회[3] 때가 되면 뜰 안에 늘어서 있다가 술이 돌면 '예' 하고 소리를 내며 물러나 동서 양편 행랑으로 서로 엇갈려 돌아가며 다시 문밖으로 나간다.

[註解]

1) 龍虎下海軍: 고려시대 경군의 하나인 용호군의 한 부대를 가리키며, 해군은 용호군의 편제 중 하나이다. 龍虎軍에 대해서는 본서 권11-1, 주해 10) 참조. 한편, 서긍이 고려에 한 달 남짓 머무르는 동안 兵衛들이 지키고 있어 順天館 밖을 나간 것이 5~6회에 불과하였는데, 이때 용호하해군이 순천관을 지키면서 송 사절의 행동을 감시하고 활동에 제약을 가했던 것으로 보인다.
이혜옥, 1993, 「고려전기의 軍役制—保勝·精勇을 중심으로—」, 『國史館論叢』 46, 10쪽.

---

6) 四 : 雕.
7) 知 : 於.
8) 知 : 庭.

이창섭, 2014,「對宋 외교 활동에 참여한 고려 수군―『破閑集』과 『高麗圖經』에 나타나는 사례를 중심으로―」,『史叢』83, 45쪽.
2) 順天門守衛二十餘人: 순천문은 순천관의 문이다.『高麗圖經』권27, 館舍 順天館條에 의하면, 해당 객관에는 外門과 中門이 있었으며, 이곳은 청색에 수를 놓은 옷[靑繡衣]을 입는 용호군이 지켰다. 아울러『高麗史』兵志 看守軍條에 의하면, 순천관에는 將校 6인, 散職將相 4인, 散職將校 4인을 두었다.
『高麗史』권83, 兵3 看守軍.
3) 館會: 송 사절의 객관인 순천관에서 행한 연회를 말한다. 고려조정은 송 사절이 개경에 위치한 순천관에 도착하면 바로 관원을 보내 연회를 마련하였고, 이후 5일에 한 번씩 연회를 열었는데 혹여 절기와 겹치는 경우 예를 좀 더 후하게 하였다. 이에 대해서는『高麗圖經』권26, 燕禮 館會條 참조.

12-5

[原文]
官府門衛校9)尉

官府門衛校10)尉, 服紫文羅窄衣, 展脚幞頭, 右佩長劍, 拱手而立. 考其所任之職, 總轄兵階. 戰陣獲敵首, 不願賜銀者, 次11)第遷補, 以留王12)府, 守衛諸門. 自會慶門, 置左右親衛將軍, 外其餘, 內則廣化, 外則宣義, 諸門皆有之. 至於寺觀官府, 時亦用焉. 然服飾13)人材, 皆所不逮. 當是一時旋置, 以他名色人充代, 非一等品秩也.

[譯文]
관부문위교위1)

---

9) 四: 校.
10) 四: 校.
11) 四: 以.
12) 四: 五.
13) 四 知: 與.

관부문위교위는 자색무늬 비단의 착의를 입고 전각복두²⁾를 썼으며 오른쪽에 긴 검(劍)³⁾을 차고 두 손을 맞잡고 서 있다. 그 맡은 직책을 살펴보면, 병사들의 계서를 모두 관할한다. 전쟁터[戰陣]에서 적의 머리를 획득하였으나 은의 하사를 원하지 않는 자들이 차례로 옮겨 보임되어 왕부에 머무르면서 여러 문을 지킨다. 회경문⁴⁾부터 좌·우친위장군을 두며, 그밖에 나머지를 안으로는 광화⁵⁾에, 밖으로는 선의⁶⁾ (등) 여러 문에 모두 둔다. 사찰·도관[觀]·관부에 이르러서도 때때로 두기도 한다.⁷⁾ 그러나 복식과 인재 모두 미치지 못하는 바이다. 한때에 잠시 두었다가 다른 명목[名色]의 사람들로 충당하여 대신하도록 하니, 일등의 품질은 아니다.

[註解]
1) 官府門衛校尉: 개경 및 경기지역에 위치한 여러 문·궁궐·진전사원 등에 배정되어 守衛를 담당한 군인을 가리키는 것으로 將相, 將校, 職事將校, 散職將相, 監門衛軍, 軍人 등으로 구성되어 있었다.
『高麗史』 권83, 兵3 圍宿軍.
吳英善, 1992, 「고려전기 군인층의 구성과 圍宿軍의 성격」, 『韓國史論』 28, 84쪽.
2) 展脚幞頭: 平脚 내지 平直脚 형태의 복두를 말한다. 幞頭에 대해서는 본서 권7-2, 주해 1) 참조.
3) 劍: 劒으로도 쓴다. 고대에 무기로 쓰이던 긴 칼로, 양쪽에 날이 있고 아래 부분에 손잡이가 달려있다. 1103년(숙종 8)에 개성에 왔던 孫穆이 저술한 『鷄林類事』에 따르면 고려에서는 "검을 장도라고 불렀다[劍曰長刀]."고 되어 있는데, 이는 양쪽에 날이 있던 劍과 한쪽 면에만 날이 있던 刀를 구분하지 않았기 때문이었다.
檀國大學校 東洋學硏究所, 1999, 「劍」, 『漢韓大辭典』 2, 檀國大學校出版部, 588쪽.
허인욱, 2005, 「검과 도의 구분」, 『옛 그림에서 만난 우리 무예 풍속사』, 푸른역사, 48쪽.
4) 會慶門: 고려 궁궐의 제1정전인 會慶殿의 문을 말한다. 이에 대해서는 본서 권4-7 殿門條 참조.
5) 廣化: 廣化門을 말하는 것으로, 개경 황성의 東門이자 정문이다. 이에 대해서는 본서 권3-3, 주해 14) 및 본서 권4-4, 주해 1) 참조.
6) 宣義: 개경 나성의 正西門을 말한다. 이에 대해서는 본서 권4-2, 주해 1) 참조.
7) 自會慶門 …… 時亦用焉: 『高麗史』 兵志 圍宿軍條에 의하면, 광화문에는 직사장교

1인, 산직장상 6인, 감문위군 5인 등을 두었고, 선의문에는 장교 1인, 군인 2인, 산직장상 2인, 감문위군 1인이 배정되어 있었으며, 이 외에 사찰과 진전사원에도 위숙군을 두었음이 확인된다. 한편 본문에는 회경문에도 좌·우친위장군을 두었던 것으로 되어 있으나 자세한 내용은 알 수 없다.
『高麗史』 권83, 兵3 圍宿軍.

12-6

[原文]

六軍散員旗頭

六軍散員旗頭, 自紫燕島, 方見之, 亦軍中之總領者. 展脚幞頭, 紫文羅窄衣, 束帶革履14). 手執旗旆仗衛儀物. 領軍執事, 每隊各一人, 行列進退, 視以爲准15), 正中華人員之類也.

[譯文]

육군산원[1] 기두

육군산원기두는 자연도[2]에서 바야흐로 보았는데, 역시 군대 안에서 총령하는 자이다. 전각복두에 자색의 무늬비단 착의와 속대에 가죽신을 신는다. 손에는 기패[3]와 장위의 의물을 잡는다. 군대를 다스리고 일을 처리하는 이가 매 대에 각 1인인데, 행렬의 나아감과 물러남은 (그를) 보고 기준을 삼으니, 바로 중국[中華] 인원과 닮았다.

[註解]

1) 散員: 정8품 무반직으로 매 領마다 5인을 두었다. 이에 대해서는 본서 권10-5, 주

14) 履.
15) 準.

해 2) 참조.
2) 紫燕島: 지금의 인천광역시 영종도에 해당한다. 고려는 이곳에 객관인 慶源亭을 설치하고 송 사절의 영송과 접대에 이용하였다. 서긍은 『高麗圖經』 권39, 紫燕島 條에 자연도에서 겪은 일을 기록하고 있다.
『高麗史』 권56, 志10 地理1 楊廣道 仁州.
3) 旗旆: 붉은 비단의 의장용 깃발을 말하는 것으로, 旐旆라고도 한다. 이에 대해서는 본서 권10-6, 주해 1) 참조.

12-7

[原文]
左右衛牽攏軍
左右衛牽攏軍, 服紫窄衣, 練鵲文錦, 絡縫烏紗軟帽16), 布襦革履, 以馭衆馬. 唯17)使副上節官有之, 餘皆以龍虎超軍代之.

[譯文]
좌우위견룡군[1]
좌우위견룡군은 자색 착의를 입는데 때까치 무늬 비단이고, 검은 실로 이어 꿰맨 연모(軟帽)를 쓰며 베저고리를 입고 가죽신을 신으며, 여러 말을 부린다. 오직 정사·부사·상절관에만 이들을 배치하고 나머지는 모두 용호초군으로 대신한다.

[註解]
1) 牽攏軍: 牽龍軍을 가리킨다. 중국어로 '攏'과 '龍'은 같은 발음인데, 아마도 참람된다고 여겨 '攏'을 쓴 듯하다. 서긍은 본문에서 견룡군이 左右衛에 소속된 것으로

16) 四: 帶, 知: 絹【鄭刻帶】.
17) 四: 惟.

보았으나, 견룡군은 2군 6위와는 별도로 조직되었으며 국왕에 대한 侍衛, 어가 행차시의 護衛·儀仗 등을 담당한 禁軍 중의 하나이다(①). 견룡군의 성립 시기는 성종대(②)와 숙종대(③)로 견해가 나뉜다. 전자는 성종대에 단행된 시위군 강화를 위해 금군을 구성한 개별부대 중 하나로 설치되었다는 입장이고, 후자는 고려중기 이후 2군 6위가 붕괴되어 가는 중에 숙종이 왕권 강화의 목적으로 견룡군을 설치하여 2군의 국왕 시위 기능을 보완하도록 하였다는 의견이다. 견룡군은 무반에서 勇力이 뛰어난 자들을 선발하여 충원하였다. 이에 대해 견룡군은 牽龍指諭-牽龍行首-牽龍散員-牽龍校尉-牽龍隊正의 개별관직으로 조직되었고 指諭는 郞將 이상, 行首는 別將, 견룡산원·견룡교위·견룡대정에는 각각 산원, 교위, 대정의 무반관직에서 임명되었다는 견해가 있다(④). 반면에 견룡군에 선발된 이들은 무반관직을 겸직인 견룡직과 대유하였는데, 指諭와 行首에는 주로 郞將·別將·散員이 임명되고 校尉·隊正은 견룡으로 임명되어 牽龍指諭-牽龍行首-牽龍의 지휘체계를 갖추었다고 보기도 한다(⑤).

① 周藤吉之, 1976,「高麗前期의 鈐轄·巡檢과 牽龍—宋의 鈐轄·巡檢·牽攏官との關連において—」,『東洋大學院紀要』13 ; 1980,『高麗朝官僚制の硏究—宋制との關連において—』, 法政大學出版局.
　宋寅州, 1996,「高麗時代의 牽龍軍」,『大丘史學』49 ; 2007,『고려시대 친위군 연구』, 일조각.
　金洛珍, 2000,「高麗時代 牽龍軍의 設置와 任務」,『歷史學報』165.
　金甫桄, 2011,「고려시대 牽龍의 운영과 무반관직」,『歷史敎育』117.
② 宋寅州, 2007, 앞의 책, 30~57쪽.
③ 金洛珍, 1995,「牽龍軍과 武臣亂」,『高麗武人政權硏究』, 서강대학교 출판부, 13~15쪽.
　金洛珍, 2000, 앞의 논문, 45~51쪽.
　金甫桄, 2011, 앞의 논문, 140~147쪽.
④ 宋寅州, 2007, 앞의 책, 91~101쪽.
⑤ 金甫桄, 2011, 앞의 논문, 147~161쪽.

12-8

[原文]
領軍郞將騎兵

領軍郞將騎兵, 服飾其等不一. 凡紫羅戰袍白袴皂屨[18], 文羅爲巾, 飾

以珠貝者, 皆麗人也. 至服靑綠緊絲大花戰袍, 其袴或以紫, 或以黃, 或以
皂, 髡髮而巾制不袤19), 切附於頂, 聞是契丹降卒. 使副會于20)王府, 還至
奉先庫前, 岡阜之上, 見前驅數十騎. 鳴鑾21)馳驟, 跳梁鞍鐙 22)間23), 輕
銳驍捷, 意欲燿24)武. 島夷僻遠, 偶有勁卒, 而急於人知, 亦可笑也.

[譯文]
영군낭장[1] 기병

영군낭장기병은 의복과 장식의 등급이 하나같지 않다. 무릇 자색 비단으로 만든 전포(戰袍)와 흰색 바지를 입고 검은색 신을 신으며 무늬 비단으로 만든 두건에 진주와 조개로 꾸민 자는 모두 고려인이다. 청색과 녹색의 촘촘하고 가는 실[緊絲]로 짠 큰 꽃이 있는 전포를 입고 그 바지는 혹은 자색, 혹은 황색, 혹은 검은색으로 입는데 이르고, 머리카락을 깎고 두건은 길지 않으며 정수리에 딱 붙게 쓰는데 듣건대 항복한 거란의 병졸이라고 한다. 정사와 부사가 왕부에 모였다가 돌아가다가 봉선고[2] 앞 언덕 위에 이르렀을 때 앞에서 말을 모는 수십 기를 보았다. 방울을 울리며 달리고 안장과 등자[3] 사이에 뛰는 것이 가볍고 예리하고 날래고 민첩하니, 의도가 빛나는 무예를 드러내려 함이다. 도이(島夷)가 궁벽하고 먼 데 있으면서도 우연히 날랜 병졸이 있으나 남이 알아주기에 급급하니 또한 가소로웠다.

---

18) 四知 : 履.
19) 四 : 袤.
20) 知 : 於.
21) 四知 : 鸞.
22) 四 : 鐙.
23) 知 : 間.
24) 四 : 耀.

[註解]
1) 郎將: 고려전기 정6품 무반직이다. 매 領마다 5인씩 두었으며, 200명으로 조직된 부대의 지휘관이었다.
李基白, 1956, 「高麗 京軍考」, 『李丙燾博士華甲紀念論叢』, 一潮閣 ; 1968, 『高麗兵制史研究』, 一潮閣, 73쪽.
2) 奉先庫: 先王·先后의 忌晨에 필요한 비용을 조달한 기구이다. 이에 대해서는 본서 권3-4-(2), 주해 19) 참조.
3) 鐙: 말 위에 올라타거나 안정적으로 달리기 위해 사용하는 마구로 輪鐙과 壺鐙의 두 종류가 있다. 윤등은 가장 일반적으로 사용되는 형태로, 발을 딛는 부분이 하나의 둥근 테로 되어있다. 호등은 주머니 모양으로 발 앞부분을 감싼 것이다.
李蘭暎·金斗喆, 1999, 「등자(鐙子)」, 『韓國의 馬具』, 한국마사회마사박물관, 35쪽.

12-9

[原文]
領兵上騎將軍

領兵上騎將軍, 服紫羅窄衣, 展脚幞頭, 右帶虎韔, 左持弓矢. 兵仗內列, 凡百餘人, 分爲兩隊. 每人使出在前, 至廣化門, 則下馬, 止而不入. 歸館則止於順天外門25). 行列則極齊飾, 非比郎騎也.

[譯文]
영병상기장군

영병상기장군은 자색 비단 착의를 입고 전각복두를 쓰며 오른쪽에 호랑이 가죽으로 만든 활집을 차고 왼쪽에는 활과 화살을 들었다. 병장(兵仗) 내에 늘어섬이 무릇 100여 인인데 양 대(隊)로 나눈다. 매번 사신이 나갈 때 앞에 섰다가 광화문1)에 이르면 말에서 내려 머무르고 들어가지 않는다. (사신이) 순천관에 돌아가면 순천관 외문에서 머무른다. 행

---

25) 知:"門【疑是門外】"로 기록되어 있다.

렬이 매우 정연하여[齊飾] 낭기(郞騎)에 비할 바가 아니다.

[註解]
1) 廣化門: 개경 황성의 東門이자 정문이다. 이에 대해서는 본서 권3-3, 주해 14) 참조

13-1

[原文]

兵器

臣聞, 范曄書云, 夷者抵也, 言仁而好生, 萬物抵地而生出, 故天性柔順, 所以不若西戎之喜兵也. 高麗固箕子八條所敎之地, 然其兵器甚簡¹⁾而踈, 豈原其性然耶. 兵法曰, 兵不犀利, 與徒搏同. 惟麗人之兵踈簡²⁾, 此所以屢爲匈奴所扼, 而不能與之校³⁾. 雖然異俗器械, 各有所施, 不可以不知. 今具其名物, 次⁴⁾之于⁵⁾左.

[譯文]

병기

신이 듣기에, 후한서[范曄書]¹⁾에서 이르기를 "이(夷)는 뿌리인데 어질고 생명을 좋아하며 만물이 땅에서 기원해 생명이 난다는 것을 말하므로 타고난 성품이 유순하다."라고 하였는데²⁾ 서융³⁾이 전쟁을 좋아하는 것과 같지 않은 까닭입니다. 고려는 본래 기자가 8조로 교화한 땅이지만⁴⁾ 그 병기가 매우 간단하고 무디니 어찌 원래 그 성품이 그러해서이겠습니까. 병법에서 이르기를, "병기가 단단하지도 날카롭지도 않은 것은 맨손으로 치는 것과 같다."라고 했습니다.⁵⁾ 생각하건대 고구려인[麗人]의 병기는 무디고 간단하니, 이것이 누차 흉노에게 억압되었음에도 그들과 더불어 견줄 수 없었던 까닭입니다.⁶⁾ 비록 오랑캐 풍속[異俗]의 병기[器

---

1) 簡 : 蕳.
2) 簡 : 蕳.
3) 校 : 挍.
4) 次 : 圖.
5) 于 : 於.

械]이지만 각각 쓰이는 바가 있으므로 알지 않을 수가 없습니다. 이제 그 물건의 이름을 갖추어 다음에 나열합니다.

[註解]
1) 范曄書: 劉宋 시기 학자인 범엽(398~445)이 5세기 전반에 편찬한 후한서를 말한다. 후한서에 대해서는 본서 권7-1, 주해 3) 참조.
2) 范曄書云 …… 故天性柔順: 유사한 내용이 『後漢書』 東夷傳에 "왕제에서 이르길 동방을 夷라고 했다. 夷는 뿌리이며 어질고 생명을 좋아하니 만물이 땅에 기반을 두고 난다. …… 천성이 유순하고 道로서 다스리기 쉬우니 군자가 있어 죽지 않는 나라에 이르기 때문이다[王制云 東方曰夷 夷者柢也 言仁而好生 萬物柢地而出 …… 天性柔順 易以道御 至有君子不死之國焉]."라고 전한다.
『後漢書』 권85, 東夷列傳75.
3) 西戎: 한족이 중국 북서쪽에 살던 이들을 지칭했던 명칭이다. 한족과 처음 접촉했던 동쪽의 異族을 夷라 칭했는데 이러한 명칭이 주변의 四方異族에게도 붙여졌으며 이들 四夷를 구체적으로 東夷·西戎·南蠻·北狄으로 구분했다.
諸橋轍次, 1985, 「西戎」, 『大漢和辭典』 10, 大修館書店, 294쪽.
金庠基, 1954, 「東夷와 淮夷·西戎에 對하여」, 『東方學志』 1, 6쪽.
4) 高麗固箕子八條所教之地: 기자는 商 왕실의 후예이자 紂王의 숙부로 이름은 胥餘이다. 箕國에 봉해져 기자라 불렀다. 箕子에 대해서는 본서 권1-1, 주해 3) 참조. 箕子 8條는 箕子가 朝鮮으로 온 후 樂浪의 조선 백성들이 어기는 것을 금했던 8가지 항목의 법으로 犯禁 8條라고 한다. 현재는 『漢書』 地理志에 "살인한 자는 즉시 죽음으로 갚는다[相殺以當時償殺].", "해친 자는 곡식으로 갚는다[相傷以穀償].", "도둑질한 자는 남자는 몰입하여 그 집의 노가 되게 하고 여자는 비로 삼는데 스스로 속죄하고자 하는 자는 사람 당 50만을 낸다[相盜 男沒入爲其家奴 女子爲婢 欲自贖者人五十萬]." 등의 3가지 항목만이 전해지고 있다. 한편 『漢書』 地理志의 "樂浪朝鮮人犯禁八條"의 부분을 근거로 하여 犯禁 8條를 樂浪郡 초기에 중국인들이 조선인들과 접촉하여 기록한 것으로 보기도 한다. 이에 따르면 犯禁 8條는 이후에 중국의 영향을 받아 60條로 늘어나기 때문에 위만조선 이전의 법금이 아니다. 본문에서 箕子가 8條로 교화한 땅이란 표현 역시 서긍이 고려가 중국으로부터 영향 받았던 점을 강조하기 위해 사용한 것으로 이해된다.
『漢書』 권28下, 地理志8下 燕地.
『後漢書』 권85, 東夷列傳75 濊.
李基白, 1973, 「部族國家時代 法俗에 나타난 社會와 思想」, 『韓國民族思想史大系 2 古代篇』, 亞細亞學術研究會, 93쪽.
5) 兵法曰 …… 與徒搏同: 유사한 내용이 『漢書』에도 전하는데, "병기가 완전하고 날카롭지 않은 것은 맨 손과 같고 갑옷이 견고하고 촘촘하지 않은 것은 웃통을 벗

은 것과 같다[兵不完利 與空手同 甲不堅密 與袒裼同]."라고 하였다. 『漢書』 권49, 爰盎鼂錯傳19 鼂錯.
6) 惟麗人之兵踈簡 …… 而不能與之校: 본문에서의 '麗人'은 '高句麗人'을 가리킨다. 『高麗圖經』을 비롯하여 중국의 각종 史書에서는 고구려와 고려를 구별하지 않은 경우가 많아 주의가 필요한데, 고구려에 대해서는 본서 권1-2-(1), 주해 13) 참조. 또한 '고구려인'을 억압한 '흉노'의 실체도 慕容鮮卑일 가능성이 높다. 서긍은 본서의 始封條에서도 前燕의 慕容皝이 고구려를 침공하였던 사실을 언급하였다. 이에 대해서는 본서 권1-2-(2), 주해 19) 참조.

13-2

[原文]
行鼓

行鼓之狀, 稍類雅樂之搏拊也. 中腔差長而以銅環飾之, 貫以紫帶, 繫於腰下. 軍行則在前, 與金鐃間6)擊, 其節頗緩. 金鐃之形, 與中華制度不異, 故略而不圖.

[譯文]
행고1)

행고의 모양은 아악2)의 박부3)와 약간 비슷하다. 몸통[中腔]은 조금 길고 구리로 된 고리로 그것을 꾸몄는데 자색 띠로 꿰어 허리춤에 매었다. 군대가 행진하면 앞에 있고, 금요4)와 더불어 사이에 치는데, 그 음절이 자못 느리다. 금요의 형상은 중국[中華]의 제도와 다르지 않으므로 생략하고 그리지 않는다.

---

6) 知 : 聞.

[註解]

1) 行鼓: 鹵簿에 쓰이는 큰 북이며, 陀羅鼓라고도 한다. 목재로 몸통을 만들고 가죽을 덮어 씌웠는데 윗부분이 크고 아랫부분이 작은 모양이다.
   諸橋轍次, 1985, 「行鼓」, 『大漢和辭典』 10, 大修館書店, 140쪽.

2) 雅樂: 天祭·地祭·墓祭 때 연주하는 음악이다. 악기의 합주와 歌唱이 포함되며 太廟의 登歌와 軒架에서 隊舞하기도 한다. 고려에서는 1114년(예종 9)에 安稷崇이 宋 徽宗으로부터 曲譜와 指訣圖 및 新樂을 하사받고 귀국하였으며, 1116년에 王字之와 文公美가 大晟雅樂을 가지고 오면서 아악이 들어왔다. 그러나 이 때에는 악기만을 받았기 때문에 제대로 연주가 되지 못했고 의종대 이후에 登歌와 軒架의 연주절차가 확정되었다는 견해도 있다.
   『高麗史』 권70, 志24 樂1 序·雅樂 親祠登歌軒架 登歌·軒架·有司攝事登歌軒架 睿宗 11년 6월 乙丑.
   諸橋轍次, 1985, 「雅樂」, 『大漢和辭典』 11, 大修館書店, 993쪽.
   李惠求, 1967, 「高麗大晟樂의 變遷」, 『韓國音樂序說』, 서울大學校 出版部, 144쪽.
   宋芳松, 2012, 「아악(雅樂)」, 『한겨레음악대사전』 하, 보고사, 1100쪽.

3) 搏拊: 북과 비슷하며, 가죽에 糠을 채우고 목에 걸어서 좌·우 손으로 친다. 『高麗史』 樂志에 의하면, 박부의 두 면에는 각각 꽃과 鳳을 그리고 붉은 실로 많은 끈을 갖춘 모양이다.
   『高麗史』 권70, 志24 樂1 雅樂 親祠登歌軒架 登歌·登歌樂器.
   諸橋轍次, 1984, 「搏拊」, 『大漢和辭典』 5, 大修館書店, 341쪽.

4) 金鐃: 군중에서 사용하는 작은 징으로, 북을 그치게 하는데 친다. 그 소리가 시끌벅적[譊譊]하기 때문에 鐃라고 이름을 지었다.
   諸橋轍次, 1985, 「金鐃」, 『大漢和辭典』 11, 大修館書店, 474쪽.

13-3

[原文]

弓矢

弓箭[7]之制, 形狀簡略, 如彈弓. 其身通長五尺, 而矢不用竹, 多以柳條, 而復短小. 發射[8]不候引滿, 擧身送之, 雖矢去甚遠而無力. 殿門守衛仗內

7) 四 : 矢.
8) 知 : "矢【鄭刻射】"로 기록되어 있다.

騎兵及中檢⁹⁾郎將, 皆以虎韔而挾之, 備不虞也.

[譯文]
궁시

활과 화살의 제도는 형상이 간략하며 탄궁⁴⁾과 같다. 그 몸체는 길이가 통틀어 5자인데 화살은 대나무를 사용하지 않고 버드나무 가지로 만든 것이 많으며 더욱이 짧고 작다. 화살을 쏠 때에는 활을 잔뜩 당기기까지 기다리지 않으며 온몸을 들어 그것을 쏘는데 비록 화살이 매우 멀리는 가나 힘이 없다. 궁전 문의 수위·장위 안의 기병 및 중검랑장²⁾은 모두 호랑이 가죽으로 만든 활집에 그것을 끼우고, 예상치 못한 일에 대비한다.

[註解]
1) 彈弓: 彈丸을 쏘는 활이다. 왕이 행차할 때 上六軍衛中檢郎將이 탄궁을 잡고 경계하였다. 이에 대해서는 본서 권11-7, 上六軍衛中檢郎將條 참조.
諸橋轍次, 1984, 「彈弓」, 『大漢和辭典』 4, 大修館書店, 769쪽.
2) 中檢郎將: 본문의 中檢郎將은 『高麗圖經』 권11에서 언급했던 上六軍의 左·右衛에 소속된 군사지휘관을 뜻하는 것으로 보이나 그 실체를 명확히 알 수 없다. 이에 대해서는 본서 권11-7, 주해 1) 참조.

13-4

[原文]
貫革

貫革之狀, 略如靴鼓. 兩邊皆有皮耳, 動搖有聲, 貫於矛上. 每隊約二十

---
9) 四 : 撿.

餘人, 大禮則以千牛左右仗衞軍執之.

[譯文]
관혁[1]

관혁의 모양은 대략 도고와 같다. 양쪽 가장자리에는 모두 가죽귀가 있어 움직여 흔들리면 소리가 나는데 모(矛) 위에 꿰었다. 대마다 대략 20여 인인데 대례 때에는 천우좌우장위군[2]이 그것을 잡았다.

[註解]
1) 貫革: 의장용으로 사용된 병기이다. 송에서 온 사절을 맞이하는 행렬에서 북과 피리 다음에 오며 鐙杖과 함께 사용되었다. 이에 대한 자세한 내용은 본서 권24, 節仗 次千牛衛條에서 설명할 것이다.
2) 千牛左右仗衞軍: 고려 경군 6衛의 하나인 천우위를 말한다. 이에 대해서는 본서 권10-3, 주해 3) 참조

13-5

[原文]
鐙杖

鐙杖之設, 國王受詔則有之. 上[10]爲馬鐙, 其竿丹漆. 使者前驅, 千牛衞軍數十人執之. 王行則在前, 而鐙以塗金爲飾, 餘制悉以鐵爲之.

[譯文]
등장[1]

등장의 설치는 국왕이 조서를 받을 때 있었다. 윗부분은 말 등자[2]로

---

10) 四 : 止, 知 : "上【鄭刻止】"로 기록되어 있다.

하고 그 장대는 붉게 칠했다. 사신이 앞에서 말을 타고 나아가면 천우위군 수십 인이 그것을 잡았다. 왕이 행차할 때 앞에 있었는데 등자는 도금하여 꾸몄으며 나머지 제도는 모두 철로 그렇게 하였다.

[註解]
1) 鐙杖: 鐙棒 혹은 鐙杖子라고도 하며 의례에 쓰이던 물건이다. 이에 대해서는 본서 권12-1, 주해 7) 참조.
2) 馬鐙: 말 위에 올라타거나 안정적으로 달리기 위해 사용하는 마구이다. 鞨에 대해서는 본서 권12-8, 주해 3)참조.

13-6

[原文]
儀戟

戟有二等. 會慶門中, 各列十二枝[11]), 上下以金銅爲飾, 形制極大. 迎詔設燕, 則兵仗中所列者, 才及六尺許. 大抵略同中華, 而制作大小不等耳.

[譯文]
의극

극에는 두 부류가 있다. 회경문[1)] 안에 각 12자루를 나열했는데 위아래를 금동으로 꾸몄으며 형태와 제도가 매우 크다. 조서를 맞이하고 연회를 베풀 때 병장기 가운데 나열한 것은 겨우 6자 정도에 이른다. 대개 중국[中華]과 거의 같지만 제작되는 크기[大小]가 같지 않을 뿐이다.

---

11) 四知: 枚.

[註解]
1) 會慶門: 고려 궁궐의 제1정전인 會慶殿의 문이다. 會慶殿門에 대해서는 본서 권 4-7, 殿門條 참조.

13-7

[原文]
胡笳

胡笳之制, 上銳下豐, 其形差短. 使者初至群山島, 巡尉將迎, 舟卒服靑衣而吹之, 其聲嗚咽不成曲調, 唯12)覺群㗫13), 如蚊虻之音. 迎詔則在前行, 每數十步, 輒稍却, 回面詔輿而吹, 聲止乃行. 然後擊鐃鼓爲節也14).

[譯文]
호가[1]

호가의 제도는 위가 날카롭고 아래는 풍만하며 그 모양은 약간 짧다. 사신이 처음 군산도[2]에 이르러 순위장이 영접하면 주졸(舟卒)이 푸른 옷을 입고 그것을 불었는데, 그 소리가 목메어 우는 듯하여[嗚咽] 곡조를 이루지 않으니 다만 무리지어 우는 모기와 등에 소리같이 느껴졌다. 조서를 맞이할 때면 앞줄에서 수십 보마다 줄곧 조금 물러나 조서를 실은 가마로 돌아보며 불었는데, 소리가 그치면 곧 행진하였다. 그런 이후에 징과 북을 쳐서 박자를 맞추었다.

12) 四知: 惟.
13) 四: 㗫.
14) 四: "也"가 누락되어 있다.

[註解]
1) 胡笳: 胡笛이라고도 한다. 알타이 산맥 주변 북방 유목민족에 의해 발생된 관악기이며, 漢나라 때 중국으로 유입되었다고 생각된다. 현재의 악기 가운데 호가와 유사한 것으로는 퉁소, 피리, 태평소가 있다.
박소현, 2010, 「배음(倍音) 관악기 몽골 초르의 현상학적 상징성」, 『한국음악연구』 47, 133~138쪽.
2) 群山島: 지금의 전라북도 군산시 古群山島에 속한 仙遊島를 가리킨다. 송의 사신단이 고려의 관리들에게 처음으로 영접 받았던 곳이다. 이에 대해서는 본서 권 10-6, 주해 2) 참조.

13-8

[原文]
獸牌

獸牌之制, 木體革鞍, 繪狻猊狀. 上施五刃15), 而以雉尾蔽之, 欲以自障, 且能刺人, 而不使之洞見其犀利也. 然徒似百戲小兒所執, 恐不足以禦矢石. 今高麗兵仗中, 二等皆有之, 特小大之異耳.

[譯文]
수패[1]

수패의 제도는 나무 몸체에 가죽을 씌우고 사자[狻猊]의 형상을 그렸다. 위에는 다섯 개의 칼날을 꽂고 꿩의 꼬리로 가렸는데, 스스로를 막고자 하면서 또 다른 사람을 찌를 수도 있으니 그 견고함과 날카로움을 훤히 보이지 않으려 한 것이다. 그러나 단지 백희소아[2]가 잡는 것과 비슷해 아마도 화살과 돌을 막아내기에는 부족하다. 지금 고려의 병장기 중에는 두 가지 등급이 모두 있는데 다만 크기[小大]의 차이일 뿐이다.

15) 四知: 兩.

[註解]

1) 獸牌: 짐승의 형상을 그려 놓은 방패이다. 고려의 방패는 보병용과 기병용이 존재하며, 전면에 獸面紋을 그려 주술적인 색채를 추가하였다.
   金基雄, 1994, 「火藥武器 登場 以前의 一般武器」, 『韓國武器發達史』, 國防軍史研究所, 211~213쪽.
2) 百戲小兒: 전문 연희자인 백희, 재주와 기예가 뛰어난 여자 어린이인 소아를 말한다. 이들은 상원연등회와 중동팔관회 등 다양한 연향에서 공연을 담당하였다. 담당한 공연은 신라 이래로 연행되었던 고유의 궁중연회였다. 그러나 송나라의 敎坊에도 소아대와 백희가 존재하는 점, 연행 종목이 동일한 점으로 보아 송의 영향도 상당했을 것으로 판단된다.
   『高麗史』 권69, 志23 禮11 嘉禮雜儀.
   민태혜, 2015, 「고려시대 중국사신영접의례와 전통연희」, 『남도민속연구』 31, 54·61·62쪽.
   임영선, 2019, 「고려시대 교방(敎坊)에 대한 재고찰」, 『국악원논문집』 39, 396·397쪽.

13-9

[原文]

佩劍

佩16)劍17)之飾, 形長而刃利, 白金烏犀間18)錯. 海沙魚皮以爲鞘, 旁爲環細19), 貫以采組, 或以革帶, 以象玉珧20)琫珌之屬, 亦古之遺制也. 門衛校21)尉中檢22)郞騎皆佩之.

---

16) 知 : 劍.
17) 知 : 佩.
18) 知 : 間.
19) 知 : 紐.
20) 四知 : 瑤.
21) 四 : 挍.
22) 四 : 撿.

[譯文]

패검

패검의 꾸밈은 모양이 길고 칼날은 날카로우며 은[白金]과 무소뿔[烏犀]을 사이사이에 섞었다. 바다상어가죽으로 칼집을 만들었고, 옆에는 가는 고리[環細]를 만들어 채색된 끈 혹은 가죽 띠, 상아와 옥으로 된 칼의 콧등꾸미개, 칼집 장식[琫珌] 등을 꿰었는데, 역시 예로부터 전해진 제도이다. 문위교위와 중검낭기[1]는 모두 찼다.

[註解]

1) 中檢郎騎: 騎兵인 중검낭장으로 보인다. 이에 대해서는 본서 권11-7, 주해 1) 참조

역주 참여자 소개

이진한　고려대학교 한국사학과 교수(편자)
최은규　한국영상대학교 한국사 강사
김규록　대전대학교 역사문화학과 강사
김선미　국립중앙박물관 학예연구사
김윤지　목원대학교 역사학과 강사
박수찬　京都大學 人文科學硏究所 연구원
오치훈　경기대학교 사학과 교수
이바른　고려대학교 한국사학과 박사과정 수료
李廷靑　고려대학교 한국사학과 박사과정 수료
이현정　고려대학교 한국사학과 석사과정 수료
임형수　충북대학교 사학과 교수
조욱진　고려대학교 한국사학과 석사과정 수료
周　鷗　고려대학교 한국사학과 박사과정 수료
최동녕　서울역사편찬원 연구원
홍민호　아세아연합신학대학교 한국사 강사

高麗圖經 역주(상)

초판 1쇄 발행 | 2020년 5월 25일
초판 2쇄 발행 | 2025년 4월 17일

편 자	이진한
역 주 자	고려대 한국사연구소 고려시대사 연구실
발 행 인	한정희
발 행 처	경인문화사
편 집	김지선 유지혜 박지현 한주연
마 케 팅	전병관 하재일 유인순
출판번호	406-1973-000003호
주 소	파주시 회동길 445-1 경인빌딩 B동 4층
전 화	031-955-9300 팩 스 031-955-9310
홈페이지	www.kyunginp.co.kr
이 메 일	kyungin@kyunginp.co.kr

ISBN 978-89-499-4887-4   93910
값 23,000원

* 저자와 출판사의 동의 없는 인용 또는 발췌를 금합니다.
* 파본 및 훼손된 책은 구입하신 서점에서 교환해 드립니다.